HARTMUT BOOCKMANN

Der Deutsche Orden
Zwölf Kapitel aus seiner Geschichte

VERLAG C. H. BECK MÜNCHEN

Mit 41 Abbildungen auf Tafeln
und zwei Karten

Die ersten vier Auflagen dieses Buches
erschienen von 1981 bis 1994
in gebundener Form
im Verlag C.H.Beck.

5. Auflage 2012

© Verlag C.H.Beck oHG, München 1981
Gesamtherstellung: Kösel, Krugzell
Umschlagabbildung: Aus einer Handschrift, welche
die Apokalypse enthält und im 14. Jahrhundert für den
Deutschen Orden geschrieben worden ist.
Gezeigt wird das Heer, das die Völker Gog und Magog bekämpft.
Dieses Heer wird, wie der Wimpel mit dem Adler und
der Kronenhelm des Anführers lehren,
als ein kaiserliches Heer verstanden, zugleich aber auch als
ein Heer des Deutschen Ordens, wie man an den drei Kreuzen erkennt.
© Biblioteka Główna UMK Thorn rkp 44
Gedruckt auf säurefreiem, alterungsbeständigem Papier
(hergestellt aus chlorfrei gebleichtem Zellstoff)
Printed in Germany
ISBN 978 3 406 38174 4

www.beck.de

Hermann Heimpel
zum 19. September 1981

Inhaltsverzeichnis

Einleitung 9

Erstes Kapitel. Die Anfänge der Ritterorden und des Deutschen Ordens im Heiligen Land 17

Zweites Kapitel. Die Anfänge des Deutschen Ordens im Reich 38

Drittes Kapitel. Die Anfänge der Herrschaftsbildung in Preußen 66

Viertes Kapitel. Die Eroberung Preußens 93

Fünftes Kapitel. Die neue Besiedlung Preußens 115

Sechstes Kapitel. Der Deutsche Orden und Polen im 14. Jahrhundert 138

Siebentes Kapitel. Die Kreuzzüge des Deutschen Ordens gegen die Litauer 151

Achtes Kapitel. Der Deutsche Orden und die polnisch-litauische Union 170

Neuntes Kapitel. Die inneren Strukturen des Ordensstaates Preußen im 14. und frühen 15. Jahrhundert 181

Zehntes Kapitel. Der Deutsche Orden im 15. Jahrhundert . . . 197

Elftes Kapitel. Der Deutsche Orden seit dem 16. Jahrhundert . 221

Zwölftes Kapitel. Der Deutsche Orden in der Geschichtsschreibung und im historischen Bewußtsein des 19. und 20. Jahrhunderts 234

Hinweise auf Quellen und Literatur 255

Die Hochmeister des Deutschen Ordens 290

Erläuterungen zu den Tafeln 292

Karten 308

Personen- und Ortsnamenregister 313

Einleitung

Den Spuren des Deutschen Ordens begegnet man heute an vielen Orten. In Süddeutschland trifft man ihn als Erbauer barocker Schlösser, z. B. in der Nähe von Konstanz auf der Insel Mainau. Das dort im 18. Jahrhundert errichtete Schloß, heute wie die Insel mit ihrem Park Eigentum des schwedischen Prinzen Bernadotte und bekannt als Ort internationaler wissenschaftlicher Konferenzen, ist vom Deutschen Orden erbaut worden, der die Insel vom späten 13. Jahrhundert bis zum Jahre 1805 besaß.

Wer hingegen in Marburg Geographie studiert, der wird in einem Gebäude arbeiten, das der Deutsche Orden während der Renaissancezeit errichten ließ, dessen Grundstück ihm aber schon seit dem frühen 13. Jahrhundert gehört hat. Dieses Marburger Deutschordensgebäude neben der ebenfalls vom Deutschen Orden errichteten Elisabethkirche heißt Deutsches Haus, ebenso wie das aus der Lebensgeschichte Goethes und seinem Roman von den Leiden des jungen Werther bekannte Deutsche Haus in Wetzlar seinen Namen daher führt, daß es damals dem Deutschen Orden gehörte. Dasselbe gilt für viele andere Deutsche Häuser auch, jedoch nicht für alle. Denn die Bezeichnung „Deutsches Haus" ist im 19. Jahrhundert dann zu einem beliebig wählbaren Gaststättennamen geworden, besonders in Norddeutschland. Wo dieser Name nicht in neuerer Zeit sinnlos gewählt worden sondern alt ist, bedeutet er, daß das so genannte Gebäude oder das Grundstück, worauf das Haus steht, früher im Besitz des Deutschen Ordens war.

Das gilt auch für einen scheinbar so symbolträchtigen Ort wie das Deutsche Eck am Zusammenfluß von Mosel und Rhein, wo kurz vor dem Ende des 19. Jahrhunderts zu Ehren der Einigung Deutschlands ein großes Reiterdenkmal Kaiser Wilhelms I. errichtet worden ist. Nach 1945 ist der Sockel des im Kriege zerstörten Denkmals durch den damaligen Bundespräsidenten neu geweiht worden: als „Mahnmal der Einheit Deutschlands". Mahnmal der deutschen Einheit am

Deutschen Eck: die gewaltige und anscheinend so geschichtsmächtige Symbolik dieses ursprünglich nur den Grundbesitzer bezeichnenden Namens ist also erst neueren Datums.

Man kann das Deutsche Eck bei Koblenz freilich auch in eine andere Verbindung bringen und es nicht neben die vielen deutschen Häuser stellen, die dem Orden einstmals gehört haben, sondern neben das vornehmste deutsche Haus, neben die Residenz des Deutschordenshochmeisters. Hochmeisterresidenzen hat es in der langen Geschichte des Deutschen Ordens eine ganze Reihe gegeben. Aber wenn man von *der* Hochmeisterresidenz spricht, dann meint man jenes Schloß, das den Hochmeistern des Ordens von 1309 bis 1457 als Residenz diente: die Marienburg in Preußen, unweit der Mündung der Weichsel in das Meer gelegen, nicht weit von Danzig entfernt.

Stellt man das Koblenzer Deutsche Eck in diese Nachbarschaft, dann ergeben sich Assoziationen, die dem Pathos des früheren Koblenzer Reiterdenkmals aus wilhelminischer Zeit durchaus gleichen. Man könnte etwa aus den Reden Kaiser Wilhelms II. zitieren, der die Marienburg immer wieder aufgesucht, in ihr gewohnt und sich darum bemüht hat, die mittelalterliche Geschichte des Deutschordensschlosses, wie er sie verstand, seiner eigenen Politik als Tradition dienstbar zu machen. Die Marienburg ist im 19. Jahrhundert zu einem nationalen Denkmal geworden, zu einem jener Bauwerke aus früherer Zeit, die, wie z. B. der Kölner Dom auch, im allgemeinen politischen und historischen Bewußtsein ihren festen Platz erhielten.

Im übrigen wurde die Marienburg dem Bewußtsein vieler deutscher Jugendlicher auch dadurch nahegebracht, daß von 1937 bis 1944 die Aufnahme des neuen Jahrgangs in die nationalsozialistische Jugendorganisation in einem zentralen Akt geschah, in einer Feierstunde, die durch den Rundfunk in das gesamte Reichsgebiet übertragen wurde und deren Schauplatz die Marienburg war. „Von der Marienburg bis zur Feldherrnhalle (d. h. bis zum Ort des Hitlerputsches von 1923) führte ein gerader Weg der Treue, des Opfers und des heldischen Sterbens", so schreibt ein Zeitgenosse. Darüber, wie dieser Weg dann weitergegangen ist, kann man sich auch belehren lassen, wenn man die Marienburg heute besuchen will: Man braucht dazu ein polnisches Visum.

Hat man das Visum und besucht man nicht nur die Marienburg

sondern auch die alte Hauptstadt Polens, Krakau also, dann begegnet man wiederum einem Bauwerk, das auf seine Weise an den Deutschen Orden erinnert, nämlich einer Brücke. Sie führt unterhalb des alten polnischen Königsschlosses, des Wawel, und neben einer Kirche, in welcher der große polnische Geschichtsschreiber Jan Długosz begraben liegt, über die Weichsel, ist erst vor wenigen Jahren errichtet worden und heißt: Most Grunwaldzski, Grunwaldbrücke. Sie ist also ein Siegesdenkmal, ein Monument, das an den polnisch-litauischen Sieg über den Deutschen Orden im Jahre 1410 erinnern soll, an die Schlacht von Tannenberg bzw., nach polnischer historiographischer Tradition, von Grunwald.

Der Name dieser Krakauer Brücke macht darauf aufmerksam, daß der Deutsche Orden nicht nur im deutschen historischen und politischen Bewußtsein einen Platz hat, sondern auch im polnischen. Heute ist der Platz des Deutschen Ordens im polnischen politisch-historischen Bewußtsein sogar erheblich größer als im deutschen. Wer eine deutsche politische Massenorganisation gründen wollte, würde sie schwerlich „Tannenberg" nennen – in Polen dagegen wächst in diesen Wochen die Vereinigung „Grunwald".

Was verbindet das Barockschloß am Bodensee, das Deutsche Haus in Marburg, das Deutsche Eck bei Koblenz, die Marienburg in Preußen und die Weichselbrücke in Krakau? Eine kurze Antwort könnte so lauten:

Der im Jahre 1190/98 als dritter unter den drei großen Kreuzzugsorden im Heiligen Land, nach den Templern und nach den Johannitern, gegründete Deutsche Orden hat ebenso wie die anderen Kreuzfahrerorden zahlreiche Schenkungen außerhalb seines ursprünglichen Aktionsgebietes erhalten, also außerhalb von Palästina. Aus vielen Stiftungen, bald auch aufgrund von Erwerbungen, entstanden nun kleinere und größere Besitzkomplexe, darunter am Bodensee, in Marburg und bei Koblenz. Ihre Aufgabe war es, durch die Erwirtschaftung von Überschüssen die Tätigkeit, für die der Orden gestiftet war, zu unterstützen, nämlich den Kampf gegen die Heiden, zunächst im Heiligen Land, später auch in Nordosteuropa, in Preußen und in Livland.

Hier kämpfte der Orden seit dem Jahre 1231 gegen die Heiden, und hier gelang es ihm, anders als im Heiligen Land, Herrschaft auf längere Dauer zu erwerben. Nachdem im Jahre 1291 das Heilige Land verloren war, nachdem also auch der Vorsteher des Ordens, der Hochmeister, seinen Sitz dort nicht länger haben konnte, wurde seine Residenz nach einer kurzen Zwischenzeit konsequenterweise dorthin verlegt, wo nun das Macht- und Besitzzentrum des Deutschen Ordens war, nach Preußen. Seit 1309 war die Marienburg Hochmeistersitz und Zentrum eines Herrschaftskomplexes, den man als Deutschordensstaat bezeichnet, trotz den Bedenken, welche die Verwendung des neuzeitlichen Ausdruckes Staat in einem solchen Zusammenhang erwecken muß.

Dieser preußische Ordensstaat wurde ungeachtet seiner eigentümlichen Strukturen, trotz der Tatsache, daß der Orden ursprünglich nur die Heiden niederkämpfen und die Mission militärisch absichern sollte, mit fortschreitender Zeit in Osteuropa dennoch zu einem Staat unter anderen Staaten mit den typischen Konflikten als Folge, die sich aus der konkurrierenden Expansion benachbarter Staaten ergeben. In diesen Konflikten, insbesondere mit Polen, liegt eine wichtige, wenn auch nicht die einzige Ursache dafür, daß der Ordensstaat schließlich zugrundeging: definitiv im Jahre 1525, nachdem der Orden schon im Jahre 1466 den wertvolleren Teil seines preußischen Territoriums an Polen verloren hatte. Im Jahre 1525 wurde der noch verbliebene preußische Ordensstaat säkularisiert, der letzte Hochmeister, Albrecht von Brandenburg, wurde Herzog und schwor dem polnischen König den Lehnseid. 1561 ging dem Orden auch Livland verloren.

Die außerpreußischen Besitzungen des Ordens blieben jedoch erhalten, bis in die napoleonische Zeit, wie man ja auch an den eingangs genannten Gebäuden sehen kann. Ein Teil der Ordensbesitzungen und des Ordens hat sogar diese Zeit überdauert. Der Orden besteht, in veränderter Form, noch heute in Österreich, in der Bundesrepublik Deutschland und in Süd-Tirol sowie als evangelischer Orden in den Niederlanden.

Der ehemalige preußische Ordensstaat, das säkularisierte Herzogtum Preußen, dagegen wurde aufgrund des Zufalles, daß der letzte Hochmeister ein Hohenzoller war, zu einem zentralen Bestandteil der brandenburg-preußischen Monarchie. Im 19. Jahrhundert hat man sich in Preußen darum bemüht, die Erinnerung an die mittelalterliche Vergangenheit der damaligen Provinzen Ost- und Westpreußen in die Tradition des eigenen Staates hineinzunehmen. Zunächst in Preußen, später, namentlich nach dem Ersten Weltkrieg, in Deutschland überhaupt, wurde die Geschichte des Deutschen Ordens und seines preußischen Staates zu einem zentralen Teil des deutschen nationalen Geschichtsbildes, während in Polen die Erinnerung an den Deutschen Orden zu einer die eigene historisch-politische Tradition befestigenden übermächtigen negativen Vorstellung geformt wurde, bis hin zur Benennung jener eben erwähnten Brücke.

Der Vorsatz, in den folgenden Kapiteln eine ausführlichere Darstellung zu geben, wird von Schwierigkeiten behindert, die genannt werden müssen, weil sie sich nur teilweise überwinden lassen.

Wie schon die eben gegebene Skizze zeigt, hat man es bei der Geschichte des Deutschen Ordens mit vielen Jahrhunderten und mit einem weiten Gebiet zu tun: mit der Zeit von ca. 1200 bis zur Gegenwart, mit den meisten deutschen Landschaften, aber auch mit dem Heiligen Land, mit Polen, mit Litauen und einer Reihe von weiteren Ländern, in denen der Orden begütert war und aus denen, wenigstens zeitweise, auch seine Mitglieder kamen. Wer sich dennoch verständlich machen und nicht bloß einen Kreis von Spezialisten erreichen will, der muß auswählen und weglassen. Die folgenden Kapitel bevorzugen, wie das Inhaltsverzeichnis zeigt, deshalb die preußische Geschichte des Deutschen Ordens. Das ist jedoch nicht unbedenklich. Denn es besteht die Gefahr, auf diese Weise die eben schon genannte Tradition des 19. und frühen 20. Jahrhunderts, derzufolge der Deutsche Orden ein Phänomen vor allem der preußischen Geschichte gewesen ist, fortzusetzen.

Diese Tradition des 19., aber auch unseres Jahrhunderts, teilweise noch unserer Gegenwart, bietet eine weitere Schwierigkeit. Der Deutsche Orden ist im 19. Jahrhundert zu einem bevorzugten Gegenstand nicht nur der Geschichtswissenschaft, sondern auch der populären Literatur geworden. Noch heute werden, wenngleich seltener, emphatische Verherrlichungen besonders seiner preußischen Geschichte veröffentlicht, und ebenso, nicht nur in Polen, kaum weniger prononciert negative Urteile. Als Historiker steht man der Präsenz seines Gegenstandes in aktuellen historisch-politischen Diskussionen mit gemischten Gefühlen gegenüber. Auf der einen Seite wird man erschreckt von der mangelnden Fundierung positiver wie auch negativer Urteile, von der Distanz, die zwischen verbreiteten Urteilen und Behauptungen und dem, was sich sachlich verantworten läßt, besteht. Auf der anderen Seite hat man es bei Verherrlichungen oder ebenso zugespitzten Verurteilungen im Rahmen aktuell begründeter historisch-politischer Urteile mit einem vitalen Bezug zur Vergangenheit zu tun. Ist dieser Bezug nicht vorhanden, so klagen die Historiker über den „Verlust der Geschichte" im allgemeinen Bewußtsein.

Die ganz aktuelle Situation ist überdies durch etwas anderes gekennzeichnet: Wer sich, jedenfalls teilweise, mit der Geschichte eines Gebietes beschäftigt, das früher deutsch war und heute zu Polen gehört, sieht sich auf der einen Seite dem Verdacht ausgesetzt, er wolle das sich anbahnende bessere Verhältnis zwischen der Bundesrepublik Deutschland und Polen stören, während er auf der anderen Seite danach gefragt wird, ob seine Darlegungen wohl geeignet seien, ein Argument für die Grenzen von 1937 zu liefern. Doch solche Erwartungen bzw. Befürchtungen sind eine Schwierigkeit eigentlich doch nicht. Wer sich als Historiker nicht im Irrtum über das befindet, wozu ihn sein Beruf verpflichtet, der wird nicht erwarten, daß seine Äußerungen ohne Mißverständnisse in aktuellen politischen Auseinandersetzungen verwendbar seien. Soweit die folgenden Kapitel mit Rücksicht auf die gegenwärtige politische Diskussion geschrieben sind, polemisieren sie indirekt dagegen, daß die Geschichte der 1945 an Polen bzw. an die Sowjetunion gefallenen bis dahin deutschen Gebiete aus dem deutschen Geschichtsbewußtsein verschwindet. Sie polemisieren freilich ebensosehr dagegen, daß man die Geschichte dieser Gebiete bloß mit der Absicht behandelt, die 1945 geschaffenen Grenzen zu verändern, die Grenzen, diesmal nicht von 1914, sondern bloß von 1937 wiederzugewinnen.

Zur Rechtfertigung der Grenzen von 1914, von 1937 oder von 1945 trägt die Geschichte des Deutschen Ordens nichts bei. Wohl aber kann sie dazu helfen zu verstehen, warum die Grenzen zwischen Deutschland und seinen östlichen Nachbarn sich im hohen Mittelalter verändert haben und warum sie im 20. Jahrhundert umstritten waren oder sind.

Doch das wäre nur ein kleiner Teil dessen, wovon im folgenden die Rede sein soll. In der Hauptsache handelt dieses Buch vom Deutschen Orden im Mittelalter, also von einem Stück mittelalterlicher

Sozial- und meistens – aber nicht ausschließlich – Adelsgeschichte. Sein Gegenstand ist ferner ein spezielles Kapitel der Kirchengeschichte sowie – nicht nur im Hinblick auf Preußen – die Herrschafts- und Staatsbildung im hohen und im späteren Mittelalter.

Wie schon gesagt, nimmt die preußische Geschichte des Ordens einen größeren Teil des Buches ein, als ihr bei einer gleichförmigen, handbuchartigen Berücksichtigung aller Gebiete, in denen der Orden Niederlassungen hatte, und aller Jahrhunderte, in denen er existiert hat, zukommen würde. Ein Handbuch müßte auch in systematischer Hinsicht breiter angelegt sein. Es müßte hier nur am Rande oder gar nicht berücksichtigte Aspekte hinzunehmen und z. B. nach der besonderen Spiritualität des Deutschen Ordens fragen, nach seiner kulturgeschichtlichen Bedeutung, nach seinen Burgen.

Ein Handbuch, das sich überdies von einem einzelnen Autor nur in langer Zeit und nicht in jenen Nebenstunden schreiben ließe, die sich ein Hochschullehrer heute allenfalls für Dinge freimachen kann, zu denen er nicht genötigt ist, wollen die folgenden Kapitel nicht bieten. Sie rechnen auch nicht mit dem Spezialisten als Leser, sondern eher mit einem Publikum, das es einer weit verbreiteten Kulturkritik zufolge schon längst nicht mehr gibt, das jedoch nach aller Erfahrung dennoch existiert und, was sein Interesse an der Geschichte angeht, nicht selten auf sogenannte Sachbücher verwiesen ist. In gewisser Weise hat die Schreckensvorstellung von einem – erfreulicherweise noch ungeschriebenen – Deutschordens-Sachbuch nach dem Muster der bekannten Bände über Germanen, mittelalterliche Cäsaren oder Hansekaufleute den Anstoß zu diesem Versuch gegeben, die Geschichte des Deutschen Ordens ausnahmsweise nicht unter Spezialisten und nicht durch Detailstudien zu fördern, sondern sie vielmehr einem etwas größeren Leserkreis in ausgewählten Kapiteln, aber am Ende doch vielleicht im ganzen, verständlich zu machen.

Erstes Kapitel

Die Anfänge der Ritterorden und des Deutschen Ordens im Heiligen Land

Im Heiligen Land wurden zur Zeit und infolge der ersten Kreuzzüge die drei großen Ritterorden gegründet: der Templerorden, dann der Johanniterorden und schließlich als letzter der Deutsche Orden. So etwa könnte die kürzeste Beschreibung dessen lauten, was in diesem Kapitel dargestellt werden soll. Aber diese kürzeste Auskunft würde, ohne geradezu falsch zu sein, doch in die Irre führen. Sie würde den Eindruck erwecken, als seien damals in Palästina die großen Ritterorden planmäßig gegründet worden und als hätten sie sich dann in den nachfolgenden Jahrzehnten und Jahrhunderten konsequent weiterentwickelt. Doch so logisch der Zusammenhang zwischen Kreuzzug und Kreuzzugsorden, nämlich Ritterorden auch scheint: die Ritterorden sind keineswegs mit Notwendigkeit aus den Kreuzzügen entstanden.

Die drei großen Ritterorden gehörten zunächst vielmehr in eine größere Gruppe von geistlichen Gemeinschaften, die alle zur Zeit der ersten Kreuzzüge in Palästina gegründet wurden, teils als ganz neue Gründungen, teils aber auch als Niederlassungen, die von in Europa schon bestehenden geistlichen Gemeinschaften im Heiligen Land errichtet wurden. Die meisten dieser neuen Gemeinschaften sind klein geblieben, einige sind zu mittlerer Größe gewachsen, und drei sind groß geworden, eben die drei genannten Ritterorden. Aber das stand keineswegs von Anfang an fest, sondern war das Ergebnis eines längeren und vielgestaltigen Prozesses, auch erbitterter Kämpfe, nicht etwa der Heiden gegen die Ordensritter, sondern der geistlichen Gemeinschaften gegeneinander. Es war keineswegs von vornherein sicher, daß aus den Ritterorden, daß auch aus dem Deutschen Orden einmal etwas Dauerhaftes und Großes werden sollte.

Nachdem es den Teilnehmern des ersten Kreuzzuges in den Jahren

1097 bis 1099 gelungen war, große Teile des Heiligen Landes und am Ende auch Jerusalem zu erobern, hatten sie zugleich mit der herrschaftlichen Organisation der eroberten Gebiete, mit der Gründung also des Königreiches Jerusalem und der anderen Kreuzfahrerstaaten, auch eine kirchliche Organisation nach europäischem Vorbild geschaffen, obwohl es dort Kirchen schon gab. Die Kreuzfahrer waren zwar ausgezogen, das Heilige Land den Händen der Ungläubigen zu entreißen, aber sie fanden dort doch nicht nur Ungläubige vor, sondern auch Christen und kirchliche Organisationen: die Reste der byzantinischen, aber auch Anhänger und Geistliche orientalischer Kirchen, die in der ausgehenden Antike außerhalb des Imperium Romanum geblieben waren und die nun schon seit Jahrhunderten innerhalb islamischer Staaten existierten, wie z. B. die Jakobiten und die Nestorianer. Anders als die Kreuzzugspropaganda vorgab, wurden die christlichen Untertanen islamischer Staaten im allgemeinen nicht bedrängt. Die Verfolgungen unter dem von 996 bis 1021 regierenden Kalifen Hakim waren zwar fürchterlich, aber sie waren durchaus ungewöhnlich gewesen und ordnen sich im übrigen in einen umfassenden Komplex von auch die Mohammedaner nicht schonenden Maßnahmen dieses religiös fanatisierten Herrschers ein.

Zur Zeit der Kreuzzüge war das längst vorbei. Die orientalischen Christen hatten sich wieder gesammelt, und so fanden die Kreuzfahrer außer den zu bekämpfenden Heiden im Heiligen Land auch Christen vor, griechische, aber auch orientalische. Für die Kreuzfahrer waren diese orientalischen Kirchen fremd und beinahe unbegreiflich, aber auch die byzantinischen Christen standen ihnen nicht näher. Von ihnen waren sie durch die seit 1054 bestehende Spaltung zwischen der byzantinischen und der römischen Kirche sogar definitiv getrennt. Schon aus Glaubensgründen bestand also die Notwendigkeit, im Heiligen Land eine eigene kirchliche Organisation zu schaffen.

So entstanden nun in Palästina „lateinische" Erzbistümer bzw. Patriarchate und Bistümer, Pfarrkirchen, Klöster, Kollegiatstifter – ebenso wie sie in Europa auch existierten, und so kamen auch die politischen Probleme und Konflikte auf, mit denen es die entsprechenden kirchlichen Gemeinschaften in Europa zu tun hatten. Was man abgekürzt den Kampf zwischen Kirche und Staat nennt, aber richtiger den Kampf zwischen Kirchen und weltlichen Machtträgern nennen sollte, war ein Teil des politisch-religiösen Lebens in den Kreuzfahrerstaaten von Anfang an. Die weltlichen Herrscher versuchten, sich die Machtmittel der neugegründeten kirchlichen Anstalten zunutze zu machen, und diese bemühten sich darum, weltliche Macht anzusammeln und politisch selbständig zu sein. In dieser Hinsicht wie auch im Hinblick auf andere Strukturen stellten die Kreuzfahrerstaaten getreue Kopien dessen dar, was zur selben Zeit in Europa üblich war.

Aber die kirchlichen Gemeinschaften und Organisationen im Heiligen Land wiederholten nicht nur, was auch in den Heimatländern der Kreuzfahrer zu finden war, sondern sie weisen auch eigene Züge auf, die sich aus den besonderen Umständen ergaben, unter denen die Kreuzfahrer im Heiligen Land lebten, und zwar besonders diejenigen, die sich dort nicht dauernd niederließen, sondern nur ein Jahr oder zwei Jahre im Heiligen Land blieben, um dann wieder in ihre Heimat zurückzukehren.

Diese Kreuzfahrer oder Pilger brauchten zunächst, was der Fremde auch heute braucht, Unterkunft und Verpflegung, aber sie benötigten auch Menschen, die ihnen den religiösen Zweck ihrer Pilgerschaft zu erreichen halfen, sie brauchten jemanden, der sie, mit dem heutigen Modewort gesagt, religiös betreute, der ihnen also z. B. die Zahl der jeweils nötigen Gebete nannte und die Altäre, wo diese zu verrichten waren, der sie mit anderen zusammenschloß, die dasselbe vorhatten wie sie, und der sie auch vor den Gefahren der Fremde bewahrte.

Infolgedessen entstanden im Heiligen Land neben Bistümern und Klöstern auch Spitäler und religiöse Bruderschaften, wie es sie in Europa auch gab; aber im Heiligen Land war ihre Zahl angesichts der vielen Pilger doch so viel größer, daß sich das kirchliche Leben hier von dem in den Heimatländern der Kreuzfahrer beträchtlich unterschied.

Als sich in diesem Milieu ein französischer Ritter, Hugo von Payns (gestorben 1136), der Gründer des späteren Templer- und damit des ersten Ritterordens, im Jahre 1119 mit einigen gleichgesinnten Standesgenossen zusammenschloß, um mit ihnen zwar laikal, aber doch geistlich, nämlich unter Beachtung der drei großen mönchischen Gelübde, der Armut, der Keuschheit und des Gehorsams, zusammenzuleben und um zugleich anderen Pilgern zu helfen, nämlich sie auf der Straße von Jaffa nach Jerusalem militärisch zu schützen, da war dieser Zusammenschluß angesichts vieler anderer ähnlicher Gruppierungen nichts besonderes. Auch die doppelte Bestimmung: anderen zu helfen und zugleich durch ein geistliches Leben dem eigenen Seelenheil zu dienen, ist eine Grundstruktur geistlicher Gemeinschaften. Die von einer geistlichen Gemeinschaft anderen geleistete Hilfe bestand freilich bisher in der Regel in Krankenpflege und Beherbergung, nicht dagegen im Dienst mit der Waffe. Der militärische Dienst, geleistet von einer geistlich lebenden Laienbruderschaft, war etwas Neues. Ein Jahrhundert zuvor wäre er ganz undenkbar gewesen.

Die christliche Lehre und die Kirchen standen in den früheren Jahrhunderten demjenigen, der Waffen führte, mit Ablehnung gegenüber. Die Tötung des Feindes auch in der Schlacht, selbst bei Verteidigung, war nach kirchlicher Lehre eine Sünde, die der Buße bedurfte.

Jetzt, um 1100, hatte sich das Verhältnis der Kirche zum Krieg gewandelt. Das Aufkommen der Meinung, daß ein Krieg nicht nur nicht widerchristlich, sondern sogar religiös verdienstlich sein, ja daß es Heilige Kriege geben könne – das alles zusammen machte den Kreuzzug überhaupt erst möglich, führte aber auch auf den Kreuzzug hin, so daß Carl Erdmann in einem berühmten Buch diesen ganzen Komplex von Wandlungen des Denkens und des Glaubens unter der Überschrift ‚Die Entstehung des Kreuzzugsgedankens' zusammenfassen konnte.)

Wenn ein Krieg schon heilig sein kann, wenn ein Krieg religiös verdienstlich ist, wenn die Kirche zu ihm aufruft und wenn sie die Kämpfer segnet, dann scheint der Schritt zu einer geistlichen Kriegergemeinschaft klein zu sein. Und er scheint noch kleiner, wenn man bedenkt, daß die Umkehrung des Verhältnisses zwischen christlicher Religion und Krieg zu einer Verchristlichung des Kriegerberufs führte, zur Entstehung eines eigenen, durch eine besondere Ethik ausgezeichneten Rittertums. Der Schritt vom christlichen Ritter zum geistlichen Ritter, zum geistlich lebenden und doch die Waffen führenden Menschen scheint geradezu zwingend. Dennoch darf man die Schwierigkeiten nicht unterschätzen, die nicht nur Hugo von Payns und seine Ritter mit einer solchen Gründung hatten, sondern auch noch später die schon ausgeformten Ritterorden. Die Geschichte des Deutschen Ordens läßt das immer wieder erkennen.

Hugos von Payns kleine Gemeinschaft – angeblich bestand sie nur aus 10 Brüdern – stagnierte, ja sie wurde angefeindet. Es wurde ihr entgegengehalten, daß sich geistliches Leben und Kriegerberuf nicht miteinander vertrügen. Hugo mußte befürchten, daß seine Gründung weder wachsen noch Dauer haben, sondern nach kurzer Zeit untergehen würde – so wie ungezählte andere geistliche Gemeinschaften auch, von denen wir nichts oder so gut wie nichts wissen, weil sie keinen Bestand gehabt haben.

Die Gründe für die Schwierigkeiten Hugos sind leicht zu erkennen. Einmal ging die Umwertung des Kriegers im christlichen Verständnis nicht so glatt vonstatten, als daß damals geistlich lebende Krieger keinen Protest herausgefordert hätten. Die Zeit, wo das Kämpfen mit der Waffe eine Sünde gewesen war, lag erst wenige Jahrzehnte zurück, und die theologische Literatur, an der die gelehrteren unter den Geistlichen ausgebildet wurden und mit der sie arbeiteten, ging noch von den alten Wertungen aus. Ein Ritterorden mußte auf Widerstand stoßen.

Widerstand aber mußte ihm, zweitens, auch deshalb begegnen, weil er eine Neugründung war. Jede neugegründete geistliche Gemeinschaft hatte mit dem Mißtrauen der schon bestehenden Gemeinschaften zu rechnen. Falls sie Zulauf finden würde, dann bestand die Gefahr, daß dieser den schon bestehenden Gemeinschaften jedenfalls teilweise abgehen würde, und nicht nur das. Denn diejenigen, die einer geistlichen Gemeinschaft, einem Kloster oder einem Stift, zwar nicht selber beitraten, aber doch an deren religiösen Verdiensten teilzunehmen wünschten und ihr Geschenke machten, konnten sich nun, so war zu befürchten, als Stifter der neuen Gemeinschaft zuwenden und ihr Wohlwollen von den älteren Empfängern abziehen.

Hugo von Payns fand also Widerstand. Er sah den Untergang seiner Neugründung als eine unmittelbar bevorstehende Gefahr. In dieser Situation gelang es ihm, sich die Autorität eines Geistlichen von einzigartigem Ansehen zunutze zu machen. Hugo von Payns brachte Bernhard von Clairvaux auf seine und seiner neuen Gemeinschaft Seite.

Bernhard war in diesem Falle die beste Autorität, weil es ihm selber gelungen war, aus einer kleinen Gemeinschaft einen großen, die damalige christliche Welt umspannenden Orden, freilich einen Mönchsorden zu machen. Im Alter von etwa 22 Jahren war er mit 30 französischen Adligen, darunter seinen Brüdern, in ein damals neugegründetes Kloster eingetreten, das sich durch eine Erneuerung der monastischen Lebensweise demonstrativ vom Mönchtum seiner Zeit absetzen wollte und das daher seinerseits mit den eben genannten, für eine Neugründung typischen Schwierigkeiten zu kämpfen hatte. Als Bernhard von Clairvaux im Jahre 1153 starb, da hatte sich dieses Kloster nicht nur behauptet, sondern es war zur Urzelle und zum Zentrum eines Mönchsordens geworden, der damals über 300 Klöster in ganz Europa umfaßte, und zwar große Klöster. In Clairvaux, Bernhards Gründung, lebten bis zu 700 Mönche.

Bernhards Ansehen reichte über den – großen – Bereich seines eigenen Ordens weit hinaus. Später, 1146, als der zweite Kreuzzug vorbereitet wurde, war es vor allem seine Predigt, welche die Deutschen und ihren König, Konrad III., zur Teilnahme am Kreuzzug bewegte. Bernhard war es auch, dem die Ausdehnung des Kreuzzuges auf das an Norddeutschland angrenzende heidnische Gebiet, dem also der sogenannte Wendenkreuzzug zu verdanken ist. Bernhard war es, der den Kreuzfahrern hier für ihr Verhalten gegenüber den Heiden die Devise: Vernichtung oder Taufe mit auf den Weg gab.

Gegen Ende der zwanziger Jahre des 12. Jahrhunderts trat Bernhard mit seiner damals schon großen Autorität zugunsten der neuen Templergemeinschaft ein, in einer Schrift, die er ‚De laude novae militiae‘, vom Lob der neuen Ritterschaft, der neuen Kriegergemeinschaft, betitelte.

Ebenso wie Bernhard von Clairvaux bei der Begründung seines eigenen neuen Mönchsordens gegen Luxus und Reichtum angekämpft, ebenso wie er dort den moralischen Verfall aus dem Überfluß abgeleitet hatte, so stellte er nun auch hier den verweichlichten, üppigen dem Askese mit militärischer Tüchtigkeit verbindenden wahren Ritter gegenüber. Bernhard polemisiert gegen die Überwürfe, mit denen die Ritter sich und ihre Pferde behängen, gegen die Edelsteine, mit denen sie Waffen und Sporen schmücken. Solche Accessoires, schreibt Bernhard, tragen nicht nur nichts zur militärischen Effektivität bei, sondern sie mindern diese vielmehr. Ihr dagegen, so redet

Bernhard die mißratenen Ritter an, ihr laßt euer Haar lang wie die Frauen wachsen, ihr schränkt durch lange, weite Gewänder eure Bewegungsfreiheit ein und verbergt eure feinen zarten Hände in überweiten Ärmeln, die lose um euch herumhängen. An den Tempelrittern dagegen gefielen ihm und lobte er als *nova militia:* Disziplin und Gehorsam. Damit war dem Luxus die entscheidende Schranke vorgeschoben. Denn, so schreibt Bernhard: Jeder trägt die ihm zugeteilte Kleidung, keiner besorgt sich Nahrung oder Kleidung nach eigenem Gutdünken. Dies alles wird zugeteilt, und zwar knapp. Man gibt sich mit dem Notwendigsten zufrieden und meidet das Überflüssige. Die neuen Ritter sind laut Bernhard gehorsam, sie leben ohne Frauen und Kinder, sie sind arm und egalitär, rauhe und offensichtlich etwas ungepflegte Kriegsgesellen. Denn, so lobt der Autor die neuen Ritter: niemals übertrieben gekleidet, baden sie selten. Sie sind schmutzig und behaart, d. h. unrasiert, bärtig, und ihre Haut erscheint gebräunt vom Tragen des Kettenhemdes und von der Sonne.

Diese Schrift, die im übrigen ein wenig schmeichelhaftes Bild des normalen Kreuzzugteilnehmers gibt – Bernhard bezeichnet ihn als eine im Zweifelsfall kriminelle Gestalt – eröffnete mit der Proklamierung des Tempelritters als des wahren Kreuzfahrers die Möglichkeit, daß die ganze Dynamik der damals noch jungen Kreuzzugsbewegung den Templern zugute kam. Und da gleichzeitig mit der Schrift Bernhards und in seiner Anwesenheit die Regel der Templer fixiert wurde – jene Ordensverfassung, die am Ende des Jahrhunderts auch der Deutsche Orden übernehmen sollte – und da die neue Gemeinschaft nunmehr endgültig etabliert war, begann jetzt ein rascher Aufstieg des Ritterordens, ein Aufstieg, wie er charakteristisch auch für andere geistliche Gründungen war, die zu ihrer Zeit einem aktuellen Bedürfnis entgegenkamen. Der schnelle Aufstieg der Templer ist durchaus mit dem raschen Wachstum des Zisterzienserordens, von Bernhards eigenem Orden also, zu vergleichen.

Und auch die beiden Erscheinungsformen dieses Aufstiegs sind identisch: Die neue Gemeinschaft gewinnt zugleich Anhänger und Besitz. Viele Adlige werden Mitglieder, und eine noch größere Anzahl von ihnen stiftet Land und Eigentum. Überall in Europa entstehen nun Wirtschaftszentren der Templer, zusammengefaßt mit Hilfe von Organisationsformen, wie sie später auch der Deutsche Orden haben wird, auch in Deutschland, und zwar nicht nur im Westen und im Süden, sondern auch in den nordöstlichen Regionen, die damals erst christianisiert und von Deutschen besiedelt wurden. Ein spätes Beispiel dafür ist ein Ort, der wie manche andere seinen Gründer und einstigen Besitzer schon im Namen erkennen läßt: das bis vor einigen Jahren durch seinen Flughafen und nun als Berliner Stadtteil bekannte Dorf Tempelhof.

Der rasch gewachsene Besitz der Templer wurde in der Frühzeit des Ordens tatsächlich für das genutzt, wozu der Orden gestiftet war: für den Krieg gegen die Heiden im Heiligen Land. Der zweite Kreuzzug (1147–1149), für den sich Bernhard von Clairvaux so nachdrücklich eingesetzt hatte, brachte auch dem von Bernhard geförderten Templerorden die militärische Bewährungsprobe. Soweit der, überwiegend erfolglose, Kreuzzug überhaupt zu positiven Ergebnissen für die Kreuzfahrer führte, war das vor allem den Templern zu verdanken, deren Ansehen in allen europäischen Ländern nun wuchs, zu weiterem Wachstum des Ordens führte und zum Ausbau seiner Selbständigkeit innerhalb der kirchlichen Hierarchie.

Erst mit dieser Selbständigkeit war jene Organisationsstruktur vollendet, die der Deutsche Orden im Augenblick seiner Gründung schon vorfand und die er sich in kurzer Zeit zu eigen machen konnte.

Man hat es auch hier mit einem Problem nicht nur von Ritterorden, sondern überhaupt von neuen kirchlichen Gemeinschaften zu tun. Ihr Platz innerhalb der kirchlichen Hierarchie, vor allem ihr Verhältnis zum Ordinarius, zum Bischof, mußte bestimmt werden.

Die Kirche – nur die Kirche – hatte im Mittelalter ein straffes und lückenloses Organisationsschema verwirklicht: Die christlichen Länder waren in Diözesen aufgeteilt, in denen der Bischof jeweils die höchste geistliche Autorität und vor allem der höchste Kirchenrichter war. Doch konnte dieses, an sich lückenlose System damit durchlöchert werden, daß der Papst einzelne geistliche Einrichtungen oder Gemeinschaften sich unmittelbar unterstellte, daß er ihnen gegenüber also nicht die letzte, sondern schon die erste Instanz darstellte, daß er sie aus dem Kompetenzbereich des Bischofs herausnahm oder, mit dem einschlägigen Fachwort gesagt: eximierte.

Die Gründe für eine solche Exemtion können in einer bestimmten politischen oder kirchenpolitischen Situation liegen. Ein eben reformiertes Kloster z. B. kann die Exemtion anstreben, weil es die Laxheit oder Bestechlichkeit des zuständigen Bischofs als eine Gefahr für die Aufrechterhaltung des reformierten Zustandes ansieht. Eine Exemtion kann aber auch deshalb angezeigt sein, weil die aus der Bischofsgewalt hinausstrebende Gemeinschaft nicht nur in einem Bistum vertreten ist, sondern in vielen Diözesen, und weil sie von daher gehindert wird, sich ihrerseits straff zu organisieren.

Bei einem schnell wachsenden Ritterorden mußte also das Bedürfnis nach Exemtion bald entstehen, aber dieser Wunsch mußte mit ebensolcher Notwendigkeit auf Widerstände stoßen. Denn jede Exemtion minderte die Macht des Bischofs, weil ihm Kompetenzen und Einnahmerechte entzogen wurden. Im Falle des Templerordens wie auch des Johanniterordens auf der einen Seite und andererseits des durch deren Exemtion am meisten geschädigten Bischofs, nämlich des Patriarchen von Jerusalem, kamen der große Besitz und das große Machtpotential, über die Templer und Johanniter im Heiligen Land verfügten, hinzu. Die Ritterorden waren hier die einzige ständige militärische Kraft im Lande. Sie mußten nicht erst aufgeboten oder gar aus Europa herangeholt werden. Sie standen immer zur Verfügung. Waren sie aus dem Amtsbereich des Patriarchen von Jerusalem herausgenommen, so hatte dieser nicht bloß etwas verloren, sondern sehr viel. Und umgekehrt: Welche Chance bedeuteten für den Patriarchen von Jerusalem, für einen anderen Bischof oder auch für einen weltlichen Machthaber die Machtmittel der Ritterorden, wenn es ihm nur gelang, sie sich dienstbar zu machen – und welche Gefahr, wenn dieses Potential in die Hand des Gegners geriet! Die entsprechende Situation läßt sich auch in jenen Jahren feststellen, da der Deutsche Orden sich in Preußen festsetzte. So wie dort der Bischof Christian, versuchte hier der Patriarch von Jerusalem, den neuen Ritterorden, den Templerorden, sich und seinem Amt dienstbar, aus ihm einen Diözesanorden zu machen. Aber gelungen ist ihm das nicht. Der Templerorden wurde ein universaler Orden, herausgelöst aus dem Amtsbereich des Patriarchen von Jerusalem und aller Bischöfe – mit nicht abreißenden intern kirchlichen Konflikten als Folge.

In der zweiten Hälfte des 12. Jahrhunderts hatte sich also der Templerorden fest etabliert: als eine geistliche Gemeinschaft, deren Mitglieder die mönchischen Gelübde mit dem Kriegerberuf verbanden.

Ihre Aufgabe war der militärische Kampf gegen die Heiden. Sie kamen diesem Beruf als eine universale kirchliche Organisation nach, mit großem Besitz in allen europäischen Ländern und mit einem starken Machtzentrum dort, wo der Heidenkampf zu führen war, im Heiligen Land. Nur wenig später entstand aus einem Pilgerhospital im Heiligen Land der zweite große Ritterorden, der Johanniterorden. Seine Mitglieder nahmen zu ihrer ursprünglichen Aufgabe, der Krankenpflege, den Heidenkrieg nach dem Vorbild der Templer hinzu. Beide Orden glichen sich in vieler Hinsicht einander an.

Als nun, Ende des 12. Jahrhunderts, der dritte Ritterorden, der Deutsche Orden, entstand, waren also die Organisationsmuster, denen er sich angleichen konnte, schon ausgebildet. Infolgedessen ist der Weg von der kleinen Laiengemeinschaft zum großen universalen Orden beim Deutschen Orden auch nicht so lang wie bei den Templern und bei den Johannitern. Aber auch für die Entstehungsgeschichte dieses Ordens gilt, was die Frühgeschichte der Templer zeigt: Die neue Gemeinschaft wächst nicht von selbst, sondern muß sich gegen eine Vielzahl von Widerständen und gegen die Konkurrenz ähnlicher Vereinigungen durchsetzen.

Die Anfänge des Deutschen Ordens sind denen der Johanniter ähnlich, denn auch hier steht am Beginn ein Pilgerhospital im Heiligen Land. Es ist freilich umstritten, um welches Hospital es sich dabei handelt. Es gibt zwei Hospitäler, die als Urzelle des Deutschen Ordens gelten können.

Das ältere war ein von Deutschen und für Deutsche vor der Mitte des 12. Jahrhunderts begründetes Hospital in Jerusalem. Dieses Hospital ist bald gewachsen und hat sich fortentwickelt, wie andere Hospitäler auch. Es erhielt eine eigene Kirche, und es gliederte sich ihm eine Bruderschaft von Laien an, welche die Pflege der Hospitalinsassen übernahmen – auch dieses wie bei anderen Spitälern, im Heiligen Land und in Europa.

Wie schnell das Spital gewachsen ist, läßt sich nicht genau sagen. Aber klein kann es schon bald nach seiner Gründung nicht mehr gewesen sein, denn in zwei Papsturkunden aus dem Jahre 1143, in denen dieses Hospital überhaupt zum ersten Mal bezeugt wird, hören wir, daß es im Streit mit den Johannitern liege um Besitz in Jerusalem und in Deutschland. Das deutsche Spital war also mit einem Konkurrenten zusammengestoßen – die Johanniter waren damals noch eine Spitalbruderschaft und kein Ritterorden. Die Ursache eines solchen Streites ist leicht zu erschließen. Beide Hospitäler lebten von Almosen. Und die Almosensammler mußten notwendigerweise miteinander in Konkurrenz geraten.

Diese erste Nennung des deutschen Spitals in Jerusalem hätte zugleich auch sein Ende anzeigen können, denn der Papst unterstellte das Spital damals, 1143, den Johannitern. Diese bemühten sich auch sonst um die Einverleibung von Hospitälern im Heiligen Land, und sie beabsichtigten in diesem Falle wohl auch, in Deutschland Besitz zu gewinnen, wo sie noch nicht begütert waren. Ein sich womöglich schnell weiterentwickelndes selbständiges deutsches Spital in Jerusalem hätte eine Ausdehnung der Johanniter nach Deutschland behindert, weil es dort natürlich größere Chancen als diese gehabt hätte, Schenkungen zu empfangen.

Was in den folgenden Jahren mit diesem deutschen Spital in Jerusalem geschah, ob und wie sich die Unterstellung unter den Johanniterorden ausgewirkt hat, darüber wissen wir nichts. Jedenfalls bestand das Spital fort, unsicher ist nur, in welcher Verfassung. Man könnte sich damit begnügen, daß diese Frage im Jahre 1187, als Jerusalem den Kreuzfahrern verlorenging und wieder in islamische Hand geriet, irrelevant wurde. Mit dem Verlust Jerusalems hörte dort zwar nicht der christliche Kult auf, wohl aber konnte nun ein christliches Hospital zur Pflege von Kreuzfahrern hier nicht weiter existieren. Aber ganz ist diese Niederlage von 1187 doch nicht zugleich auch das Ende des deutschen Spitals gewesen. Denn, wie schon die Urkunde von 1143 zeigt, das Deutsche Hospital hatte Besitz auch in Europa, nämlich in Deutschland. Die aus Jerusalem vertriebenen Spitalbrüder waren also nicht mittellos. Ihre Gemeinschaft konnte fortbestehen, wenn auch vielleicht unter der Oberhoheit der Johanniter, unter der die Brüder des deutschen Spitals von Jerusalem ja seit 1143 stehen sollten.

Was tatsächlich aus den Überresten dieses deutschen Spitals geworden ist, läßt sich nicht klären, ohne daß man eine jüngere geistliche Spitalgemeinschaft zur Kenntnis nimmt, eben jenes schon genannte zweite Spital, aus dem der Deutsche Orden dann tatsächlich hervorgegangen ist, während sein Verhältnis zu jenem älteren deutschen Spital, das in Jerusalem im Jahre 1187 unterging, nicht sicher ist.

Bei der zweiten Spitalgemeinschaft handelt es sich um eine Gründung aus dem Jahre 1189 oder 1190. In den unmittelbar auf den eben schon erwähnten Fall Jerusalems folgenden Kämpfen, deren Ziel die Rückeroberung der heiligen Stadt war und die dann in den dritten Kreuzzug übergingen, jenen Feldzug, auf dem Kaiser Friedrich Barbarossa den Tod fand, wurde in Akkon ein sogenanntes Feldspital gegründet, ein Spital also unmittelbar neben dem Kriegsschauplatz. Die Gründer waren wiederum Deutsche, und zwar Kaufleute aus Lübeck und Bremen.

Als diese Kaufleute wieder in ihre Heimat zurückkehrten, blieb das Spital bestehen – begreiflicherweise, denn der Krieg ging ja weiter, und da war jede derartige Einrichtung von Nutzen. Aber es kam hinzu, daß ein Angehöriger des staufischen Königshauses sich für die neue Gründung interessierte. Wiederum wurde dem Spital eine festere Organisation gegeben, wiederum wurde eine Bruderschaft von Laien gegründet, die es betreiben sollte.

Es scheint nun, daß dieses jüngere Spital von deutschen Adligen und Fürsten nachhaltig gefördert wurde, daß es schnell Besitz im Heiligen Land erhielt, daß ihm insbesondere in der Mittelmeerpolitik Kaiser Heinrichs VI. und des staufischen Hauses überhaupt eine wichtige Rolle zugedacht wurde. Schon im Jahre 1196 erhielt die Spitalsbruderschaft ein großes päpstliches Privileg, das sie weitgehend von den bischöflichen Befugnissen befreite und ihr insbesondere die freie Wahl des Vorstehers, des Meisters, zusicherte.

Angesichts der großen Bedeutung, welche der Exemtion in einem solchen Falle zukam (vgl. oben S. 24f.), wird man sagen können, daß die neue Gemeinschaft in wenigen Jahren, von 1189/90 bis 1196, den größeren Teil des Weges von der kleinen Bruderschaft zum Orden zurückgelegt hatte. Auch daran läßt sich erkennen, daß größere politische Interessen hinter diesem Vorgang gestanden haben müssen.

Im folgenden Jahr ergab sich hier jedoch ein jäher Wechsel infolge des Todes von Kaiser Heinrich VI. Wie in Deutschland und Italien, so erlitt die staufische Politik auch im Heiligen Land nun einen tiefen Einbruch. Im Falle des neuen Spitals scheint es immerhin zu einer Art

Die Gründung des Deutschen Ordens

von Konsolidierung des damaligen Zustandes gekommen zu sein. Im März 1198 fand in Akkon eine Versammlung von hohen palästinensischen Geistlichen und vornehmen deutschen Kreuzfahrern statt, die sich jetzt, angesichts der Nachricht vom Tode des Kaisers, schleunigst nach Hause begeben wollten. Sie baten den Papst in einer Bittschrift, die bisher nur mit der Spitalpflege betraute Bruderschaft auch mit dem Heidenkampf zu beauftragen. Der Papst sollte also aus der 1189/90 in Akkon begründeten Gemeinschaft einen Ritterorden machen, und zwar nach dem Muster der Templer. Der neue Orden sollte, soweit er mit dem Heidenkampf beauftragt war, die Templerregel erhalten, jene Norm also, die unter der Mitwirkung Bernhards von Clairvaux als die erste Regel eines Ritterordens entstanden war (vgl. oben S. 23). Im Hinblick auf die Krankenpflege, so hieß es weiter, würden sich die Brüder an die Johanniterregel halten. Ein Jahr später, im Jahre 1199, hat Papst Innozenz III. diese Bitte erfüllt. Damit war der Deutsche Orden entstanden.

Aber das ist auch beinahe schon das einzige, was man über die erste Zeit des neuen Ritterordens mit Sicherheit sagen kann. Denn die Zahl der Quellen ist nicht nur gering, sondern diese wenigen Quellen sind auch in vieler Hinsicht verdächtig.

Verdächtig sind die erzählenden Quellen, weil deren erst Jahrzehnte später schreibenden Autoren oft schon die sichere Kenntnis fehlte, vor allem aber weil sie bestimmte Absichten verfolgten, wie besonders der Verfasser des für die Frühgeschichte wichtigsten Textes, der innerhalb des Ordens in der Mitte des 13. Jahrhunderts, also knapp ein halbes Jahrhundert später entstandenen ‚Narratio de primordiis ordinis Theutonici'. Die Erzählung von den Anfängen des Deutschen Ordens entstand zur Zeit heftiger Auseinandersetzungen mit den Johannitern. Sie teilt die Tatsachen so gefiltert mit, daß sie in diesem Streit nicht zu Ungunsten des Deutschen Ordens verwendet werden konnten.

Nicht weniger problematisch sind die frühen Urkunden des Ordens. Unter ihnen befinden sich einige Fälschungen, die zunächst, also bei Beginn der wissenschaftlichen Arbeit mit ihnen, nicht als solche erkannt wurden. Aber auch die echten Urkunden sind keine ungetrübten Quellen der Wahrheit. Das wird oft verkannt, nicht nur im Zusammenhang der Deutschordensgeschichte, aber hier sind die speziellen Probleme, welche auch echte mittelalterliche Urkunden aufwerfen können, von besonderem Gewicht.

Wenn z. B. dem Papst ein Bittsteller aus dem Heiligen Land oder aus Preußen gegenübertritt, dann kann er nicht immer nachprüfen, was ihm zur Begründung der Bitte vorgetragen wird. Und daraus wiederum folgt, daß ein Urkundenaussteller, der Papst oder ein anderer, sich nicht voll für das verbürgen kann, was in seiner Urkunde steht. Er hätte zwar den Bittsteller zurückweisen und einen Brief dorthin schreiben können, wo die erbetene Urkunde sich auswirken sollte, aber Brief und Rückantwort hätten mehrere Monate gebraucht. Wenn der Papst oder ein anderer Urkundenaussteller also Gründe hatte, die erbetene Urkunde zu gewähren, mußte er davon ausgehen, richtig unterrichtet worden zu sein, oder seinen Zweifel unterdrücken.

Denn in einer Urkunde steht ja nicht nur die Entscheidung des Urkundenausstellers, sondern auch ein Bericht über den Sachverhalt, der der Entscheidung zugrundeliegt, und dieser Sachverhalt muß entsprechend dem eben Gesagten im wesentlichen so dargestellt werden, wie ihn derjenige, der die Urkunde erbeten hat, referiert. Das aber ist nicht erst eine nachträgliche Einsicht, sondern war demjenigen, der eine Urkunde haben wollte, wohlbekannt. Er wird demjenigen, den er um eine Urkunde bat, zwar keine offensichtlichen Lügen zugemutet haben, aber schwer oder gar nicht durchschaubare Unwahrheiten unter Umständen doch. Ja er wird sich vielleicht den Aussteller der gewünschten Urkunde schon so ausgesucht haben, daß dieser den unwahren Sachverhalt, den er vielleicht in einer Urkunde festgehalten wissen wollte, nicht nachprüfen konnte. So jedenfalls ist der Deutsche Orden offensichtlich bei der Entstehung einiger seiner frühen Urkunden vorgegangen.

Ein Beispiel dafür ist eine Urkunde des Königs Andreas II. von Ungarn aus dem Jahre 1211 (vgl. unten S. 68f.). In diesem Dokument wird vor der Entscheidung des Ausstellers eine kurze Skizze der bisherigen Geschichte des Deutschen Ordens gegeben. Die Urkunde spricht von den Kreuzrittern, den *cruciferi*, die zum Marien-Hospital der Deutschen gehörten, das einstmals in Jerusalem gewesen sei, nun aber in Akkon liege. Diese Urkunde sagt also, daß das 1189/90 in Akkon gegründete deutsche Spital, aus dem dann 1198/99 der Deutsche Orden wurde, identisch sei mit dem älteren deutschen Marienspital in Jerusalem, das dort im Jahre 1187 zugrunde ging. Die Urkunde behauptet also beiläufig, daß 1189/90 in Akkon gar nichts Neues gegründet, sondern nur etwas Altes fortgesetzt wurde, daß der Deutsche Orden oder jedenfalls sein unmittelbarer Vorgänger nicht erst im ausgehenden 12. Jahrhundert gegründet wurde, sondern früher, nämlich schon vor 1143.

Es gibt moderne Historiker, die das mit Berufung auf diese Urkunde und auf einige andere Zeugnisse auch meinen, während andere gegenteiliger Ansicht sind. Sie müssen erklären, wie diese Erzählung in die Urkunde des ungarischen Königs kommt. Die Antwort lautet: Die kommt daher, daß der Deutsche Orden dem ungarischen König diese Geschichte erzählt hat, weil er damals daran interessiert war, als identisch mit dem einstigen deutschen Spital in Jerusalem angesehen zu werden.

Die Gründe für ein solches Interesse sind leicht zu erkennen. Denn, wie schon gesagt, war das deutsche Spital mit dem Fall der heiligen Stadt im Jahre 1187 sicherlich nicht ganz untergegangen. Einige Brüder werden die Katastrophe überlebt haben, und der Besitz der Gemeinschaft außerhalb von Jerusalem, vor allem in Deutschland, bestand sicherlich fort. Der Deutsche Orden hat sich diesen Besitz wohl zu eigen machen wollen, und das ist ihm auch gelungen. Er mußte dabei freilich mit großer Vorsicht zu Werke gehen, weil das alte Spital ja (vgl. oben S. 26f.) dem Johanniterorden unterstellt worden war. Eine Behauptung des Deutschen Ordens, bloß ein Fortsetzer der alten Spitalsbruderschaft zu sein, hätte die Johanniter auf den Plan gerufen, die ihm ohnehin als einem jüngeren Konkurrenten mit Mißtrauen gegenüberstanden und gleich nach seiner Gründung mit ihm in Streit geraten waren. Hätte sich das neue Spital einfach als Fortsetzer des alten ausgegeben, so hätte es den Johannitern den größten Gefallen getan. Der Deutsche Orden mußte also vorsichtig operieren, wenn er sich um den Besitz des alten Spitals bemühte, und als das Resultat einer entsprechend sorgfältigen Operation kann man wohl die Tatsache verstehen, daß der ungarische König in der eben genannten und in einer weiteren Urkunde den Deutschen Orden mit dem alten Spital identifizierte. Denn davon brauchten auf der einen Seite die Johanniter nichts zu erfahren – bei einer Urkunde z. B. des

Königs von Jerusalem wäre das anders gewesen –, während der Deutsche Orden nun auf der anderen Seite immerhin einen urkundlichen Beleg für seine Ansprüche in der Hand hatte, der ihm in Zukunft einmal nützlich werden konnte, falls er in rechtliche Schwierigkeiten wegen der Übernahme von Besitz des alten Jerusalemer Spitals geraten würde.

Es gibt noch einige andere Zeugnisse, die ähnlich zu interpretieren sind, wenn auch nicht mit Sicherheit. Klarer wird die Situation erst einige Jahrzehnte später: im Jahre 1229. Damals schenkte Kaiser Friedrich II. als König von Jerusalem dem Deutschen Orden jenes Haus, das einst, so sagt die Urkunde, die Deutschen in Jerusalem vor dem Verlust des Heiligen Landes besessen hätten. Friedrich II. schenkt dem neuen Deutschen Orden von Akkon also das alte Spital der Deutschen in Jerusalem, jenes Spital, von dem der König von Ungarn schon früher behauptet hatte, daß der Deutsche Orden aus ihm hervorgegangen sei. Was der Orden im Jahre 1211 nur mit großer Vorsicht und gewissermaßen insgeheim getan hatte, das tat er nun öffentlich. Mußte er nicht auch jetzt die Ansprüche der Johanniter fürchten? Das mußte er in der Tat, und die Johanniter ließen auch nicht auf sich warten. Kaum hatte der Kaiser dem Deutschen Orden das alte Spital geschenkt, da verklagten die Johanniter ihn auch schon beim Papst. Sie beriefen sich auf die Urkunde von 1143 (vgl. oben S. 26f.), der zufolge die Jerusalemer Spitalbruderschaft ein Teil des Johanniterordens war, und beantragten die Oberaufsicht über den Deutschen Orden. Der freilich konnte dieser Gefahr jetzt einigermaßen ruhig ins Auge sehen, denn die politische Situation hatte sich in den letzten Jahren geändert, und er selber war ein anderer geworden.

Die im Jahre 1199 zum Ritterorden erhobene Gemeinschaft von Akkon hatte in den nächsten Jahren offensichtlich nur eine bescheidene Existenz geführt und allenfalls langsam an Besitz und Mitgliedern zugenommen. Der Grund dafür ist leicht zu erkennen: Es ist der Thronstreit nach dem Tode Heinrichs VI., die Schwäche des staufischen Königtums, dem der neue Orden seine Entstehung vor allem zu verdanken gehabt hatte.

Diese Periode einer schwachen Königsgewalt endete in den Jahren 1212 bis 1215, als es Friedrich II. gelang, sich gegen seine Konkurrenten durchzusetzen.

Die Konsolidierung des Deutschen Ordens

Es ist sicherlich nicht nur eine Frage der Überlieferung, sondern Ausdruck der tatsächlichen Vorgänge, wenn wir von nun an wieder mehr vom Deutschen Orden hören. Es ist keine Frage, daß nun, nach Jahren der Stagnation, tatsächlich der schnelle Aufstieg des Deutschen Ordens beginnt, daß sein Besitz und die Zahl seiner Mitglieder wachsen, nicht zuletzt infolge der Konsolidierung der Stauferherrschaft. Wie schon in den ersten Jahren des neuen Ordens versuchten die Staufer auch jetzt, diese Gemeinschaft in ihre umfassende Mittelmeerpolitik einzubauen. Aber der Deutsche Orden profitierte nicht nur davon. Er zog Nutzen auch daraus, daß sein Vorsteher ein enges persönliches Verhältnis zu Kaiser Friedrich II. hatte, daß er einer von dessen wichtigsten Beratern und zugleich am päpstlichen Hofe wohl angesehen war. Dieser Hochmeister, Hermann von Salza (1210–1239), hat in den heftigen Auseinandersetzungen zwischen Kaiser und Papst oft vermittelt. Sein Orden hat davon erheblichen Nutzen gehabt.

Mit der Amtszeit Hermanns von Salza ist die Gründungsperiode des Deutschen Ordens abgeschlossen. Der neue Ritterorden konnte nun auch hoffen, sich gegen die Johanniter zu behaupten, und das ist ihm gelungen. Und es glückte ihm ebenfalls, sich gegen den anderen älteren Konkurrenten durchzusetzen, gegen die Templer, von denen er große Teile seiner Regel übernommen hatte.

Nicht aus diesem Grunde, wohl aber deshalb, weil er auch die Tracht der Templer übernommen hatte, den weißen Mantel mit dem schwarzen Kreuz, geriet der Deutsche Orden mit seinen älteren Rivalen in Streit. Die Templer wehrten sich dagegen, begreiflicherweise. Denn wenn in der Schlacht die einen Ritter von den anderen nicht sicher zu unterscheiden waren, dann konnten sich die einen später den Ruhm und Erfolg der anderen zuschreiben und einen größeren Anteil an der Beute beanspruchen, als ihnen zukam. Aber die Templer konnten sich nicht durchsetzen. Die Deutschordensritter behielten ihren weißen Mantel mit dem schwarzen Kreuz, den die Deutschordenspriester noch heute tragen.

Die Konsolidierung des Ordens erweist sich auch an der Festigung seines Namens. Für die Frühzeit des Deutschen Ordens kann man nicht mit Sicherheit sagen, wie er sich selber bezeichnet hat. Fest steht jedenfalls, daß er weder damals noch später so bezeichnet wurde, wie er in der modernen Literatur oft genannt wird, nämlich Deutscher Ritterorden, lateinisch: *ordo equestris, ordo militaris Theutonicorum* oder ähnlich. So hieß der Deutsche Orden niemals, und so sollte man ihn um der Genauigkeit willen auch nicht nennen, zumal es später einen Deutschen Ritterorden gegeben hat. Denn als der Deutsche Orden nach dem Ende der napoleonischen Zeit in Österreich neu begründet bzw. reorganisiert wurde, da erhielt er den Titel Deutscher Ritterorden. Wenn man vom Deutschen Ritterorden spricht, redet man also von der Zeit zwischen 1835 und dem Ende des Ersten Weltkrieges.

Im Mittelalter dagegen führte der Orden einen Namen, der seine Entstehung aus einem Hospital zu erkennen gibt. Die Titulatur wechselt, es gibt verschiedene Formulierungen, aber der Inhalt ist derselbe. Die Brüder heißen z. B.: *Fratres hospitalis sanctae Mariae Theutonicorum Ierosolimitanorum:* also Brüder vom Hospital der Deutschen in Jerusalem, das der heiligen Maria geweiht ist. So oder ähnlich lautete der volle feierliche Titel des Ordens auch später, als die Ordensbrüder in Jerusalem und in Palästina schon längst keinen Besitz mehr hatten. In dieser Zeit und auch schon seit den zwanziger Jahren des 13. Jahrhunderts war die Titulatur klar und eindeutig. In der Frühzeit dagegen ist sie zweifelhaft. Denn dieser Titel mit seinem Bezug auf das Marienhospital in Jerusalem setzt ja die Aufsaugung dieses älteren Spitals durch die Neugründung von Akkon voraus – ebenso wie der vor Akkon gegründete Orden langsam in die Tradition des älteren Spitals eingetreten war und sich seinen Besitz angeeignet hatte, hat er sich auch dessen Namen zu eigen gemacht.

Neben dieser ausführlichen Titulierung, die das Marienhospital in Jerusalem nennt, bediente sich der Orden bei weniger feierlichen Gelegenheiten kürzerer Namen. Sie lauten so wie auch die moderne korrekte Bezeichnung, nämlich Deutscher Orden, lateinisch also: *Ordo Theutonicorum* oder ähnlich.

Schließlich die kirchenrechtliche Konsolidierung, d. h. (vgl. oben S. 24f.) die Unabhängigkeit vom Bischof. Zur Hälfte hatte der Deutsche Orden sie schon im Jahre 1196 (vgl. oben S. 28) erhalten. Die zweite Hälfte der Exemtion empfing er 1221, also schon zur Amtszeit Hermanns von Salza. Auf Bitten dieses Hochmeisters verlieh Papst Honorius III. dem Deutschen Orden im allgemeinen die völlige rechtliche Gleichstellung mit den beiden älteren Ritterorden, mit den Templern also und mit den Johannitern. Jedes Vorrecht, das einer dieser beiden Orden hatte und das dem Deutschen Orden bekannt wurde, konnte dieser gleichfalls verlangen, und das hat er auch getan. Allein Papst Honorius III. hat während seiner Amtszeit (1216-1227) insgesamt 113 Urkunden für den Deutschen Orden ausgestellt.

Zu diesen Privilegien gehören zwei, die den Förderern des Ordens den Ablaß für die diesem zugewandten Almosen gewähren. Der Deutsche Orden konnte also vom Kreuzzugsablaß profitieren. Damit aber wuchsen ihm beträchtliche Einnahmen zu.

Hinter dem Wort Ablaß steht die Lehre von der Macht des Papstes oder seines Beauftragten, aus dem Gnadenschatz der Kirche, aus den überschüssigen Verdiensten der Heiligen, den Gläubigen etwas zuteilen zu können. Die Heiligen haben nämlich, so lautet diese Lehre, mehr religiöse Verdienste erworben, als für ihr eigenes Seelenheil notwendig gewesen wäre. Sie haben also einen Überschuß erzeugt, eben den Gnadenschatz, den der Papst verwaltet, indem er einzelnen Gläubigen Teile davon abgibt, welche die Wirkung haben, daß sie beim Jüngsten Gericht als Äquivalent einer Bußleistung angenommen werden, der sich der Sünder andernfalls hätte unterziehen müssen.

Aber ohne weiteres und umsonst war dieser Anteil an dem Gnadenschatz nicht zu haben. Sein Preis war eine religiös verdienstliche Handlung, zunächst die Teilnahme am Kreuzzug. Der Kreuzzug und die Lehre vom Ablaß sind gleichzeitig entstanden. Der Kreuzzug als Massenphänomen wäre ohne den Ablaß nicht zu erklären. Das aber liegt daran, daß die Masse der Gläubigen den Ablaß nicht so, wie eben definiert, verstand sondern einfacher, begreiflicherweise. Denn die eben skizzierte Ablaßdefinition wurde erst nachträglich entwickelt. Die Masse der Gläubigen, der Kreuzfahrer, nahm zunächst einfach an, daß mit dem guten Werk, mit der Teilnahme am Kreuzzug, nicht ein Äquivalent für die Bußleistung erworben würde, sondern daß mit ihm die Sünde weggeblasen sei, daß der Erwerber des Ablasses also vor Gott frei von Schuld und sicher vor dem Fegefeuer sei. Auch Bernhard von Clairvaux, der große Kreuzzugsprediger und Protektor des Templerordens, hat in diesem Sinne gepredigt: Du tapferer Ritter, jetzt hast du eine Fehde ohne Gefahr, wo der Sieg Ruhm bringt und der Tod Gewinn. Bist du ein kluger Kaufmann, ein Mann des Erwerbs in dieser Welt: einen großen Markt sage ich dir an. Sieh zu, daß er dir nicht entgeht. Nimm das Kreuzeszeichen (d. h. verpflichte dich zur Teilnahme am Kreuzzug), und für alles, was du reuigen Herzens beichtest, wirst du auf einmal Ablaß erlangen. Die Ware ist billig, wenn man sie kauft. Und wenn man fromm für sie bezahlt, ist sie ohne Zweifel das Reich Gottes wert.

Um zu verstehen, warum der Ablaß dem Deutschen Orden wie den anderen Kreuzzugsorden große Einnahmechancen eröffnete, braucht man ein weiteres Fachwort. Es heißt Kommutation, also Vertauschung. Damit ist die Ersetzung der ursprünglichen Leistung, also der Teilnahme am Kreuzzug, durch einen Ersatz gemeint, nämlich durch die Finanzierung eines anderen, der dann am Kreuzzug teilnahm. Diese Finanzierung aber brauchte nicht in der Weise zu geschehen, daß der einzelne gleich einen ganzen Kreuzfahrer ausstattete, sondern er konnte sich auch an der Finanzierung einer Kreuzfahrerorganisation beteiligen, nämlich einem Ritterorden Geld- oder Sachwerte spenden. Und damit wird verständlich, warum der Ablaß, also die Vollmacht, solche Spenden entgegenzunehmen und Ablaßbriefe auszugeben, für den Deutschen Orden so wertvoll war.

Aus späterer Sicht, nicht zuletzt auch mit Rücksicht auf die Vorgeschichte der Reformation im frühen 16. Jahrhundert, für die der Ablaß ja ein zentraler Sachverhalt ist, könnte es scheinen, als wäre hier einfach mit dem Seelenheil bzw. mit der Höllenangst vieler Gläubiger zugunsten einer Gruppe von Adligen Handel getrieben worden. Aber so einfach war das nicht. Ein solches Urteil würde die damalige Realität verkennen. Wichtiger ist, sich um eine Einsicht in die religiösen Vorstellungen zu bemühen, mit denen man es hier zu tun hat, um die Frömmigkeit, Innigkeit, Versenkung, die ohne Zweifel am Werke sind, aber auch, auf der anderen Seite, und zwar oft bei denselben Menschen, z. B. bei Bernhard von Clairvaux, um den geschäftsmäßigen Umgang mit Religion und religiösen Vorstellungen, der für ein modernes Verständnis beinahe unbegreiflich ist. Für mittelalterliche Gläubige ist Gott offensichtlich gleichzeitig oder nebeneinander auf der einen Seite der Allmächtige, vor dem man sich auf den Boden wirft, Christus, mit dem man leidet, bis seine Wundmale am eigenen Körper zutage treten, aber auch der Geschäftspartner, mit dem man schachert wie auf dem Markt, demgegenüber man am besten in die

Rolle des gerissenen Kaufmanns schlüpft, so wie Bernhard von Clairvaux es empfiehlt. Man muß sich bemühen, diesen scheinbaren Widerspruch zur Kenntnis zu nehmen. Nur so wird man etwas so Unbegreifliches wie einen Kreuzzugsorden teilweise vielleicht doch begreifen.

Zweites Kapitel

Die Anfänge des Deutschen Ordens im Reich

Der Deutsche Orden hat nach seiner schnell vollendeten Ausbildung zum großen Ritterorden rasch die entsprechenden Besitz- und Herrschaftsrechte erworben: zunächst in Palästina selbst, dann in den Heimatgebieten der Ordensritter und ihrer den Orden mit Land und mit Herrschaftsrechten ausstattenden Verwandten, also in Deutschland, drittens und viertens aber auch dort, wo der Hochmeister Hermann von Salza neue Tätigkeitsfelder für seinen Orden suchte, nämlich auf der Balkanhalbinsel, im Burzenland, wie noch zu zeigen sein wird (vgl. unten S. 68 f.), und schließlich in Preußen. Es läßt sich deutlich erkennen, daß die außerdeutschen Tätigkeitsfelder zusammengehören. In jedem dieser Gebiete versuchte Hermann von Salza, für seinen Orden ein großes geschlossenes Herrschaftsgebiet zu schaffen, einen Staat, wie man abkürzend sagen kann, der in Palästina dann auch für kürzere und in Preußen für längere Zeit und in einem großen Umfang zustande gekommen ist. Diese drei Aktionsfelder sollen zusammen behandelt werden (unten S. 68 ff.).

Vorher muß aber von den Anfängen der deutschen Niederlassungen des Ordens die Rede sein, von jenen Herrschaftskomplexen, deren ältere vor den außerdeutschen Besitzungen des Ordens entstanden und die, ebenso wie bei den anderen Ritterorden (vgl. oben S. 23 f.), vor allem die Aufgabe hatten, dem Orden Mittel für seine Aufgabe, den Kampf gegen die Heiden, zu liefern.

Ähnlich wie bei der frühen Geschichte des Ordens im allgemeinen haben wir es auch hier mit Problemen zu tun, die sich aus der geringen Zahl der Quellen ergeben. Ebenso wie bei der frühen Geschichte des Ordens überhaupt haben sich die späteren Organisationsformen auch hier erst allmählich herausgebildet. Erst langsam ist es zu jenem System gekommen, in dem die einzelnen Besitzungen des Ordens, die einzelnen Häuser mit einem Komtur als Vorsteher zu Balleien unter einem Landkomtur zusammengefaßt und die Balleien zu einem Verband zusammengeschlossen wurden, an dessen Spitze der Meister in deutschen Landen, abgekürzt: der Deutschmeister, stand. Diese in jüngeren Arbeiten gründlich untersuchte organisatorische Verfestigung braucht hier nicht im einzelnen nachgezeichnet zu werden.

Ebenso kann zunächst die Frage beiseite bleiben, in welchem Verhältnis der Vorsteher des Deutschordensbesitzes in Deutschland, sobald es sein Amt gab, zum Vorsteher des Gesamtordens, der Deutschmeister also zum Hochmeister stand.

Hier soll vielmehr gezeigt werden, welche soziale und politische Realität sich hinter dem Wachstum des Ordens an Mitgliedern und Besitz im Reich verbirgt. Man könnte natürlich auch das schnell darlegen und einfach sagen, daß hinter den vielen Entschließungen, dem Orden etwas zu schenken oder ihm beizutreten, auf der einen Seite Frömmigkeit stand und auf der anderen Berechnung, aber das wäre nur eine Trivialität. Interessanter ist es, danach zu fragen, was für Menschen das waren, die als Schenker für den Deutschen Orden aktiv wurden oder ihm beitraten, und unter welchen Umständen sie das taten. Man stellt damit zwei sehr allgemeine Fragen, mit denen man es in der Geschichte des Mittelalters immer wieder zu tun hat. Das eine ist eine sozialgeschichtliche Frage. Denn wenn man nach den Stiftern und Mitgliedern des Ordens fragt, dann nicht zuletzt danach, ob wir es bei ihnen überwiegend mit den Mitgliedern einer besonderen Schicht zu tun haben. So ist es in der Tat. Die Antwort auf diese Frage eröffnet einen Blick auf die sozial- und verfassungsgeschichtliche Dynamik des Hochmittelalters.

Der zweite Sachverhalt ist nicht weniger allgemein. Wie ist es zu erklären, daß im Mittelalter immer wieder so große Besitztümer in die Hand geistlicher Gemeinschaften gelangten, hier in die des Deutschen Ordens, zu anderen Zeiten und gleichzeitig in die Hand anderer Orden, in die Hand der Mönchsorden oder auch der Bistümer und Pfarrkirchen? Auf der einen Seite sind Frömmigkeit und Höllenangst als Ursache zu nennen, das ist nicht zu bezweifeln, und das muß man sich immer wieder vergegenwärtigen, weil hier ein für mittelalterliche Menschen gar nicht zu überschätzendes, dem modernen Betrachter aber einigermaßen fremdes Handlungsmotiv liegt. Aber auch im Mittelalter konnte man für das Heil seiner Seele so sorgen, daß schon auf Erden ein praktischer Vorteil damit erreicht wurde, und das ist bei den großen Zuwendungen, welche den Kirchen, in diesem Falle dem Deutschen Orden, gemacht wurden, in der Tat geschehen. Der Reichtum der Kirchen wuchs von Jahr zu Jahr. Man kann aber auch sagen: diejenigen, welche den Kirchen diesen Reichtum zur Verfügung stellten, taten nichts anderes, als daß sie die Kirchen mit der Verwaltung eines Teiles ihrer Güter zu eigenem Nutzen beauftragten und dabei am Ende auch noch Vorteile von solchen Gütern hatten, die ihnen vorher gar nicht gehörten.

Was für Menschen also förderten den Deutschen Orden und welche Zwecke verfolgten sie damit? Beide Fragen sind schwer zu beantworten, weil die Überlieferung ihnen nicht gerade entgegenkommt.

Die meisten Menschen, die dem Deutschen Orden in seiner Frühzeit etwas schenkten oder ihm beitraten, werden nämlich nur mit *einem* Namen benannt, wir können sie also in der Regel weder identifizieren noch bestimmten Familien oder sozialen Gruppen zuordnen. Und über ihre Motive sagen uns diese Menschen auf direkte Weise meistens auch nichts, obwohl die Schenkungsurkunden, wie viele mittelalterliche Urkunden, einen Grund in der sogenannten Arenga, in der mehr oder weniger formelhaften Begründung für den im Urkundentext dann nachfolgenden Rechts-, in diesem Falle: Schenkungsakt nennen. Aber die Arenga, die allgemeine Begründung, ist fast immer leider wirklich sehr allgemein.

Als Beispiel soll hier eine ganz frühe, aus dem Jahre 1207 stammende Urkunde dienen, in der eine Gruppe von Grafen dem Deutschen Orden eine in Nordhessen, in Reichenbach, gelegene Kirche, d. h. Verfügungsrechte über diese Kirche, schenkte. Die Arenga lautet übersetzt: Weil wir in den Wechselfällen des Lebens in vieler Hinsicht täglich gesündigt haben, bedürfen wir vieler Sühnungen, damit schließlich unser Schöpfer uns aufgrund der Vermittlung vieler Fürsprecher die Fülle seiner Gnade schenkt. .

Dieser Satz gibt sicherlich Motive der Schenker wieder, aber doch nur einige. Wenn wir die weiteren Motive kennenlernen wollen, dann müssen wir versuchen, mit Hilfe anderer Quellen die Situation der Schenker und den Charakter ihres Geschenkes zu rekonstruieren. Im vorliegenden Fall ist das ausnahmsweise möglich. Die Kirche, über welche die Schenkergruppe zugunsten des Deutschen Ordens verfügte, gehörte ihr gar nicht. Hinter der schönen Arenga verbirgt sich ein dubioses Geschäft, wie gleich gezeigt werden soll.

Man kommt in einigen Fällen also doch ein Stück weiter mit der Frage nach den politischen Zusammenhängen, in die das Wachstum des Ordens gehört, und man erhält auch Auskunft über die dabei beteiligten Personen. Viele lassen sich am Ende doch identifizieren, so daß man schließlich sozialgeschichtliche Aussagen machen kann. Das soll nun an der Frühgeschichte der Deutschordensballei Hessen gezeigt werden sowie an den Personengruppen, die während der Frühzeit der Deutschordensballei Thüringen dort als Schenker und Mitglieder des Ordens begegnen.

In beiden Fällen geht es um Phänomene, die genauso oder ähnlich auch in anderen Teilen des Reiches, auch in der Frühgeschichte anderer Ordensballeien, anzutreffen sind. Doch ist die Ballei Thüringen im Hinblick auf die Mitglieder und Stifter des Ordens besser erforscht als andere Regionen. Die Ballei Hessen empfiehlt sich ebenfalls, weil sie eine gute Überlieferung hat und besser untersucht ist als andere. Sie ist aber auch deshalb interessant, weil sich hier die Anteilnahme der Staufer an der Geschichte des Deutschen Ordens, die uns in Palästina schon begegnet ist (vgl. oben S. 28) und im nächsten Kapitel wieder begegnen wird (vgl. unten S. 66ff.), gut zeigen läßt. Außerdem hat man es hier mit einer ungewöhnlichen Frau zu tun, mit der heiligen Elisabeth. Sie macht die Geschichte dieses Deutschordensgebietes besonders interessant.

Die Geschichte des Deutschen Ordens in Hessen beginnt mit der eben schon genannten Schenkung der Reichenbacher Kirche im Jahre 1207, also früh, nämlich zu einer Zeit, als der Orden, wie wir gesehen haben, noch nahezu bedeutungslos war – vor allem wegen der damals schwachen Stellung der staufischen Könige. In dieser Zeit war der Deutsche Orden in Deutschland noch kaum bekannt, so daß man fragen muß, wie jene Gruppe von nordhessischen Grafen auf den Gedanken verfiel, gerade ihn und nicht einen anderen geistlichen Empfänger zu beschenken.

Man findet die Erklärung wohl darin, daß die Schenkung in der Umgebung des staufischen Königs vorgenommen wurde. Der Akt fand während eines Hoftages des Königs Philipp von Schwaben statt, bei Gelegenheit einer Versammlung übrigens, auf welcher eine Steuer beschlossen wurde, die den Templern und Johannitern bei ihrem Heidenkampf im Heiligen Land zugute kommen sollte. Philipp von Schwaben hatte ein Jahr zuvor dem Deutschen Orden gestattet, sich Reichslehen von Schenkern übertragen zu lassen, und ihn in seinen Schutz genommen. Landgraf Hermann von Thüringen, der Bruder des in der Urkunde von 1207 an erster Stelle genannten Schenkers, hatte zu den Fürsten gehört, die im März 1198 in jener Versammlung von Akkon den Papst um die Erhebung des dortigen deutschen Spitals zum Ritterorden gebeten hatten (vgl. oben S. 29). Landgraf Hermann wird auch unter den Zeugen der Urkunde von 1207 genannt.

Wie schon gesagt, hatte dieser Schenkungsakt aber auch eine zweifelhafte Seite. Man erkennt das an dem Eingreifen des Erzbischofs von Mainz. Der Deutsche Orden hatte ihn, in dessen Diözese Reichenbach lag, darum gebeten, die Schenkung zu bestätigen, und das tat der Erzbischof auch am 25. Februar 1211. Unmittelbar danach muß er jedoch festgestellt haben, daß er das besser nicht getan hätte. Wir haben nämlich eine am folgenden Tage ausgestellte Urkunde des Erzbischofs, die uns in einer langen Narratio, in jenem Urkundenteil also, der die besonderen Vorbedingungen für die in der Urkunde getroffene Entscheidung angibt, berichtet, daß jene Grafen, welche die Reichenbacher Kirche im Jahre 1207 dem Orden geschenkt hätten, diese Kirche einige Jahre zuvor in einen Frauenkonvent verwandelt hätten. Der sei zwar durch Krieg zugrundegegangen, aber das Verfügungsrecht über Kirche und Kirchengut gehöre jetzt ihm, dem Erzbischof. Deshalb erkenne er die Schenkung der Grafen nicht an. Gleichzeitig schenkte der Erzbischof die Kirche freilich nun seinerseits dem Deutschen Orden.

Die Schenker von 1207, obwohl im Jahre 1211 desavouiert, blieben bei ihrer Förderung des neuen Ordens. Zunächst begegnen wir einem von ihnen als Zeugen einer Schenkung, die ein anderer Adliger dem Orden machte. Andere Übereignungen müssen hinzugekommen sein. Im Jahre 1219 hören wir, daß es in Reichenbach eine Niederlassung des Ordens gibt. Es werden zwei dort ansässige Ordensbrüder genannt – in einem für einen Ritterorden nicht untypischen Zusammenhang. Ein Fritzlarer Bürger – die Stadt Fritzlar liegt wenige Kilometer von Reichenbach entfernt – läßt nämlich urkundlich festlegen, daß er den beiden Deutschordensbrüdern in Reichenbach Geld schulde, daß er ihnen als Sicherheit zwei Häuser in Fritzlar verpfändet habe und daß diese Häuser in einigen Wochen an den Orden fallen würden, falls er bis dahin nicht seine Schuld zurückgezahlt habe.

Ein solcher Zusammenhang ist einigermaßen typisch für die Ritterorden, weil diese immer wieder als Geldverleiher fungierten. Das könnte verwunderlich erscheinen angesichts der Tatsache, daß nach dem Vorbild des Alten Testaments im Mittelalter das Geldverleihen gegen Zins von der Kirche streng verboten war. Aber es gab Möglichkeiten, dieses Verbot zu umgehen, und der am häufigsten beschrittene Umweg war es, Grundbesitz gegen Kredit zu verpfänden und die Erträge, die aus dem verpfändeten Grundbesitz einkamen, dem Geldgeber zu übereignen, so daß sie die Funktion von Zinsen hatten. Seit dem hohen Mittelalter gab es einen sehr lebhaften Kapitalmarkt. Wer genügend flüssiges Geld hatte – oder verpfändbare Grundstücke –, konnte daran teilnehmen. Die Ritterorden verfügten dank der ihnen gegebenen Möglichkeit, Kreuzzugsablässe zu verkaufen, immer wieder über bemerkenswerte Bargeldbeträge, die es ihnen erlaubten, auf dem Kreditmarkt aktiv zu werden. So ist es nicht verwunderlich, daß das eben begründete Deutschordenshaus Reichenbach schon im Jahre 1219 als Kreditgeber und als Landkäufer begegnet.

Ein halbes Jahr später, im Sommer 1219, und ein Jahr darauf erfährt man von einem weiteren personalen und Vermögenszuwachs dieses Ordenshauses. Graf Heinrich von Reichenbach, der schon genannte Schenker von 1207, trat damals selber dem Orden bei und vermachte ihm bei dieser Gelegenheit mit Zustimmung seiner drei Söhne sechs Dörfer. Ein weiteres Jahr später hören wir, daß auch einer der Söhne des Grafen dem Beispiel seines Vaters folgt und daß die Schenkung um zwei Dörfer erhöht wird. Das Deutschordenshaus Reichenbach wird also mit acht Dörfern, mit den Einnahmerechten aus diesen Dörfern und mit den Herrschaftsrechten über ihre Bewohner, ausgestattet.

Ein solcher Vorgang hat stets zwei Seiten. Auf der einen Seite kann man sagen, daß der Schenker seine Schenkungen bis zum höchstmöglichen Grade steigert und sich selber Gott bzw. der diesem dienenden geistlichen Gemeinschaft darbringt. Auf der anderen Seite kann man einen solchen Vorgang aber auch so verstehen, daß der Schenker, indem er der beschenkten geistlichen Gemeinschaft selber beitritt, nun wieder in die Nutzung der verschenkten Güter eintritt. Besonders wenn der Stifter schon alt ist, liegt es nahe, einen solchen Akt auch als Etablierung einer Altersversorgung zu verstehen.

Freilich, auch wenn in einem solchen Falle keinerlei Berechnung, sondern nur die pure Frömmigkeit am Werke war, mußte die Schenkung doch sorgfältig gesichert werden, zumal nach herkömmlichem deutschen Recht Grundbesitz, in diesem Falle also die verschenkten Dörfer, nicht als Individualeigentum aufgefaßt wurde und demzufolge auch nicht von einzelnen verschenkt werden konnte. Wir hören denn auch in den beiden Urkunden, daß sich die Schenker der Zustimmung ihrer nächsten Verwandten versichert haben. Der ältere Graf sagt, daß seine Frau und die beiden anderen Söhne, die nicht in den Orden eintraten, einverstanden seien. Der eine von diesen Söhnen, Gottfried, war damals offensichtlich noch sehr jung. Die erste Urkunde nennt ihn *scolaris*, Schüler also, wobei an den Besuch einer Klosterschule zu denken ist. Wenn der Grafensohn Gottfried eine solche Schule besuchte, dann darf man wohl annehmen, daß sein Vater ihn dem geistlichen Stande zugedacht hatte.

Aber dieser Graf Gottfried von Reichenbach ist nicht Geistlicher geworden, und die Absicherung der Schenkung von 1219/20 erwies sich als unvollkommen. Nachdem der *scolaris* erwachsen geworden war, gab es zunächst Auseinandersetzungen zwischen ihm und seinem anderen weltlich gebliebenen Bruder. Der ältere Bruder nahm den jüngeren, den einstigen *scolaris*, gefangen. Der konnte jedoch entfliehen und benutzte das Deutschordenshaus Reichenbach als Zufluchtsstätte – man lernt also beiläufig eine weitere Nutzungsmöglichkeit geistlicher Häuser durch deren Schenker kennen. Dann jedoch bemühte sich Gottfried von Reichenbach darum, die Schenkung von 1219/20, weil während seiner Kindheit gemacht, anzufechten. Wie er im einzelnen vorgegangen ist, erfährt man nicht, denn überliefert ist nur das diese Auseinandersetzung abschließende Dokument, eine Urkunde aus dem Jahre 1243, in welcher der Graf sagt, daß jene Schenkung zunächst ohne seine Zustimmung zustandegekommen, also ungültig sei, daß er ihr nun aber zustimme. Warum er das tut, ob eine Gegenleistung vorlag und worin diese bestand, das würden wir gern wissen, aber wir erfahren es nicht. Die Arenga der Urkunde ist wieder schön formuliert – sie lautet: Ebenso wie wir selber Frieden und Sicherheit suchen, so bemühen wir uns nach Kräften, diesen auch anderen, vor allem aber den Geistlichen zu verschaffen. Was den Aussteller der Urkunde zu dieser Einsicht bewegt hat, sagt er uns nicht.

Doch fällt dieses Schweigen der Quellen nicht allzusehr ins Gewicht, denn das Ordenshaus Reichenbach blieb unbedeutend. Sein weiteres Wachstum wurde dadurch verhindert, daß in seiner Nähe eine andere Niederlassung des Deutschen Ordens entstand und durch außerordentliche Umstände sehr rasch wuchs. Diese andere nordhessische Niederlassung des Ordens, die Ballei Marburg, zog auch alle jene Stiftungen an sich, die andernfalls nach Reichenbach geflossen wären.

Mit dem Deutschordenshaus Marburg kommen wir auch sozialgeschichtlich in eine andere Region. Bei Reichenbach hatten wir es mit der nicht zu Ende geführten Familienstiftung einer hochadligen, aber nicht allzu bedeutenden Grafenfamilie zu tun. In Marburg lernen wir nun die Verbindungen zwischen dem Orden und einer der großen reichsfürstlichen Familien kennen. Marburg ist die Gründung der Landgrafen von Thüringen, jener Dynasten, die uns am Rande auch schon in Reichenbach begegnet sind. Der Rang dieser Familie ist auch daran erkennbar, daß eine Schwester des Kaisers Friedrich Barbarossa mit einem thüringischen Landgrafen verheiratet war und daß ein Enkel aus dieser Ehe in der späten Zeit Friedrichs II. zum Gegenkönig gegen diesen gewählt wurde.

Die thüringischen Landgrafen waren nicht nur persönlich an der Gründung des Deutschen Ordens im Heiligen Land beteiligt, sie haben ihn auch früh beschenkt, und andere Adlige und Fürsten haben ihm weitere Zuwendungen in Thüringen gemacht. Der vornehmste unter ihnen war der Kaiser, Friedrich II.

Die enge Verbindung zwischen den Landgrafen und den Staufern, wohl auch die eigene Familientradition, vor allem aber die engen Beziehungen zum Deutschen Orden führten dazu, daß sich Landgraf Ludwig IV. an jenem Kreuzzug beteiligte bzw. beteiligen wollte, zu dem sich Kaiser Friedrich II. im Jahre 1225 in einem Vertrag mit dem Papst verpflichtet hatte. Der Kaiser hatte versprochen, bis zum Jahre

2. Die Anfänge des Ordens im Reich

Genealogische Übersicht

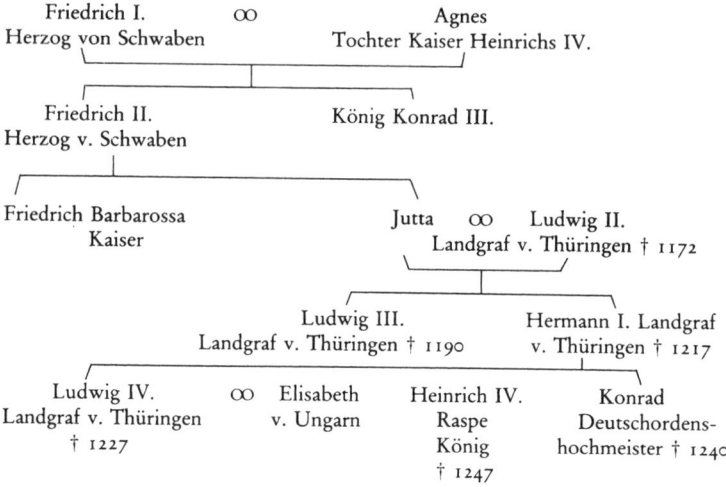

1227 einen Kreuzzug zu unternehmen und dabei 1000 Ritter auf eigene Kosten auszurüsten.

Diese Ritter zusammenzubringen war die Aufgabe vor allem des Deutschordenshochmeisters Hermann von Salza. Ihm, der seiner Herkunft zufolge ein thüringischer Ministeriale war, gelang es, den Landgrafen von Thüringen, den vornehmsten der weltlichen Fürsten, die schließlich zu diesem Kreuzzug aufbrachen, zu gewinnen – freilich nicht nur mit guten Worten. Der Landgraf ließ sich eine sehr hohe Geldsumme bezahlen und Erbschaftsrechte auf die Markgrafschaft Meißen zusichern. Das war aber nicht der einzige Vertrag, den der Fürst vor seiner Abreise schloß, und es war auch nicht der einzige Vorteil, den er dabei erreichte. Vorteilhaft war auch, daß er mit der Verpflichtung zum Kreuzzug, mit der Kreuznahme, seinen wichtigsten territorialpolitischen Konkurrenten, den Mainzer Erzbischof, sozusagen lahmlegte. Als Kreuzfahrer stand der Landgraf unter dem besonderen Schutz des Kirchenrechts. Der Mainzer Erzbischof konnte ihn nicht bekämpfen. Und er wurde auch von der Möglichkeit abgeschnitten, die Geistlichen des Landes während der Abwesenheit des Landesfürsten zu besteuern. Der Landgraf sorgte dafür, daß der

Papst dieses Recht dem Kreuzzugsprediger Konrad von Marburg übertrug, der seit einiger Zeit an seinem Hofe lebte.

Dieser Konrad von Marburg wurde nach dem Tode des Landgrafen – Ludwig IV. starb in Süditalien an einer Seuche, wie tausende der Kreuzfahrer, die sich in den Hafenorten unter fürchterlichen hygienischen Umständen zusammendrängten – der geistliche und politische Berater seiner Witwe Elisabeth, Elisabeths von Ungarn, einer Tochter jenes Königs, der uns als Förderer des Ordens schon begegnet ist (vgl. oben S. 30f.). Sie sollte wenige Jahre später zur Heiligen erhoben werden.

Elisabeth hatte sich bemüht, auf ihre Weise, auf die einer Frau mögliche Art zum Gelingen der Kreuzfahrt beizutragen. Sie hatte geschworen, sich im Falle ihrer Verwitwung nicht wieder zu verheiraten, und sie hatte sich auch ein strenges Fastengebot auferlegt. Es scheint, daß dieses Gelöbnis hineingehört in einen Umkreis von anderen Anzeichen dafür, daß Elisabeth sich hingezogen fühlte zu den damals modernen Formen der Frömmigkeit, zu einer intensiven Religiosität, wie sie den Adligen früherer Generationen fremd war. Im einzelnen ist das schwer zu beurteilen, weil die Quellen von Autoren verfaßt sind, welche die spätere Geschichte Elisabeths, ihre bald auf den Tod folgende Heiligsprechung, schon kannten und deshalb nicht frei von der Versuchung sein konnten, sich als rückwärts gewandte Propheten zu betätigen und das Leben der Fürstin von Anfang an konsequent auf die Heiligsprechung zulaufen zu lassen. Aber es ist doch wichtig, die nicht zu bestreitende ungewöhnliche Religiosität dieser Frau wenigstens zu nennen – gerade dann, wenn man sich für die politischen Zusammenhänge interessiert, in welche die Resultate dieser Frömmigkeit gerieten.

Als Elisabeth vom Tode des Landgrafen erfuhr, war sie nicht nur entschlossen, ihre Gelübde einzuhalten, sondern sie wollte mehr tun. Sie wollte sich trennen vom Glanz der landesherrlichen Hofhaltung, jenes Hofes, den wir aus der frühen höfischen Dichtung als Mittelpunkt ritterlicher Kultur kennen. Sie wollte geistlich leben, den Armen helfen und Askese üben. Ihr geistlicher Führer war Konrad von Marburg, der ihr unter anderem verbot, solche landesherrlichen Einkünfte zu genießen, die auf ungerechter Eintreibung beruhten. Ihre Familie hatte dafür kein Verständnis, und sie verweigerte ihr auch die

Auszahlung ihres Witwenvermögens, aus vernünftigen Gründen offensichtlich. Denn die Kreuzfahrt des verstorbenen Landgrafen dürfte das Familienvermögen strapaziert haben. In dieser Situation war die sichere Aussicht, daß die fromme Fürstin Teile dieses Vermögens verschleudern – bzw. aus ihrer Sicht: den Armen zukommen lassen würde – ärgerlich, ganz abgesehen davon, daß gemäß der Rechtsordnung der Zeit (vgl. oben S. 44) Grundbesitz kein Individualeigentum war und Elisabeth daher an ihrem Witwenbesitz nur Nutzungsrechte hatte, diesen also nicht ohne Weiteres, und sei es an die Armen, verschenken durfte.

Elisabeth floh schließlich von der Wartburg nach Eisenach, in die nächstgelegene Stadt, sie verließ also ihren bisherigen Umkreis im Protest. Der neue Lebenskreis, den sie wählte, war natürlich nicht eigentlich die Stadt. Was sie suchte, war eine Möglichkeit, gemäß ihrer religiösen Erwecktheit zu existieren, in einem Kloster oder womöglich als Einsiedlerin. Aber diese Entscheidung wurde ihr zunächst abgenommen, denn ihr Onkel, der Bischof von Bamberg, nahm sie in Haft, um sie wieder zu vermählen. Doch gelang es ihr kurze Zeit später, anläßlich der Beisetzung der Gebeine ihres Gemahls, zu fliehen.

Am Ende kam es zu einem Kompromiß. Ihre Verwandten lieferten ihr Teile ihres Witwengutes aus, bares Geld und Grundbesitz, nämlich ein Gebiet nördlich der Stadt Marburg.

Elisabeth konnte sich nun den Armen und Hilfsbedürftigen in wirkungsvollerer Weise als vorher zuwenden. Sie gründete auf ihrem Besitz und von ihrem Vermögen ein Hospital und trat zusammen mit den beiden Hofdamen, die ihr gefolgt waren, als Hospitalschwester in den geistlichen Stand. Vorsteher des Spitals war wohl Konrad von Marburg. Solche Hospitäler wurden damals auch andernorts, meistens ebenso wie in Marburg in Städten oder vor Städten gegründet. Aber die Stiftung Elisabeths unterschied sich von den anderen Gründungen doch erheblich.

Das Marburger Hospital wurde Franz von Assisi geweiht, dem Hauptvertreter der neuen, auf Christusnachfolge drängenden Frömmigkeit der Zeit, der eben, im Juli 1228, heiliggesprochen worden war. Die Marburger Spitalskirche war, soweit man weiß, die erste Kirche nördlich der Alpen, die dem Begründer des Franziskanerordens geweiht wurde. Die Wahl dieses Patrons war sicherlich nicht unberechtigt. Denn ähnlich wie Franz von Assisi wollte auch Elisabeth auf ihre ererbte soziale Position verzichten, die Armut wählen und den Armen helfen, durch Geldgeschenke, die in Marburg nun verteilt wurden und große Menschenmassen anzogen, und durch die Pflege der Kranken, der sich Elisabeth in eigener Person zum Staunen der Zeitgenossen hingab.

Freilich blieb die Gründung doch ungesichert. Das bare Geld, das Elisabeth ausgezahlt bekommen hatte, war von den Baukosten verschlungen worden, oder sie hatte es den Armen geschenkt. Ob das neue Hospital Dauer haben würde, war ungewiß. Vielleicht sind also die sorgenvollen Worte der Frauen, die sich um Elisabeth versammelt hatten und die sich nun nach ihrer Zukunft fragten, so, wie sie die wenig später niedergeschriebenen hagiographischen Berichte überliefern, wirklich gesprochen worden. Elisabeth, so sagten die Frauen, verschaffe sich ein religiöses Verdienst für ihre eigene Person auf Kosten derer, die sie zum gemeinsamen Spitaldienst in Marburg gewonnen habe. Denn wenn sie einmal tot sei, dann würden ihre Verwandten kommen und die Gefährtinnen der Elisabeth als Schmarotzerinnen vertreiben. Es war in der Tat die Frage, was aus dem Spital werden würde: eine dauerhafte Einrichtung oder eben doch nur das ephemere Resultat der außergewöhnlichen Frömmigkeit einer hochgestellten Frau.

Elisabeth hat diese Frage nicht mehr entscheiden können. Sie starb im Jahre 1231, 24 Jahre alt, drei Jahre nachdem sie sich in Marburg niedergelassen hatte.

Aber wenn ihre Verwandten nun das hätten tun wollen, was die eben zitierten adligen Gefährtinnen Elisabeths ihnen zugeschrieben hatten und wozu sie berechtigt gewesen wären, weil Elisabeth ja an dem Marburger Land, auf dem sie das Spital gegründet hatte, nur über Nutzungsrechte verfügt hatte (vgl. oben S. 48), so hätten sie es mit großen Schwierigkeiten zu tun gehabt. Das Spital einfach eingehen zu lassen, das war offensichtlich nicht mehr möglich.

Denn einmal bestand die Gefahr, daß sich dann andere Träger für die hier nun geschaffene Aufgabe gefunden hätten, nämlich die Johanniter. Die Johanniter hatten Besitz in der Nähe von Marburg, und Elisabeth hatte offensichtlich beabsichtigt, ihnen ihr Spital zu übereignen, und das wäre sogar sinnvoll gewesen. Denn der Johanniterorden war zwar ein Ritterorden, aber er betrieb, entsprechend seiner Entstehung aus einem Spitalpflegeorden, immer noch eine Reihe von Spitälern.

Eine Stärkung des Johanniterordens aber konnte den Landgrafen nicht gelegen sein. Soweit sie staufertreue Politik machten, durften sie diesen Orden nicht fördern, aber auch ihr eigenes Interesse konnte ihnen nicht empfehlen, diesen Orden, der von ihnen nicht abhängig war, stark zu machen, zumal der schon genannte territorialpolitische Gegner der Landgrafen, der Erzbischof von Mainz, die Johanniter förderte. Die Erzbischöfe von Mainz und die Landgrafen von Thüringen-Hessen haben jahrzehntelang im Kampf gegeneinander ihre Territorien ausgebaut, in Thüringen ebenso wie im nördlichen Hessen. Wo der eine eine Burg baute, setzte der andere eine auf den nächsten Berg. Gründete der eine eine Stadt, so folgte der andere ihm mit einer konkurrierenden Gründung auf dem Fuße, hoffend, die eigene Gründung würde die des anderen eingehen lassen oder es würde sich die Gelegenheit ergeben, die Stadt des Konkurrenten zu zerstören, was dann auch gelegentlich eintrat. So äscherte Landgraf Konrad, der Schwager der heiligen Elisabeth, im Jahre 1223 das erzbischöfliche Fritzlar ein.

Die Johanniter durften also nicht zum Zuge kommen. Aber ihre Ansprüche konnten besser als durch eine Auflösung des Marburger Hospitals dadurch zurückgewiesen werden, daß dieses Hospital einer anderen geistlichen Gemeinschaft übergeben wurde.

Einer Auflösung des Marburger Spitals stand ferner entgegen, daß sich gleich nach dem Tode Elisabeths eine rasch wachsende Zahl von Kranken und Elenden an ihrem Grabe versammelte, um hier zu beten und auf Wunder zu hoffen – die auch alsbald eintraten. Das Marburger Spital, das Elisabethgrab, wurde ein Wallfahrtsort, und der Ruf, daß die hier Begrabene, daß Elisabeth als Heilige zu gelten habe, wuchs von Tag zu Tag.

Die Aufnahme eines Verstorbenen in die Zahl der Heiligen war im frühen 13. Jahrhundert nicht mehr einfach als Folge von Frömmigkeit und Wallfahrt denkbar. Damals war bereits ein formelles Heiligsprechungsverfahren ausgebildet. Die Entscheidung über die Anerkennung neuer Heiliger hatte der Papst.

Konrad von Marburg, der religiöse Führer Elisabeths und der Vorsteher ihres Spitals, hat sich um die Kanonisierung seines Schützlings in Rom bemüht, jedoch ohne Erfolg. Man sieht nicht deutlich, warum er sein Ziel nicht erreichte. Er hat vielleicht Verfahrensfehler gemacht. Wahrscheinlich wurden seine Bemühungen auch seitens des Mainzer Erzbischofs behindert. Im Jahre 1233 wurde er, inzwischen zum Inquisitor, nämlich zum ersten speziellen Ketzer-Verfolger in Deutschland ernannt, von einer Gruppe von Adligen erschlagen, nachdem sich seine Nachforschungen nach Häretikern auch auf Adlige erstreckt hatten.

Einen Erfolg erzielte erst der Schwager Elisabeths, der als territorialpolitischer Gegner des Mainzer Erzbischofs schon genannte Landgraf Konrad. Er war im Frühsommer des Jahres 1234 nach Italien gereist und hatte dort mit dem Papst, mit dem Kaiser und mit dem Hochmeister Hermann von Salza verhandelt. Das Resultat war zunächst eine Übertragung des Marburger Hospitals an den Deutschen Orden durch den Papst, dem der Landgraf es vorher übereignet hatte. Aber es kam bald mehr hinzu. Gegen Ende des Jahres trat der Landgraf selber zusammen mit neun Adligen und zwei Geistlichen dem Deutschen Orden bei, am Vorabend des Tages, an dem drei Jahre zuvor Elisabeth bestattet worden war und der fortan als der Festtag der Heiligen gefeiert werden sollte. Im folgenden Jahre wurde nämlich der Heiligsprechungsprozeß zu Ende geführt. Am Pfingstsonntag des Jahres 1235 fand die Heiligsprechung der Landgräfin durch den Papst in einer außerordentlich feierlichen Zeremonie, an der auch ihr Schwager, der nunmehrige Deutschordensbruder Konrad, teilnahm, statt. Der Deutsche Orden trug die hohen Kosten der Feier mit.

Es ist keine Frage, daß alles dies zusammen geplant und vorbereitet worden war. Die Verwandten Elisabeths hatten sich also entschlossen, deren Gründung nicht nur bestehen zu lassen, sondern sie bauten sie aus, indem sie weitere Güter und Finanzen dazustifteten. Auch der Eintritt des Landgrafen kostete Geld bzw. Einkünftetitel, denn Konrad mußte entschuldet werden. Die Ordensregel verbot, begreiflicher- und vernünftigerweise, die Aufnahme verschuldeter Personen.

Man hat lange Zeit angenommen, der Eintritt des Landgrafen in den Orden sei ein Akt der Reue wegen der Zerstörung Fritzlars und der Anlaß seiner Reise an den päpstlichen Hof im Frühsommer 1234 sei eine Pilgerfahrt wegen dieser Sünde gewesen. Das ist offensichtlich nicht richtig. Ob Landgraf Konrad auch durch individuelle Gründe dieser Art dazu geführt worden ist, dem Deutschen Orden beizutreten, läßt sich nicht sagen. Immerhin fällt auf, daß er als Ordensbruder ein Siegel führte, das den Sturz des Paulus im Bilde zeigte und dazu die Worte Christi an den künftigen Apostel: *Saule quid me persequeris* (Saulus, warum verfolgst du mich?). Wohl im Jahre 1238 ließ sich Konrad in Fritzlar öffentlich als Büßer geißeln, und auf seinem Grabmal in der Marburger Elisabethkirche ist er mit einer Geißel in der Hand dargestellt – aber auch das müssen nicht notwendigerweise Zeugnisse einer religiösen Bekehrung sein. Und auch wenn sie das wären, so würden sie andere Gründe für das entschlossene Engagement der thüringischen Landgrafen zugunsten des Marburger Hospitals und des Deutschen Ordens doch nicht ausschließen.

Es ist auch vermutet worden, daß der Eintritt des Landgrafen in den Orden ein Stück kaiserliche Politik war, der Versuch Kaiser Friedrichs II., zu verhindern, daß der Orden in den Einfluß des Papstes geriet, der eben, im Jahre 1234, das preußische Ordensland in seinen Besitz genommen hatte (vgl. unten S. 90ff.). Jedenfalls demonstrierte der Kaiser zwei Jahre später, ein Jahr nach der Kanonisierung Elisabeths, sein Interesse an der neuen Heiligen, an den Landgrafen von Thüringen und am Deutschen Orden in der sichtbarsten Weise. Am 1. Mai 1236 wurden in Marburg die Gebeine Elisabeths erhoben, d. h. ihrem Grab entnommen und in einen Schrein gebettet, in dem sie künftig verehrt werden sollten.

Eine solche Zeremonie ist im Mittelalter niemals nur ein religiöser Akt, und das war auch die Erhebung der Elisabeth nicht. Man sieht das schon an der Liste derer, die an der Feier teilnahmen: außer Tausenden für uns namenloser Menschen viele Fürsten, darunter die Erzbischöfe von Köln, Mainz, Trier und Bremen, um nur die vornehmsten unter den geistlichen Fürsten zu nennen. Der vornehmste unter den weltlichen Fürsten aber war der Kaiser selber, Friedrich II., der, eingebunden in die italienische Politik, im Frühjahr 1235 nach langen Jahren der Abwesenheit nach Deutschland gekommen war, um die Empörung seines Sohnes Heinrich niederzuwerfen, ohne Heer, aber umgeben von jenem sagenhaften Hofstaat, der die zeitge-

Friedrich II., Marburg und der Deutsche Orden

nössischen Chronisten in Erstaunen gesetzt hat: Friedrich inmitten seiner Äthiopier und Sarazenen, Friedrich mit seinen wilden Tieren, nicht nur mit Bären und Hirschen, wie sie mächtige Fürsten auch des Nordens in den Gräben ihrer Burgen gefangenhielten, um ihre Macht zu demonstrieren, sondern mit Leoparden, Kamelen und Elefanten. Marburg war eine Station auf dieser Triumphreise des Kaisers durch Deutschland. Friedrich II., der vornehmste Teilnehmer an der Erhebung der Heiligen, machte ihr, d. h. dem Schatz ihrer Kirche, kostbare Geschenke, einen Goldbecher und seine Krone. Ein Akt der Demut: Der Herrscher legt die Krone ab angesichts der Heiligen, aber doch ebenso eine politische Demonstration zugunsten der Grabeskirche, zugunsten ihres Besitzers, des Deutschen Ordens, zugunsten auch der Landgrafen von Thüringen.

Die weiteren Zusammenhänge sind leicht zu erkennen: Zur selben Zeit begann der Deutsche Orden, sich in Preußen anzusiedeln und hier ein neues Herrschaftszentrum zu bilden. Der Kaiser war daran nicht weniger als der Papst beteiligt. Und die Landgrafen von Thüringen waren es auch. Einige Jahre zuvor hatte Friedrich II. sie mit Teilen des damals noch zu erobernden Preußen belehnt, wie wir zwar leider nur aus einer Chronik, aber doch glaubwürdig wissen.

Man muß angesichts solcher großen Perspektiven außerordentlich vorsichtig sein. Die Beispiele dafür, daß Historiker an ihrem Schreibtisch aus Einzelnachrichten große Zusammenhänge weben, daß sie sich an weiten Zusammenhängen berauschen, sind nicht eben selten. Dennoch wird man wohl sagen dürfen, daß der Deutsche Orden kurz vor der Mitte des 13. Jahrhunderts auf dem Wege war, zu einem kaiserlich-thüringischen Orden zu werden, daß der Kaiser und die Landgrafen sich darin einig waren, das wachsende Potential dieser geistlichen Gemeinschaft ihren Familien zunutze zu machen, sie zu fördern, um desto mehr von ihr zu profitieren.

Für die Landgrafen schien diese Rechnung aufzugehen. Marburg versprach zum Zentrum des Ordens zu werden. Schon vor der Kanonisierung Elisabeths waren viele Pilger gekommen. Nun wählten sie sich Marburg in noch größerer Zahl als Ziel, und sie brachten viele Opfergaben, wie man noch heute sehen kann. Denn das Resultat dessen, was die Pilger, eingeladen auch durch päpstliche Ablaßprivilegien, in Marburg spendeten, ist vor allem die Elisabethkirche, ein großer, zweitürmiger frühgotischer Bau, wie es ihn in solcher Stilreinheit in Deutschland sonst allenfalls in Trier gibt. Die Bauzeit vergleichbarer gotischer Kirchen in Deutschland hat sich sehr lange hingezogen mit der Folge, daß die Baupläne geändert wurden. In Marburg war das anders. Die Elisabethkirche ist nicht nur eine der frühesten unter den großen gotischen Kirchen Deutschlands, sondern auch eine der am schnellsten gebauten: Die Weihe des Baus fand im Jahre 1283 statt. Damals waren nur die Türme noch nicht vollendet. Der Bau ist also ein sichtbares Zeichen für die Dimensionen, welche die Wallfahrt nach Marburg angenommen hatte, aber auch dafür, daß nun der Adel der Umgegend, dem Beispiel der Landgrafen folgend, Stiftungen in großer Zahl machte, sowie schließlich auch für die, so könnte man sagen, großzügigen Investitionen der Landgrafen selber. Konrad hatte im Zusammenhang mit seinem Eintritt in den Orden dem Marburger Spital auch die Mittel für die Besoldung von 13 Geistlichen geschenkt. Das war für eine Niederlassung des Ordens eine ganz ungewöhnliche Zahl, die erkennen läßt, daß hier im großen geplant wurde, ein Wallfahrtszentrum, aber doch wohl auch ein Mittelpunkt des Deutschen Ordens.

Entsprechend fanden in den Jahren 1236 und 1237 zwei Generalkapitel des Ordens in Marburg statt. Sie trafen wichtige Entscheidungen im Hinblick auf das Ausgreifen des Ordens nach Livland und auf seine Vereinigung mit dem dortigen Schwertbrüderorden.

Zwei Jahre später starb der Hochmeister, Hermann von Salza, auch er, wie schon gesagt, ein Thüringer, ein Ministeriale der Landgrafen. Zu seinem Nachfolger, zum fünften Hochmeister des Deutschen Ordens, wurde Konrad gewählt, Konrad von Thüringen, wie er in der Hochmeisterreihe genannt wird, eben der Schwager Elisabeths und einstige Landgraf von Thüringen, der dem Orden fünf Jahre zuvor beigetreten war. Auch zwei der Adligen, die damals mit ihm zusammen Ordensbrüder geworden waren, machten eine ähnliche Karriere.

Der eine, Hartmann von Heldrungen, wurde gleichfalls Hochmeister (1274–1283), der andere, Dietrich von Grüningen, wurde Vorsteher des Ordens für dessen Herrschaftsgebiet in Livland, in jener Region also, die der Orden dank den eben erwähnten Marburger Beschlüssen erworben hatte. Dietrich von Grüningen wurde Meister in

Livland und danach Deutschmeister, Vorsteher also der Niederlassungen des Ordens im Reich, und schließlich Landmeister in Preußen, d. h. Inhaber der entsprechenden Funktion dort.

Es scheint also nicht übertrieben, wenn man den Deutschen Orden auf dem Wege zu einem Haus- oder Familienorden der thüringischen Landgrafen sieht. Aber dieser Weg ist nur wenige Jahre lang verfolgt worden. Hochmeister Konrad von Thüringen starb schon ein Jahr nach seiner Wahl, 1240. Zehn Jahre später starb auch Kaiser Friedrich II., und mit diesem Todesfall geriet die staufische Dynastie in die Katastrophe. Der Deutsche Orden hat diese Katastrophe zwar überlebt, aber seine besondere Bindung an die Landgrafen und an eine königlich-kaiserliche Dynastie war damit beendet, ebenso wie auch die besondere Stellung Marburgs innerhalb des Ordens. Marburg blieb zwar einer seiner großen Besitzkomplexe, und es blieb auch ein Wallfahrtsort, aber seine Anfänge hatten mehr versprochen. Offensichtlich besteht auch ein Mißverhältnis zwischen den Möglichkeiten, welche dem Deutschen Orden eine „eigene" und noch dazu so rasch populär gewordene Heilige geboten hätte, und dem Platz, den Elisabeth dann innerhalb des Ordens tatsächlich eingenommen hat. Soweit man sehen kann, war sie für den Orden am Ende doch nicht die alle anderen überragende Heilige, vielleicht, weil sie, so möchte man sagen, dann in Konkurrenz mit der Patronin des Ordens, also mit Maria gestanden hätte, vielleicht aber auch deshalb, weil der Deutsche Orden, wie die anderen Ritterorden auch, im Hinblick auf die Ausbildung und Pflege einer besonderen, für den eigenen Orden spezifischen Religiosität nicht eben aktiv gewesen ist.

Die Beziehungen zwischen dem Orden und dem Thüringer Landgrafenhaus blieben letztlich ephemer, und es gelang auch weder dem Papst noch dem Kaiser, den Orden zum Instrument der eigenen Politik zu machen. Der Orden wurde nicht das politische Instrument einer einzelnen Dynastie. Aber auf der anderen Seite wurde er, wie jede andere geistliche Bruderschaft auch, doch von den Familien getragen, deren Mitglieder ihm beitraten. Nach diesen Familien, nach der den Orden vorzugsweise tragenden sozialen Schicht soll nun gefragt werden. Eine exemplarische Antwort läßt sich wiederum in Thüringen gewinnen.

Die Frage nach denen, die den Orden trugen, die ihm Stiftungen machten und die ihm beitraten, könnte überflüssig erscheinen. Wer anders als Ritter, als Adlige könnten den Orden gefördert haben? Aber schon aus dem ersten Teil dieses Kapitels geht hervor, daß der Orden von Personen ganz unterschiedlichen sozialen Ranges gefördert und getragen wurde: von Landesfürsten, wie Konrad von Thüringen, von hochadligen Dynasten, wie den Grafen von Ziegenhain, von Angehörigen des einfachen Lehnadels, die sich leicht nennen ließen, sowie schließlich von Menschen noch niedrigeren Standes, wie man am Beispiel des Hochmeisters Hermann von Salza erkennen kann.

Hermann von Salza war ein Ministeriale, für seine Zeit also seinem Geburtsstande nach beinahe noch ein Unfreier, Angehöriger einer Schicht, die sich damals freilich auf dem rasch durchschrittenen Wege von der Unfreiheit in den niederen Adel befand. Ein Vehikel dieses Aufstieges war der neue Ritterbegriff, wie er zur Zeit der Kreuzzüge entstanden war.

Denn Ritter in jenem neuen Sinne, Ritter mit einem besonderen Ethos, mit einem besonderen Ehren- und Pflichtenkodex, wurden nicht nur Adlige und auch Fürsten, sondern auch viele Ministeriale. Die Ritterweihe verband Fürsten, Adlige und Ritter ministerialischer Herkunft, sie trug dazu bei, daß die Grenzen zwischen diesen sozialen Schichten durchlässiger wurden, ebenso wie das die gemeinsame Zugehörigkeit von Fürsten, Adligen und Ministerialen zum Deutschen Orden auch getan hat. Das Beispiel Hermanns von Salza und anderer Hochmeister, die ebenfalls aus der Ministerialität kamen und dennoch zu fürstlichem Rang aufstiegen, zeigt, daß hier, im Ritterorden, die alten Standesunterschiede sogar besonders schnell ausgeglichen wurden.

Aber es ist die Frage, ob der Aufstieg eines Hermann von Salza und einiger anderer nicht doch die Ausnahme darstellt. Es ist genauer danach zu fragen, woher, aus welchen Schichten, aus welchen Familien die Mitglieder des Deutschen Ordens kamen.

Wenn man diese Frage für die letzten Jahrzehnte des Mittelalters, für die Zeit um 1500 stellen würde, dann wäre sie, jedenfalls im Prinzip, leicht zu beantworten. Denn um 1500 mußte man, um Ordensritter zu werden, adlig sein, man mußte das nachweisen, und diese Nachweise haben sich in großer Zahl erhalten. Aber dieser for-

Die Herkunft der Ordensritter 57

male Nachweis, die sogenannte Ahnenprobe oder, so lautet das andere Fachwort, das Aufschwören, d. h. die Beeidung der adligen Vorfahren des Aufzunehmenden durch andere: dieser formale Akt ist erst im 15. Jahrhundert ausgebildet worden. Erst damals wurden solche Nachweisungen generell gefordert, beim Deutschen Orden wie auch bei anderen geistlichen Gemeinschaften, vor allem bei adligen Domkapiteln und Stiftskirchen. Vorher waren solche formalisierten Akte nicht üblich, und infolgedessen können wir auch keine Quellen erwarten, in denen exakt gesagt wird, welcher Herkunft diejenigen waren, die dem Deutschen Orden beitraten.

Die Frage nach der Herkunft der Ordensritter des 13. und 14. Jahrhunderts ist also nicht anders zu beantworten als dadurch, daß man die Ordensritter, die sich nachweisen lassen, Mann für Mann nach ihrer Herkunft befragt. Man muß Personengeschichte betreiben.

Sehr einladend klingt das nicht. Der Geschichtswissenschaft, insbesondere der deutschen, wird gern vorgeworfen, daß sie sich auf die Schicksale einzelner konzentriere, auf die Männer, die Geschichte machen und so fort. Aber ganz abgesehen davon, daß dieser Vorwurf die heutige Geschichtswissenschaft nicht treffen kann, trifft er die sogenannte Personenforschung noch weniger. Denn mit Personenforschung oder, nach dem Beispiel der klassischen Altertumswissenschaft: Prosopographie ist nicht eine Ansammlung von Biographien gemeint, nicht eine Konzentration auf herausragende Einzelne. Personenforschung interessiert sich nicht bloß für die wenigen, von denen man viel weiß, die von der Überlieferung bevorzugt wurden, sondern ebenso für die Masse der anderen. Sie alle werden freilich nicht untersucht mit dem Ziel, ausführliche Biographien zu gewinnen. Personenforschung interessiert sich nur für bestimmte biographische Daten, um diese statistisch auszuwerten. Personenforschung ist, etwas vereinfacht gesagt, eine Art von nachträglicher Bevölkerungszählung.

Das scheint nun ein sehr einfaches Vorhaben zu sein und keiner besonderen methodologischen Ankündigungen zu bedürfen. Doch ist die Erforschung mittelalterlicher Personengruppen in der Durchführung eine sehr schwierige Sache, weil die Quellen – soweit man sie überhaupt hat – für derartige Fragestellungen außerordentlich ungeeignet sind. Man kann nicht sagen, wie viele Ordensbrüder der Orden zu einem bestimmten Zeitpunkt oder auch nur in einer bestimmten Region gehabt hat. Die Quellen überliefern uns immer nur die Namen einzelner Ordensritter. Es gibt freilich Regionen, wo die verstreute Überlieferung es erlaubt, einen verhältnismäßig großen Teil der Ordensritter namhaft zu machen, und dazu gehört Thüringen.

Wie oben schon gesagt, hat sich in den einzelnen Gebieten des Reiches die regionale Organisation des Ordens erst allmählich ausgebildet. In Thüringen war dieser Prozeß in den dreißiger Jahren des 13. Jahrhunderts abgeschlossen. Seit 1236 gab es einen Landkomtur für die Deutschordensballei Thüringen, zu der 17 Kommenden oder Deutschordenshäuser gehörten.

Von den Ordensbrüdern, die in diesen Häusern gelebt haben, lassen sich bis zum Ende des 13. Jahrhunderts 340 namhaft machen. Von ungefähr der Hälfte von ihnen kennt man freilich nur den Namen. Sie werden einfach Konrad, Johannes oder Heinrich genannt, ohne irgendeinen Zusatz, der es einem erlauben würde, sie einer bestimmten Familie oder sozialen Schicht zuzuweisen. Da man nicht einfach annehmen darf, daß Ordensritter aus adligen Familien nicht bloß mit einem einfachen Namen genannt worden wären, daß also die nur so benannten Ordensritter von geringerer Herkunft gewesen sein müßten, ist mit knapp der Hälfte dieser 340 Namen nichts anzufangen. Ihre Träger lassen sich nicht einordnen.

Es bleiben jedoch 176 Ordensbrüder, etwas mehr als die Hälfte, deren Name einen Zusatz trägt, die also, wie wir heute sagen würden, mit einem Familiennamen bezeichnet werden. Aber auch der hilft nicht in jedem Falle weiter. Was nutzt es schon, wenn ein Ordensbruder nicht nur Konrad heißt, sondern Konrad Schunemann? Das nutzt nur dann, wenn dieser zweite Name auch anderweitig überliefert ist, wenn man also, wie im vorliegenden Beispiel, weiß, daß eine Ratsfamilie in Mühlhausen so heißt. In diesem Falle sieht man dann, daß der Angehörige einer städtischen Ratsfamilie Mitglied im Deutschordenskonvent seiner Heimatstadt wurde.

In vielen Fällen haben wir solche weiteren Quellen, welche die Identifizierung der Namen erlauben, nicht, und deshalb muß man einen Teil der erwähnten 176 Namen beiseite lassen. Und auch hier kann man die ausgeschiedenen Namen nicht gewichten. Man kann keineswegs sagen, daß etwa die von der Überlieferung weniger gut

Die Herkunft der Ordensritter

behandelten Namen Familien geringeren sozialen Ranges gehörten. Es bleibt also für die Überlieferung nur ein Rest, immerhin die Mehrzahl. 105 Ordensbrüder lassen sich sozial einordnen.

9 Brüder stammen aus 5 Grafenfamilien (den fünf Familien gehören 4, 2 sowie jeweils ein Ordensbruder an). 11 Brüder stammen aus 9 edelfreien Familien (je 2 stammen aus 2 Familien, sonst stammt jeweils nur ein Ordensbruder aus jeder Familie). 18 Brüder stammen aus 13 reichsministerialischen Familien (je 5 kommen aus 2 Familien, sonst stammt immer nur ein Ordensbruder aus einer Familie). 56 Brüder stammen aus der Ministerialität von Landesfürsten (dabei entstammt fast jeder Familie nur ein Ordensbruder). 10 Brüder kommen aus stadtbürgerlichen Familien.

In der Summe ergibt das erst 104 Brüder. Der fehlende Ordensritter ist Burchard von Schwanden, der von 1283 bis 1290 Hochmeister war, nachdem er vorher das Amt eines thüringischen Landkomturs bekleidet hatte. Er entstammte einer Berner Ratsfamilie. Er könnte also der letzten Gruppe zugerechnet werden. Aber man weiß, daß seine Familie adlig war, daß er also in die zweite Gruppe gehört. Sein Beispiel zeigt, daß man sich die Grenzen zwischen den sozialen Schichten nicht zu starr vorstellen darf.

Die genannten Zahlen bezeugen zunächst, daß die Ordensritter verschiedener Herkunft waren. Aber sie sagen doch mehr. Mehr als 50% der thüringischen Ordensritter der Jahrzehnte bis 1300, soweit man sie namentlich kennt und sozial einordnen kann, kamen aus der territorialen Ministerialität. Doch man darf die Reichsministerialen von dieser Gruppe nicht allzu scharf abtrennen. Und bis zu einem gewissen Grade kann man auch die Bürger dazu zählen, weil auch sie nicht adlig, weil in vielen Städten die Ratsfamilien ministerialisch sind. Schon der erste Hochmeister des Deutschen Ordens, Walpot von Bassenheim (seit 1198), entstammte einer solchen ministerialischen Ratsfamilie. Man könnte demnach 20 (mit Burchard von Schwanden 21) Ordensbrüder adliger Herkunft 84 nichtadligen, in ihrer Mehrzahl ministerialischen Ordensbrüdern gegenüberstellen. Der Deutsche Orden erscheint demnach, jedenfalls für Thüringen und für die zweite Hälfte des 13. Jahrhunderts, als eine von der Ministerialität bzw. vom Niederadel – zu dem die Ministerialität damals wurde – getragene Institution.

Man muß diesem Resultat freilich entgegenhalten, daß es aufgrund von 105 Namen gewonnen worden ist, die zu einer Gruppe von insgesamt 340 Namen gehören, ganz abgesehen von den Namen der Ordensbrüder, die uns überhaupt nicht überliefert sind. Dennoch wird man sagen können, daß dieses Ergebnis die tatsächlichen Verhältnisse wiedergibt. Andernfalls müßte man annehmen, daß die Mehrheit der unbekannten oder nicht einzuordnenden Ordensritter adliger oder gar fürstlicher Herkunft war. Oder man müßte sagen, daß die Mehrzahl der nicht identifizierten Ordensritter anderen sozialen Gruppen angehörte. Beides ist außerordentlich unwahrscheinlich.

Man könnte natürlich auch einwenden, daß es mehr ministerialische als adlige und mehr adlige als fürstliche Familien gab und daß daher die genannte Verteilung der Ordensbrüder auf soziale Schichten ganz selbstverständlich ist. Aber dieser Einwand würde doch voraussetzen, daß es selbstverständlich war, daß die Angehörigen ministerialischer Familien in den Deutschen Orden aufgenommen wurden, daß sie dort als gleiche, als *pares,* als Pairs von Ordensrittern adliger und fürstlicher Herkunft akzeptiert wurden. Selbstverständlich war das nicht. Aber unsere Statistik zeigt, daß im Deutschen Orden offensichtlich so verfahren wurde. Und das ist sozialgeschichtlich von großer Bedeutung.

Man könnte freilich auch hier einen Einwand machen und sagen, daß die bloße Mitgliedschaft noch wenig bedeute. Es wäre ja in der Tat denkbar, daß die einen, die Ordensbrüder ministerialischer Herkunft, die niedrigen Positionen innehatten, während die Ordensbrüder aus adligen und fürstlichen Familien Karriere machten. Aber daß das so, jedenfalls generell, nicht gewesen sein kann, lehrt schon das Beispiel Hermanns von Salza, und dieser Hochmeister ist keine Ausnahme. Von den 10 thüringischen Landkomturen, die bis 1300 bezeugt sind, lassen sich zwei im Hinblick auf ihre Herkunft nicht einordnen. Von den anderen 8 sind zwei adliger Herkunft, die anderen 6 sind Ministerialen. Bei den Komturen, den Vorstehern der einzelnen Ordenshäuser, finden wir 28 aus ministerialischen, 2 aus adligen und 2 aus gräflichen Familien.

Diese in Thüringen zu gewinnenden Resultate lassen sich verallgemeinern. Die Brüder des Deutschen Ordens kamen nicht nur ganz überwiegend aus der Ministerialität bzw. aus dem Niederadel, sondern die Ordensritter aus solchen Familien machten auch entsprechend ihrem Anteil an der Mitgliedschaft im Orden Karriere. Andere Regionen zeigen dasselbe Bild, z. B. die Deutschordenskommende Mainau. Die dortigen Ordensbrüder waren überwiegend Ministerialen des Klosters Reichenau und des Bischofs von Konstanz, sie waren also Dienstleute von sehr alten geistlichen Grundherren. Das Bistum und das Kloster stammten noch aus vorkarolingischer Zeit. Die sehr viel jüngere, im späten 13. Jahrhundert gegründete Kommende Mainau entwickelte sich rasch, es gelang den Deutschordensrittern bald, dem alten und einstmals mächtigen Kloster Reichenau seinen Besitz Stück um Stück abzukaufen. Ein sinnfälligeres Beispiel für einen raschen sozialen Aufstieg ließe sich kaum denken: Die ehemals Unfreien, die Ministerialen des Klosters Reichenau, werden Mitglieder einer Gemeinschaft, in der sie ihre Unfreiheit nicht nur verlieren, sondern gemeinsam auch sozial auf derselben Stufe stehen wie ihr einstiger Herr, den sie nun ökonomisch und machtmäßig beiseite schieben.

Der Deutsche Orden als Domäne des Niederadels bzw. der Ministerialität und, bis zu einem gewissen Grade, auch führender stadtbürgerlicher Familien, die aber ihrerseits meistens ministerialischen Ursprungs sind: das sieht man nicht nur in Thüringen und in Südwestdeutschland, sondern überall, wo der Deutsche Orden Besitz konzentriert, in weiten Teilen Deutschlands also, aber doch nicht überall.

Es gibt in Deutschland Regionen, wo der Orden immer wieder Nachwuchs findet und wo sein Besitz sich konzentriert, während er in anderen Gebieten wenig oder gar nicht vertreten ist. Die Niederlassungen des Ordens finden sich, etwas vereinfacht gesagt, vor allem in Thüringen, in Franken, in Südwestdeutschland und im Rheinland, am Mittelrhein und am Niederrhein. Es fehlen also auf einer Karte mit dem Ordensbesitz der Osten und der Norden, abgesehen von einer allerdings sehr starken Besitzkonzentration im Gebiet der heutigen Niederlande. Sonst reicht der Besitz des Deutschen Ordens im Norden bis in die Braunschweiger Gegend und bis nach Münster in Westfalen, mit Ausnahme eines kleinen Konvents, den die Ballei Westfalen in Bremen hatte. Dieser Konvent konnte sich dort trotz dem Widerstand des Bremer Erzbischofs halten, während eine ständige Niederlassung des Deutschen Ordens in Lübeck am dortigen Bischof scheiterte. Die Bürgerschaft in Lübeck hätte dem Orden gern ihr eben gegründetes Heilig-Geist-Spital übergeben, um es der bischöflichen Aufsicht zu entziehen, aber der Bischof ließ sich das nicht gefallen.

Diese Konzentration des Ordens auf Mitteldeutschland, auf das Rheinland und auf den Südwesten erkennt man auch, wenn man fragt, woher die Hochmeister, die preußischen Komture und die dortigen Großgebietiger (zu den Ämtern vgl. unten S. 188 ff.) kamen. Insgesamt waren das bis zum Jahre 1525 452 Ordensritter. 94 von ihnen sind ihrer Herkunft nach nicht zu bestimmen. Von den verbleibenden 358 stammen aus:

Sachsen-Thüringen	121
Franken	61
Rheinland	53
Südwestdeutschland	42.

Es verbleiben 81 Ordensritter in diesen Führungsämtern, die aus anderen Gebieten stammen. 277 von 358 kommen dagegen aus den oben genannten Kerngebieten des Deutschen Ordens.

Man muß natürlich fragen, wie repräsentativ diese Daten sind, ob man von den Inhabern der Führungsämter auf die Ordensritter insgesamt, die sich einstweilen so nicht aufgliedern lassen, zurückschließen darf. Diese Frage ist, so scheint es, positiv zu beantworten. Es besteht kein Grund anzunehmen, daß die Herkunft der Inhaber von Führungsämtern im Orden anders war als die der Ordensritter, die in solche Positionen nicht aufgestiegen sind. Wenn man sich die Regel des Ordens, seine Verfassung also ansieht, dann ergibt sich hier ohnehin kein Zweifel. Niemand konnte sich, dem Wortlaut der Ordensregel zufolge, aussuchen, wohin er wollte. Daß sich bestimmte, durch gemeinsame Herkunft konstituierte Cliquen einzelne Führungsämter im Orden zuschoben, das schloß die Regel, die vom Gehorsamsprinzip beherrscht war, aus. Die Realität freilich muß der Regel nicht entsprochen haben. Der Wortlaut der Regel entbindet nicht davon zu fragen, ob nicht doch Gruppierungen von Ordensrittern gemeinsamer Herkunft dafür sorgten, daß sie in Führungspositionen kamen. Aus später Zeit, aus dem 15. Jahrhundert, kennen wir solche Auseinandersetzungen in Preußen. Hier kämpften Norddeutsche gegen Süd-

Die Herkunft der Ordensritter 63

deutsche, und am Ende wurden die Führungsämter im Proporz verteilt (vgl. unten S. 187).

Aber es gibt Anzeichen dafür, daß solche Gruppenbildungen beim Deutschen Orden doch eine geringere Rolle gespielt haben als bei anderen vergleichbaren Gemeinschaften. Das zeigen auch die eben genannten Zahlen.

Wenn man nämlich die Namen der 452 Inhaber hoher Ämter daraufhin prüft, wie oft sich dieselben Namen wiederholen, dann zeigt sich, daß nur wenige Familien wiederholt in dieser Namenreihe vertreten sind:

1 Familie 5mal
3 Familien je 4mal
11 Familien je 3mal
37 Familien je 2mal.

Anders gerechnet entstammen also die 452 in Spitzenpositionen aufgestiegenen Ordensritter 380 Familien.

Dieses Resultat muß etwas eingeschränkt werden, weil es natürlich auch Verwandte unterschiedlichen Namens gab. Im ganzen wird man aber doch sagen können, daß die Zahl der Familien im Verhältnis zu der der aufgestiegenen Ordensritter groß ist, daß Familienprotektion eine relativ geringe Rolle gespielt hat – jedenfalls gemessen an den Verhältnissen in vergleichbaren geistlichen Gemeinschaften, also in Dom- und Stiftskapiteln.

Hier waren die Verhältnisse deutlich anders, besonders in jenen Regionen, aus denen auch die Mehrzahl der Deutschordensritter kam, in Franken zum Beispiel. In den fränkischen Bistümern Würzburg, Bamberg und Eichstätt wurden die Domherrenstellen ganz überwiegend von den Mitgliedern einer geringen Zahl von Familien besetzt, von den Söhnen des Stiftsadels, wie man eben aufgrund dieses Sachverhaltes sagt. Aus diesen stiftsadligen Familien befand sich in der Regel in jeder Generation einer im Domkapitel, wenn es nicht sogar mehrere waren, so daß man davon sprechen kann, daß sich diese Kapitel in der Hand von Familiengruppen befanden.

Beim Deutschen Orden war das anders. Er befand sich nicht in der Hand bestimmter Familien, sondern, etwas zugespitzt gesagt, in der Hand des gesamten Niederadels bestimmter Regionen, aber eben doch so, daß nicht einzelne Familien dominierten. Man begegnet hier sozialgeschichtlichen Phänomenen, wie sie im Bereich der mittelalterlichen deutschen Adelskirche auch sonst auftreten, aber sie sind teilweise doch von besonderer Art.

Man könnte vermuten, daß das ganz selbstverständlich ist, weil der Deutsche Orden eine größere Gemeinschaft war mit Besitz, der sehr viel weiter reichte als die Güter eines Domkapitels, und weil die Deutschordensbrüder innerhalb dieser Besitzungen wechseln mußten, so daß sie sich nicht auf Dauer an einer Stelle festsetzen und hier dafür sorgen konnten, daß immer wieder Verwandte nachrückten wie bei einem Domkapitel. Aber das war doch nur die Norm, und die Wirklichkeit konnte anders aussehen. Offensichtlich hat der Wechsel in den Ordensämtern von Anfang an nicht so funktioniert, wie die Ordensregel das vorschrieb, und zwar gerade in den Heimatgebieten der Ordensbrüder, in den Balleien, während in Preußen die Ämterverfassung, wie die Norm sie wollte, längere Zeit praktiziert worden ist. Vielleicht kann man sagen, daß in Deutschland, wo der Eintritt in den Orden sicherlich oft aus demselben Grunde geschah wie die Aufnahme in ein Domkapitel, nämlich wegen der Versorgung eines jüngeren Sohnes und zum Nutzen der Familie, die Versuchung für die Ordensritter groß war, so zu leben, wie auch Domherren leben konnten, als adlige, einen kollektiven Besitz verwaltende, zwar dem geistlichen Stande zugehörende, aber doch zunächst: Herren.

Man sieht das, schlaglichtartig, wenn man gelegentlich in Schenkungsurkunden liest, die Erträge, die von dem Stiftungsgut einkämen, sollten nicht in fremde Länder gehen, nach Palästina oder nach Preußen, also dorthin, wo der Orden seiner Stiftungsaufgabe, dem Heidenkampf, nachzugehen verpflichtet war. Manchmal, freilich erst aus späterer Zeit, wo die Quellenlage besser ist, erfährt man auch, daß die Versetzung eines Ordensbruders aus einer Ballei im Reich nach Preußen den Charakter einer Strafe haben konnte.

Im ganzen wird man sagen können, daß die Herkunft der Ordensbrüder, die in Preußen Führungsfunktionen innehatten, repräsentativ ist für die Rekrutierungsgebiete des Ordens überhaupt, zumal eben jene Gebiete, wo die Gebietiger des Ordens vorwiegend beheimatet waren, auch die Regionen sind, wo im Reich der meiste Ordensbesitz lag.

Die Herkunft der Ordensritter 65

Fragt man, wie diese Verteilung zu erklären ist, warum der Ordensbesitz in Mittel-, West- und Südwestdeutschland konzentriert war, warum er in Nord- und Ostdeutschland so gut wie gar nicht vorhanden und auch in Süd- und Südostdeutschland nur dünn gesät gewesen ist, so ergibt sich eine Antwort aus der sozialen Herkunft der Ordensritter. Die Herkunftsgebiete der Ordensritter, jene Gebiete, wo der Deutschordensbesitz sich konzentrierte, waren jene Regionen, wo die Ministerialität, wo insbesondere die Reichsministerialität zahlreich und stark war, wo sie Aufstiegschancen hatte und wo sich die Landesherrschaft nicht so schnell entwickelte. Daß der Deutsche Orden in Bayern und auch in Österreich vergleichsweise wenig Besitz hatte, hängt offensichtlich damit zusammen, daß den Wittelsbachern bzw. den Babenbergern hier früh die Schaffung geschlossener Territorien gelang, innerhalb deren Grenzen große geistliche Territorien nicht gedeihen konnten, wo also auch der Deutsche Orden keine guten Entwicklungsmöglichkeiten hatte.

Drittes Kapitel

Die Anfänge der Herrschaftsbildung in Preußen

Die Anfänge des Ordensstaates in Preußen fallen in die Regierungszeit des Hochmeisters Hermann von Salza (1210–1239). Dieser Hochmeister hat immer wieder die Aufmerksamkeit der Historiker auf sich gezogen: als der offensichtliche Begründer des preußischen Ordensstaates, aber auch als der bedeutende Vermittler zwischen Kaiser Friedrich II. und den Päpsten.

Es ist in der Tat eindrucksvoll zu sehen, wie es Hermann von Salza gelingt, in den erbitterten, bis weit ins Prinzipielle vorgetriebenen Kämpfen zwischen Kaiser und Papst gleichzeitig engster Vertrauter des Kaisers und einer der führenden Politiker in dessen Umgebung zu sein und doch auch von den Päpsten als Verhandlungspartner, ja als Vertrauensmann akzeptiert zu werden. Hermann von Salza war es gewesen, der in Deutschland jenes Heer zusammenbrachte, das ins Heilige Land zu führen sich Friedrich II. dem Papst gegenüber verpflichtet hatte (vgl. oben S. 45); Hermann von Salza hatte auch den Landgrafen Ludwig von Thüringen, den Gemahl der später heilig gesprochenen Elisabeth (vgl. oben S. 45 ff.), für dieses Unternehmen gewonnen. Hermann von Salza gehörte auch zu jenen Politikern, die dem ebenfalls erkrankten Kaiser rieten, den Kreuzzug angesichts seiner Krankheit zu verschieben.

Die Folge dieser Verschiebung war, daß der Papst den Kaiser exkommunizierte. In diesem Zustand, ausgeschlossen von den Gnadenmitteln der Kirche, hat Friedrich II. im Jahre 1229 den Kreuzzug dennoch unternommen, obwohl er von den papsttreuen Christen im Heiligen Land Widerstand erwarten mußte und auch erfuhr, von seiten des Klerus, der Johanniter, der Templer – nicht dagegen seitens des Deutschen Ordens. Der war vielmehr die Hauptstütze des Kaisers im Heiligen Land, und ihn machte der Kaiser nun groß.

Friedrich II. erreichte durch Verhandlungen, daß den Christen die heiligen Stätten in Jerusalem, daß ihnen Nazareth und Bethlehem und einige weitere Orte überlassen wurden. Am 18. März 1229 krönte sich Friedrich II. in der Grabeskirche selber zum König von Jerusalem – er hatte vor vier Jahren die Erbin des Königreiches geheiratet. Hermann von Salza hatte diese Heirat auf Wunsch des Papstes vermittelt.

Hermann von Salza war es wieder, der nun, im März 1229, bei der Krönung in Jerusalem nicht nur anwesend war, sondern den Kaiser auch daran hinderte, seinen Konflikt mit dem Papst bis zu einem Punkt zu steigern, wo eine Versöhnung nicht mehr möglich gewesen wäre. Der Kaiser wollte sich in der Grabeskirche eine Messe lesen lassen, was angesichts seiner Exkommunikation eine nicht zu überbietende Herausforderung des Papstes und allgemein anerkannter Normen gewesen wäre, die er aber dennoch hätte erzwingen können. Hermann von Salza redete ihm das aus. So blieb es bei einer aller sakralen Elemente entkleideten Krönung, die eben deshalb keine solche Provokation war, wie eine Krönung in den üblichen Formen der Zeit es gewesen wäre. Denn üblicherweise waren Krönung und Herrscherweihe ein feierlicher gottesdienstlicher Akt.

Es ist nicht ganz uninteressant für die Gefährdungen der Geschichtswissenschaft, daß man die entsakralisierte Selbstkrönung Kaiser Friedrichs II. als einen über das Mittelalter in die säkularisierte Neuzeit hinausweisenden Akt verstanden hat, als einen Schritt der Emanzipation von kirchlichen Zwängen im Sinne jener bekannten Auffassung des Kaisers als des ersten modernen Menschen. Die einseitige Betonung des Neuen, angeblich in die Zukunft Weisenden auf Kosten dessen, was zu einer Zeit tatsächlich üblich war, ist ein nicht seltenes Interpretationsmuster. Hier handelt es sich einfach um ein Mißverständnis. Der Kaiser hätte sich gern in der zeitüblichen Weise krönen lassen, aber das war ihm wegen seiner Exkommunikation nicht möglich.

Der Deutschordenshochmeister blieb auch in der nächsten Zeit in der Nähe des Kaisers, Zeuge eines politischen Ringens von gewaltigem Ausmaß, der heftigsten Auseinandersetzungen zwischen Kaiser und Papst, die es im Mittelalter gegeben hat. Infolgedessen hat dieser Hochmeister immer wieder Versuche provoziert, seine Gestalt und seine Tätigkeit zu beschreiben und zu analysieren, doch erfahren wir über die Person dieses Mannes aus den Quellen so gut wie nichts. Über seine Absichten läßt sich kaum ein Dokument vernehmen: Die Quellen liefern uns fast immer nur Indizien für seine Präsenz und für seine Teilnahme an den großen Ereignissen der Zeit. Die Reihe dieser Zeugnisse ist freilich so dicht, daß am politischen Rang des Hochmeisters kein Zweifel möglich ist. Er gehörte ganz sicher zu den wenigen, die über Jahrzehnte hin das Vertrauen des Kaisers hatten und für ihn Politik machten. Und da der rasche Aufschwung des Ordens, seine Ausbreitung in Deutschland, aber auch in anderen Regionen und schließlich in Preußen in dieser Zeit stattfand, und zwar begünstigt von Kaiser Friedrich II., wird man diese rasche Expansion ganz ohne Zweifel zu einem erheblichen Teil dem Rang und dem politischen Gewicht zuschreiben müssen, welches dieser Hochmeister hatte. Es ist keine Frage, daß Hermann von Salza die Autorität, die er am kaiserlichen Hofe und auch an der päpstlichen Kurie hatte, zugunsten seines Ordens einzusetzen wußte. Das aber tat er nicht nur in der allgemeinen Weise, in der sich auch die Vorsteher anderer geistlicher Gemeinschaften um Besitzvermehrung bemühten. Der Orden und sein Hochmeister hatten in diesen Jahren über die Vermehrung ihres Besitzes und ihrer Mitglieder hinaus offensichtlich ein spezielles Ziel: die Erwerbung eines großen geschlossenen Herrschaftsgebietes, die Schaffung eines, etwas anachronistisch gesagt, Ordensstaates.

Wie früher schon bemerkt (vgl. oben S. 38), zielten diese Bemühungen zunächst auf ein Gebiet in Südosteuropa. König Andreas II. von Ungarn, der Vater der heiligen Elisabeth, hatte dem Orden Besitz an der ungarischen Grenze, im Burzenland, in Siebenbürgen geschenkt. Der Orden sollte hier die Grenze des christlichen Ungarn gegen die heidnischen Kumanen schützen. Der Orden hat zu diesem Zweck sechs Burgen errichtet, aber diese Burgen und insbesondere sein Versuch, sich fest zu etablieren, das ihm zur Verfügung gestellte Gebiet gegen die Amtsträger des Königs und vor allem gegen den zuständigen Bischof abzuschirmen, im Sinne einer für die Ritterorden typischen Politik (vgl. oben S. 24f.), rief Widerstände hervor. Im Jahre 1224 nahm der Papst auf Bitten des Ordens das Burzenland in sein bzw. des heiligen Petrus Eigentum, er unterstützte also den Orden bei dem Versuch, dieses Gebiet aus Ungarn herauszulösen und es zu einem unabhängigen Herrschaftsgebiet zu machen. Aber das war

Der Deutsche Orden im Burzenland 69

nicht durchzusetzen. Der ungarische König hat die Deutschordensbrüder vielmehr im Jahr 1225 mit Militärgewalt aus dem Burzenland vertrieben. Er hatte Helfer gewollt, die Helfer hatten sich selbständig machen wollen, und er war stark genug, sich das nicht gefallen zu lassen. Wenige Jahre später sollte sich, so kann man sagen, dieses Spiel in Preußen wiederholen, jedoch mit einem anderen Ausgang. Denn da hatte es der Orden nicht mit dem König von Ungarn zu tun, sondern bloß mit dem Herzog von Masowien.

Der Orden hätte seine aus dem Burzenland vertriebenen Ritter von dort gleich nach Preußen senden können. Denn schon im Winter 1225/26 hatte der polnische Herzog Konrad von Masowien den Deutschen Orden gebeten, ihm gegen ein heidnisches Volk an seiner Grenze beizustehen. Der Orden wurde eingeladen, die masowische Grenze gegen die Prussen zu verteidigen, so wie er aufgefordert worden war, die ungarische Grenze gegen die dortigen Heiden zu schützen. Der Orden bzw. Hermann von Salza hat diese neuerliche Einladung nicht überhört. Denn im März 1226 hat er sich von Kaiser Friedrich II. in Rimini eine feierliche, mit einem goldenen Siegel beglaubigte – und deshalb üblicherweise Goldbulle genannte – Urkunde ausstellen lassen, in welcher der Kaiser dem Orden für das Gebiet, das der polnische Herzog ihm angeboten hatte, und für jenes heidnische Land, das der Orden erobern würde, eine selbständige Stellung, die der eines Reichsfürsten gleichen sollte, garantiert. Aber zunächst hat der Orden von dieser Urkunde keinen Gebrauch gemacht.

Den Grund dafür kann man wohl erkennen. Der Orden wollte sich offensichtlich nicht in ein Abenteuer nach burzenländischem Muster stürzen, sondern die Sache diesmal besser vorbereiten. Aber vielleicht hatte er noch aus einem anderen Grund keine Eile. Denn es bestand die Aussicht, in Palästina selber zu einem unabhängigen Herrschaftsgebiet zu kommen. Schon im Jahre 1220 hatte der Orden ein großes Territorium in der Nähe von Akkon gekauft. Hermann von Salza benutzte dann den Kreuzzug Friedrichs II. in den Jahren 1228 und 1229 dazu, sich dieses Gebiet weiter absichern zu lassen. In den folgenden Jahren wurde das palästinensische Herrschaftsgebiet des Ordens ausgebaut, am sichtbarsten dort, wo die Burg Montfort, deutsch: Starkenberg, errichtet wurde, deren Ruinen noch heute bezeugen, daß hier das Zentrum des Ordens gebaut werden sollte.

Palästina, Burzenland, Preußen: der Orden setzte damals an drei Stellen zur selben Zeit bzw. unmittelbar hintereinander an, und es kommt noch Zypern hinzu. Hier hat der Kaiser zur Zeit seines Kreuzzuges versucht, eine Oberherrschaft zu begründen, und er hat wohl aus diesem Grunde den Orden auf Zypern mit Grundbesitz ausgestattet. Aber Friedrich II. konnte Zypern auf Dauer nicht in sein Machtpotential hineinnehmen, und so blieb es hier für den Orden bei Streubesitz. Von den vier Regionen, wo sich ihm in den 20er Jahren des 13. Jahrhunderts eine Chance zur Herrschaftsbildung anzubieten schien, blieben nur Palästina und Preußen.

Der Orden hat beide Möglichkeiten ergriffen, nur daß seine Herrschaftsbildung in Palästina eingebunden blieb in die Möglichkeiten, welche die Westeuropäer insgesamt im Heiligen Land hatten. Infolgedessen war die Zeit, die dem Orden hier zur Verfügung stand, kurz. Sie dauerte kaum länger als ein halbes Jahrhundert. Im Jahre 1291 ging mit Akkon der letzte Besitz der Europäer im Heiligen Land verloren, und damit war auch die Zeit des Deutschen Ordens hier beendet. In dem vorangehenden halben Jahrhundert freilich gehörte der Deutsche Orden zu den wichtigsten politischen Potenzen im Heiligen Land, und das Heilige Land stand sicherlich im Zentrum der Politik des Ordens.

Folgenreicher und dauerhafter waren jedoch die Besitzungen, die der Orden sich nun in Preußen erwarb. Die Ursache dafür liegt zunächst darin, daß der Orden hier ein Operationsfeld hatte, wo er seiner Stiftungsaufgabe, dem Heidenkampf nachgehen konnte. Umkämpfte Grenzen zwischen Christen und Heiden gab es freilich nicht nur hier.

Fragt man, warum der Orden sich gerade die Kampffront aussuchte, so muß man, wie meistens bei einer solchen Frage, zwischen dem Anlaß und der allgemeineren Ursache unterscheiden.

Den unmittelbaren Anlaß bildete die schon erwähnte Hilfsbitte des Herzogs von Masowien. Der Regent des dem preußischen Gebiet benachbarten christlichen Staates, der polnische Teilfürst Konrad von Masowien, erhoffte sich vom Deutschen Orden militärische Assistenz bei den Auseinandersetzungen mit seinen heidnischen Nachbarn. Die Ursache aber liegt erstens darin, daß die im 10. Jahrhundert zunächst abgebrochene Ausbreitung des Christentums nach Nordosteuropa im 12. Jahrhundert wieder aufgenommen wurde und daß ihr zweitens die Dynamik der großen Siedlungsbewegung dieser Zeit zu Hilfe kam. Seit dem frühen 12. Jahrhundert fand ein von Mitteleuropa nach Norden und Osten zielender doppelter Expansionsprozeß statt: auf der einen Seite der sich in der Ostsiedlung fortsetzende Landesausbau (vgl. unten S. 115 ff.), auf der anderen Seite eine Rückkehr zu den Bemühungen um eine Ausbreitung des Christentums. Obwohl die Bekehrung Andersgläubiger zu den Grundforderungen gehört, die Christus seinen Anhängern überliefert hat, ist sein Missionsbefehl doch nicht zu allen Zeiten befolgt worden. Seit dem Ende der Karolingerzeit waren kaum noch Versuche unternommen worden, das Christentum in heidnische Länder zu tragen. Und die tatsächlich unternommenen Missionsbemühungen luden nicht eben zur Wiederholung ein. Im Jahre 997 wurde der Prager Bischof Adalbert, der versucht hatte, den Prussen die christliche Religion zu verkünden, in der Gegend von Elbing oder im Samland erschlagen. Ein deutscher Kleriker, Brun von Querfurt, erlitt im Jahre 1009 im späteren südlichen Preußen dasselbe Schicksal.

In den beiden nachfolgenden Jahrhunderten blieben die Prussen von Missionsversuchen unbehelligt. Freilich konsolidierte sich das Christentum in ihrer Nachbarschaft, in Polen, das seit dem späteren 10. Jahrhundert unter christlichen Herrschern stand, aber auch im Westen, in Pommern und Pommerellen. Auch die anderen Ostseeländer waren nun christianisiert: Dänemark und Schweden, und in Livland, Estland und Kurland wurde das Christentum im frühen 13. Jahrhundert gerade eingeführt. Heidnisch waren in dieser Region nur noch die Litauer und eben die Prussen.

Ihr Gebiet war zwar nicht so klein, daß man es als heidnische Insel in einem christlichen Meer bezeichnen könnte, aber es ging jetzt dennoch von den christlichen Nachbarn ein erheblicher Druck auf diese heidnischen Völker aus. Ihre Christianisierung war sicherlich unvermeidlich.

Die Ursache dafür war zunächst die zum Kern christlicher Glaubenslehren gehörende Tendenz zur Mission, die keineswegs selbstverständlich ist. Die meisten Religionen haben sie nicht, sie sind gentile Kulte, d. h. die Mitglieder eines Stammes und die Bekenner eines Kultes sind identisch. Der Kult einigt die Angehörigen einer politischen Gemeinschaft – eine Änderung dieses Kultes, der Übergang zu einem anderen ist nur unter der Voraussetzung auch einer veränderten politischen Ordnung möglich. Die christliche Religion dagegen ist eine Universalreligion. Wer sich zu ihr bekennt, braucht nicht notwendigerweise die politische Ordnung, der er als Nichtchrist angehört hat, zu verlassen und sich als Christ auch einem christlichen Herrscher zu unterwerfen.

Diese Einsicht freilich war den Bekennern heidnischer Kulte im Mittelalter und also auch den Prussen nicht zugänglich. Sie, für die Religion notwendigerweise Stammeskult war, mußten in einem Missionar stets auch einen Gegner ihrer politischen und sozialen Ordnung vermuten. Infolgedessen fanden die Missionare einen nicht nur religiös begründeten Widerstand. Sie freilich interpretierten den Widerstand, den sie fanden, nicht in dem genannten religionsphänomenologischen Sinne, sondern sie sahen darin den Ausdruck heidnischer Verstocktheit. Wer selber im Besitz der absoluten Wahrheit zu sein meint, ist selten geduldig gegenüber Andersmeinenden, weil er nicht gegen eine andere Meinung, sondern gegen die Unwahrheit zu kämpfen glaubt, und die verdient Vernichtung. Das Vernichten des fremden Kultes war das erklärte Ziel der mittelalterlichen Missionare und beinahe ebenso wichtig wie die Gewinnung von neuen Gläubigen. Denn die fremden Kulte waren eine Beleidigung Gottes.

Man kann sich den Zusammenprall zweier Religions-, Sozial- und Kultursysteme, der sich hinter dem abstrakten Wort Missionierung verbirgt, gar nicht heftig genug vorstellen, und auch die Zwangsläufigkeit der sich daraus ergebenden Konflikte wird man schwerlich übertreiben können.

Immer wieder mußten z. B. Heiden, die sich hatten taufen lassen, erleben, daß es mit der Anbetung des neuen Gottes nicht genug war, sondern daß diese auch eine Umgestaltung ihres Sozialsystems zur Folge hatte. Die Prussen z. B. praktizierten andere Eheformen, als ihnen nun zugemutet wurden. Sie übten Polygamie, Frauenkauf und Raubehe. Die aber wurden von der damaligen kirchlichen Lehre nicht mehr toleriert. Hier also konnte ein Grund dafür liegen, den neuen Glauben wieder aufzugeben. Wer das tat, der brachte sich freilich nach christlicher Norm in die abscheulichste aller Situationen. Der vom Glauben Abgefallene war schlimmer als der Heide, schlimmer auch als der Ketzer. Er war ein Apostat, vergleichbar einem Hunde, wie mit einem Bild aus der Bibel immer wieder gesagt wurde, der zum Auswurf seines Unglaubens zurückkehrte, der auffraß, was er schon ausgebrochen hatte. Der Kampf gegen ihn war notwendig.

In diesem Falle aber war der Einsatz der weltlichen Gewalt unumgänglich, und nicht nur hier. Die christlichen Missionare waren auch sonst schnell bereit, sich weltlicher Hilfe zu bedienen, zwar nicht, in der Regel, um die Christianisierung militärisch zu erzwingen, wohl aber, um den Widerstand gegen die Predigt aus dem Wege zu räumen. Die weltliche Hilfe freilich ließ sich so präzise meistens nicht begrenzen. Der weltliche Arm, d. h. die zur Hilfe gerufenen Adligen und Ritter, bemühten sich darum, ihre Schutzaufgabe abzusichern, sie versuchten also, Besitz- und Herrschaftsrechte in der gefährdeten Region zu erwerben, so wie das ja auch der Deutsche Orden tat. Die Verbindung von Mission und Herrschaftsbildung hatte eine lange Tradition. Die klassischen Beispiele finden sich bei der Unterwerfung der Sachsen durch Karl den Großen. Doch kamen als Ursache für die Konflikte an der Grenze zwischen Christen und Heiden auch praktische Gegebenheiten hinzu. Diese Konflikte ließen sich nicht trennen von den internen Auseinandersetzungen der heidnischen Völker. Der heidnische Stammesfürst, der seinem heidnischen Gegner zu unterliegen drohte, konnte, falls sich in seiner Nachbarschaft Christen befanden, hoffen, durch seinen Übertritt zum Christentum seine politische Lage zu verbessern, wie das z. B. die litauischen Fürsten später immer wieder tun sollten (vgl. unten S. 154). Damit aber bekam der herkömmliche interne Konflikt, jedenfalls in christlicher Sicht, eine andere Dimension. Er wurde zu einer Auseinandersetzung zwischen Christentum und Heidentum im allgemeinen. Die Existenz mächtiger christlicher Nachbarn hatte deshalb mit einer gewissen Notwendigkeit die Folge, daß die internen Konflikte unter den heidnischen Fürsten zunahmen, daß deren politische Ordnung geschwächt wurde.

Infolgedessen sind die Grenzen zwischen Christen und Heiden im hohen Mittelalter nur selten friedliche Grenzen, und die Optik der klerikalen Geschichtsschreibung tut das Ihre, um diese Unfriedlichkeit noch zu akzentuieren. Was sich aus einer weiteren Perspektive als das für diese Zeit Normale darstellt, nämlich ein Zustand, innerhalb dessen der kleine Grenzkrieg, der Raub- und Plünderungszug im Stile der Wikinger jederzeit möglich ist, das wurde in klerikaler oder gar missionarischer Sicht zu einer prinzipiellen Auseinandersetzung zwischen Christen- und Heidentum und schien den Ruf nach christlichen Kriegern zu rechtfertigen, welche die Heiden niederwerfen und nötigenfalls vernichten sollten.

Auf der anderen Seite ist die Unverträglichkeit von Mission und Herrschaftsbildung nicht erst eine nachträgliche Einsicht. Wir haben vielmehr immer wieder zeitgenössische Klagen darüber, daß sich beides nicht in Übereinstimmung bringen lasse. Sei es, daß die Heiden der Mission widerstanden, weil sie die in ihren Augen damit verbundene Unterwerfung unter christliche Fürsten fürchteten, so daß der weltliche Arm nicht als Helfer fungierte, sondern als Hindernis der Mission wirkte – dieser Vorwurf wurde dem Deutschen Orden in Preußen oft gemacht –, sei es auch so, daß die um Herrschaft über die Heiden bemühten Adligen und Fürsten diese in ihrer Verstocktheit gar nicht bekämpften, sondern zufrieden waren, wenn sie nur Abgaben zahlten. Darüber hat sich z. B. der holsteinische Pfarrer Helmold von Bosau in seiner anschaulichen Slavenchronik aus dem späteren 12. Jahrhundert sehr drastisch beklagt.

Man wird also wohl sagen können, daß die Christianisierung der Prussen im 13. Jahrhundert unvermeidlich war. Daß mit dieser Missionierung eine Unterwerfung verbunden sein würde, war kaum weniger sicher. Die Frage war nur, wem beides gelingen würde.

Denn die Prussen hatten mehrere christliche Nachbarn: im Süden die Polen, im Norden die Dänen und im Westen die Deutschen. Sie alle befanden sich damals sozusagen im Vormarsch auf das heidnische Nordosteuropa: auf Livland, Estland, Kurland, Litauen und das Land der Prussen, missionierend, herrschaftsbildend und, schließlich, handeltreibend. Die Expansion des Handels, die Frühgeschichte der Hanse, das Vordringen deutscher Kaufleute in die östliche Ostsee gehört auch in diesen Zusammenhang.

Dazu kam nun, daß die Idee des Kreuzzuges, des über die punktuelle Verteidigung hinausreichenden prinzipiellen und religiös verdienstlichen Heidenkampfes, von Palästina auf Nordosteuropa übertragen wurde. Zum erstenmal war das im Jahre 1147 geschehen, als bei der Werbung für den zweiten Kreuzzug die Meinung aufkam, daß die norddeutschen Adligen statt in Palästina auch gegen die Heiden an der eigenen Grenze kämpfen könnten. So ist es dann auch geschehen, in der Mark Brandenburg, in Mecklenburg und in Pommern. War der Kreuzzug auch hier, auch in heidnischen Gebieten außerhalb des Heiligen Landes möglich, so lag es nahe, auch die speziell für den Heidenkampf im Heiligen Land geschaffenen neuen Gemeinschaften, die Ritterorden, hier einzusetzen. So war der Deutsche Orden nicht der erste Ritterorden, der in Nordosteuropa Niederlassungen gründete. Schon vor ihm hatten die Johanniter Besitzungen in Polen, und in Livland war zu Anfang des 13. Jahrhunderts nach dem Muster der Templer ein neuer Ritterorden gegründet worden, die Gemeinschaft der *fratres militae Christi de Livonia*, der Schwertbrüderorden, wie er abgekürzt meistens genannt wird. Das war eine kleine Gemeinschaft ganz überwiegend westfälischer Ritter, die in Livland die dort beginnende Christianisierung absichern sollten. Auch hier versuchte – ähnlich wie in Jerusalem im Falle der Templer und Johanniter der Patriarch – der zuständige Bischof, nämlich der Bischof von Riga, den Ritterorden zu einer in seinem Auftrage kämpfenden Truppe werden zu lassen. Auch hier hatte der geistliche Fürst keinen Erfolg. Es dauerte nur wenige Jahre, bis der Schwertbrüderorden eigene Herrschaftsansprüche anmeldete und mit dem Bischof in heftige Auseinandersetzungen geriet.

Johanniter also in Polen, Schwertbrüder in Livland: Aber auch dort, wo der Deutsche Orden tätig werden sollte, waren schon andere Ordensritter am Werk. Und Kreuzzüge waren schon nach Preußen geführt worden, bevor der Deutsche Orden dort Fuß faßte. Beidemal, beim Einsatz der Ritterorden wie auch bei den Kreuzzügen, lag die Initiative auf polnischer Seite.

Der im Zusammenhang mit der Christianisierung Ende des 10. Jahrhunderts entstandene polnische Staat war im 12. Jahrhundert in eine Reihe von nur locker zusammenhängenden Teilfürstentümern zerfallen. Die polnischen Teilfürsten gehörten zwar alle derselben Dynastie an, sie waren Piasten, und sie regierten der Norm nach das Land einvernehmlich und nicht unabhängig voneinander, sondern in Form des Seniorats, also so, daß der jeweils Älteste eine Art von Gesamtherrscher sein sollte. Faktisch aber bestanden weithin voneinander unabhängige Fürstentümer nebeneinander: Schlesien, Großpolen mit Posen als Zentrum und Kleinpolen mit Krakau als Herrschaftsmittelpunkt. Diese Teilfürstentümer waren ihrerseits mehr oder weniger andauernd noch einmal geteilt. So war Kleinpolen im Jahre 1194 in zwei Teilfürstentümer aufgeteilt worden, in Kleinpolen, das eine Generation später abermals geteilt werden sollte, und in Masowien, dessen erster Herzog, Konrad, es war, der den Deutschen Orden nach Preußen rief. Masowien grenzte im Norden an das Land der Prussen.

Die polnischen Teilstaaten waren vergleichsweise schwache Gebilde. Dadurch daß ihre Regenten sich gegenseitig bekämpften, wurde ihre geringe Macht noch vermindert. Infolgedessen gelang es Konrad von Masowien in den für ein christlich-heidnisches Grenzgebiet typischen Auseinandersetzungen mit den Prussen nicht, zu einem dauernden Erfolg zu kommen oder gar sein Herrschaftsgebiet nach Norden auszudehnen. Auf der anderen Seite hatte er es in den Prussen aber keineswegs mit einem sehr mächtigen Gegner zu tun.

Die Prussen gehörten ebenso wie die benachbarten Litauer, wie die Kuren und wie die Letten der baltischen Völkergruppe an – sie waren also keine Slaven, wie man oft liest, und auch keine Finno-Ugrier wie die weiter nördlich lebenden Esten. Die Prussen besiedelten zwar ein großes Gebiet, nämlich ungefähr das spätere Ostpreußen, aber die Siedlungsdichte in dieser Region war außerordentlich gering. Man nimmt an, daß das Land von ungefähr 170000 Menschen besiedelt war. Diese auch für damalige Verhältnisse dünne Bevölkerung des Landes war politisch nicht einheitlich organisiert, sondern lebte in einzelnen Stämmen, deren Namen sich als Landschafts- und Bistumsbezeichnungen bis in die jüngere Zeit, teilweise sogar bis in die Gegenwart erhalten haben.

Trotzdem konnten die Masowier in ihren ständigen Grenzkriegen mit den Prussen zu keinem Erfolg kommen, zumal diese Konflikte im frühen 13. Jahrhundert offensichtlich dadurch an Schärfe gewonnen haben, daß die Bemühungen um eine Mission der Prussen nun zunahmen.

Von großer Bedeutung ist dabei das Kloster Łekno des Zisterzienserordens gewesen. Dieser rasch wachsende Reformorden des 12. Jahrhunderts (vgl. oben S. 22) ist, so wird man sagen können, auch der klassische Ostsiedlungsorden geworden. In jenen Gebieten, wo sich bald die aus dem Westen kommenden Bauern und Städter

Die Anfänge der Prussen-Misson

niederließen, siedelten sich Zisterziensermönche aus Westeuropa an. Etwa 40 km nördlich von Posen und Gnesen, etwa 80 km von der preußischen Grenze entfernt gründeten 1143 rheinische Zisterziensermönche aus Altenberg das Kloster Łekno. Seit dem Anfang des 13. Jahrhunderts wurden von diesem Kloster aus Versuche unternommen, den Prussen das Christentum zu bringen. Sehr bald nach der Jahrhundertwende muß sich der Abt Gottfried darum bemüht haben: Wir kennen eine Papstbulle aus dem Oktober 1206, in welcher Innozenz III. den Abt, der damals nach Rom gereist war, mit der Prussenmission beauftragte. Der Abt hatte sich damit die Autorität des Papstes und gegebenenfalls einen Vorsprung vor anderen, die ähnliche Absichten wie er haben mochten, gesichert.

Freilich konnte eine solche Bulle allein die Mission nicht voranbringen und auch nicht sicherstellen, daß die nun tatsächlich von dem Inhaber der Bulle geleitet werden würde. Es bestanden vielmehr Schwierigkeiten. Gottfried, der Abt eines strengen, auch die Äbte kontrollierenden Ordens, konnte nicht auf eigene Faust herumreisen, und sei es auch zum Zwecke der Mission. Es scheint Schwierigkeiten innerhalb des Zisterzienserordens gegeben zu haben, infolge deren Gottfried vielleicht seine Abtswürde niederlegte und einen anderen Namen annahm. Vielleicht war aber Christian, der nun missionierte, eine andere Person. Christian hatte durchaus Erfolge. Wir kennen die Namen prussischer Fürsten, die er zum Christentum bekehrte. Er wandte sich also mit seiner Verkündigung an die politischen Führer des zu missionierenden Volkes, wie das Jahrhunderte früher auch bei der Germanenmission geschehen war: begreiflicherweise. Denn da die Religion, die hier aufgegeben werden sollte, eine Gentilreligion war (vgl. oben S. 71), wäre ein Wechsel der Religion ohne Berücksichtigung der politischen Verhältnisse bei dem zu missionierenden Volk kaum denkbar gewesen. Hier, wie überhaupt bei der Christianisierung der nordalpinen Länder, gelangte die Bevölkerung durch Massentaufe zum Christentum, nachdem der Missionar die heidnischen Fürsten gewonnen hatte.

Christian hat solche Erfolge gehabt, aber er weckte damit auch Widerstand, zumal polnische und pommerellische Herzöge versuchten, Herrschaftsrechte gegenüber den Bekehrten geltend zu machen.

Daraus wiederum erhielt der prussische Widerstand Nahrung. Getaufte Prussen fielen vom christlichen Glauben ab, und damit wurden sie (vgl. oben S. 72f.) zu Apostaten.

Das aber war dann, wie schon gesagt, die Stunde des weltlichen Arms – freilich noch nicht die des Deutschen Ordens. Zunächst wurde ein Versuch mit anderen Repräsentanten der weltlichen Gewalt gemacht, freilich ebenfalls schon ein für damalige Verhältnisse moderner Versuch. Es wurden zwei Kreuzzüge gegen die Prussen geführt.

Im Jahre 1216 erbaten polnische Kleriker und Fürsten sowie der damals schon zum preußischen Bischof ernannte Christian vom Papst die Genehmigung der Kommutation des Jerusalempilgergelübdes (vgl. oben S. 36) in die Teilnahme an einem Kreuzzug nach Preußen. Der Papst bewilligte die Bitte, d. h. er verlieh den Teilnehmern des Prussenkreuzzuges den Ablaß in demselben Maße, wie dieser den nach Palästina reisenden Kreuzfahrern zukam.

Im Jahre 1218 und von 1221 bis 1223 kämpften Kreuzfahrerheere gegen die Prussen. Die Kreuzfahrer kamen aus den benachbarten Ländern: aus Deutschland und aus Polen. Wichtig scheint vor allem die Teilnahme Herzog Heinrichs des Bärtigen von Schlesien gewesen zu sein, also eines polnischen Teilfürsten. Ganz offensichtlich spielten bei diesem Kreuzzug die Rivalitäten unter den piastischen Fürsten eine Rolle. Ein Erfolg gegen die Prussen, eine Vermehrung der eigenen Machtbasis mußte auch einen Vorteil im internen Machtkampf der polnischen Konkurrenten untereinander gewähren. Soweit man sehen kann, standen sich hier vor allem Konrad von Masowien und Heinrich von Schlesien gegenüber. Der Schlesier hatte übrigens in seinem Kreuzfahrerkontingent auch Angehörige von Ritterorden, Templer, ja vielleicht sogar Deutschordensritter, die sich damals in seinem Land niedergelassen hatten.

Nach den Schwertbrüdern, nach den Johannitern, die schon seit dem 12. Jahrhundert Niederlassungen in Schlesien hatten (vgl. oben S. 75), nun also Templer. Sie wurden in Großpolen, im westlichen Polen, zum Schutz der Grenze angesiedelt, während in Pommerellen eine Niederlassung des Ritterordens entstand, den man hier am allerwenigsten vermutet, nämlich des Ordens von Calatrava, eines jener Ritterorden also, die an der spanisch-muslimischen Grenze entstan-

Die ersten Kreuzzüge gegen die Prussen 79

den waren und deren spezielle Aufgabe die Reconquista, die Wiedergewinnung der Pyrenäenhalbinsel für das Christentum, war. Daß nach diesen Ritterorden nun auch der Deutsche Orden in Nordosteuropa tätig wurde, liegt an dem Mißerfolg der beiden genannten Kreuzzüge. Nachdem die Kreuzfahrer abgezogen waren, hatte der prussische Widerstand umso stärker eingesetzt. Das ist begreiflich, denn nun ging es ganz offensichtlich um die Unterwerfung der Prussen und nicht bloß um ihre Bekehrung.

Das ergibt sich nicht nur aus dem Einsatz der Kreuzfahrer, sondern auch aus den päpstlichen Urkunden, die sie begleiteten. Papst Innozenz III. hatte sich schon im Jahre 1212 dagegen gewandt, den Neubekehrten weltliche Lasten aufzuerlegen, d. h. sie christlichen Herren zinsbar zu machen. Im Jahre 1218 verbot der Papst den Kreuzfahrern, Preußen ohne Erlaubnis des Bischofs Christian zu betreten und die Heiden ihrer Herrschaft zu unterwerfen. Ihr solltet euch, so redete der Papst die Kreuzfahrer an, darum bemühen, die Heiden zu Christus zu bekehren, nicht aber sie eurer Herrschaft zu unterwerfen. Im Jahre 1221 schließlich mahnte der Papst die Kreuzfahrer, ihre heidnischen Gefangenen dem Bischof zu übeerstellen, damit dieser sie taufen könne.

Diese Aufforderungen stehen in päpstlichen Bullen, die von Bischof Christian erbeten wurden. Es sind also primär seine Absichten, die hier zum Ausdruck kommen. Christian wollte offensichtlich verhindern, daß seine Tätigkeit weltlichen Fürsten zur Vergrößerung ihrer Herrschaft verhalf. Vielleicht wollte er eine eigene bischöfliche Herrschaft errichten, so wie das gleichzeitig der Bischof von Riga in Livland mit Erfolg tat.

Zunächst freilich setzten sich die Prussen zur Wehr. Nach dem Abzug der Kreuzfahrer eroberten sie nicht nur die ihnen abgenommenen Gebiete zurück, sondern gingen weiter nach Süden vor. Die bisherigen Missionserfolge waren dahin, und Masowien selber litt unter den prussischen Einfällen. Das war die Situation, in welcher Herzog Konrad sich an den Deutschen Orden wandte. Wie schon gesagt, hat dieser die Bitte des Herzogs nicht überhört, aber auch nicht sogleich ein Kontingent nach Preußen gesandt.

Offensichtlich wollte sich der Hochmeister Hermann von Salza absichern, wollte er eine Garantie dafür haben, daß der Einsatz in

Preußen seinem Orden einen dauerhaften Erfolg bringen würde. Es ist nicht zu bezweifeln, daß der Hochmeister und sein Orden die Einladung des masowischen Herzogs zum Anlaß nehmen wollten, sich dauernd in der Region, wo sie nun den Heidenkampf führen sollten, ein Herrschaftsgebiet zu sichern. Es ist auch kein Zweifel, daß der Herzog von Masowien etwas anderes wollte, nämlich eine Ausdehnung seiner eigenen Macht nach Preußen, und daß ihm der Deutsche Orden dazu verhelfen sollte. Beide Seiten, der Herzog und der Orden, hatten verschiedene Absichten, und diese Absichten schlossen sich wechselseitig aus. Es war die Frage, wer sich durchsetzen würde. Wenige Jahre später zeigte sich, daß das der Deutsche Orden war, während Herzog Konrad kein Stück von dem prussischen Gebiet erwerben konnte.

Dieser Erfolg des Deutschen Ordens war einmal eine Frucht sorgfältiger diplomatisch-juristischer Vorbereitung. Es war aber vor allem das Resultat schneller militärischer Siege und der dann breit einsetzenden Wanderung deutscher Siedler, die den militärischen Erfolgen Dauer verliehen.

Der erste Erfolg, den der Orden bei seinen Bemühungen um eine rechtliche Absicherung seines Einsatzes gegen die Prussen erzielte, war die im März 1226 ausgestellte Urkunde Kaiser Friedrichs, die nach dem Ausstellungsort und nach der feierlichen Siegelung genannte Goldbulle von Rimini.

Diese Urkunde ist aufgebaut wie alle mittelalterlichen Urkunden, d. h. sie spricht zunächst von den allgemeinen Absichten ihres Ausstellers. Wir hören, daß Gott das Kaisertum oberhalb aller Monarchien der Erde vornehmlich dazu geschaffen habe, damit den Heiden das Evangelium gepredigt werde und damit sie unterworfen und bekehrt würden. Dann folgt, wiederum wie in den meisten mittelalterlichen Urkunden, eine Darlegung dessen, was der hier formulierten Entscheidung unmittelbar vorausgegangen ist. Hermann von Salza, so wird gesagt, habe dem Kaiser dargelegt, daß Konrad von Masowien versprochen habe, den Hochmeister und die Brüder seines Ordens mit Land auszustatten, und zwar mit dem Kulmer Land und mit anderen Gebieten an der prussischen Grenze, damit die Ordensbrüder das Land der Prussen erobern könnten. Hermann von Salza, so berichte die Urkunde weiter, habe den Kaiser gebeten, das von Konrad versprochene wie auch das zu erobernde Land dem Orden zuzugestehen und zu bestätigen. Auf diese Erzählung folgt nun die Entscheidung des Kaisers. Weil dieses Land zum Reich, zur *monarchia imperii*, gehöre, bestätige er, der Kaiser, dem Orden die genannten Länder mit allem Zubehör und allen Rechten und frei von allen Belastungen. Die Urkunde zählt die landesfürstlichen Vorrechte auf, wie sie sich inzwischen entwickelt hatten – in der ersten Hälfte des 13. Jahrhunderts befinden wir uns ja in der Zeit, wo die Ausbildung der territorialen Staatlichkeit rasche Fortschritte machte. Es werden also Zoll-, Münz- und Marktrecht genannt, die sogenannten Regalien, die Gerichtshoheit und weitere Rechte. Schließlich summiert die Urkunde: Der Hochmeister und seine Nachfolger sollen Gerichtsbarkeit und Herrschaftsgewalt in ihren Territorien ausüben, wie sie ein Reichsfürst in seinem Lande zu haben pflege.

Diese Goldbulle von Rimini ist ein schwieriger Text, und sein Verständnis wird dadurch nicht leichter, daß es inzwischen eine lange Reihe von Arbeiten gibt, die ihn zu interpretieren versucht haben. Die meisten dieser Arbeiten nehmen an, daß es sich bei dieser Urkunde um eine Art Staatsgrundgesetz handle, um die Basis, auf welcher der Ordensstaat dann errichtet worden sei. Und weil sie das annehmen, haben sie den Text in weite Zusammenhänge gestellt.

Es ist angenommen worden, daß der Kaiser mit dieser Urkunde ein großes politisches Konzept erkennen lasse, daß er eine eigene nordeuropäische oder Ostseeraumpolitik gewollt habe. In der Tat findet in dieser Region in den zwanziger Jahren des 13. Jahrhunderts eine Art von Wechsel der politischen Großwetterlage statt. In der Zeit davor hatte sich der dänische König hier mächtig ausbreiten können. Im Jahre 1214 hatte Friedrich II. ihm förmlich das Land nördlich der Elbe abgetreten. Doch dann war es zu einer antidänischen Koalition norddeutscher Fürsten gekommen, und überdies tat der Zufall sein Werk. Im Jahre 1223 war der dänische König seinen Gegnern in die Hände gefallen. Nun mußte er ihnen die Herausgabe seiner Eroberungen versprechen. Im Jahre 1227 wurde mit der Schlacht von Bornhöved definitiv die dänische Expansion in Norddeutschland beendet.

Die Stadt Lübeck hatte sich der antidänischen Koalition zuletzt, im Jahre 1225, angeschlossen und versuchte nun, ihre Lage in der neuen

Situation abzusichern. Die Stadt hatte sich in den Jahrzehnten zuvor rasch entwickelt und eine große Selbständigkeit gewonnen. Sie mußte befürchten, daß die Grafen von Holstein, die ursprünglichen Stadtherren Lübecks, ihre ehemaligen Rechte wieder beanspruchen würden. Offenbar um das zu verhindern, erbaten und erhielten die Lübecker im Jahre 1226 von Kaiser Friedrich zwei Privilegien. Das erste war eine Bestätigung ihres Stadtrechts – genauer: ihres angeblichen Stadtrechts. Denn das, was die Lübecker dem Kaiser zur Bestätigung präsentierten, war teilweise gefälscht. Das zweite Privileg war eine Urkunde, in welcher der Kaiser feststellte, daß Lübeck Reichsstadt sei. Damit waren holsteinische Ansprüche abgewehrt.

Die zweite Urkunde, welche die Lübecker erhielten, war nur ein Vierteljahr nach der Goldbulle von Rimini ausgestellt, und der Hochmeister Hermann von Salza, der bei den Verhandlungen zwischen dem dänischen König und dessen norddeutschen Gegnern zeitweise als Vertreter des Kaisers fungiert hatte, begegnet auch unter den Zeugen der beiden Urkunden für Lübeck. Man hat daraus geschlossen, daß die Privilegierung des Deutschen Ordens und die Lübecks zusammenhingen, als hätten Hermann von Salza und der Kaiser hier zielbewußt eine nach Nordosteuropa gerichtete Großraumpolitik betrieben, als hätten sie konsequent gleichzeitig den Deutschen Orden nach Preußen verpflanzt und ihm den großen Nachschubhafen geschaffen.

Für eine solche Interpretation scheint die Geschichte der folgenden Jahrhunderte zu sprechen. Lübeck hat in der späteren Zeit tatsächlich Bedeutung für den Ordensstaat Preußen gehabt. Die preußischen Küstenstädte wurden Hansestädte. Sie und auch livländische Städte übernahmen das Lübecker Stadtrecht. Aber weil es so gekommen ist, muß es doch nicht auch so geplant gewesen sein. Sieht man von den späteren Ereignissen ab und konzentriert man sich auf die Situation des Jahres 1226, so spricht wenig dafür, daß Friedrich II. im Hinblick auf den Ostseeraum oder auf Preußen eine große politische Konzeption gehabt habe – trotz den genannten Urkunden, trotz einer Urkunde schon aus dem Jahre 1224, in welcher der Kaiser im Sinne der Bestrebungen Bischof Christians forderte, daß die Neubekehrten in Preußen und Livland ihre Freiheit nicht verlieren dürften.

Wenn man lange Zeit meinte, daß diese Urkunden untrügliche

Zeugnisse für weite politische Absichten des Kaisers gewesen seien, dann liegt dem bis zu einem gewissen Grade eine Verkennung dessen zugrunde, was eine mittelalterliche Herrscherurkunde ist. Eine solche Urkunde hat gewiß oft eine ähnliche Bedeutung, wie sie der Verwaltungsakt einer modernen staatlichen Behörde hat. In vielen Fällen kann man tatsächlich annehmen, daß ein Regent, der eine Frage so oder so in einer Urkunde entscheidet, diese Entscheidung tatsächlich will und sie auch durchsetzen kann. Aber so muß es nicht sein. Es ist auch möglich, daß der Herrscher, der eine Urkunde ausstellt, an dem, was in seiner Urkunde steht, eigentlich desinteressiert ist, daß er nur durch seine Kanzlei laufen läßt, was derjenige, der die Urkunde von ihm verlangt, ihm vorgetragen hat, daß er nichts gegen dessen Wunsch, aber auch nicht die Absicht und die Möglichkeit hat, ihn durchzusetzen. Das ist dann die Aufgabe des Empfängers. Kommt es zu einem Mißerfolg, so ist der Schaden für den Aussteller der Urkunde gering. Wird dagegen der Inhalt der Urkunde realisiert, dann kann daraus ein Vorteil für den Aussteller entstehen, denn ihm wird ein Stück Macht zuwachsen. Die Macht eines mittelalterlichen Herrschers ist ja nicht exakt durch die Grenzen seines Territoriums definiert, er herrscht nicht über ein Gebiet, sondern über Personen, und der Anfang von Herrschaft besteht oft genug darin, daß Personen sich einem Mächtigen zuwenden, daß sie ihn um Unterstützung bitten.

Im Falle der Goldbulle von Rimini hat man freilich schon längst angenommen, daß ihr Text im wesentlichen nach den Wünschen Herrmanns von Salza formuliert worden ist. Und das läßt sich aus ihrem Wortlaut ableiten. Denn bestimmte Formulierungen des Textes wie etwa die schon genannte Wortfügung *monarchia imperii* sind nicht kanzleigemäß, d. h. es gibt in den Urkunden Friedrichs II. keine Parallelen für diesen Wortlaut. Daraus ergibt sich, daß die Urkunde, jedenfalls in ihrem Kern, außerhalb der kaiserlichen Kanzlei konzipiert worden sein muß, also doch wohl von Hermann von Salza bzw. einem von ihm beauftragten Kleriker. Dennoch hat man gemeint, daß in dieser Urkunde eine strikte kaiserliche Absicht zu erkennen sei. Und weil es auch päpstliche Urkunden für die Preußenmission gibt, für Bischof Christian (vgl. oben S. 77), aber auch für den Deutschen Orden, hat man gemeint, daß hier ein großes, umfassendes Ringen zwischen Kaiser und Papst um die preußischen Verhältnisse stattgefunden habe und daß es Hermann von Salza, wie auch sonst, gelungen sei, in partieller Überwindung dieser großen weltgeschichtlichen Auseinandersetzung seinen Ordensstaat zu begründen.

Aufgrund solcher Annahmen hat man auch immer wieder darüber nachgedacht, was es zu bedeuten habe, daß der Kaiser dem Orden überhaupt diese Goldbulle ausgestellt habe und was er wohl gemeint haben könne, wenn er über die Länder, die Konrad von Masowien dem Orden versprochen hatte, verfügte und sie als zur *monarchia imperii* gehörig bezeichnete. Gehörte Preußen, gehörte das Kulmerland zum Reich? Dafür schien auch zu sprechen, daß die Urkunde, wie gesagt, den Hochmeister mit einem Reichsfürsten vergleicht. War der Hochmeister also ein Reichsfürst? So meinte z. B. der bedeutende Verfassungshistoriker E. E. Stengel. Andere dachten, daß *imperium* hier in einem weiteren Sinne zu verstehen sei, als jenes Großreich, dem bisher drei Königreiche nämlich Deutschland, Italien und Burgund zugeordnet waren und zu dem nun Preußen als viertes Glied hinzukam. Die neueste Interpretation lautet: *imperium* bzw. *monarchia imperii* sei hier gemeint als ein Weltreich im Sinne der vier Reiche, dessen eigentlicher Herrscher der Papst sei, der sich jedoch für die praktische Politik des weltlichen Armes in Gestalt des Kaisers bediene.

Andere Autoren dachten, daß in diesen und anderen Urkunden nicht ein Konzept formuliert, sondern daß hier absichtlich ungenau gesprochen werde, wogegen man wieder eingewandt hat, daß man das so bedeutenden Männern wie Friedrich II. und Hermann von Salza nicht zutrauen dürfe. Aber auch so mächtige Regenten wie der Kaiser und der Hochmeister mußten sehen, wie sie ihre Absichten durchsetzten, zumal sie von vielen ihrer Zeitgenossen nicht mit dem Respekt betrachtet wurden, den ihnen spätere Handbuchverfasser entgegenbrachten. Sie hatten Gegner und Schwierigkeiten.

Hermann von Salza und der Deutsche Orden fürchteten offensichtlich, daß sich das burzenländische Fiasko wiederholen könnte. Sie wollten Konrad von Masowien nicht ungeschützt gegenübertreten. Deshalb wandten sie sich an den Kaiser, aber wohl auch an den Papst. Davon freilich hören wir erst einige Jahre später, vielleicht deshalb, weil der Papst zuvor die Mission des Bischofs Christian unterstützt hatte. Vielleicht war er aus diesem Grunde jetzt noch nicht bereit, den Deutschen Orden in dem Maße zu privilegieren, wie der Kaiser das tat. Dieser aber hatte keinen Grund, Hermann von Salza eine Bulle wie die von Rimini nicht auszustellen und ihm seine Autorität bei dem Versuch, das Kulmer Land und Preußen unabhängig vom Herzog von Masowien zu besitzen, zu verweigern. Zwar hatte der Kaiser faktisch keine Verfügungsgewalt über diese Gebiete, aber potentiell war sein Amt in der Tat das Weltherrscheramt, und auch die Vorgänger Friedrichs II. haben sich immer wieder, jedenfalls mit den Worten ihrer Verlautbarungen, als Weltherrscher verstanden. In der verbalen Verfügung über Länder, die zwar nicht zum deutschen Reich, aber eben doch zur Welt und insofern zum Weltreich des Kaisers gehörten, liegt nichts Außergewöhnliches. Außergewöhnlich ist vielleicht das Spiel zwischen dem Weltherrscheramt, der *monarchia imperii,* und den konkreten Rechtsverhältnissen des deutschen Reiches, von denen die Goldbulle von Rimini spricht. In diesem Changieren der Begrifflichkeit liegt, so könnte man sagen, die besondere Qualität dieser Urkunde. Der Orden konnte viel oder wenig mit ihr anfangen, je nach der politischen Lage, und das hat er auch in der Folgezeit getan. Er konnte darauf abstellen, daß hinter ihm die ganze Autorität des Weltkaiseramtes stand, er konnte aber auch auf den einzelnen landesherrlichen Rechten bestehen, und er konnte sich auch den Leistungsansprüchen des Reiches entziehen. Denn die Urkunde sagte ja nicht, daß der Hochmeister ein Reichsfürst war, daß er also z. B. auch zu Leistungen an das Reich wie zur Kriegsfolge verpflichtet sei. Die Urkunde verglich ihn nur mit einem Reichsfürsten.

Politisch interessant konnte das freilich alles nur dann werden, wenn der Orden solche landesherrlichen Rechte tatsächlich innehatte, wenn er das Kulmer Land und Preußen wirklich beherrschte. Dazu half ihm die Kaiserurkunde nur wenig. Sie war zunächst nichts anderes als ein Maximalprogramm. Zu seiner Verwirklichung brauchte der Hochmeister auch den Papst, denn ohne den kamen keine Kreuzfahrer. Die Kreuzfahrer, jedenfalls ein beträchtlicher Teil der deutschen Ritter, waren in diesen Jahren aber in Palästina engagiert, und der Hochmeister hatte das seine dazu getan (vgl. oben S. 46). Vor allem aber war der Papst jetzt, zur Zeit der Ausstellung der Goldbulle von

Rimini, anscheinend noch nicht für das Unternehmen des Deutschen Ordens zu gewinnen, wahrscheinlich mit Rücksicht auf den Bischof Christian von Preußen. Infolgedessen ging nach der Ausstellung der kaiserlichen Urkunde auch kein einziger Ordensritter nach Masowien bzw. nach Preußen, und der Herzog von Masowien mußte sich auf andere Art zu helfen versuchen.

Herzog Konrad von Masowien und der Bischof seines Landes, der Bischof von Płock, gründeten im Jahre 1228 einen Ritterorden, der gegen die Verwüster Masowiens kämpfen sollte, wie es in der Gründungsurkunde heißt.

Der neue Orden wird in den zeitgenössischen Quellen verschieden tituliert. Durchgesetzt hat sich schließlich die Benennung nach der an der Weichsel gelegenen Burg, die das Zentrum des dem Orden zugewiesenen Besitzes war: Dobrzyń, deutsch Dobrin. Dieser Dobriner Ritterorden hat nur ein kurzes Leben gehabt. Er ist wenige Jahre nach seiner Gründung im Deutschen Orden aufgegangen. Dennoch muß er hier genannt werden. Denn seine Gründung zeigt noch einmal, wie aktuell damals in dieser Region der Einsatz von Ritterorden war, wie wenig sich die schließliche Etablierung des Deutschen Ordens hier von dem unterscheidet, was zeitüblich war. Außerdem bietet die Gründung des Dobriner Ordens auch ein Beispiel für die vielfältigen Bemühungen osteuropäischer Fürsten um Zuzug aus dem Westen. Ebenso wie bäuerliche, adlige und bürgerliche Zuwanderer geworben wurden, wurden hier deutsche, meistens mecklenburgische Adlige, die zusammen mit dem Bischof von Schwerin auf einem Kreuzzug ins Kulmer Land gereist waren, als Mitglieder des neuen Ordens gewonnen. Schließlich wirft die Gründung des Dobriner Ordens auch ein Licht auf die Politik des Bischofs Christian von Preußen. Er, der neben dem Herzog von Masowien und dem Bischof von Płock als dritter Gründer dieses Ordens betrachtet werden muß, hoffte anscheinend, in ihm ein politisches Instrument zu gewinnen, das es ihm erleichtern würde, sich gegen den Deutschen Orden zu behaupten.

Aber erfolgreich war der Bischof Christian dabei nicht. Denn nachdem der Kreuzzug ins Heilige Land, der Hermann von Salza offensichtlich daran hinderte, sich um das Preußenobjekt intensiv zu kümmern, zu Ende war, ist der Hochmeister auf seine preußischen Pläne zurückgekommen. Wir kennen die Einzelheiten nicht. Wir wissen nicht, wie und wie lange nun verhandelt wurde. Wir kennen nur die Resultate: eine Urkunde des Herzogs von Masowien und eine Urkunde des Papstes.

Die Urkunde des Herzogs von Masowien aus dem Jahre 1230 überträgt dem Deutschen Orden das Kulmer Land und alle künftigen Eroberungen in Preußen, mit allen zugehörigen Rechten, ohne daß dem Herzog selbst noch Rechte verblieben. Diese Urkunde, der sogenannte Kruschwitzer Vertrag, billigt dem Orden zu, was er sich im Jahre 1226 vom Kaiser in die Goldbulle von Rimini hatte hineinschreiben lassen.

Ebenso wie dort gibt es auch hier eine umfängliche Literatur. Strittig ist beim Kruschwitzer Vertrag aber nicht so sehr das Verständnis seines Inhaltes wie vielmehr die Echtheit, ein Problem, das zwar auch bei der Goldbulle von Rimini, deren uns beide überlieferten Originale wahrscheinlich erst einige Jahre nach 1226 entstanden sind, eine Rolle spielt, aber doch nicht so wichtig ist wie im Falle des Kruschwitzer Vertrages.

Hier hat ein deutscher Historiker, Max Perlbach, im Jahre 1886 die Echtheit bestritten, und polnische Historiker sind ihm gefolgt. Sie beharrten auf seiner These, obwohl seitdem andere Historiker, vor allem August Seraphim, mit guten Gründen die Authentizität des Kruschwitzer Vertrages nachweisen zu können meinten. Aber die Frage, ob diese Urkunde echt sei oder gefälscht, eigentlich ein Problem für Spezialisten, ist in der Diskussion zwischen polnischen und deutschen Historikern zu einer Sache von grundsätzlichem Range erhöht worden, als habe der Orden, falls der Kruschwitzer Vertrag gefälscht worden ist, seine politische Existenz in Preußen auf einem Delikt aufgebaut, als sei damit die Geschichte des Ordensstaates während der nächsten Jahrhunderte, weil auf einem trügerischen Fundament errichtet, im ganzen als etwas Negatives zu werten.

Es lohnt sich, diese Kontroverse etwas eingehender zu betrachten – nicht nur weil sie auch heute noch aktuell ist. Interessanter ist vielmehr, daß man hier eine Denkfigur kennenlernt, die in politischen Auseinandersetzungen, welche mit historischen Argumenten geführt werden, immer wieder begegnet, leider auch in Darlegungen von Historikern, obwohl gerade diese doch erkennen müßten, daß auf einem solchen Wege eine zuverlässige Kenntnis vergangener Sachverhalte nicht zu gewinnen ist.

Hier wie in anderen Fällen solcher Art auch wird die Geschichte als ein imaginärer Prozeß aufgefaßt, der dem Historiker die Aufgabe zuteilt, Schuld und Unschuld, Recht und Unrecht jeweils bestimmten Personen oder Staaten zuzuweisen, also in erster Linie und womöglich nur zu prüfen, ob z. B. die Kruschwitzer Urkunde gefälscht ist oder ob z. B. die Vertreibung der Deutschen aus den Ostgebieten im Jahre 1945 illegal war oder nicht. Die Resultate solcher eingeengten Fragestellungen sind dann in hohem Grade interessenabhängig. Man kann ohne Vereinfachung sagen, daß eine solche Art von Geschichtsbetrachtung jeweils dort ein sehr empfindliches Rechts- bzw. Unrechtsbewußtsein entwickelt, wo die eigene Nation unterlegen ist. Was die Zeitgeschichte und insbesondere die schon genannte Vertreibung vieler Deutscher aus ihrer ostdeutschen Heimat im Jahre 1945 betrifft, so begegnet man hier einem gerade für die deutsche historiographische Tradition erstaunlich geringen Sinn für Machtpolitik, der Illusion, man könne Geschichte dadurch ungeschehen machen oder einklagen, daß man die Unrechtmäßigkeit unglücklicher Ereignisse feststellt.

Beim Vertrag von Kruschwitz liegt die Sache gewissermaßen umgekehrt. Hier finden sich die auf einer – überdies nicht zweifelsfrei nachgewiesenen – Unrechtmäßigkeit aufbauenden historischen Urteile in der polnischen historiographischen Tradition. Tatsächlich zielt jedoch die Frage, ob der Text der Urkunde, so wie er uns heute vorliegt, die Kanzlei des Herzogs verlassen hat, auf einen vergleichsweise unwichtigen Sachverhalt.

Denn daß das, was der polnische Herzog den Ordensrittern da zubilligte, nicht seinen ursprünglichen Absichten entsprach, ist vollkommen sicher. Es ist keine Frage, daß er, wie schon gesagt, im Deutschen Orden ein Werkzeug zur Realisierung seiner eigenen politischen Pläne zu gewinnen gehofft hatte. Davon konnte nun keine Rede mehr sein. Der Orden war entschlossen, sich ein selbständiges Herrschaftsgebiet im Kulmer Land und in Preußen zu schaffen, und er hat das auch getan. Wenn die Urkunde echt ist, dann hat der polnische Herzog schon im Jahre 1230 eingesehen, daß er sich verrechnet hatte, und die Urkunde notgedrungen ausgestellt. Falls es der Orden war, der diese Urkunde herstellte, falls er sie also fälschte, um sie dem Papst vorlegen zu können, dann liegt der Zeitpunkt, zu dem der Herzog einsehen mußte, daß er sich des Ordens nicht so bedienen konnte, wie er eigentlich gehofft hatte, einige Jahre später, als der Orden gemäß dem Text dieser Urkunde in Preußen militärisch und politisch aktiv wurde.

Groß ist der Unterschied zwischen diesen beiden Möglichkeiten nicht, ganz abgesehen davon, daß sie sich auch nicht unvermittelt gegenüberstehen. Man kann das am Text dieses Dokuments erkennen.

Denn der Wortlaut der Urkunde mit seinen Bezügen auf das römische Recht, mit Formulierungen, die in anderen Urkunden des masowischen Herzogs nicht vorkommen, mit seiner Bezeichnung der Prussen als Sarazenen, gibt unübersehbar zu erkennen, daß er nicht nur in der Kanzlei des masowischen Herzogs entstanden ist. Es ist keine Frage, daß die Urkunde von einem Schreiber des Deutschen Ordens konzipiert worden ist. Ob der polnische Herzog genötigt wurde, diesen fremd formulierten Text zu autorisieren – in diesem Falle wäre die Urkunde echt –, oder ob er sich genötigt sah, politische Fakten hinzunehmen, die seiner eigenen Urkunde nicht entsprachen – in diesem Falle wäre die vorliegende Urkunde gefälscht –, das macht, wie gesagt, keinen sehr großen Unterschied. Es gibt nicht nur den krassen Unterschied zwischen echt und falsch, es gibt Zwischenformen, und diese Zwischenformen gehören ebenso wie die Fälschungen zum Instrumentarium mittelalterlicher Politik. Auch der Deutsche Orden hat sich dieses Instrumentariums bedient – das Gegenteil wäre sehr sonderbar. Weil das aber so ist, hat die Frage, ob eine bestimmte Urkunde falsch oder echt ist, nur eine sehr untergeordnete Bedeutung. Und die Tatsache, daß sie zu einer Kardinalfrage im Gespräch polnischer und deutscher Historiker geworden ist, ist ein Zeugnis eben für die Geschichte dieser Gespräche, ein Beispiel für einen weit verbreiteten Irrtum beim Umgang mit der Vergangenheit, sagt aber darüber, was im 13. Jahrhundert geschehen ist, nur wenig.

Dagegen ist die Frage wichtiger, was den polnischen Herzog veranlaßt haben könnte, dem Deutschen Orden so viel zuzugestehen bzw. sich gegen dessen Politik nicht zur Wehr zu setzen. Einmal war das sicherlich die Bedrohung, die er von seiten der Prussen erfuhr. Nicht weniger wichtig aber waren die internen polnischen Rivalitäten. Konrad von Masowien bemühte sich gerade in jenen Jahren um eine hegemoniale Position unter den polnischen Teilfürsten. Die masowisch-prussische Grenze war für ihn eine Zone von sekundärer Bedeutung.

In der schon genannten zweiten Urkunde, die im Jahre 1234 in Rieti ausgestellt wurde, nahm der Papst jene Länder, welche der Orden von den prussischen Heiden erobern würde, als Eigentum des heiligen Petrus in seinen Schutz und verlieh sie dem Deutschen Orden. Der Orden solle, so sagt die Urkunde, Preußen so besitzen, daß es keiner anderen Macht unterworfen sei. Die Urkunde schließt also eine Oberherrschaft sowohl eines polnischen Herrschers als auch die etwa des Kaisers aus.

Dann folgen aber Vorbehalte. Der Papst reserviert sich die Einrichtung von Bistümern und deren angemessene Ausstattung. Dem Orden wird also angekündigt, daß er künftig den Bischöfen einen Teil der ihm eben übertragenen Gebiete werde abtreten müssen. Hinter diesem Passus steht nicht nur das generelle Problem, daß Bischöfe ausgestattet werden mußten, sondern auch die päpstliche Rücksichtnahme auf den Bischof Christian bzw. auf seine Position. Christians Verhältnis zum Deutschen Orden war nach wie vor gespannt. Der Papst hatte ihn bisher geschützt, so daß man sich darüber wundern könnte, warum Christian in der Urkunde von 1234 nicht genannt wird, warum dort von künftigen preußischen Bischöfen die Rede ist, nicht aber von dem gegenwärtigen Bischof Christian. Der Grund dafür ist, daß Christian, wohl im Jahre 1233, bei einem Missionsunternehmen in prussische Gefangenschaft geraten war. Der Orden, so warf ihm Christian später vor, tat nichts, um ihn loszukaufen oder zu befreien. Im Gegenteil, er nutzte die Situation, und der Papst war wohl der Meinung, Christian sei endgültig verschollen und er brauche keine Rücksicht auf ihn zu nehmen.

Eine zweite Einschränkung ist die Unterordnung des dem Orden übertragenen Landes unter den Papst. So klar auf der einen Seite gesagt wird, daß das Land keiner anderen Macht gehören soll, so deutlich wird doch auch die Oberherrschaft des Papstes markiert. Der Orden hat ihm einen jährlichen Recognitionszins zu zahlen, eine

Abgabe also, welche die Tatsache festhält, daß der Papst der eigentliche Herr dieser Gebiete ist.

Drittens schließlich betont der Papst, er behalte sich vor, dafür zu sorgen, daß die Versprechungen und Verträge, die der Orden mit den gegenwärtigen Bewohnern des Landes geschlossen habe oder schließen würde, vom Orden auch in Zukunft gehalten werden würden. Das klingt mißtrauisch, und so war es wohl auch gemeint.

Hinter diesem Vorbehalt steht die Möglichkeit, daß die Christianisierung mit der politischen Unterwerfung verbunden werden, daß den Getauften ihre Freiheit genommen werden konnte. Es gibt päpstliche und auch kaiserliche Verlautbarungen aus diesen Jahren, die solche Folgen der Missionierung ausdrücklich untersagen. Sie sind freilich in ihrem Gewicht nur schwer einzuordnen. In welchem Maße hinter ihnen tatsächlich eine päpstliche bzw. kaiserliche Politik steht, läßt sich nicht sicher sagen. Es ist auch möglich, daß wir es hier nur mit Zeugnissen für die Politik des Bischofs Christian und eines hohen Klerikers aus Italien zu tun haben, des Bischofs und späteren Kardinals Wilhelm von Modena, der in diesen Jahren mehrfach als päpstlicher Legat nach Livland und Preußen reiste.

Heinrich von Lettland, der zeitgenössische Chronist, der Wilhelm von Modena selber in Livland begleitet hatte, schreibt, dieser habe nicht nur den Heiden den christlichen Glauben gepredigt, sondern stets auch die Deutschen aufgefordert, die Getauften pfleglich zu behandeln. Den Brüdern des Ordens – womit der Schwertbrüderorden gemeint ist – wie auch den anderen Deutschen, so heißt es einmal, schärfte der Legat ein, die Neugetauften im christlichen Glauben zu unterweisen und ihnen das süße Joch Jesu Christi auf die Schultern zu legen, sie aber bei der Zehnterhebung wie auch bei allen anderen Ansprüchen zu schonen, damit sie nicht – allzusehr bedrückt – ins Heidentum zurückkehrten.

In welchem Maße wir es hier tatsächlich nur mit den Intentionen des Bischofs Christian und mit denen des Legaten zu tun haben, ist nicht sicher. Jedenfalls war der Legat an der römischen Kurie ein mächtiger Mann, und er war kontinuierlich an der Mission in Nordosteuropa interessiert. Er ist auch später noch in Preußen gewesen und hat an der schwierigen Schaffung der Kirchenorganisation mitgewirkt.

Vielleicht ist also der dritte Vorbehalt in der päpstlichen Urkunde von 1234 so zu verstehen, daß der Papst sich das Mißtrauen seines Legaten zu eigen machte. Jedenfalls wollte der Papst die Neugetauften nicht ohne Kontrolle dem Deutschen Orden überlassen, und diese haben auch davon Kenntnis erhalten, wie sich später zeigen sollte.

Der Deutsche Orden hat seine Etablierung in Preußen also sorgfältig vorbereitet: in Verhandlungen mit dem Kaiser, mit dem Papst und mit dem Herzog von Masowien. Es ist ihm gelungen, die Rolle, die ihm der Herzog zugedacht hatte, von Anfang an zu überschreiten. Konrad wollte Preußen mit Hilfe des Deutschen Ordens erobern, dieser wollte das im eigenen Namen tun und tat es schließlich auch, am Ende vielleicht sogar mit der Billigung des Herzogs, der jedenfalls keinen Widerstand leistete. Wie es dazu gekommen ist, auf welche Weise es dem Orden gelang, den Herzog auszumanövrieren, läßt sich nicht erkennen.

Der Kaiser gab dem Orden schon frühzeitig eine weitreichende Urkunde, die diesem helfen konnte, eine umfassende Landeshoheit zu erwerben. Der Kaiser gab dem Orden seine Autorität, aber mehr konnte er für ihn nicht tun. Die Goldbulle von Rimini war ein Wechsel auf die Zukunft, den der Orden selber – militärisch und politisch – einlösen mußte.

Politisch mußte er vor allem mit der päpstlichen Kurie ins reine kommen. Das hat, wie gesagt, am längsten gedauert: bis 1234. Erst in diesem Jahr war der Papst bereit, dem Orden seinerseits Vollmacht zu geben, freilich keine uneingeschränkte. Die Papsturkunde nahm die neuen Gebiete des Ordens als Eigentum des heiligen Petrus in Anspruch. Was das praktisch bedeuten würde, einen päpstlichen Kirchenstaat vielleicht oder auch nur eine lockere Oberherrschaft, mußte die Zukunft zeigen. Im übrigen reservierte die Urkunde dem Papst auch im Detail Kontrollrechte. Sie sollten sehr schnell reale Bedeutung erhalten. Zunächst, oder genauer: kurz zuvor begann aber die schnelle Eroberung des heidnischen Landes. Als im Jahre 1234 in Rieti die eben noch einmal erwähnte Papstbulle ausgestellt wurde, da hatten die Ordensritter die Weichsel schon überschritten und waren schon die ersten Städte gegründet und privilegiert.

Viertes Kapitel

Die Eroberung Preußens

Daß der Deutsche Orden in Preußen Fuß fassen und sich hier behaupten konnte, erklärt sich vor allem daraus, daß das Land der Prussen im frühen 13. Jahrhundert sowohl von der Ostsiedlung wie auch von den Missionaren der Kirche erreicht war, daß damals Mission und Unterwerfung enger miteinander verbunden waren als im frühen Mittelalter und in späterer Zeit und daß sich für eine Kombination von Bekehrung und Unterwerfung die Ritterorden als ein geradezu optimales Instrument anboten. An der Bekämpfung des prussischen Heidentums hat sich denn auch nicht nur der Deutsche Orden versucht.

Der Deutsche Orden freilich bot sich als Kampftruppe auch deshalb an, weil er, weil insbesondere wohl sein Hochmeister Hermann von Salza auf der Suche war nach einem eigenen, den Orden unabhängig machenden Herrschaftsgebiet. Im Burzenland war diese Suche gescheitert – die langwierigen Verhandlungen mit dem Kaiser, mit dem Papst und mit dem Herzog von Masowien, in denen der Orden sein Ausgreifen nach Preußen absicherte, sind sicherlich auch als eine Frucht der Erfahrungen des Ordens zu verstehen, die er mit dem König von Ungarn gemacht hatte.

Noch während dieser Verhandlungen haben die Ordensritter jedoch die – etwa ein halbes Jahrhundert dauernde – Eroberung Preußens begonnen.

Im Jahre 1231 ging eine kleine Gruppe über die Weichsel und errichtete am anderen Ufer einen provisorischen Stützpunkt, der den Namen Thorn erhielt – vielleicht nach dem Beispiel der Ordensburg Toron in Palästina. Im nächsten Jahre wurde die Burg Kulm gegründet, im Jahre darauf Marienwerder: die Ordensritter folgten zunächst dem Lauf der Weichsel. Schon im Jahre 1237 erreichten sie die Küste des Meeres. Im Jahre 1255 war mit der Eroberung des Samlandes die

Besetzung des Küstengebiets abgeschlossen. Doch hatte damals die Eroberung auch des Landesinnern schon begonnen. Und nach der Vereinigung mit dem Schwertbrüderorden (vgl. oben S. 54) in den Jahren zwischen 1237 und 1242 kam das Herrschaftsgebiet in Livland hinzu.

Als im Jahre 1283 Preußen erobert war, hatte der Orden jedoch nicht alle Heiden in Nordosteuropa unterworfen. Sein Herrschaftsgebiet grenzte vielmehr an das heidnische Litauen, und Litauen reichte mit seinem westlichen Teil, mit dem Land der Samaiten, keilförmig zwischen das preußische und das livländische Herrschaftsgebiet des Ordens hinein - bis nahe an die Küste. Obwohl dieses Land der heidnischen Samaiten dem Orden schon aus geographischen Gründen lästig sein mußte, von seiner Verpflichtung zum Heidenkampf ganz abgesehen, ist ihm seine Eroberung doch nicht gelungen, trotz den das ganze 14. Jahrhundert hindurch gegen die Samaiten und gegen die Litauer geführten Kreuzzügen (vgl. unten S. 151 ff.).

Zunächst freilich und im Hinblick auf Preußen war der Orden außerordentlich erfolgreich. Angesichts der Schwierigkeiten, welche der Herzog von Masowien mit den Prussen gehabt hatte, ist ihre Unterwerfung durch den Orden in einem halben Jahrhundert militärisch sicherlich ein beachtlicher Erfolg.

Als Ursache dieses Erfolgs muß man nächst der Schlagkraft des Ordens selber die Kreuzfahrer nennen, die dem päpstlichen Aufruf zum Kreuzzug gefolgt waren und die nun unter der Führung des Deutschen Ordens gegen die Prussen kämpften: deutsche Fürsten und Adlige vor allem, aber auch Angehörige des polnischen Herrscherhauses und des polnischen Adels. Der Orden konnte in diesen ersten fünf Jahrzehnten offensichtlich über ein starkes Kreuzfahrerpotential verfügen.

Fragt man nach den Gründen dafür, so stellt man dieselbe Frage, die auch an alle Kreuzzugteilnehmer im Heiligen Land zu richten ist, und die Antwort ist hier ebenso vage wie dort. Frömmigkeit, die Chance, im Kampfgebiet Besitz zu erwerben, politische Ziele: Wer das gegeneinander abwägen wollte, würde an den Quellen scheitern und nur seine eigenen Vermutungen wiedergeben. Die Kreuzfahrer haben Aussagen über ihre Motive nicht hinterlassen. Wir kennen meistens nicht einmal ihre Namen und können ihre Zahl deshalb auch

Bischof Christian und der Deutsche Orden 95

nicht genau angeben. Jedenfalls war sie so groß, daß der Orden zunächst keinen ernsthaften Widerstand seitens der Prussen fand. Schwierigkeiten hatte der Orden jedoch auch jetzt mit dem Bischof Christian (vgl. oben S. 77ff.), der ihn weiterhin zum Instrument seiner eigenen Politik zu machen versuchte. Im Jahre 1231 verlieh Christian dem Deutschen Orden ein Drittel des zu erobernden Landes, d. h. er sah sich selber als Herrn des neuen Gebietes an. Der Deutsche Orden sollte zwar belohnt werden, dem Bischof aber untergeordnet bleiben – ebenso wie die eigene Ordensgründung des Bischofs, der Orden von Dobrin (vgl. oben S. 86f.).

Daß ein offener Konflikt zwischen Christian und dem Deutschen Orden dennoch nicht ausbrach, lag wohl hauptsächlich daran, daß der Bischof im Jahre 1233 in prussische Gefangenschaft geriet und erst fünf Jahre später freikam.

In der Zwischenzeit erzielte der Deutsche Orden nicht nur seine ersten großen militärischen Erfolge gegen die Prussen, sondern ging auch der Papst, indem er in der Urkunde von Rieti den künftigen Ordensstaat zum Eigentum des Heiligen Petrus erklärte (vgl. oben S. 90ff.), über die Ansprüche Christians hinweg. Und zudem war im Jahre 1235 der Dobriner Orden mit dem Deutschen Orden vereinigt worden.

Eine eigene Machtbasis hatte Bischof Christian nun nicht mehr. Doch waren auf der anderen Seite die neuen Machtverhältnisse kirchenrechtlich noch nicht fixiert. Noch gab es einen anderen Bischof in Preußen nicht.

Christian hat nun versucht, mit rechtlichen Mitteln die Lage zu wenden. Er hat den Deutschen Orden am päpstlichen Hof verklagt und ihm vorgeworfen, nicht nur seine, des Bischofs, Güter geraubt und seine Mission gestört zu haben, sondern überhaupt ein Hindernis für die Ausbreitung des Christentums darzustellen. Der Deutsche Orden unterdrücke die Heiden nicht nur, sondern er stelle sich zudem aktiv gegen ihre Christianisierung, um sie – als Heiden – ungehindert von kirchlichen Normen ausbeuten zu können. Der Orden seinerseits warf dem Bischof die Veruntreuung von Kreuzzugsgeldern vor.

Wieweit diese Vorwürfe berechtigt waren, läßt sich mit Sicherheit nicht feststellen, und auch die Tatsache, daß dem Deutschen Orden solche Vorwürfe in den folgenden beiden Jahrhunderten wiederholt gemacht werden sollten, ist noch kein Beweis für ihre Stichhaltigkeit. Auf der anderen Seite ist das Mißverhältnis zwischen Mission und Unterwerfung freilich unübersehbar. Schon die Absicherung des eroberten Gebietes durch Burgenbau, und das heißt auch: durch erzwungene Dienstleistungen der unterworfenen Prussen, konnte die Mission nicht fördern. Nur wären solche Leistungen auch in einem selbständigen Herrschaftsgebiet des Bischofs Christian zu erbringen gewesen. Der Bischof Christian und die künftigen Kläger gegen den Deutschen Orden hatten im Hinblick auf die Prussen im Prinzip keine anderen Absichten als der Deutsche Orden. Sie hatten nur keine Gelegenheit, diese Absichten zu verwirklichen.

Bischof Christian blieb mit seiner Klage gegen den Orden ohne Erfolg. Der Papst hatte sich für eine Aufgliederung Preußens in mehrere Bistümer entschieden, und Christian konnte auch den päpstlichen Legaten, Wilhelm von Modena (vgl. oben S. 91), der die Konstituierung der neuen Diözesen durchführen sollte, nicht für sich gewinnen. Immerhin wurde ihm angeboten, sich eine der vier neuen Diözesen auszusuchen: ein Viertel dessen, was er einmal besessen oder doch erhofft hatte, genau genommen aber noch weniger als das.

Denn die Inhaber der vergleichsweise kleinen Diözesen hatten nur geringe Chancen, eine mit der des Ordens konkurrierende Macht auszuüben, und sie haben das in der Folgezeit auch nicht getan. Christian hat sich für eine der neuen Diözesen denn auch nicht entschieden. Er verschwindet aus der Überlieferung, er hat wohl resigniert und ist wenig später gestorben.

Der Orden war damit aber nur der Konflikte mit einem Konkurrenten ledig. Andere Gegner blieben und mußten bleiben. Denn je größer die Erfolge des Ordens wurden, desto nachhaltiger wurde das Kräfteverhältnis in Nordosteuropa verändert, in desto höherem Maße waren die Nachbarn Preußens von der Bildung einer neuen Macht in ihrer Nähe betroffen.

In den ersten Jahren der Eroberung Preußens waren das vor allem die Herzöge von Pommerellen, die Regenten also des westlich an das Prussenland bzw. an den künftigen Deutschordensstaat angrenzenden Gebietes.

In dieser Region lebte, anders als östlich der Weichsel, eine slavi-

Die Herzöge von Pommerellen

sche Bevölkerung, die in ihrer Sprache, dem Kaschubischen, den benachbarten Polen nahe verwandt war – der Grad dieser Verwandtschaft bzw. die Frage, ob Pommerellen zu den festen Bestandteilen Polens oder ob es nur zeitweilig zum Verband der polnischen Fürstentümer gehört hat, ist einer der geradezu klassischen Gegenstände deutsch-polnischer Polemik.

Zum Zeitpunkt der ersten Erfolge des Deutschen Ordens in Preußen waren die pommerellischen Herzöge jedenfalls politisch völlig unabhängig von Polen. Sie hatten die frühere lockere Bindung an Polen gelöst. Ihr Land war missioniert – und zwar, der Geographie entsprechend, von Deutschland her –, und es war auch von der Ostsiedlung erfaßt worden. Die in diesem Zusammenhang gegründeten bzw. erneuerten und vergrößerten Städte – wie vor allem Danzig – waren nicht nur Städte nach deutschem Recht, sondern hatten wohl auch eine überwiegend deutsche Einwohnerschaft.

Der Konflikt zwischen den Herzögen von Pommerellen und dem Deutschen Orden hat seine Ursache also nicht etwa darin, daß nun östlich der Weichsel ein von Deutschen beherrschter Staat entstand. Die Ursache des Konflikts war vielmehr einfach der Wechsel der politischen Konstellation, der den pommerellischen Fürsten die eigenen Expansionsmöglichkeiten beschnitt. Und es kamen Erbstreitigkeiten innerhalb der pommerellischen Dynastie hinzu. Wie beinahe immer in solchen Fällen suchte die eine Seite Verbündete außerhalb des Landes, verband sich also mit dem Deutschen Orden. Der wiederum war an einer Stärkung anderer Mächte im Weichseltal sicherlich nicht interessiert und griff also in die Auseinandersetzungen ein.

Die nahezu notwendige Antwort darauf war ein Bündnis zwischen dem pommerellischen Herzog Svantopolk und den Prussen, und dieses führte im Jahre 1242 zu dem, was die spätere Literatur einen Aufstand der Prussen nennt, was aus damaliger Sicht aber besser als konzentrierter Abwehrversuch zu bezeichnen ist. Gestützt auf das Bündnis mit dem pommerellischen Fürsten gelang es den Prussen, das Land bis auf die Burgen des Ordens zurückzuerobern. Der pommerellische Herzog versuchte, nun seinerseits über die Weichsel zu gehen, aber er hatte keinen Erfolg, da dem Orden neue militärische Kraft durch die Kreuzfahrer zuwuchs.

Der Papst stellte sich auch diesmal auf die Seite des Ordens und sandte dem pommerellischen Fürsten barsche Ermahnungen zu, verständlicherweise. Denn nach den Normen der Kirche war das Zusammenspiel eines christlichen Fürsten mit heidnischen Gegnern einer anderen christlichen Macht das Verwerflichste, was ein christlicher Regent überhaupt tun konnte. Auf der anderen Seite war ein solches Bündnis zwischen Christen und Heiden an der Grenze zwischen Heidentum und Christentum naheliegend, es begegnet daher in der preußisch-livländischen Geschichte des Deutschen Ordens wiederholt, und manchmal ist es der Orden, dem solche Verbindungen vorgeworfen werden.

Aber der Papst war auch nicht gesonnen, sich ohne Einschränkung hinter den Orden zu stellen: vielleicht im Zusammenhang der großen Auseinandersetzungen zwischen Papst und Kaiser in der Spätzeit Kaiser Friedrichs II. – der Deutsche Orden galt weiterhin als ein den Staufern nahestehender Verband –, vielleicht aber doch auch wegen eines generellen Mißtrauens an der römischen Kurie gegenüber der Kombination von Eroberung, Staatsgründung und Mission, wie der Orden sie versuchte. Die päpstliche Kurie stand dem Orden nicht ohne Bedingung zur Verfügung. Der Orden traf hier, ungeachtet vieler zu seinen Gunsten getroffener Entscheidungen, auch auf Mißtrauen.

Dieses Mißtrauen wird schon daran deutlich, daß der päpstliche Legat den Auftrag erhielt, die Parteien im Falle eigener erfolgloser Bemühungen nach Rom zu laden. Der Orden und die gegen ihn kämpfenden Prussen werden also als gleiche behandelt, die Prussen gelten nicht, was eigentlich nahegelegen hätte, als vom Glauben Abgefallene und demzufolge (vgl. oben S. 72 f.) als schlimmer denn Heiden und Ketzer. Überdies wies der Papst darauf hin, daß die Prussen mit ihrer Bekehrung zum christlichen Glauben nicht die Freiheit verlieren dürften, er nahm also eine Position ein, die auch seine Vorgänger, nicht zuletzt im Interesse des Bischofs Christian, vertreten hatten.

Das Resultat der päpstlichen Vermittlung waren zwei Verträge. Der eine entschied zwischen dem Herzog von Pommerellen und dem Orden, und zwar zugunsten des zweiten. Der andere regelte die zwischen dem Orden und den Prussen strittigen Fragen. Dieser Vertrag ist erstaunlich.

Der Frieden von Christburg

Erstaunlich ist dieser Frieden von Christburg von 1249 zunächst deshalb, weil er tatsächlich ein Vertrag ist, der den Orden und die Prussen als – formal gleichberechtigte – Parteien behandelt, entsprechend der eben genannten Verlautbarung der römischen Kurie. Nach den kirchlichen Normen hätte es nähergelegen, die Prussen als Apostaten zu behandeln, die froh sein konnten, wenn sie mit dem Leben davonkamen, und die nicht weiter nach ihrer rechtlichen Position zu fragen hatten. Aber der Frieden von Christburg spricht nicht von Apostasie. Dagegen spricht die Urkunde ausführlich von der Lage der Prussen. Man könnte auch meinen, sie sagt dazu nur ein Wort. Es lautet: Freiheit.

Freiheit ist nach mittelalterlichem Verständnis ein schwieriges Wort. Freiheit kann im Mittelalter nichts anderes bedeuten als Unterwerfung unter die Macht eines besonders mächtigen Herrn, es kann aber auch den Sinn von Unabhängigkeit haben und die Abwesenheit von Herrschaft und Zwang bedeuten, und so ist es im Christburger Frieden gebraucht. Der päpstliche Legat garantiert den Prussen hier tatsächlich ihre Freiheit im gewöhnlichen Sinne dieses Wortes.

Der Vertreter des Papstes garantiert den Prussen ein freies Besitz-, Erb- und Gerichtsverfahrensrecht, er garantiert ihnen eine Freiheit, die jener entspricht, wie sie die deutschen Neusiedler (vgl. unten S. 121f.) hatten. Besonders deutlich ist jene Bestimmung des Friedens, die den Prussen zusichert, daß sie Geistliche werden könnten.

In welchem Maße ein solcher Wille vorhanden war, braucht dabei nicht zu interessieren. Denn diese Bestimmung ist ganz unabhängig davon ein Indiz für persönliche Freiheit, weil die mittelalterliche Kirche stets vertreten und am Ende auch durchgesetzt hat, daß ein Unfreier erst dann Kleriker werden dürfe, wenn sein Herr auf alle ihm gehörigen Ansprüche verzichte, wenn er ihn freigelassen habe. Wenn also hier den Prussen der Zugang zum geistlichen Stand ohne Bedingungen zugestanden wird, dann setzt das ihre persönliche Freiheit voraus. Der päpstliche Legat muß der Meinung gewesen sein, in den anderen Bestimmungen des Christburger Vertrages die persönliche Freiheit der Prussen hinreichend definiert zu haben.

Man sieht das auch aus dem folgenden Satz, demzufolge die Prussen, die aus adliger Familie stammten, die Ritterweihe erhalten können sollten. Wäre diese Urkunde verwirklicht worden, so hätte es im

4. *Die Eroberung Preußens*

Ordensstaat keinen Unterschied geben dürfen zwischen deutschen Hufen- und prussischen Hakenbauern (vgl. unten S. 122). Die Prussen bzw. deren überwiegende Zahl hätte nicht benachteiligt werden dürfen. Die Möglichkeit ihrer Benachteiligung ist freilich schon im Christburger Vertrag angelegt. Denn dort ist die Freiheit der Prussen an eine Bedingung geknüpft. Wer künftig – vom Christentum bzw. von der Herrschaft des Deutschen Ordens – abfalle, der solle die Freiheit verlieren, so heißt es hier. Die Freiheit der Urkunde gilt also nur für die Prussen, die an der christlichen Religion festhalten und keinen Widerstand gegen den Orden leisten.

Das könnte wie eine Einladung an den Orden, einen Aufstand zu provozieren, gelesen werden. Aber einer solchen Provokation bedurfte es nicht. Der Aufstand kam auch so. Elf Jahre nach dem Christburger Vertrag, im Jahre 1260, erhob sich die Mehrzahl der Prussen noch einmal gegen die Herrschaft des Ordens, und dieser war damit von den Bindungen des Christburger Vertrages frei. Nach der abermaligen Unterwerfung der Prussen konnte er nach Interessenlage entscheiden. Er konnte unterscheiden zwischen Abgefallenen und treu Gebliebenen bzw. zur Ordensherrschaft Zurückgekehrten, die mit Freiheitsrechten im Sinne des Christburger Vertrages ausgestattet wurden, während andere den Status von Unfreien erhielten (vgl. unten S. 123). Sowohl im Herrschaftsgebiet des Ordens wie in dem der Bischöfe wurden jetzt und in diesem Sinne die Grundlagen der Sozialverfassung der folgenden Zeit gelegt.

Der Widerstand der Prussen dauerte 14 Jahre. Im Jahre 1274 war ihre Unterwerfung abgeschlossen. In den nächsten Jahren wurden die Gebiete unterworfen, die auch vor dem Aufstand nicht in der Hand des Ordens gewesen waren. Das dauerte bis in die Mitte der 80er Jahre. Danach konnte der Deutsche Orden seines preußischen Staates sicher sein: bis zu dem Aufstand der – vorwiegend – deutschen Bevölkerung gegen die Herrschaft des Ordens in der Mitte des 15. Jahrhunderts (vgl. unten S. 207).

Insbesondere die Kämpfe in den auf den zweiten prussischen Aufstand führenden 14 Jahren sind mit außerordentlicher Erbitterung – für unsere Begriffe: Grausamkeit – geführt worden. Wir lesen das immer wieder bei Peter von Duisburg, dessen in den zwanziger Jahren des 14. Jahrhunderts verfaßte preußische Chronik die wichtigste Quelle für die Eroberung des Landes durch den Orden ist. Das meiste, was wir aus diesen ersten Jahrzehnten des Ordenslandes wissen, ist in dieser Chronik und nur in ihr überliefert. Es hängt also viel von Glaubwürdigkeit, von den Möglichkeiten und Absichten ihres Autors ab.

Wenn Peter von Duisburg, wie eben schon gesagt, ein halbes Jahrhundert und länger nach den von ihm berichteten Ereignissen geschrieben hat, so ist das für mittelalterliche Verhältnisse noch eine einigermaßen zeitnahe und insofern günstige Überlieferung. Und ebenso günstig ist die räumliche Nähe des Chronisten zu dem, was er überliefert. Obwohl Peter von Duisburg über sich selbst nur wenig sagt und wir andere Quellen über ihn als seine Chronik nicht haben, kann man doch mit Sicherheit annehmen, daß er als Priesterbruder im Königsberger Konvent des Deutschen Ordens gelebt hat, also in jenem Teil Preußens, wo die Kämpfe gegen die Prussen am längsten anhielten und wo sie besonders hart gewesen sind. In Königsberg fand Peter von Duisburg sicherlich eine dichte mündliche Kriegsüberlieferung vor, und er hat sie genutzt. Denn die Kämpfe des Ordens mit den Prussen sind der Hauptinhalt seiner Chronik. Man sieht das schon, wenn man nur die Überschriften des umfangreichsten Teils seiner Chronik, des dritten Buches, liest. Sie lauten z. B. für die Jahre 1234 ff.:

11. Vom Sieg der Christen, wo 5000 Prussen getötet wurden.

12. Von der Erbauung der Burg Rehden und der wunderbaren Vision eines Bruders dort (dazu unten S. 103).

13. Von der Ankunft des Markgrafen von Meissen (eines prominenten Kreuzfahrers).

14. Von der Zerstörung vieler (prussischer) Burgen und der Unterjochung der Pomesanier (eines der prussischen Stämme im Westen des Landes).

Für die letzte Zeit der Kämpfe (1280) heißt es z. B.:

209. Von der Zerstörung des sudauischen Landes Krasinen.

210. Von der Gefangenschaft des Bruder Ludwig von Liebenzell.

211. Von der Bekehrung des Sudauerherzogs Skaumand.

212. Von der Verwüstung des sudauischen Landes Silien und der zweiten Gefangenschaft Bruder Ludwigs.

Der Text des Werkes selber bietet dann eine diesen Ankündigungen tatsächlich entsprechende Kriegschronik. In dem schon angeführten 209. Kapitel (von der Zerstörung des sudauischen – im nordöstlichen Preußen gelegenen – Landes Krasinen) heißt es:

Bruder Manegold, der Meister (der Landmeister des Ordens Manegold von Sternberg), da er den Krieg gegen die Sudauer, den seine Vorgänger tapfer begonnen hatten, zu seiner eigenen Amtszeit nicht scheute, sondern von Tag zu Tag fortführte, sammelte sein ganzes Heer und drang am Tag der Reinigung Mariens (am 2. Februar) in das sudauische Land Krasinen ein, indem er es durch Raub und Brand verwüstete.

Zum besseren Verständnis muß man hinzufügen, daß „Raub und Brand" die übliche Kriegsführung bezeichnen (dazu unten S. 107) und daß der Kriegsbeginn an einem hohen Marienfest sich daraus erklärt, daß man im Mittelalter auch sonst den Beginn von Kriegshandlungen gern auf wichtige Festtage legte und daß der Orden dementsprechend die Feste seiner Patronin, der Gottesmutter, bevorzugte. Peter von Duisburg fährt dann fort:

Er legte auch die Behausung des mächtigen Mannes Skaumand, des Häuptlings jenes Landes, in Asche, und nachdem er 150 Männer gefangen und getötet hatte, kehrte er mit großer Beute zurück. Als das genannte Heer in jenes Land eindringen wollte, verirrte es sich, und in jenem Irrtum, der aus göttlicher Vorsehung geschah, weil nichts ohne Ursache zu geschehen pflegt, wurde es zerstreut, und so drang es in das ganze Land (das ursprüngliche Kriegsziel war also bescheidener) und eroberte und zerstörte es. In diesem Krieg fielen Bruder Ulrich der Bayer, Komtur von Tapiau, und vier Männer, und Bruder Ludwig von Liebenzell geriet in Gefangenschaft.

Die Fortsetzung von diesem Teil des Krieges findet sich im 211. Kapitel (Von der Bekehrung des Sudauerhäuptlings Skaumand):

Dieser Skaumand war mächtig und reich im sudauischen Land Krasinen, und als er den andauernden Angriffen der Brüder nicht standhalten konnte, floh er mit seiner ganzen Familie und mit seinem ganzen Anhang aus seinem Land ins Land Rußland. Nachdem er sich dort einige Zeit aufgehalten hatte, kehrte er, des Exils müde, in das Land seiner Geburt zurück. Als das die Brüder erfuhren, überzogen sie ihn abermals mit Krieg und quälten ihn so oft, daß er endlich mit

Der Heidenkrieg 103

seinem ganzen Haus und seiner Familie sich dem Glauben und den Brüdern unterwarf. Es wird also, so erfährt man, Krieg geführt, bis die heidnischen Gegner sich taufen lassen und sich dem Orden unterwerfen. Und Krieg führen, so liest man nicht nur in diesen beiden Kapiteln, ist: Verbrennen der Häuser, Raub des mobilen Eigentums, Gefangennahme der Frauen und Kinder, Tötung der Männer.

So jedenfalls erzählt Peter von Duisburg, und er war den erzählten Ereignissen nahe genug, um zu wissen, was vorgefallen war. Aber der Realitätsgrad eines solchen Textes bemißt sich nicht allein nach den Wissensmöglichkeiten seines Verfassers. Ebenso wichtig sind dessen Absichten.

Die Absichten, welche der Chronist des Ordens mit seiner Erzählung verfolgt, sind eindeutig. Er steht unter dem Eindruck, daß die Ordensbrüder seiner eigenen Zeit, also ein halbes Jahrhundert nach den berichteten Vorgängen, nicht mehr so zuchtvoll und regeltreu lebten wie damals. Peter von Duisburg will den Ordensbrüdern seiner Gegenwart das Ideal des wahren Ordensbruders vor Augen stellen und es ihnen zur Nachahmung empfehlen. Aus diesem Grunde findet sich bei ihm ein steter Wechsel von kriegerischen Handlungen, in denen sich die Ordensbrüder bewähren, und von Wundern und wunderbaren Vorgängen, durch welche Gott die Ordensbrüder belohnt, durch die Gott aber auch – wie z. B. bei der Eroberung des Landes Krasinen – selber in den Krieg eingreift.

Ein anderes Wunder erzählt Peter von Duisburg in dem schon genannten 12. Kapitel (Von der Erbauung der Burg Rehden und der wunderbaren Vision eines Bruders dort):

In dieser Burg lebte ein Bruder, der, getäuscht von der List des Teufels, für wahr hielt, daß er im Orden des Deutschen Hauses seine Seele nicht retten könne, weshalb er sich in seinem Sinne vornahm, in einen strengeren Orden einzutreten.

Nachdem er sich dazu entschlossen hatte, sah er im Traum die Heiligen Bernhard, Franciscus, Dominicus, Augustinus (die Stifter bzw. Patrone also des Zisterzienser-, des Franziskaner-, des Dominikaner- und des Augustinereremitenordens) mit seinen Brüdern (also den Deutschordensbrüdern) einhergehen. Er bat sie mit Tränen, ihn als Mitbruder aufzunehmen. Aber sie lehnten alle ab. Endlich kam die heilige Jungfrau Maria (die Patronin also des Deutschen Ordens) mit vielen Deutschordensbrüdern, und er fing an, sie demütig anzuflehen und sie zu bitten, daß sie ihm doch wenigstens in der Gemeinschaft seiner Brüder zu bleiben erlauben möge. Da sagte ihm die heilige Jungfrau: Das kann nicht sein, da du ja meinst, daß dein Orden so nachlässig, so lax sei, daß es nichts in ihm gibt, womit du deine Sehnsucht befriedigen kannst. Und dabei hob sie die Mäntel einiger Ordensbrüder hoch und zeigte auf die Wunden und die Stellen, an denen sie von den Ungläubigen für die Verteidigung des Glaubens getötet worden waren, und sie fragte: Hast du nun nicht den Eindruck, daß deine Brüder einiges für den Namen Jesu Christi gelitten haben? Und mit diesem Wort verschwand die Erscheinung.

Und erwachend kehrte dieser Bruder zu sich zurück, ging zum Kapitel, wo die Brüder versammelt waren, und was er ihnen früher unklug von seinen Absichten enthüllt hatte, das widerrief er nun, gleichsam weise und klug geworden, demütig, und er machte die Vision, die er gesehen hatte, allen bekannt. Dieser Bruder wurde, im Gottesdienst (nämlich im Heidenkampf) ausharrend, nicht viel später von den Heiden erschlagen.

Wie man sieht, ist diese Geschichte ein doppelter Appell. Sie fordert einmal die Ordensbrüder auf, sich um ihr Seelenheil zu sorgen. Obwohl der Bruder, von dem erzählt wird, sich dabei irrt, obwohl er sogar vom Teufel getäuscht wird, ist doch seine Sorge selber etwas Positives. Und die Absicht, den eigenen Orden gegen einen strengeren zu vertauschen, ist eine positiv zu wertende Konsequenz aus seiner Sorge.

Im vorliegenden Fall freilich lag ein Irrtum vor. Der Deutsche Orden war streng genug, um die Heiligung seiner Mitglieder zu gewährleisten, und die Gottesmutter selber bezeugte das – freilich nicht für die Gegenwart des Erzählers, sondern bloß für die Zeit davor, in der die Ordensbrüder, auf welche Maria hinwies, für den Glauben gestorben waren. Insofern ist diese Geschichte auch ein Appell an die Ordensbrüder, sich so zu verhalten, daß die Ordenspatronin dieses Zeugnis wiederholen könnte, nämlich, wie die Wunden der Ordensbrüder in der Vision zeigen, den Krieg gegen die Heiden zu führen, der Gottesdienst ist, wie es am Ende heißt.

Man erkennt also, warum Peter von Duisburg vom Heidenkrieg

erzählt. Er, der schreibkundige und damit zur Bildung einer fixierten Tradition befähigte Kleriker, bedient sich seiner Fähigkeiten, um die ungelehrten Ritterbrüder in ihrem Kampfeswillen zu bestärken. Ordensritter und Ordenspriester haben unterschiedliche Aufgaben. Peter von Duisburg, der Ordenspriester, nimmt Geschichte schreibend eine der den Ordenspriestern vorbehaltene Aufgabe wahr.

Aber damit ist doch noch nicht die Frage beantwortet, was der spätere Historiker mit solchen Erzählungen anfangen kann. Eine Antwort ist schwierig. Denn es wäre zu wenig, diese Berichte einfach für frommes Gerede zu halten, das die tatsächlichen Vorgänge verdeckt, oder, ebenso simpel, festzustellen, daß die Ordensbrüder eben die Tötung von Heiden für Gottesdienst zu halten gelehrt worden waren und daß man mehr darüber nicht sagen könne. Man kann nur schwer abschätzen, in welchem Grade hier eine Art von Ideologe spricht, der die Handlungen der früheren Ordensritter überhöht und vergrößert, der seine ungelehrten Mitbrüder damit anstachelt und antreibt. Wenn das in sehr weitgehendem Maße der Fall wäre, dann müßte man vermuten, daß Peter von Duisburg heftig übertreibt, daß er viel breitere Blutbäche strömen läßt, als tatsächlich geflossen sind.

Jedenfalls wäre es ein modernes Mißverständnis, etwa zu sagen: Wenn dieser Ordensbruder selber schon so viele Grausamkeiten seiner Brüder zugibt, dann müssen wenigstens diese vorgefallen sein und weitere, von ihm verschwiegene noch dazu. Denn unsere Urteilsmaßstäbe sind ja nicht die des Chronisten. Was uns als Grausamkeit erscheint, ist ihm Gottesdienst. Der Kampf gegen die Heiden einschließlich der Zerstörung von deren Lebensgrundlagen, einschließlich ihrer Tötung, ist in den Augen Peters von Duisburg – und der Mehrzahl derer unter seinen Zeitgenossen, die eine Meinung zu solchen Fragen artikulieren – etwas Gottgefälliges, also nichts, was etwa zu verschweigen wäre, im Gegenteil. Insofern spricht in der Tat sehr viel dafür, daß der Chronist die Zahl der Getöteten vergrößert hat.

Auf der anderen Seite gilt auch für diesen Erzähler, daß die Überhöhung eines Sachverhalts zu didaktischen Zwecken nur in Grenzen sinnvoll ist. Die Elemente der Erzählung müssen der Wirklichkeit entsprechen. Und insofern dürfen wir in seiner Chronik schon einen beträchtlichen Teil der Eroberung Preußens durch den Orden zu finden hoffen.

Diese Annahme wird auch dadurch gestützt, daß wir für die Eroberung Livlands die im Hinblick auf die Beschreibung des Heidenkrieges ganz ähnliche Chronik des Heinrich von Lettland (vgl. oben S. 91) haben.

In dieser Erzählung von den Kämpfen in Livland bis zum Jahre 1227 werden zwar nicht die Kriege des Deutschen, wohl aber eines anderen Kreuzzugsordens, des später mit dem Deutschen Orden vereinigten Schwertbrüderordens, beschrieben. Und es sind ebenso wie später in Preußen Kreuzfahrer, die zusammen mit dem Ritterorden kämpfen.

Die Züge gegen die Heiden, von denen hier berichtet wird, ähneln den von Peter von Duisburg beschriebenen sehr. Als Beispiel mag eine Heerfahrt gegen Wierland, also in das nördliche Estland, an die Südküste des Finnischen Meerbusens im Jahre 1219 dienen (Buch 23, Kapitel 7):

Und die Wierländer hatten das herankommende livländische Heer nicht gehört, und sie waren alle in ihren Dörfern und Häusern. Und als der Morgen gekommen war, verteilten sich die Heere über alle Landesteile und gaben die einen den Jerwern, andere den Ugauniern, wieder andere den Liven und Letten zur Plünderung (das Heer ist also gemischt, ihm gehören auch schon christianisierte einheimische Kontingente an).

Und sie fanden alle Leute in ganz Wierland in den Dörfern und töteten sie, vom großen bis zum kleinen, und schonten sie nicht, soviele sie männlichen Geschlechts fanden (d. h. also die Männer und die älteren Knaben wurden erschlagen), und die Frauen und kleinen Kinder nahmen sie gefangen und Pferde und viel Vieh zusammentreibend machten sie große Beute.

Ein wenig später heißt es dann:

Und nachdem sie das ganze Land fünf Tage lang sehr schwer geschlagen und viele tausend Leute getötet hatten, kamen endlich die Ältesten der Gaue zu uns, die durch Flucht entkommen waren (also die noch überlebenden politischen Führer) und baten flehentlich um Frieden.

Darauf sagte Rudolf, der Meister der Ordensbrüder: Verlangt ihr denn nun Frieden, die ihr unseren Frieden durch eure Kriege oft gestört habt? Aber der Friede wird euch nicht gegeben außer dem

Frieden jenes wahren Friedensstifters, der aus beidem eins gemacht und das Irdische mit dem Himmlischen verbunden und versöhnt hat, der vom Himmel als von den Völkern ersehnter König herabgestiegen ist als ihre Hoffnung und ihr Heiland, der seinen Jüngern befahl und sagte: Geht hin, lehrt alle Völker und tauft sie. Wenn ihr euch also taufen lasst und denselben einzigen Gott der Christen mit uns verehren wollt, dann werden wir euch jenen Frieden geben, den er uns gab, den er beim Abschied seinen Jüngern zurückließ, und wir werden euch in die Gemeinschaft unserer ewigen Brüderschaft aufnehmen.

Und es gefiel ihnen das Wort und sofort versprachen sie, alle christlichen Verpflichtungen mit der Taufe durch die (Geistlichen) von Riga getreu auf sich zu nehmen.

Man sieht also auch hier: Kriegführung, bis der Gegner kapituliert, Tötung der Männer, Versklavung der Frauen und Kinder, Vernichtung der Habe. Auch die späteren Kreuzzüge des Deutschen Ordens gegen die Litauer werden so geführt, und nicht nur sie.

Denn diese Art des Krieges findet man teilweise auch sonst, auch bei den Auseinandersetzungen zwischen christlichen Gegnern. Krieg ist im Mittelalter beinahe immer und oft nur Schädigung der Lebensgrundlagen des Gegners, Zerstörung seiner Felder und Dörfer, Ausplünderung seiner Bauern. Feldschlacht und Duell sind durchaus die Ausnahme.

Freilich hier in Livland und in Preußen kommt zur Schädigung der Lebensgrundlagen des Gegners die erklärte Absicht hinzu, die Männer zu töten – während man beim Krieg zwischen christlichen Gegnern dieses Ziel in der Regel nicht hatte: Der tote Gegner hätte ja kein Lösegeld gebracht. Zu dem normalen Typus des Krieges im Mittelalter kommen hier die Elemente des Heidenkrieges hinzu. Denn daß hier die Männer getötet werden sollen, erklärt sich daraus, daß sie Heiden sind und als Feinde des christlichen Glaubens angesehen werden. Nach dem Verständnis derer, die diese Kriege rechtfertigten und die Tötung der Gegner forderten, wurde dabei ein Lebenskampf zwischen Christentum und Heidentum ausgetragen. Es ging um Überleben oder Untergang der christlichen Religion.

Für unsere Kenntnis der damaligen Ereignisse ist ein solches Urteil absurd. Wir wissen, daß die von christlichen Heeren bekämpften

4. Die Eroberung Preußens

Heiden nicht daran dachten, das Christentum als solches zu bekämpfen oder gar die christliche Religion zu vernichten. Sie kämpften freilich gegen Christen, sie führten die für das christlich-heidnische Grenzgebiet, das zugleich eine zwei Kulturen trennende Grenzregion war, typischen Kriege (vgl. oben S. 73 f.). In der Optik derer, die auf christlicher Seite politische Ziele artikulierten, summierten sich diese Grenzkämpfe zu einer universalen Schlacht zwischen Christentum und Heidentum, wuchsen die regionalen Kulte der den Christen benachbarten Völker zu einer universalen heidnischen, nach dem Muster der christlichen verstandenen Religion zusammen, zu einer Religion also, die alle Menschen bekehren wollte und die andere Religionen nicht dulden konnte. Aus christlicher Sicht waren gentile Kulte, also Religionen, die Bekenner außerhalb des eigenen Volkes gar nicht beanspruchten, unverständlich. Sie konnten nur als Universalreligion mit Weltanspruch nach christlichem Muster verstanden werden.

Erst diese Deutung heidnischer Religiosität und Ziele und die daraus folgende Auffassung, daß die christliche Religion in einem Lebenskampf mit dem Heidentum stehe, macht die Alternative: Tod oder Taufe verständlich, vor welche der Meister des Schwertbrüderordens, Heinrich von Lettland zufolge, die Esten stellte, und die Rechtfertigung dieser Alternative mit dem Missionsbefehl Christi: Geht hin und lehret alle Völker.

Daß eine solche Exekution von Matthäus 29, 19 das äußerste Gegenteil dessen ist, was im Neuen Testament gemeint war, ist ebenso offensichtlich wie die Tatsache, daß der Taufbefehl nicht länger als ein Jahrtausend von den Änderungen der Welt unbeeinflußt bleiben konnte. Jedenfalls würde der Historiker sein Handwerk verleugnen, wenn er einfach den – erschlossenen – ursprünglichen Sinn dieses Taufbefehls und die Realität der Schwertmission des 13. Jahrhunderts konfrontieren und diese Mission aufgrund des Taufbefehls verurteilen würde.

Der Historiker sollte zunächst fragen: Kann der Vorgang denn tatsächlich so stattgefunden haben, wie der Chronist ihn beschreibt? Eine Antwort müßte scheiden zwischen der die Bibel und das Gebetbuch der Kirche zitierenden Rede des Ordensmeisters, die erst nachträglich von dem Chronisten formuliert worden ist, und dem Vorgang selber, der unter militärischem Druck erzwungenen Taufe. Ein solcher Vorgang dürfte in Livland wie in Preußen vielfach stattgefunden haben, während in anderen Fällen die Nötigung weniger brutal war oder auch ganz ausblieb mit der Folge, daß im Herrschaftsgebiet des Deutschen Ordens auch Heiden lebten, freilich nicht als Zeugen einer toleranten Politik, sondern eher von Nachlässigkeit. Dafür gibt es aus späterer Zeit Zeugnisse, und die Kritiker des Ordens werfen ihm das vor.

Weiterhin ist zu fragen, ob diese Zwangsmission auch andernorts und zu anderer Zeit begegnet. Die Antwort lautet: ja, auch wenn die Reihe anderer Beispiele nicht sehr groß ist. Das bekannteste ist die Unterwerfung und Bekehrung der Sachsen während der Herrschaft Karls des Großen. „Predigt mit eiserner Zunge" hat ein Zeitgenosse die damals praktizierte Form der Mission treffend genannt.

Eine solche Predigt konnte sich auf spätantike christliche Normen, auf das Kirchenrecht berufen. Hier findet sich zwar die Vorschrift, daß die Bekehrung zum Christentum freiwillig geschehen müsse, aber das galt doch nur für den positiven Teil des Vorgangs. Der heilige Augustinus, der die Freiwilligkeit mit großem Nachdruck gefordert hat und den man im Mittelalter als Autorität auch in dieser Frage ansah, unterscheidet von diesem positiven ausdrücklich einen negativen Akt, die Beseitigung des heidnischen Kultes. Zu ihr, so schreibt Augustin, seien christliche Herrscher verpflichtet. Und die Beseitigung des heidnischen Kultes dürfe auch mit Gewalt erzwungen werden, mit Hilfe eines indirekten Missionskrieges, wie man gesagt hat, weil dieser Krieg erst als die Vorstufe zur positiven Bekehrung dienen sollte.

Augustinus hat zum rechten Glauben führende Zwangsmaßnahmen mit einer weiteren Überlegung gerechtfertigt, die auch in unserer Zeit zur Rechtfertigung von Zwang zu dienen pflegt. Entscheidend sei nicht, ob jemand gezwungen werde, sondern vielmehr, wozu man ihn zwinge, ob zum Guten oder zum Bösen. Und Papst Gregor I. (590–604) hat diesen Gedanken sozusagen weitergeführt. Einen Bauern, so schrieb er, der nicht zu Gott kommen will, den darf man so sehr zusätzlich belasten, daß er durch diese Strafe veranlaßt wird, schnell zur richtigen Haltung zu kommen. Diese Äußerungen sind in das Decretum Gratiani, das zentrale Rechtsbuch der Kirche, aufgenommen worden, sie waren im 13. Jahrhundert allgemein zugänglich und bekannt, zumal gerade damals unter den Kirchenrechtlern eine Diskussion über die Frage, ob Heiden Herrschaftsrechte haben dürften, geführt wurde.

Der Christburger Vertrag (vgl. oben S. 89) scheint zunächst in die Nähe eines solchen indirekten Missionskrieges nicht zu gehören. Zwar honoriert er das Bekenntnis zum Christentum mit sozialen Vorteilen, aber ein Zwang zur Abkehr vom Heidentum ist das noch nicht. Doch der weitere Text des Friedens zeigt, daß die Prussen nicht etwa die Wahl hatten zwischen sozial privilegiertem Christentum und einem zwar benachteiligenden, aber geduldeten Beharren im alten Glauben. Der Christburger Friede legt den Prussen vielmehr ausdrücklich die Abkehr von ihren Göttern auf, in einer Reihe von Bestimmungen, die so ausführlich sind, daß sie uns als wichtige Quelle für die prussische Religion dienen. Die Prussen wurden auch verpflichtet, jene Elemente ihrer Sozialordnung – Polygamie, Frauenkauf (vgl. oben S. 72) – aufzugeben, welche christlichen Moralvorstellungen widersprachen.

Die Prussen, die sich und ihre Kinder nicht innerhalb eines Monats taufen lassen würden, so heißt es weiter, deren Güter würden konfisziert werden, und sie selber sollten ohne ihren Besitz aus dem Lande vertrieben werden. Diese Bestimmung könnte in der Tat als ein Beispiel des indirekten Zwangs zur Bekehrung gelten, wie Gregor der Große ihn wollte. Denn zur Taufe gezwungen wurden die Prussen ja nicht. Sie konnten auswandern.

Direkter Zwang, wie ihn die kirchliche Lehre ablehnte, lag dagegen vor, wenn der Ordensmeister, wie in dem angeführten Kapitel aus der Chronik Heinrichs von Lettland, den durch Vernichtungskrieg erschöpften Estenführern den Frieden nur unter der Bedingung der Taufe zuzugestehen bereit war.

Man kann freilich fragen, ob der Unterschied zwischen beiden Situationen tatsächlich groß war. Man darf die Formel vom indirekten Missionskrieg jedenfalls nicht dazu benutzen, den Zwang, der sich dahinter verbirgt, zu verkleinern. Auf der anderen Seite muß man deutlich sagen, daß der Christburger Vertrag denjenigen, die nicht Christen werden wollten, wirklich eine Alternative bot. Ein beträchtlicher Teil der Prussen ist in der Tat ins heidnische Litauen emigriert.

"Indirekter" Glaubenszwang 111

Andere sind dem Heidenkrieg des Ordens zum Opfer gefallen. Und ein Teil derer, die am Leben blieben, wurde in seiner Existenz schwer beeinträchtigt. Der Orden hat die Grenzregionen des eroberten Landes entvölkert, er hat viele Prussen zwangsweise umgesiedelt. Die Mehrzahl der Prussen aber hat diese Jahrzehnte überlebt und später sogar in gewisser Weise von der Herrschaft des Ordens profitiert. Die am besten begründete Bevölkerungsschätzung nimmt für die Zeit vor der Ankunft des Ordens eine Bevölkerung von 170000, für etwa 1300 von 90000 und für die Zeit um 1400 dann von 140000 Prussen an. Damit sind die nicht assimilierten Prussen gemeint, jene Prussen also, die in eigenen Siedlungen und zu eigenem Recht lebten (vgl. unten S. 122f.) und die zu einem beträchtlichen Teil wohl auch weiterhin die alten Götter verehrten.

Die Christianisierung auch der geschlossenen, von den großen Straßen entfernten prussischen Siedlungsgebiete ist wohl erst eine Sache der nachreformatorischen und der Nachordenszeit gewesen.

Im frühen 15. Jahrhundert ist dem Orden vorgeworfen worden, daß er sich zu wenig darum kümmere, ob seine prussischen Untertanen denn auch wirklich Christen seien. Diese Vorwürfe waren gewiß berechtigt. Falsch war es aber, wenn dem Orden unterstellt wurde, daß er seine Untertanen im Heidentum belasse, um so mehr Abgaben von ihnen erheben zu können. Die prussischen Bauern waren auch als Christen gegenüber den Inhabern der typischen Kolonistenhöfe benachteiligt (vgl. unten S. 123).

Die mangelnde geistliche Versorgung des Landes lag einfach daran, daß es an Geistlichen fehlte. Der Orden hatte zwar Priesterbrüder, aber deren primäre Aufgabe war die religiöse Versorgung der Ordensbrüder selbst. Es gab dann selbstverständlich auch einen Weltklerus, der die Pfarrstellen in Städten und Dörfern bekleidete, aber missionarisches Engagement war von dem nicht zu verlangen. Dafür bedurfte es der Mönche, im 13. und 14. Jahrhundert vor allem der Bettelmönche. Sie waren die Missionare.

Dominikaner haben in Preußen auch beträchtliche missionarische Leistungen vollbracht, aber ihre Zahl war doch gering. Und die älteren Mönchsgemeinschaften, die Benediktiner und die Zisterzienser, hatten in Preußen keine Konvente, ebensowenig wie die Prämonstratenser, die in anderen Regionen missionarisch sehr aktiv waren. Der Deutsche Orden sah in ihnen nicht bloß Helfer, sondern auch Konkurrenten, er war bei der Genehmigung von Mönchsklöstern außerordentlich restriktiv (vgl. unten S. 128). Preußen, der Staat eines geistlichen Ordens, ist im Vergleich mit anderen deutschen Territorien ein extrem klosterarmes Land. Ein Mangel an Geistlichen, welche taufen und die Getauften unterrichten konnten, war die notwendige Folge. Insofern war ein Ritterorden in der Tat nicht besonders gut geeignet, ein heidnisches Land zu christianisieren.

Mangelnde religiöse Versorgung bzw. - umgekehrt gesehen - die Chance, im Heidentum verharren zu können: das galt für die unfreien prussischen Bauern in höherem Maße als für die, welche der Orden durch die Verleihung von Freiengütern (vgl. unten S. 123ff.) privilegierte.

Unter ihnen befand sich auch jener prussische Fürst Skaumand, von dessen erzwungener Bekehrung Peter von Duisburg erzählt (vgl. oben S. 102). Der Chronist läßt Skaumand im 224. Kapitel von Buch 3 seiner Chronik noch einmal auftreten. Er erzählt, daß Skaumand als Christ stirbt und daß er sich vor seinem Tode gegenüber einem Priesterbruder des Ordens über sein Christentum geäußert habe.

Gefragt, wodurch er denn von Gott die Gnade verdient habe, aus einem maßlosen Verfolger der Kirche (der Skaumand gemäß der oben S. 108 gekennzeichneten kirchlichen Optik gewesen war) zu einem Glaubenskämpfer und ruhmreichen Führer christlichen Volkes zu werden, habe Skaumand geantwortet: Niemals habe ich etwas Gutes vor meiner Bekehrung getan außer dem einen, daß ich das Bildnis der heiligen Jungfrau Maria und ihres Sohnes, das die Ungläubigen in Polen geraubt und in der Mitte durchgesägt hatten, vom Boden aufhob und mit meinen Kleidern bedeckte und an einen angemessenen Ort legte. Mit diesen Worten, so fährt der Chronist fort, sei Skaumand selig im Herrn entschlafen.

Das ist zunächst ein Topos mittelalterlicher Missionsgeschichte: Aus dem großen Verfolger wird ein ebenso großer Christ. Doch kann die Geschichte jedenfalls insoweit einen realen Kern haben, als Skaumand nach seiner Bekehrung nicht in einer abgelegenen, geschlossen von prussischer Bevölkerung besiedelten, geistlich schlecht oder gar nicht versorgten Region lebte, sondern in nächster Nähe deutscher

Städte und Dörfer. Skaumand war, wie die meisten seines Stammes, umgesiedelt worden, aber zu besseren Bedingungen als sie. Am 18. April 1285 hatte er, wie wir aus der erhaltenen Verleihungsurkunde wissen, ein Freiengut (dazu unten S. 124f.) zu den üblichen Bedingungen, also mit Gerichtsrechten und gegen Kriegsdienstverpflichtungen, zu erblichem Besitz erhalten. Der Ort hieß später Groß Steengen, und bis zur nächsten Pfarrkirche waren es keine fünf Kilometer. Der Priesterbruder Konrad von Balga aber, der Peter von Duisburg zufolge am Sterbebett Skaumands saß und dessen letzte Worte überlieferte, war tatsächlich ein alter Bekannter des einstigen Heidenfürsten. Er wird nämlich unter den Zeugen jener Verleihungsurkunde von 1285 genannt.

76 Jahre später, im Jahre 1361, erhält ein Nachfahr Skaumands, Dietrich Skomand – der Name des Vorfahren ist also zum Familiennamen geworden – 50 Hufen vom Orden verliehen, mit denen er ein Dorf gründet: Dietrichsdorf. 1398 erschleicht sich seine Witwe, Elisabeth, das Patronatsrecht über die Pfarrkirche dieses Dorfes, d. h. die Berechtigung, die Person des Pfarrers auszuwählen und einen Teil der kirchlichen Einnahmen einzuziehen. Das ganze ist ein rascher Assimilationsprozeß – einer von vielen.

Dieser hier freilich ist gut bezeugt. Hätte man die Urkunde von 1361 nicht, so würde man nicht vermuten, daß das so deutsch benannte Dorf die Gründung eines Mannes prussischer Herkunft sei. Und auch die Tatsache, daß die Vorfahren der Patrone dieser Dorfkirche nicht deutsche Siedler waren, sondern prussische Widersacher des Ordens, ist nur dank einer günstigen Überlieferung bekannt. In vielen anderen Fällen schweigen die Quellen. Vor allem dann natürlich, wenn die Assimilation auf einem nicht so hohen sozialen Niveau stattfindet wie hier. Wie viele Bauern, die in dem neugegründeten Dietrichsdorf angesiedelt wurden, ihrer Herkunft nach Prussen waren, läßt sich z. B. nicht sagen.

Skaumand und seine Nachfahren haben ihre Position halten können, sie gehörten der prussischen Führungsschicht an und sind schnell hineingewachsen in die sich nun neu bildende Oberschicht des Ordenslandes, in die Schicht der Großen Freien (dazu unten S. 124ff.), also des künftigen Landesadels. Sie und andere prussische Familien haben sich am Ausbau des Landes beteiligt, haben also vielleicht von der Herrschaft des Ordens profitiert – entsprechend dem Wachstum der prussischen Bevölkerung (vgl. oben S. 111).

Man sollte das freilich ganz ohne den Versuch einer Wertung feststellen. Wollte man werten, so müßte man sofort hinzusetzen, daß diese Entwicklung den gewaltsamen Abbruch der autonomen Geschichte der Prussen voraussetzt. Oder anders gesagt: Die vielen Assimilationsprozesse summieren sich zur Beseitigung eines Volkes. Nach der Reformation und nach dem Ende der Ordensherrschaft in Preußen ist die Assimilation verhältnismäßig rasch zu Ende geführt worden. Im 16. Jahrhundert wurden noch Katechismen in prussischer Sprache gedruckt. Im 17. Jahrhundert ist die Sprache erloschen – bis auf Orts- und Familiennamen, bis auf einzelne Worte in der heute nun ihrerseits aussterbenden ostpreußischen Mundart –, und mit ihr ist auch die Erinnerung an die Prussen selber geschwunden, bzw. daran, daß die meisten Bewohner des Landes nicht nur von deutschen Zuwanderern abstammten, sondern auch von Prussen.

Fünftes Kapitel

Die neue Besiedlung Preußens

Die Besiedlung Preußens unter der Herrschaft des Deutschen Ordens, die Veränderung der alten Siedlungsverhältnisse und die Zuwanderung neuer Siedler ist ein Teil der mittelalterlichen deutschen Ostsiedlung. Man muß also, wenn man die Besiedlung Preußens unter der Herrschaft des Deutschen Ordens verstehen will, einen Blick auf diesen weiteren Zusammenhang werfen.

Man hat es dabei mit einem Thema zu tun, das lange Zeit sehr verschieden dargestellt worden ist, auf deutscher Seite als ein Heldenlied, auf polnischer als das Gegenteil davon. Doch ist diese dissonante Musik heute ganz überwiegend Vergangenheit, jedenfalls dort wo wissenschaftlich über die Ostsiedlung gesprochen wird. Die Ursache dafür, daß die mittelalterliche Ostsiedlung heute nicht mehr grundsätzlich verschieden beurteilt wird, je nachdem, welches die Muttersprache des jeweiligen Wissenschaftlers ist, liegt freilich nicht so sehr in der jüngeren deutschen Vergangenheit, darin also, daß den deutschen Autoren der Geschmack an Heldenliedern ganz allgemein vergangen ist, jedenfalls den meisten von ihnen, sondern vielmehr darin, daß die Forschung in den letzten Jahrzehnten zu neuen Resultaten geführt hat, man könnte also einfach sagen, im Fortschritt der Wissenschaft.

Unser heutiges Wissen von der Ostsiedlung unterscheidet sich vom Erkenntnisstand noch der ersten Jahrzehnte unseres Jahrhunderts vor allem in dreierlei Hinsicht:

1. Ostsiedlung ist, so sehen wir heute deutlicher als noch vor wenigen Jahrzehnten, kein isoliertes Vordringen der Deutschen in ein barbarisches, von der Natur seiner Bewohner her zu eigener Kultur nicht fähiges Land, Ostsiedlung ist keine Sache bloß der Deutschen und ihrer östlichen Nachbarn. Ostsiedlung ist vielmehr nur Teil eines umfassenderen Ausbauprozesses, der sich in allen europäischen Län-

dern vom 12. bis zum 14. Jahrhundert vollzogen hat. In dieser Zeit, besonders im 12. und 13. Jahrhundert, ist Europa so umfassend und gründlich umgestaltet worden, daß man mit guten Gründen bezweifeln kann, ob man die Jahrhunderte davor und danach eigentlich unter dem Oberbegriff Mittelalter zusammenfassen kann.

Dieser tiefgreifende Wandel, besonders im 12. und 13. Jahrhundert, zeigt sich am deutlichsten an der Vermehrung der Bevölkerung. In Deutschland, in Skandinavien, in Frankreich und auf den britischen Inseln lebten um das Jahr 1000 12 Millionen Menschen, kurz vor der Mitte des 14. Jahrhunderts waren es 35,5 Millionen, in der Mitte des 15. Jahrhunderts, nach den Katastrophen, den Seuchen und Hungersnöten des 14. Jahrhunderts, dann 22,5 Millionen.

Diesem raschen Wachstum der Bevölkerung entspricht eine tiefgreifende Umgestaltung von Siedlung und Wirtschaft. Bis zum Jahre 1000 haben wir es ganz überwiegend mit einer landwirtschaftlich produzierenden Bevölkerung zu tun, es gibt nur wenige und nur kleine nicht-agrarische Siedlungen, die Wirtschaft ist so extensiv, bringt so geringe Erträge, daß die Zahl derer, die nicht selber landwirtschaftlich produzieren, klein sein muß. Danach, seit dem 12. Jahrhundert, wächst die Produktivität schnell. Es wächst nicht nur die Zahl der Siedlungen, nicht nur die Zahl der Bauern, sondern es steigt auch die Zahl derer an, die freigestellt werden können von der Arbeit in der Landwirtschaft, es wächst also die Zahl der Gewerbetreibenden, und es nimmt auch die Zahl der Siedlungen zu, wo die Gewerbetreibenden sich konzentrieren, es wächst also die Zahl der Städte.

Freigestellt von der Landwirtschaft sind auch die Kleriker, die Mönche. Die vielen Angehörigen der neuen Orden, der Zisterzienser also zum Beispiel, die für die Geschichte Ostdeutschlands wichtig wurden, hätten ohne die nun höhere Produktivität der Landwirtschaft gar nicht ernährt werden können. Und dasselbe gilt auch für die Ministerialen, jene neue soziale Gruppe, aus der der größere Teil der Brüder des Deutschen Ordens kam. Ohne die neue Landwirtschaft hätten sie nicht leben können. Und ohne die vermehrte Zahl der Menschen hätte man sie auch gar nicht gebraucht. Denn vorher, vor dem großen Wandel im hohen Mittelalter, bei der dünnen Bevölkerung, die damals lebte, war, etwas vereinfacht gesagt, die Zahl der administrativen und militärischen Aufgaben gar nicht so groß, als daß es so vieler Ministerialen bedurft hätte. Die Ministerialen sind also in doppelter Weise ein Produkt der hochmittelalterlichen Veränderungen, und der Deutsche Orden ist es auch.

2. Diese Wandlungen finden in allen europäischen Ländern statt, auch in Osteuropa. Infolgedessen geht die Ostsiedlung nicht einfach so vor sich, daß die einen sich und ihre höhere Zivilisation in ein Land bringen, das daran bisher keinen Anteil hatte. Der allgemeine Ausbauprozeß des Hochmittelalters verläuft zwar mit Phasenverschiebungen, also so, daß bestimmte Regionen sich eher und schneller entwickeln als andere, und im allgemeinen haben sich die westlichen Regionen eher entwickelt als die östlichen und die südlichen eher als die nördlichen. Aber das ist doch etwas wesentlich anderes als jene alte Vorstellung von den Kulturträgern auf der einen Seite und den kulturlosen Slaven bzw. Osteuropäern auf der anderen. Daß diese alte Vorstellung nicht richtig sein kann, sieht man überdies auch daran, daß die Ostsiedlungsgebiete nicht zu kolonieartigen Gebilden im Sinne der Neuzeit geworden sind, zu Siedlungen, in denen sich die Neusiedler und Zuwanderer von den Einheimischen abschlossen.

Die mittelalterliche Ostsiedlung war keine Kolonisation im Sinne der Neuzeit, denn in den jetzt in Osteuropa neugegründeten oder veränderten Siedlungen wurden nicht nur die Zuwanderer seßhaft, sondern auch Einheimische. Wenn zum Beispiel Dörfer nach neuem Recht gegründet wurden, Dörfer also mit Abgaben- und Wirtschaftsstrukturen, wie sie von den Zuwanderern nach Osteuropa mitgebracht wurden, dann heißt das nicht notwendigerweise, daß alle Bewohner dieser Dörfer Deutsche waren. Es können auch Einheimische gewesen sein, ebenso wie auch in den nach westlichem Vorbild neugegründeten oder veränderten Städten sich einheimische Bürger ansiedeln konnten, ungeachtet des Stadtrechts, nach dem diese Städte nun lebten und das hier in Osteuropa den Namen Deutsches Recht erhielt. Und es kommen die vielen Assimilierungsvorgänge im einzelnen hinzu. In vielen Fällen ist es nicht erst nachträglich, sondern war es schon in der Ostsiedlungszeit selber unklar, ob einer Deutscher war oder Pole – die letzten Beispiele einer solchen Lebensweise zwischen den Völkern geben zur Zeit manche von denen, die sich in Oberschlesien oder Ostpreußen überlegen, ob sie ihre Heimat verlassen und in die Bundesrepublik übersiedeln sollen oder nicht. Für manche von ihnen ist die Frage, was sie denn nun seien, Polen oder Deutsche, genausowenig angemessen wie für viele Bewohner dieser Regionen in den Jahrhunderten zuvor.

3. Lange Zeit wurde das Bild der Ostsiedlung von der Vorstellung genährt, daß im hohen Mittelalter das deutsche Volk gewissermaßen aus den Nähten geplatzt sei, daß sich Tausende und Abertausende auf den Weg gemacht hätten, um sich jenen Lebensraum zu verschaffen, den ihnen die Heimat nicht mehr bieten konnte. Volk ohne Raum: das war um neunzehnhundert, im Zeitalter imperialistischer Außenpolitik, eine aktuelle Vorstellung. Es ist nicht verwunderlich, daß man damals einen solchen Zustand auch für das hohe Mittelalter annahm und in ihm auch die Ursache der Ostsiedlung bzw. der Ostkolonisation, wie man damals sagte, sah.

So kann es jedoch schon deshalb nicht gewesen sein, weil die Ostsiedlung und die Erschließung bisher unbesiedelter Gebiete in den Heimatregionen der Ostsiedler gleichzeitig vonstatten gingen. Die Besiedlung etwa der Mittelgebirge fand gleichzeitig mit der Ostsiedlung statt. Und gleichzeitig mit der Gründung vieler neuer Städte im späteren Ostdeutschland wurden auch in den Heimatgebieten der Ostsiedler Städte gegründet. Auch diese neugegründeten Städte in Süd-, West- und Mitteldeutschland waren auf Zuzug vom Lande angewiesen. Wer im 13. Jahrhundert in Deutschland Lebensraum suchte, der konnte ihn schnell finden: im nächsten Rodungsgebiet oder in der nächsten Stadt. Von beidem trennten ihn nur wenige Kilometer. Es war damals eher so, daß ein gewisser Mangel an Menschen herrschte. Nur dieser Mangel erklärt, warum die Stadtgründer und diejenigen, welche Rodungen veranstalteten, den Neubürgern und Neusiedlern günstige Bedingungen bieten mußten. Wer aber günstige Bedingungen angeboten bekam: nicht weit im Osten, sondern schon in der Nachbarschaft, von dem sollte man annehmen, daß er sich nicht für den beschwerlichen Weg nach Osten entschied, sondern für die Nachbarschaft. Und so ist es in der Tat meistens gewesen.

Dennoch hat die Ostsiedlung stattgefunden, und nicht nur als eine Wanderung von Recht, sondern auch von Menschen. Das Resultat dieser Wanderung waren Millionen von Deutschen in jenen Gebieten, die bis zum Jahre 1945 Ostdeutschland waren.

Man bringt die beiden sich scheinbar widersprechenden Sachverhalte – eher Menschenmangel als Menschenüberfluß auf der einen Seite und am Ende eine weite, von Deutschen neubesiedelte Region auf der anderen – dadurch zusammen, daß man fragt, wie viele es denn waren, die sich auf die Wanderung nach Osten machten. Die Antwort heißt, kurz gesagt, es waren, jedenfalls gemessen an jahrzehntealten Vorstellungen, überraschend wenige. Es waren vor allem nicht viele, die aus dem Altsiedelland aufbrachen, um sich dann sehr weit östlich anzusiedeln. Die Ostsiedlung vollzog sich vielmehr in Etappen. Die östlicheren Gebiete, die später besiedelten Regionen, erhielten ihre Zuwanderer nicht aus dem Altsiedelland, sondern vielmehr schon aus jenen Gebieten, die früher von der Ostsiedlung erfaßt worden waren. Die meisten Ostsiedler stammten ihrerseits schon von Ostsiedlern ab.

Solche Feststellungen sind notwendigerweise nur mit Hilfe von Hypothesen zu gewinnen. Denn statistische Quellen, Listen, denen man entnehmen könnte, wie viele Menschen das Altsiedelland damals verließen, gibt es nicht. Aber es gibt doch analoge Verhältnisse in späteren Jahrhunderten, wo wir solche statistischen Quellen haben. Es gibt zum Beispiel die Einwanderung von ca. 30 000 Deutschen ins Wolgagebiet im Jahre 1763. Deren Zahl sank zunächst infolge einer Reihe von Anfangsschwierigkeiten auf 23 154. Ein dreiviertel Jahrhundert später, im Jahre 1857, betrug die Zahl dieser Siedler bzw. ihrer Nachkommen – ohne daß inzwischen eine Zuwanderung stattgefunden hatte – 198 000. Das heißt, die Bevölkerung hatte sich hier in jeweils 26,4 Jahren verdoppelt.

Ein solches Bevölkerungswachstum ist nur über eine kurze Zeit hin möglich – andernfalls würde es zu einer Katastrophe führen. Auf der anderen Seite ist aber ein solches Wachstum tatsächlich möglich, nicht nur weil es für bestimmte Regionen und Zeiten bezeugt ist, sondern auch deshalb, weil man sich ausrechnen kann, wie viele Kinder ein Ehepaar großziehen mußte, damit es zu einer solchen Bevölkerungsvermehrung kommt. Es müssen 5 Kinder pro Ehe sein. 5 Kinder müssen ihrerseits heiraten und wiederum 5 Kinder großziehen, damit es zu einer Verdoppelung in etwa 25 Jahren kommt.

5 Kinder sind zwar für unsere Verhältnisse eine gewaltige Zahl, aber noch vor zwei Generationen war das anders, und in der vorindu-

striellen Zeit, also auch im Mittelalter, erst recht. Die Zahl der Kinder pro Ehe war im Mittelalter und in der frühen Neuzeit sehr viel größer, nur fielen die allermeisten Krankheiten, Hungersnöten und Seuchen zum Opfer. Es ist leicht zu erklären, daß unter günstigen materiellen Umständen eine größere Zahl von Kindern überlebte, und es kommt hinzu, daß unter solchen Umständen auch die Zahl der Ehen größer war als normalerweise im Mittelalter, wo aus materiellen und sozialen Gründen viele Menschen eine Ehe nicht schließen konnten.

Weiterhin lassen sich, obwohl statistische Quellen fehlen, Siedlerzahlen dennoch auf einigermaßen gut begründete Weise abschätzen. Es läßt sich zum Beispiel berechnen, daß in den ersten Jahrzehnten der Ostsiedlung, in der Zeit bis 1200, als die Ostsiedler vor allem das heutige Holstein, die Mark Brandenburg und das Erzgebirge besiedelten, ungefähr 51000 Höfe neu angelegt wurden. Wenn man annimmt, daß es im Durchschnitt eher kleine Familien waren, die sich damals in Bewegung setzten, also Familien von im Durchschnitt 4 Köpfen, dann ergibt sich eine Zahl von ungefähr 200000 Siedlern für das zwölfte Jahrhundert. Das ist eine geringe Zahl auch dann, wenn man die damaligen Bevölkerungszahlen in Rechnung stellt. Für das einzelne Jahr ergibt sich eine Abwanderung von nur einem Bruchteil von einem Prozent der Bevölkerung.

Und auch das hier besonders interessierende Gebiet des Deutschen Ordens zeigt, daß die Siedler meistens Nachfahren von Siedlern waren. Die ersten Deutschen, die nach Preußen auswanderten, kamen zum Beispiel aus der Gegend von Lübeck, aus der Mark Brandenburg und aus Schlesien, aus Gebieten also, die ihrerseits schon Ostsiedlungsgebiete waren. In den im 14. Jahrhundert im preußischen Landesinnern gegründeten Dörfern dagegen wurden schon vorzugsweise Menschen aus jenen preußischen Gebieten an der Weichsel angesiedelt, die zuerst erobert und dann auch zuerst besiedelt worden waren.

Die mittelalterliche Ostsiedlung, eine Wanderung von ursprünglich gar nicht vielen Menschen, ein Prozeß, an dem nicht nur die Siedler und nicht nur Deutsche beteiligt waren, sowie schließlich ein Vorgang, der hineingehört in eine allgemeineuropäische Beschleunigung der kulturellen Entwicklung im hohen Mittelalter, ist ein Gegenstand, der eher zum Rechnen einlädt und zu sorgfältigem Abwägen wirtschaftlicher, rechtsgeschichtlicher und politischer Ursachen als zur Zurückverlegung neuzeitlicher nationalpolitischer Auseinandersetzungen ins Mittelalter. Es ist auf der anderen Seite aber gut verständlich, daß die neueren politischen Auseinandersetzungen in Osteuropa immer wieder zu einer anachronistischen Betrachtung der mittelalterlichen Ostsiedlung geführt haben. Denn vor allem durch sie sind ja jene Grenzen geschaffen worden, die bis vor kurzem Gültigkeit hatten, und sie ist auch dafür verantwortlich, daß die Grenzen der Staaten und die Bevölkerungsgrenzen in Osteuropa nicht übereinstimmten. Die Ostsiedlung ist ein für die Geschichte Ostdeutschlands und Osteuropas fundamentaler Vorgang – wie man gerade auch am Deutschordensstaat sehen kann. Denn die dort von 1230 bis etwa 1350 entstandenen Bevölkerungsverhältnisse sind in der nachfolgenden Zeit zwar vielfach modifiziert worden, aber im Kern sind sie so bis 1945 bestehen geblieben, sieben Jahrhunderte lang. Gerade aus diesem Grunde hat man versucht, die mittelalterlichen Siedlungsverhältnisse zur Begründung moderner Gebietsansprüche heranzuziehen, und man hat sie entsprechend dargestellt: auf deutscher Seite mit der Tendenz, eine rein deutsche Bevölkerung zu finden, auf polnischer Seite mit dem Bemühen, die Zahl der deutschen Siedler zu minimalisieren und den Grad der Veränderung, den die Ostsiedlung zur Folge hatte, gering zu schätzen. So hieß es nicht selten, daß die polnischen Städte durch die Neusiedler nur umorganisiert seien, es wurde also die Schaffung eines ganz neuen Stadttypus und vieler neuer Städte im Zuge der Ostsiedlung bestritten.

Die im preußischen Ordensstaat neu angesiedelten Menschen lassen sich in drei Gruppen fassen. Man kann unterscheiden zwischen 1. im Dorfverband siedelnden Bauern, 2. den Besitzern von Einzelhöfen und 3. den Bürgern der Städte.

Die Bauern erhalten meistens Höfe von zwei Hufen – das sind etwas mehr als 33 Hektar. Sie erhalten diese Höfe zu Erbzinsrecht, das heißt, sie müssen Abgaben an den Grundherrn zahlen, meistens an den Orden, oft an einen der Bischöfe und manchmal auch an den Inhaber eines Dienstgutes (dazu unten S. 125), sie müssen ferner Abgaben an den Landesherrn zahlen, also meistens an den Orden, aber sie brauchen so gut wie keine Dienste zu leisten, und sie können ihre

Höfe auch vererben und verkaufen. Die Besitzer solcher Bauernstellen sind einem modernen Eigentümer also sehr ähnlich. Und es scheint auch, daß die Höhe der Abgaben nicht allzu belastend gewesen ist – genau freilich kann man einstweilen nicht sagen, ein wie großer Teil des Ertrages abzuliefern war. Jedenfalls war das Recht dieser Bauern das typische Neusiedlerrecht der Zeit, jenes Recht, unter dem auch die Neusiedler auf Rodungsgebiet in Süd- und Westdeutschland standen. Es war das günstigste Recht, nach dem abhängige Bauern im Mittelalter lebten.

Dieses Neusiedlerrecht unterschied sich erheblich von jenem Recht, nach dem die prussischen Bauern lebten. Die Güter der prussischen Bauern wurden nicht nach Hufen gemessen, sondern nach Haken. Der Haken ist ein Ackergerät, jener alte, den Boden nur ritzende, aber nicht Schollen wendende Pflug, der nun, zur Zeit von Landesausbau und Ostsiedlung, vielfach durch den neueren, Schollen brechenden Pflug ersetzt wurde. Wenn die Höfe der einheimischen Bauern nach Haken berechnet wurden, dann ist damit aber nicht nur die ältere Wirtschaftsweise angedeutet, eben die Arbeit mit dem herkömmlichen Gerät, sondern auch die ältere Agrarverfassung. In ihr wurde zur Grundlage der Abgabenberechnung nicht eine bestimmte Fläche genommen, also die Hufe, sondern die Arbeitskraft eines Mannes bzw. das Gebiet, das er mit Hilfe seines Arbeitsgerätes beackern konnte. In der älteren Zeit konnte man gar nicht anders vorgehen, weil das Land noch nicht vermessen war und angesichts der dünnen Bevölkerung auch nicht vermessen zu werden brauchte – es gab ja genug davon.

Der Übergang von der alten zur neuen Berechnung geschieht in Preußen wie auch sonst in Ostdeutschland und Osteuropa im Zusammenhang der Ostsiedlung. Jetzt wird das Land vermessen, und so kommt es auch dazu, daß der Haken eine bestimmte Landmenge bedeutet. In den frühesten Urkunden des Deutschen Ordens gibt es noch den Haken als Leistungseinheit. Im Jahre 1280 z. B. werden einzelnen Prussen Höfe verliehen, die so groß sein sollen, wie sie sie mit ihrem Haken beackern können. Wenig später setzt sich jedoch die feste Vermessung durch. Ein Haken ist nun in der Regel eine Fläche von 10 Hektar, und der Hof eines prussischen Bauern ist meistens 2 Haken; also 20 Hektar groß – gegenüber 33 Hektar bei den deutschen

Höfen. Aber die Haken waren nicht nur kleiner als die Hufen, sondern ihre Besitzer waren auch sonst ungünstiger gestellt, zwar nicht bei den Abgaben, wohl aber bei den Dienstleistungen. Die Hakenbauern waren zu erheblichen Frondiensten verpflichtet. Das aber deutet darauf hin, daß die prussischen Bauern weniger frei waren als die deutschen. Freiheit und Unfreiheit sind zwar im Hinblick auf die soziale und rechtliche Position der Menschen im Mittelalter sehr schwierige Begriffe, aber man kann doch sagen, daß Frondienste eher als Abgaben ein Anzeichen für Unfreiheit sind. Und ein weiteres Anzeichen der Unfreiheit ist auch das Besitzrecht. Die deutschen Bauern konnten, wie gesagt, ihre Höfe verkaufen und vererben. Die Hakenbauern konnten sie nur vererben, wenn ein erwachsener Sohn da war. Ihr Erbrecht war also enger eingegrenzt als das der deutschen Bauern. Und die prussischen Bauern konnten auch nicht so einfach von ihrem Hof abziehen. Sie mußten ein Abzugsgeld zahlen, sie mußten sich freikaufen. Das freilich haben sie nicht selten getan, um günstigere Höfe zu erwerben oder um in die Stadt einzuwandern. Wenn sich auf der einen Seite die Besitzrechte der deutschen Bauern und der prussischen Bauern deutlich voneinander unterscheiden, so bedeutet das auf der anderen Seite doch nicht, daß damit unveränderliche Bedingungen geschaffen worden waren. Die Verhältnisse änderten sich vielmehr rasch. Viele prussische Bauern gingen in die Gruppe der Freien über.

Freie werden in den Quellen meistens die Besitzer der Einzelhöfe genannt, und in der Regel wird zwischen großen und kleinen Freien unterschieden.

Die kleinen Freien sind Leute, deren Besitz oft nicht größer ist als der von Bauern. Wenn er größer ist, dann allenfalls zwei oder dreimal. Diese kleinen Freien unterschieden sich von den Bauern dadurch, daß sie nur wenige Abgaben zu zahlen hatten. Ihre Hauptleistung an den Orden bestand im Militärdienst. Die kleinen Freien hatten Reiterdienst mit leichten Waffen zu leisten. Sie bildeten im Kriegsfall die leichte Reiterei des Ordensheeres. Die meisten dieser kleinen Freien waren Prussen. Sie tragen den Namen Freie nach unserem Verständnis zu Recht, denn die anderen Prussen, die Hakenbesitzer, waren ja, wie wir gesehen haben, in ihrer Freiheit reduziert.

Der Orden ist also gegenüber den Prussen nicht gleichförmig verfahren. Er hat diejenigen, die keinen Widerstand leisteten, besser behandelt als die, die er erst niederkämpfen mußte. Viele der kleinen Freien waren Leute, die sich dem Orden rechtzeitig unterworfen hatten und die daher ihren alten Status bewahren konnten. Andere mögen ihren Status durch die frühzeitige Unterwerfung unter den Orden verbessert haben. Drittens schließlich gibt es als Ursache für den Status des kleinen Freien den Freikauf. Die Besitzer von Haken konnten sich freikaufen, wie wir gesehen haben, und viele haben das getan. Sie erhielten ihre Güter dann als kleine Freie verliehen.

Die großen Freien tragen ihren Namen daher, daß sie erstens ebenso wie die kleinen Freien ihre Güter gegen Militärdienst besitzen und nur wenige Abgaben zahlen und daß sie zweitens über einen erheblich größeren Besitz verfügen. Entsprechend unterschiedlich ist auch ihr Dienst: Sie leisten dem Orden meistens Reiterdienst in schwerer Bewaffnung, und bei erheblicher Größe der Güter auch nicht nur in einer Person, sondern in mehreren.

Diese großen Freien haben große Güter, sie wirtschaften nicht mehr bäuerlich, sondern sie sind Grundherren, also Herren über Bauern, über Hufenzinsbauern oder auch über die Besitzer von Haken. Man könnte also sagen, daß diese großen Freien den Adel des Landes darstellten – sie leisten Ritterdienst, sie sind Grundherren, und sie haben meistens auch Gerichtsrechte über die abhängigen Bauern. Sie sind also den adligen Grundherren im Altsiedelland sehr ähnlich.

In der Tat sind viele dieser großen Freien die Vorfahren von Leuten, die dann adlig sein werden: seit dem späten 15. Jahrhundert. Aber zunächst haben die großen Freien sich nicht als adlig bezeichnet, und sie sind das auch nicht gewesen. Obwohl es schwierig ist, im Mittelalter zwischen Adel und Nichtadel genau zu unterscheiden, kann man doch sagen, daß ein Adliger im Mittelalter Landbesitz entweder in Gestalt von freiem Eigen, von Allod, oder in Form adliger Lehen haben mußte. Beides ist jedoch hier, bei den großen Freien in Preußen, nicht gegeben. Ihr Landbesitz, ihre Grundherrschaften, sind kein freies Eigen, weil es Eigen in Preußen nur im Besitz des Ordens bzw. der Bischöfe gab. Und Lehen waren diese Besitzungen der großen Freien ebenfalls nicht. Denn diese erhielten ihre Güter ja im Prinzip nicht anders als die Bauern, nämlich gegen Abgaben und

Leistungen. Nur daß bei ihnen das Hauptgewicht auf den Leistungen, nämlich auf dem Waffendienst lag, während die Abgaben reduziert waren bis auf eine Art Recognitionszins, eine Abgabe also, die das Rechtsverhältnis dokumentierte, die eben anzeigte, daß es sich hier nicht um ein adliges Lehen handelte, die aber eine größere materielle Bedeutung nicht hatte. Ein adliger Lehnsmann dagegen zahlte seinem Herrn keine regelmäßigen Abgaben.

Die Schicht dieser großen Freien oder, wie sie auch genannt werden, der Ehrbarleute, der Inhaber der Dienstgüter, ist von großer Bedeutung für die weitere Geschichte des Ordenslandes. Denn im 15. Jahrhundert sind es, abgesehen von den Führungsschichten der größeren preußischen Städte, vor allem die Dienstgüterinhaber, die sich gegen den Orden erheben und mit dem polnischen König erfolgreich gegen ihn verbünden. Auch aus diesem Grunde ist also nach dem Besitz und nach der Herkunft dieser großen Freien zu fragen.

Im Jahre 1236, fünf Jahre nach dem Beginn der Eroberung Preußens, verlieh der Orden dem niedersächsischen Adligen Dietrich von Depenow 300 Hufen. Dieser Dietrich von Depenow hatte seinen Besitz in Niedersachsen veräußert, und er gründete nun in Preußen eine neue adlige Herrschaft mit einer Burg als Zentrum. Aber obwohl es noch größere Verleihungen gab – die Familie Stange erhielt 1200, die Familie Heselicht gar 1440 Hufen –, handelt es sich hier doch um Ausnahmen. Diese großen Verleihungen sind charakteristisch für die Frühzeit des Ordens, und sie hatten auch keinen Bestand. Dietrich von Depenow selber fiel noch im Kampf gegen die Prussen, die beiden anderen großen Besitzungen wurden geteilt. Immerhin gründete die Familie Stange in Preußen eine eigene Stadt: Freystadt. Doch das war ebenso atypisch wie die Größe solcher Besitzungen.

Die ganz überwiegende Mehrheit der großen Freien war weitaus weniger begütert. Ihr Besitz lag im allgemeinen um die 15 Hufen. Entsprechend haben wir es hier auch nicht mit Neusiedlern von adliger Herkunft zu tun. Viele der Inhaber von Dienstgütern entstammten ministerialischen Familien, ebenso wie die Ordensritter auch. Andere kamen aus Bürgerfamilien, und ein nicht geringer Teil von ihnen war prussischer Herkunft. Man muß ausdrücklich von prussischer Herkunft sprechen und nicht etwa sagen, daß manche der großen Freien Prussen gewesen sind. Denn offensichtlich haben sich die großen Freien schnell assimiliert, während die kleinen Freien ihre prussische Sprache und das Bewußtsein ihrer prussischen Herkunft jahrhundertelang beibehielten. Auch hier hat man es natürlich mit einer sehr ungünstigen Quellenlage zu tun – man hat schließlich im Ordensstaat keine Sprachzählungen gemacht –, aber manchmal erhält man doch verläßliche und zur Verallgemeinerung geeignete Nachrichten.

So berichtet z. B. ein Ordenskomtur im Jahre 1454 dem Hochmeister darüber, wie er den Freien seines Verwaltungsgebietes eine bestimmte Mitteilung gemacht habe. Er habe zunächst den Ehrbarleuten, also den großen Freien, den entsprechenden Text der Hochmeisterkanzlei vorgelesen, und er berichtet dann weiter, daß er diesen Text den kleinen Freien durch den Dolmetscher habe mitteilen lassen. Das heißt also, daß die kleinen Freien damals, mehr als zwei Jahrhunderte nach der Begründung des Ordensstaates nicht nur prussischer Herkunft waren, sondern ihre prussische Sprache und doch wohl auch Identität bewahrt hatten.

Auch als große Freie hatten die Prussen also die Möglichkeit, eine bessere Situation einzunehmen als die eines Hakenbauern. In solchen Fällen dürften sich aber in der Existenz eines großen Freien prussischer Herkunft einfach die sozialen Verhältnisse der Vorordenszeit fortgesetzt haben: Die großen Freien prussischer Herkunft hatten schon vorher eine herausgehobene soziale Stellung gehabt. Sie waren schon vorher Inhaber größeren Besitzes, Adlige, wenn man so will.

Als dritte große Gruppe der Bevölkerung des Ordenslandes sind nach Bauern und Freien die Stadtbewohner zu nennen. Schon unmittelbar nach Beginn der Eroberung des Landes hatte der Orden die ersten Städte gegründet: Thorn und Kulm. An die Bürger dieser beiden Städte ist auch jene Urkunde gerichtet, welche die älteste Stadtrechtsurkunde aus Preußen ist und die zum Vorbild nicht nur für andere preußische Städte wurde, sondern für preußisches Siedlungsrecht schlechthin.

Es handelt sich dabei um die sogenannte Kulmer Handfeste – das Wort Handfeste ist eines der deutschen Worte für das lateinische Privileg. Handfeste heißt einfach: mit der Hand fest, nämlich gültig gemacht, lateinisch: *manu firmata* – das Wort Handfeste kommt also vom Bekräftigen eines Rechtsaktes durch Handberührung, wie er für das alte Recht charakteristisch ist.

Der heute vorliegende Text der Kulmer Handfeste stammt zwar aus dem Jahre 1251, als die Urkunde erneuert wurde, aber die wesentlichen Bestimmungen gehen schon auf die erste Kulmer Handfeste aus dem Jahre 1233 zurück. Man kommt also mit der Kulmer Handfeste in die früheste Zeit des preußischen Ordensstaates. Weil diese Urkunde aber zum Vorbild der meisten späteren preußischen Stadturkunden geworden ist, lernt man an ihr zugleich auch die rechtliche Situation der preußischen Stadtbürger im allgemeinen kennen.

Wir haben es in dieser Urkunde mit dem Stadtbürger jenes Typus zu tun, wie er auch in den anderen, im Zusammenhang mit der Ostsiedlung in Osteuropa gegründeten Städten begegnet, ebenso wie er auch in den neugegründeten Städten im Reich bezeugt ist und in den anderen, schon älteren Siedlungen, die damals Freiheitsrechte gegen ihren Stadtherrn durchgesetzt hatten. Es begegnet also der freie Stadtbürger, der nur geringe Abgaben an den Stadtherrn, in Preußen also an den Orden oder an die Bischöfe zu zahlen hat und der über Selbstverwaltungsrechte verfügt.

Gleich am Anfang der Urkunde sichert der Orden den Bürgern die Wahl des Richters zu, er behält sich lediglich ein Zustimmungsrecht vor, und er teilt die Gerichtsbußen zwischen sich und der Stadt auf. An dieser Stelle setzt dann, wie meistens in der Stadtgeschichte, die Entwicklung der spezifisch städtischen Verfassungsorgane an: von Rat, Schöffenkollegium und Bürgermeister. Der Orden behält dagegen in seiner Hand das Patronatsrecht über die städtische Pfarrei und damit die Möglichkeit, die Person des Pfarrers zu bestimmen. So wird es in den meisten anderen preußischen Städten dann auch sein, offensichtlich weil die Pfarrstellen mit Priesterbrüdern besetzt werden sollten, wie das in der Folgezeit dann oft geschehen ist. In dieser Hinsicht ist der Stadtherr also präsent in den preußischen Städten – in anderer Beziehung dagegen verzichtet er ausdrücklich auf seine Gegenwart. Der Orden verpflichtet sich nämlich, selber in der Stadt keine Häuser zu erwerben. Falls er jedoch eines geschenkt bekäme – was bei einer geistlichen Gemeinschaft wie dem Deutschen Orden ja keine weit hergeholte Möglichkeit war –, dann sollte dieses Haus nicht anders als vorher genutzt werden und es sollte unter demselben Recht stehen wie früher. Der Stadtherr verpflichtet sich also, die homogene Struktur der Stadt nicht dadurch aufzuheben, daß er ihm selber gehörigen Besitz zu einem Sonderbezirk macht, der funktional aus der Stadt herausfällt und der vor allem keine Abgaben an die Stadt erbringt. Der Orden versuchte damit, ein Problem, das in der Stadtgeschichte sehr oft eine erhebliche Rolle spielte, gar nicht erst aufkommen zu lassen: das Problem des wachsenden Besitzes der sogenannten toten Hand, das heißt geistlicher Gemeinschaften in der Stadt. In anderen preußischen Stadtrechtsurkunden wird der Besitz anderer geistlicher Gruppen von vornherein ausgeschlossen. Freilich: die gab es in Preußen ohnehin in geringerer Zahl als andernorts. Der Deutsche Orden ließ sie nur selten hinein – es gab in Preußen so gut wie keine Klöster. Im Reich dagegen war es nicht zuletzt gerade der Deutsche Orden, dessen städtischer Grund- und Hausbesitz immer wieder zu heftigen Auseinandersetzungen führte.

Ebenso wie bei den Freien ist auch bei den Stadtbewohnern die Frage nach ihrer Herkunft zu stellen. Aber auch hier ist die Antwort schwierig. Es gab in den frühen Städten keine Einwohnermeldeämter, und wir können auch keine Rückschlüsse aus der Sprache ihrer Bewohner ziehen, jedenfalls nicht in der frühen Zeit. Die wenigen Quellen aus dem 13. und aus dem frühen 14. Jahrhundert, die es hier überhaupt gibt, sind lateinisch. Dann freilich setzt die deutschsprachige Überlieferung ein, jedoch nicht eine in prussischer Sprache. Aber damit ist doch nicht ausgeschlossen, daß sich zwei oder drei Generationen vorher, vor dem Einsetzen einer nichtlateinischen Überlieferung, Prussen in den Städten angesiedelt und daß sie sich inzwischen assimiliert haben. Im übrigen würden Prussen in der städtischen Unter- und Mittelschicht auf diese Weise, durch den Rückgriff auf die Sprache der Quellen, schwerlich erkennbar sein.

Die ungünstige Quellenlage nötigt zu Hypothesen, und das führt zu auseinandergehenden Antworten, zumal wir es hier wieder mit einer Frage zu tun haben, auf welche die modernen nationalpolitischen Auseinandersetzungen eingewirkt haben. Traditionellem deutschen Urteil entsprach es, die Städte im Bereich der Ostsiedlung für Neugründungen in striktem Sinne zu halten und demzufolge auch ihre Bewohner fast ohne Ausnahme für Zuwanderer deutscher Herkunft und Sprache anzusehen. Gerade die neuen Städte schienen ein

Die Wurzeln der hochmittelalterlichen Städte

besonders deutliches Beispiel dafür zu sein, daß die Ostsiedlung Neues und bisher Ungekanntes nach Osteuropa brachte. Vorher, vor Beginn der Ostsiedlung, habe es in Osteuropa keine Städte gegeben, so meinte man lange Zeit.

Gegen diese Auffassung hat sich besonders in Polen Widerspruch erhoben, aus politischen Gründen, aber auch aus methodischen. Die politischen Gründe liegen auf der Hand. Der methodische Widerspruch ist im Kern eine Kritik an der einseitig rechtshistorisch orientierten Stadtgeschichte, wie sie nicht nur für die Untersuchung der ostdeutschen und osteuropäischen Städte charakteristisch war. Auch bei der Geschichte der im Reichsgebiet gelegenen Städte hat die rechtshistorische Betrachtung lange Zeit dominiert, auch hier wollte man von Städten nur dann sprechen, wenn es sich dabei um Städte im Rechtssinne handelte, d. h. wenn die Stadtbürger gemeindlich verfaßt waren und über eigene politische Rechte verfügten, so wie sie uns z. B. in der Kulmer Handfeste begegnen. Städte in diesem Sinne gibt es aber erst seit dem 12. Jahrhundert, und das hat dazu geführt, daß man Handwerker- und Kaufleutesiedlungen, wie sie in den Jahrhunderten zuvor bestanden, nicht für Städte ansah. Weil man das aber nicht tat, war es ganz konsequent, Städte in Osteuropa erst durch die Ostsiedlung entstanden zu sehen. Denn Städte als politische Gemeinden gab es dort vorher nicht. Handwerker- und Kaufleutesiedlungen jedoch gab es hier, wie in Deutschland, schon längst.

Das aber konnte man, so muß man gerechterweise hinzufügen, vor hundert Jahren nicht so deutlich sehen wie heute. Wenn diese frühen Handwerker- und Kaufleutesiedlungen schon in Deutschland nur dünne Spuren in der schriftlichen Überlieferung hinterlassen haben, so gilt das für Osteuropa in noch höherem Maße. Die wichtigste Überlieferung zur Geschichte dieser frühen Städte liegt im Boden. Sie muß ausgegraben werden. Ausgrabungen frühmittelalterlicher Städte werden aber erst seit einem halben Jahrhundert systematisch vorgenommen, in Haithabu/Schleswig z. B., aber auch in Osteuropa.

Diese Ausgrabungen haben Handelsplätze von erheblichen Ausmaßen zutage gefördert, vor allem am Ostseeufer: von Haithabu bis in die heutige Sowjetunion hinein. Und diese Ausgrabungen haben nicht zuletzt in Polen zu der Meinung geführt, daß die Ostsiedlung an den schon längst bestehenden Städten zwar etwas geändert habe, daß aber von einem Neuanfang oder Neuansatz städtischer Geschichte im Zusammenhang mit der Ostsiedlung nicht die Rede sein könne. Die Meinung aller polnischen Historiker war das freilich nie. Die Diskussion innerhalb Polens war hier stets kontrovers. Und inzwischen wird diese Position nachdrücklich auch nicht mehr vertreten. Auf Seiten auch fast aller polnischen Autoren wird heute gesehen, daß die Ostsiedlung tatsächlich einen neuen Stadttypus nach Osteuropa brachte, während man auf deutscher Seite die älteren, noch nicht als Bürgergemeinden konstituierten Städte nicht mehr so scharf von der Stadt im Rechtssinne trennt und sieht, daß viele Städte in Osteuropa nicht nur Neugründungen waren, sondern auch an dort bestehende Handwerker- und Kaufleutesiedlungen anknüpften, zum Teil an recht große Städte dieser Art, was dann auch Folgen für die Antwort auf die Frage nach den Bewohnern der neuen Städte hat. Je bedeutender die älteren Städte waren, desto wahrscheinlicher wird, daß nicht nur deutsche Zuwanderer Bürger der neuen Städte wurden.

In Preußen freilich ist das offensichtlich weniger der Fall gewesen als z. B. im benachbarten Pommern. Hier gab es mehrere große Städte des älteren Typus, die nicht nur als Handelsplätze Bedeutung hatten, sondern wo sich auch ein differenziertes Gewerbe nachweisen läßt. Im Gebiet der Prussen kennt man dagegen nur einen Ort dieses Ranges: Truso, und vielleicht noch einen zweiten: Wiskiauten im Samland. Truso jedenfalls war ein Handelsplatz von beträchtlicher Bedeutung. Man kennt diesen Ort auch aus schriftlichen Quellen, vor allem aus dem Reisebericht eines englischen Kaufmanns namens Wulfstan, der Ende des 9. Jahrhunderts von Haithabu nach Truso reiste. Freilich ist es bis heute nicht gelungen, diesen Ort eindeutig zu lokalisieren. Man kann ihn also auch nicht ausgraben. Es ist nur klar, daß er in der Nähe der später vom Orden gegründeten Stadt Elbing lag, und klar ergibt sich auch aus den Bodenfunden, daß dieses Gebiet in den vor allem von Wikingern vermittelten Ostseehandel des frühen Mittelalters integriert war. Auch prussische Kaufleute sind mit eigenen Schiffen an diesem Ostseehandel beteiligt gewesen. Interessant ist auch, daß die prussischen Siedlungen hier offensichtlich dichter waren, daß wir es hier also in prussischer Zeit mit einer vergleichsweise weit entwickelten Region zu tun haben.

Freilich gilt das nicht mehr für die Zeit unmittelbar vor Beginn der Eroberung Preußens durch den Orden. Offensichtlich sind seit der Christianisierung der prussischen Nachbarn, Polens also und Pommerns, die Beziehungen der Prussen zu diesen schlechter geworden und haben auch die Handelsbeziehungen unter dieser Veränderung des politischen Klimas gelitten. So erscheint es unwahrscheinlich, daß die dann 1237 gegründete Deutschordensstadt Elbing, die sich rasch zu einer der größten Städte Preußens entwickelte, unmittelbar an Truso anknüpfte, so wie z. B. nur wenige Kilometer weiter westlich die im Zusammenhang der Ostsiedlung, aber nicht vom Deutschen Orden gegründete Stadt Danzig mit einem älteren slavischen Handelsplatz direkt zusammenhängt. Ganz sicher ist ein solcher Unterschied zwischen Elbing und Danzig jedoch nicht. Denn in Danzig sind nach 1945 umfangreiche archäologische Untersuchungen vorgenommen worden, in Elbing noch nicht.

Man hat auch vermutet, daß vorordenszeitliche Städte in Preußen in Gestalt der Lischken weiterlebten, kleiner Ansiedlungen von Handwerkern mit einem oder mehreren Krügen als Zentrum, die vor allem dem zu bestimmten Zeiten hier abgehaltenen Markt dienten. Aber obwohl für eine Herkunft dieser Lischken aus der Vorordenszeit ihr Name spricht – das Wort Lischke geht auf prussisch Licis (Lager) zurück –, ist doch nicht sicher, ob wir es tatsächlich hier mit so alten Siedlungen zu tun haben. Die neueste Arbeit zu dieser Frage nimmt an, die Lischken seien Neubildungen der Ordenszeit, Neubildungen freilich, die von Prussen besiedelt wurden, Beispiele zugleich also auch dafür, wie sich die Siedlungen der Prussen unter der Herrschaft des Deutschen Ordens weiterentwickelten und veränderten.

Im späten 14. Jahrhundert gibt es dann in den Städten nicht nur deutschsprachige Quellen sondern auch solche Dokumente, die uns die Namen von Stadtbürgern nennen, zwar nicht aller, wohl aber derer, die zuwanderten, und die hat man untersucht, um die Herkunft der Zuwanderer zu bestimmen.

Zu einer sicheren Einsicht verhelfen solche Arbeiten freilich nicht. Denn viele der Bürger haben nur einen Namen, einen Vornamen also nach unserem Verständnis, und der gibt meistens keine Auskunft darüber, ob sein Träger ein Pole, ein Prusse oder ein Deutscher ist.

Und auch die Familiennamen helfen oft nicht weiter. Denn die Familiennamen sind im späten Mittelalter noch nicht fest. Es ist die Frage, ob einer sich selber so nennt, wie er in eine Neubürgerliste geschrieben wird, oder ob seine Mitbürger ihn so nennen. Im Jahre 1446 heißt es in der Hamburger Neubürgerliste von einem Manne, er müsse wieder aus der Bürgerschaft entfernt werden, weil er slavischer Herkunft sei. Der Vorname dieses Mannes ist recht deutsch, er heißt nämlich Hans, und sein Nachname ist noch deutscher, falls das möglich ist, er lautet: Swinegel. Ebenso wie dieser Stadtbürger slavischer Herkunft von seinen deutschsprachigen Mitbürgern aufgrund seines offensichtlich unvorteilhaften Äußeren einen Namen verpaßt bekommen hatte, mag es vielen anderen gegangen sein, die nun Schwarz oder Weiß, Groß oder Klein hießen.

Freilich, es gibt Familiennamen, die ausdrücklich von der Herkunft ihres Trägers sprechen, Namen also vom Typus Doring. Wer so heißt, muß aus Thüringen gekommen sein, oder seine Vorfahren müssen sich von dorther auf den Weg gemacht haben. Aber andere heißen so ähnlich und helfen uns doch nicht weiter.

In Elbing wird z. B. im Jahre 1365 ein Mann als Bürger aufgenommen, der Thomas Westefal Polonus heißt: Thomas aus Westfalen, der Pole. Dieser dreifache Name ist wohl so zu erklären, daß die Vorfahren dieses Mannes aus Westfalen gekommen sind, als Ostsiedler, und sich in einer jener osteuropäischen Städte angesiedelt hatten, die innerhalb des polnischen Staates entstanden. Als sich ihr Nachfahr namens Thomas nach Elbing aufmachte, wurde er dort Pole genannt, obwohl er seiner ethnischen Herkunft und sicher auch seiner Sprache nach ein Deutscher war. Das aber wissen wir nur deshalb, weil dieser Elbinger Neubürger sowohl Westefal als auch Polonus genannt wurde. Es wäre ebensogut möglich, daß man ihn nur Westefal oder auch nur Polonus genannt hätte, von anderen Namen wie Groß und Klein, Schwarz und Weiß ganz abgesehen. Daraus erkennt man aber, daß auch so scheinbar eindeutige Namen wie Polemann, Polonus oder Pole, die in den preußischen Städten nicht selten begegnen, keine sichere Auskunft über die Herkunft ihres Trägers geben.

Etwas anders steht es schon mit Leuten, die Pruss oder Preuße heißen. Wenn in Lübeck jemand so genannt wurde, dann konnte er zwar auch ein Deutscher aus einer Deutschordensstadt sein. In Preußen selber meinten solche Namen aber ganz sicher den Abkömmling einer prussischen Familie. Leute mit solchen Namen kommen in preußischen Städten vor, wenn auch nicht oft. Ein häufig genanntes Beispiel dafür begegnet schon sehr früh in Königsberg.

Hier wird im Jahre 1285 als Urkundenzeuge unter den Mitgliedern des Stadtrates ein Mann namens Henniko Pruthenus genannt: Henniko der Preuße. Man hat gemeint, hier ein Beispiel dafür zu haben, daß der Orden in der Frühzeit auch Prussen unter die Stadtbewohner aufgenommen habe, anders als im 15. Jahrhundert, wo die Prussen vom Stadtbürgerrecht verschiedentlich generell ausgeschlossen werden. Aber dieser Henniko Pruthenus ist doch nur ein Zeuge für einen schnellen Assimilationsvorgang. Es ist keine Frage, daß dieser Mann nur Königsberger Ratsherr sein konnte, weil er nicht nur die christliche Religion angenommen hatte – das ist ganz selbstverständlich –, sondern weil er auch seine ethnische Identität so weit aufgegeben hatte, daß er von den führenden Stadtbürgern als einer der ihren angesehen werden konnte.

Sobald wir schriftliche Zeugnisse aus den Städten haben und sobald diese die lateinische Sprache aufgeben, haben wir es, wie schon gesagt, mit deutschsprachigen Dokumenten zu tun. Es ist nicht zu bezweifeln, daß in den Städten des Ordenslandes die Sprache der meisten und vor allem der sozial und politisch führenden Bürger das Deutsche war. Wer hier prussischer bzw. auch polnischer Herkunft war, der hat sich meistens schnell assimiliert. Darauf deutet auch eine Bestimmung hin, die in fast allen preußischen Stadtrechtsurkunden begegnet. Es heißt da, daß der Stadtrichter keine Kompetenz im Hinblick auf solche Delikte habe, die von Prussen verübt würden oder, so heißt es manchmal auch: von Prussen, Polen und anderen Undeutschen. Man hat gemeint, daß diese Bestimmung eine nichtdeutsche Stadtbevölkerung bezeuge. Aber das war ein Irrtum. Wenn man sich nämlich alle preußischen Stadtrechtsurkunden ansieht, die diese Bestimmung enthalten, dann stellt man fest, daß einige dieser Urkunden ausführlicher formulieren, was die meisten nur kurz sagen. Die wortreicheren Urkunden aber zeigen, daß es sich bei den Prussen, Polen und anderen Undeutschen nicht um Stadtbewohner handelt, sondern um Landbevölkerung, die zum Markt in die Stadt kommt. Die Urkunden stellen fest, daß der Stadtrichter keine Gewalt über sie habe selbst dann, wenn es zu rechtlichen Konflikten anläßlich des Marktbesuches kommen sollte. Die Urkunden regeln also ein Problem, das mit den besonderen ethnischen Strukturen in Preußen gar nichts zu tun hat. Denn wenn ein unfreier Bauer auf dem städtischen Markt Streit anfing und wenn der Stadtrichter ihn deshalb richten wollte, dann war der Herr dieses Bauern auch andernorts der Meinung, daß mit einem solchen Gericht in seine Rechte eingegriffen wurde. Dennoch helfen uns diese Bestimmungen weiter. Indem sie in der Regel für selbstverständlich halten, daß Prussen, Polen und Undeutsche Leute sind, die außerhalb der Stadt wohnen, bezeugen sie, daß es städtische Prussen und Polen normalerweise in der Frühzeit der neugegründeten Städte eben nicht gegeben hat, jedenfalls nicht als Stadtbürger.

Aber nicht jeder ständige Bewohner einer mittelalterlichen Stadt ist vollberechtigter Bürger. Es gibt auch Bewohner, die minderberechtigt, Menschen, die sozial und ökonomisch in die Unterschicht einzuordnen sind, Lohnarbeiter und Handwerksgesellen zum Beispiel. Es ist die Frage, in welchem Maße wir in den preußischen Städten von vornherein mit solchen Nichtbürgern in der Stadt zu rechnen haben. Wenn ja, dann wird es sich bei ihnen sicherlich meistens nicht um Menschen deutscher Herkunft gehandelt haben. Sobald die Quellen ausführlicher werden, seit 1400 etwa, begegnen nichtdeutsche Angehörige der städtischen Unterschicht in der Überlieferung.

Sie begegnen nicht zuletzt in jenen schon genannten Ratsgesetzen, welche den Nichtdeutschen, vor allem Prussen und Polen, das Bürgerrecht versagen. Auch Zunftordnungen enthalten eine solche Bestimmung. Sie fordern von den Handwerkern die eheliche Herkunft, die ehrliche Geburt, d. h. sie verweigern den Abkömmlingen der sogenannten unehrlichen Leute, von Henkern z. B. oder Spielleuten, die Aufnahme in die Zunft, und sie verlangen schließlich auch die Abstammung von deutschen Eltern. Solche Forderungen kennen wir im 15. Jahrhundert aus dem gesamten Bereich der Ostsiedlung, auch aus den Städten, die selber gar nicht mehr im Ostsiedlungsgebiet lagen wie z. B. Hamburg (vgl. oben S. 132).

Man kann aus solchen Bestimmungen ableiten, daß vorher Polen und Prussen eben unbeschränkt Stadtbürger oder Zunftmitglieder werden konnten. Man kann aber auch schließen, daß sie das vorher in größerer Zahl gar nicht versucht haben und daß deshalb ein Verbot nicht nötig war. Beides dürfte jedoch schwerlich richtig sein. Denn der Wunsch, in die Stadt zu ziehen, hängt von der jeweiligen wirtschaftlichen Lage ab, und die hat sich in der zweiten Hälfte des 14. Jahrhunderts beträchtlich geändert. Seit der Mitte des 14. Jahrhunderts, seit dem Ende der großen Ausbau- und Expansionsperiode, drängten viele Leute in die Städte, und diese wehrten sich dagegen, nicht nur im Gebiet der Ostsiedlung. Hier freilich, also auch in Preußen, bekam das generelle Problem einer wachsenden Zuwanderung von Landbewohnern in die Städte eine ethnische Akzentuierung.

Man kann wohl annehmen, daß in Preußen bis zur Mitte des 14. Jahrhunderts immer wieder einzelne Nichtdeutsche Stadtbewohner und auch Bürger geworden sind und sich nun schnell assimilierten, ihre Muttersprache aufgaben, oder sich auch nicht assimilierten, aber als Dienstpersonal willkommen waren, so daß Reibungen nicht aufkamen. Die ergaben sich erst seit dem ausgehenden 14. Jahrhundert, als restriktive Normen aufgestellt wurden.

Eine solche Aussage ist hypothetisch – aber wir kennen den entsprechenden Sachverhalt in dem anderen nordosteuropäischen Herrschaftsgebiet des Ordens, in Livland, etwas besser. Hier war die Lage anders, weil es auf dem Lande so gut wie keine deutsche bäuerliche Bevölkerung gab. Wer hier vom Lande in die Stadt einwanderte, war fast immer Nichtdeutscher, Este zumeist, oft übrigens auch Schwede. Die Zahl der nichtdeutschen Stadtbewohner war dort sehr viel höher, und aus diesem Grunde fand hier auch nicht eine Assimilation in demselben Maße statt wie in Preußen, sondern gab es bis in die Zeit des Zweiten Weltkrieges kontinuierlich eine Bevölkerung unterschiedlicher ethnischer Herkunft in den Städten. In den preußischen Städten ist das offensichtlich nicht so gewesen.

Ganz anders war es hier dagegen auf dem Lande, wo wir auf der einen Seite deutsche Zuwanderer und auf der anderen Seite Prussen bzw., im Kulmer Land, auch Polen haben. Die Rechte der Deutschen, der Prussen und der Polen sind, wie wir gesehen haben, auf der einen Seite unterschiedlich, aber auf der anderen Seite sind die Grenzen zwischen den ethnischen Gruppen durchlässig. Anders wären die vielfältigen Assimilationsvorgänge, deren Resultat eben auch das Ende des prussischen Volkes war, gar nicht möglich gewesen.

5. Die neue Besiedlung Preußens

Durchlässig war von Anfang an auch die Grenze zwischen Stadt und Land, wie man schon aus der Kulmer Handfeste entnehmen kann. Denn in dieser Urkunde, die, wie gesagt, zur Grundlage des Siedlungsrechtes in Preußen überhaupt wurde, ist nicht nur von der Rechtsstellung der Bürger in engerem Sinne die Rede. Vielmehr regelt die Kulmer Handfeste auch ausführlich die Besitzrechte solcher Bürger, die auf dem Lande sitzen, und zwar in einer Weise, die wir schon kennen. Die Besitzer haben nur wenige Abgaben zu erbringen, müssen jedoch Kriegsdienst leisten, je nach der Größe ihres Besitzes. Es ist hier also die Rede vom Recht der Freien (vgl. oben S. 123 ff.). Der Orden rechnete offensichtlich damit, daß manche Freien in der Stadt wohnen würden, und so ist es in der Tat auch gewesen. Die Ratsfamilien in den größeren Städten des Landes hatten oft auch Freiengüter inne; die städtische und die ländliche Oberschicht war in Preußen teilweise identisch.

Zu dieser partiellen Identität hat auch eine Figur beigetragen, die für den Ablauf der Ostsiedlung insgesamt von großer Wichtigkeit ist: der Lokator, der Siedlungsunternehmer, wie man oft sagt, der Mann also, der den Siedlungsprozeß im einzelnen leitet, der eine Gruppe von Ansiedlern anwirbt, der ihnen unter Umständen Anfangskapital zur Verfügung stellt.

Der Lokator mußte also über ein gewisses Vermögen verfügen, und so waren es oft Stadtbürger, die diese Funktion ausübten und die auf diese Weise hineinwuchsen in die ländliche Oberschicht. Denn der Lokator erledigte seine Aufgabe nicht umsonst. Er wurde dafür mit Vorrechten, meistens Landbesitz ausgestattet, in der Regel, wie die Urkunden sagen, mit der zehnten Hufe, d. h. mit einem Zehntel der Dorffläche. Das waren, je nach der Größe des Dorfes, 4–6 Hufen, zwei bis drei Höfe also, die der Lokator dann zu demselben Recht besaß wie die Freien, also gegen geringe Abgaben, aber gegen Kriegsdienst.

War das Dorf einmal gegründet, dann änderte der Lokator freilich seinen Titel, er fungierte fortan als Schulze, als Beauftragter des Landesherrn im Dorf also, der vor allem die niedere Gerichtsbarkeit ausübte, und dieses Amt, das die großen Freien ebenfalls innehatten, machte den Schulzen diesen Freien wiederum ähnlich.

Aber die Grenze zwischen Stadt und Land war nicht nur für die

Angehörigen der Oberschicht durchlässig, und auch nicht nur für die, welche ihre Bauernwirtschaft aufgaben, um sich in der Stadt anzusiedeln. Auch zwischen den kleinen Stadtbürgern und den Bauern gibt es keine starre Grenze. Die Ostsiedlungsstädte sind fast alle mit großem Grundbesitz ausgestattet worden, und die meisten Bürger betrieben Landwirtschaft nebenbei. Fast jeder Bürger war hier ein Ackerbürger.

Sechstes Kapitel
Der Deutsche Orden und Polen im 14. Jahrhundert

Im vierten Kapitel ist von dem Verhältnis zwischen dem Orden und Polen nicht die Rede gewesen, obwohl doch ein polnischer Teilstaat, Masowien, unmittelbar an den Ordensstaat angrenzte und obwohl sein Regent an der Entstehung des Ordensstaates unmittelbar beteiligt war und in diesem Zusammenhang am Ende überspielt wurde. Dennoch gibt es bis in das frühe 14. Jahrhundert größere Konflikte zwischen dem Orden und Polen nicht. Im Gegenteil waren polnische Fürsten und Adlige an den Kreuzzügen gegen die Prussen beteiligt.

Dieses entweder freundliche oder neutrale preußisch-polnische Verhältnis änderte sich im frühen 14. Jahrhundert, weil der Orden im Jahre 1308 über die Weichsel ging und das auf dem linken Weichselufer gelegene Pommerellen mit der Stadt Danzig okkupierte. Diese Expansion hat dem Orden einen jahrzehntelangen, vielleicht sogar länger als ein Jahrhundert währenden Konflikt mit Polen eingetragen. Doch ist diese Expansion des Ordensstaates auch darüber hinaus von großer Bedeutung.

Denn die Okkupation Pommerellens und Danzigs war etwas grundsätzlich anderes als die Eroberung Preußens. Auch wenn man darüber streiten kann, ob der Orden die Aufgabe und das Recht hatte, in Preußen ein staatliches Gebilde auf Dauer zu begründen oder bloß einen Staat für die Zeit der Mission – in jedem Falle sollte er die Heiden bekämpfen. Auf dem linken Weichselufer dagegen regierte ein christlicher Fürst über Christen. Ihn zu bekämpfen hatte der Deutsche Orden keinen Auftrag. Nur wenn die pommerellischen Fürsten ihrerseits die Heiden unterstützt hätten, wie das kurz vor der Mitte des 13. Jahrhunderts der Fall gewesen war (vgl. oben S. 87), hätte der Orden legitimerweise gegen sie den Krieg führen können. Aber davon war jetzt, im frühen 14. Jahrhundert, nicht die Rede.

Dennoch kämpfte der Orden nicht nur gegen Pommerellen, sondern er eroberte auch in den Jahren 1308 und 1309 das Land. In gewisser Weise war die Situation jetzt gar nicht anders als ein dreiviertel Jahrhundert zuvor. Auch jetzt haben wir es mit Machtkämpfen von Angehörigen der einheimischen Dynastie zu tun, und wiederum werden die Nachbarn in diese Kämpfe hineingezogen bzw. schalten sie sich ein. Die politisch aktiven Nachbarn waren jetzt neben dem Orden der südliche Nachbar Pommerellens, nämlich Großpolen, also einer der polnischen Teilstaaten, und der westliche Nachbar, die Mark Brandenburg. Pommerellen hatte es also mit drei Nachbarn zu tun, von denen jeder mächtiger war als Pommerellen selbst und von denen der eine, nämlich Großpolen bzw. Polen überhaupt, auch eine politische Tradition für sein Eingreifen in Pommerellen geltend machen konnte.

Denn Pommerellen war, ebenso wie Pommern, bald nach der Begründung des polnischen Staates im ausgehenden 10. Jahrhundert in dessen Interessensphäre geraten. Die polnischen Könige hatten versucht, sich die beiden Länder zu unterwerfen und sie zu missionieren. Christianisierung und Herrschaftsbildung sind auch hier nicht zu trennen. Sie sind damals, im frühen 11. Jahrhundert, jedoch gescheitert. Die Pomoranen blieben Heiden, und sie blieben auch politisch selbständig.

Erst im frühen 12. Jahrhundert, zur Regierungszeit des polnischen Königs Bolesław III., gelang die Eroberung Pommerns und Pommerellens. Und nun setzte auch die Christianisierung dieser Länder ein. Kurz nach der Eroberung wurde ein Bistum für Pommerellen gegründet: Włocławek (Leslau) an der Weichsel. Dieses Bistum war wie alle anderen polnischen Bistümer dem Erzbistum Gnesen unterstellt und blieb es auch. Auch nachdem Pommerellen im Jahre 1309 vom Deutschen Orden okkupiert worden war, blieb das Land in kirchlicher Hinsicht Włocławek und damit Gnesen unterstellt. Gerade die eineinhalb Jahrhunderte, während deren Pommerellen zum Deutschordensstaat gehörte, zeigen, daß die kirchliche Organisation von politischer Bedeutung war. Sie hielt die Erinnerung daran lebendig, daß dieses Land einmal zu Polen gehört hatte, obwohl diese Zeit nur kurz gewesen war.

Denn nach dem Tod Bolesławs III., 1138, war der polnische Staat in Teilfürstentümer zerfallen, und den Teilfürsten gelang es nicht, die Herrschaft über Pommern und über Pommerellen aufrechtzuerhalten. In beiden Ländern bildeten sich einheimische Dynastien aus. Die definitive Unabhängigkeit von Polen erreichten zunächst die Pommernfürsten. Im Jahre 1181 ließ sich Herzog Bogislaw I. von Kaiser Friedrich Barbarossa mit Pommern belehnen, und diese Lehnsbeziehung wurde auch von den Nachfolgern aufrechterhalten, so daß aus der Rückschau gesehen Pommern seit 1181 Teil des Reiches war. Gefördert wurde diese Entwicklung auch dadurch, daß Pommern kirchlich nicht zu Polen gehörte. Das pommersche Bistum Wollin bzw. später Kammin war weder dem Erzbischof von Gnesen noch einem anderen unterstellt. Es war exemt.

In Pommerellen war das, wie schon gesagt, anders, und hier verlief auch die politische Entwicklung anders als in Pommern. Die Regenten aus der hier regierenden einheimischen Dynastie, die Samboriden, erkannten die polnischen Herrscher zunächst noch als Oberherren an. Doch spätestens seit 1227 waren sie unabhängig. Seitdem führten sie den Titel Dux (Herzog).

Nach dem Tode Herzogs Swantopolks im Jahre 1266 konkurrierten miteinander dessen Brüder, Sambor II. und Ratibor, und Swantopolks Söhne, Mestwin II. und Wartislaw II. Mestwin verbündete sich gegen Wartislaw mit dem Markgrafen von Brandenburg. Er wandelte den von ihm regierten Landesteil im Jahre 1269 in ein brandenburgisches Lehen um, er ging also einen ähnlichen Weg, wie ihn ein dreiviertel Jahrhundert zuvor der Herzog von Pommern beschritten hatte, als er sich Friedrich Barbarossa unterwarf. Nur sollte die jetzt geschaffene Lehnsbeziehung nicht so lang anhaltende Folgen haben.

Die Brandenburger kamen Mestwin gegen seinen Bruder zu Hilfe. Sie blieben auch nach dessen Tod in Danzig, und nun verbündete sich Mestwin mit dem Herzog Bolesław von Großpolen gegen seinen brandenburgischen Lehnsherrn. Beide eroberten Danzig. Doch blieb das Lehnsverhältnis bestehen, und es blieb damit auch die Möglichkeit, daß Pommerellen, mit Ausnahme des von Sambor II. beherrschten Dirschauer Gebietes, im Falle des söhnelosen Todes von Mestwin an den Markgrafen von Brandenburg als ein erledigtes Lehen zurückfallen würde. Sambor verbündete sich ebenso, wie das früher schon Ratibor getan hatte, mit dem Orden. Beide traten ihm die von ihnen

Pommerellen und Brandenburg

beherrschten Teile Pommerellens ab. Mestwin dagegen schenkte im Jahre 1282 sein Territorium dem Herzog Przemysł II. von Großpolen, wohl um den Heimfall an den Markgrafen von Brandenburg zu verhindern. Der Herzog von Großpolen ließ sich im Jahre 1295 zum polnischen König krönen, er unternahm also den Versuch, den polnischen Gesamtstaat wiederherzustellen. Wenige Monate danach wurde er ermordet, vielleicht unter Beteiligung der brandenburgischen Markgrafen. Da er keine männlichen Erben hinterließ, begann nun ein Kampf um sein Erbe und um die polnische Königskrone, der mehrere Jahrzehnte andauerte und an dem nicht nur die polnischen Teilfürsten beteiligt waren, sondern auch der böhmische König Wenzel II. Er setzte in Danzig einen Stadthalter mit Namen Swenza ein, und zwar im Einvernehmen mit dem Deutschen Orden. Swenzas Familie hatte schon in den Jahrzehnten davor eine erhebliche Macht in Pommerellen erworben.

Aber Wenzel konnte sich in Polen nicht behaupten. Es gelang vielmehr einem der polnischen Teilfürsten, Władysław Łokietek, sich durchzusetzen. Er wurde im Jahre 1320 zum polnischen König gekrönt, und es glückte ihm auch, einen großen Teil des pommerellischen Adels auf seine Seite zu ziehen. Die Nachkommen Swenzas zu entmachten, gelang ihm freilich nicht. Diese wandten sich vielmehr an den Markgrafen von Brandenburg, der aus dem Lehnsvertrag mit Mestwin Rechte auf Pommerellen hatte, um Hilfe. Im Jahre 1308 rückte ein brandenburgisches Heer in das Land ein, die Stadt Danzig ging zu ihm über, aber die polnische Besatzung der Danziger Burg leistete Widerstand.

Diese Besatzung rief nun den Deutschen Orden gegen die Brandenburger zur Hilfe, dieser kam auch, vermutlich nur allzu gern, und veranlaßte die Brandenburger zum Abzug. Nun aber gab es Streit zwischen den Verbündeten. Das Ordensheer erwies sich als stärker denn die polnische Besatzung der Burg und nötigte auch diese zum Abzug. Bald darauf kapitulierte auch die Stadt Danzig. Die pommerellischen Adligen, die sich gegen die Übergabe der Stadt an den Orden gewehrt hatten, fielen im Kampf oder wurden nach der Kapitulation hingerichtet. Die Stadt Danzig wurde zum größeren Teil zerstört, vielleicht auf Betreiben ihrer nächsten Konkurrentin, der preußischen Stadt Elbing. In den nächsten Wochen sicherte sich der

Orden nun das Land. Die letzten Teile Pommerellens fielen ihm im Jahre 1309 zu. Der Orden versuchte, diesen militärischen Erfolg auch rechtlich abzusichern. Er kaufte dem Markgrafen von Brandenburg seine Rechte ab. Der entsprechende Handel mit dem polnischen König gelang jedoch nicht. Władysław und seine Nachfolger fanden sich mit der Herrschaft des Ordens über Pommerellen nicht ab. Der Orden hatte also seine Gegner und Konkurrenten überspielt. Marian Tumler, selbst Hochmeister des Ordens, schreibt im Jahre 1955: „Das stille Zuwarten und blitzartige Zugreifen in Pommerellen waren politische Meisterstücke, freilich wenig passend für einen geistlichen Orden."

Eine solche Einschränkung des im übrigen positiven Urteils über diese Vorgänge findet sich in der deutschen Geschichtsschreibung im allgemeinen sonst nicht. So schreibt z. B. Christian Krollmann im Jahre 1932: „Jetzt erst (nämlich nach der Erwerbung Pommerellens) war das eigentliche Ziel der Ordenspolitik, die Begründung eines autonomen Staates, der aus eigener Kraft auf sich selbst beruhte, erreicht." Hier wird also ein Staatsinteresse absolut gesetzt, und es wird geopolitisch definiert. Krollmann schreibt: „So wurde der Orden alleiniger Herr in dem Lande Pommerellen und damit gleichzeitig über den wichtigen Unterlauf der Weichsel mit Einschluß des Hafens von Danzig, der ihm den unmittelbaren Zugang zur Ostsee erschloß. Die beiden anderen Hafenplätze Elbing und Königsberg waren ja nur mittelbar über das Haff zu erreichen. Ebenso wichtig war es, daß das Ordensgebiet durch Pommerellen auch den unmittelbaren Anschluß an den Boden des Reichs erhielt."

Ein solches historisches Urteil ist für den Anfang unseres Jahrhunderts durchaus charakteristisch, es ist Teil einer Geschichtssicht, die sich erklärtermaßen von der Herrschafts- und Dynastiegeschichte abwandte und nach den wahren geschichtsmächtigen Faktoren unterhalb der nur politischen Geschichte suchte und diese in der politischen Geographie zu finden meinte, im Raum, den die Völker hatten oder um den sie kämpfen mußten und den sie erobern durften, wenn sie die stärkeren waren, die machtmäßig, aber auch die durch ihr kulturelles, womöglich biologisches Potential überlegenen.

Heute sieht man leicht, daß hier keineswegs überzeitliche Faktoren

Die Okkupation Pommerellens 143

der Geschichte entdeckt waren, sondern daß man es auch hier mit einer recht zeitgebundenen Sicht zu tun hat. Überdies sind auch die von Krollmann genannten geopolitischen Momente keineswegs so zwingend. Denn die Schiffe, die nach Elbing und Königsberg fuhren statt nach Danzig, hatten zwar einen weiteren, aber weder von der Natur noch militärisch gefährdeten Weg. Dort wo sie in das Frische Haff einfuhren, herrschten weder gefährliche Stürme, noch bestand die Gefahr, daß sie festgehalten oder ausgeplündert würden: Der Orden selber besaß ja das angrenzende Land. Und so haben sich Elbing und Königsberg denn auch zu den nach Danzig größten Städten und Häfen Preußens entwickelt.

Und auch der unmittelbare geographische Anschluß an das Reich ist nicht so fundamental wichtig, wie es Krollmann zur Zeit der Weimarer Republik und des deutschen Kampfes gegen den in Versailles geschaffenen Korridor schien. Im Mittelalter war der unmittelbare geographische Anschluß Preußens an das Reich keineswegs so bedeutend wie nach 1918. Die Kreuzfahrer, die nach Preußen zogen, die Gesandten des Ordens, die den umgekehrten Weg gingen, konnten keineswegs davon ausgehen, daß sie im Reichsgebiet prinzipiell sicherer waren als auf polnischem oder pommerellischem Territorium. Die Sicherheit oder Unsicherheit hing von verschiedenen Umständen ab – Fehde und Überfall waren überall möglich. Daher verläuft auch die wichtigste Straße, die den Ordensstaat mit dem Westen und Süden verband, nicht durch Pommerellen. Der mittelalterliche Ordensstaat Preußen ist mit dem westlichen und südlichen Europa hauptsächlich auf zwei Wegen verbunden. Der eine geht durch Pommerellen und durch die Neumark, der wichtigere aber führt über Thorn nach Süden, durch Polen und weiter nach Böhmen und von dort nach Süddeutschland bzw. nach Österreich und nach Italien.

Man kann also keineswegs sagen, daß zwingende Notwendigkeiten den Orden auf die Erwerbung Pommerellens verwiesen hätten – ebensowenig, wie Pommerellen notwendigerweise zu Polen gehören mußte. Die polnische historiographische Tradition ist freilich entschieden dieser Meinung. Marian Biskup hat sie 1973 bei den deutschpolnischen Schulbuchgesprächen zusammengefaßt. Er spricht erstens davon, daß der Orden bei der Eroberung Danzigs wortbrüchig gewesen sei und daß er dabei ein Blutbad angerichtet habe. Zweitens gründet er sein Urteil darauf, daß Polen ein „unveräußerliches Anrecht" auf Pommerellen, insbesondere auch auf die Weichselmündung gehabt habe, und drittens schließlich sei der pommerellische Adel mehrheitlich für den polnischen König gewesen und seien die Bewohner Pommerellens denen der zentralen polnischen Gebiete „durch eine Gemeinschaft von Sprache und Sitte" verbunden gewesen.

Diese Argumente sind in gewisser Weise spiegelbildliche Entsprechungen der traditionellen deutschen Urteile. Denn auch hier wird geopolitisch argumentiert: Die Weichselmündung ist für die Polen vermeintlich ebenso unentbehrlich, wie sie das für den Deutschordensstaat nach deutscher Meinung war. Und auch die behauptete Verbundenheit der Bewohner Pommerellens mit denen Polens hat ihre Entsprechung auf deutscher Seite. Krollmann schreibt: „Deutsche Klöster, deutsche ländliche Siedler, deutsche Stadtgemeinden bahnten der deutschen Stammesherrschaft den Weg." Auch wenn das etwas ungeschickt gesagt ist – ein Stamm war der Deutsche Orden ja nicht –, so ist der Sinn doch klar: Pommerellen ist hiernach durch Siedlung teilweise germanisiert worden, und so war dann deutsche Herrschaft über das Land die notwendige Folge davon, wegen der „Gemeinschaft von Sprache und Sitte", um das polnische Urteil aufzunehmen, zwischen Beherrschten und Herrschern.

Eine solche Argumentation setzt natürlich eine sichere Kenntnis dessen, was damals an Sprache und Sitte in Gebrauch war, voraus, und die ist, wie man sich angesichts der Quellenlage leicht denken kann, schwierig genug zu gewinnen. Dennoch haben sich die Historiker mit großer Energie darum bemüht. Die modernen nationalpolitischen Auseinandersetzungen haben unsere Kenntnis der einschlägigen Sachverhalte durchaus gefördert, wie man z. B. an der Siedlungsforschung sehen kann. Aber auch hier sind die Fragen nach der Vergangenheit immer wieder von aktuellen politischen Wünschen verdeckt worden.

Versucht man, aus solchen Interpretationszwängen herauszukommen, so muß man etwas scheinbar Einfaches, in der Durchführung freilich nicht Leichtes versuchen. Man muß sich darum bemühen, von der Kenntnis dessen, was später geschehen ist, abzusehen und die damalige Situation zu rekonstruieren. Tut man das, so wird das unveräußerliche Anrecht Polens auf Pommerellen sehr zweifelhaft. Denn dieses Anrecht ergibt sich erst aus der späteren Geschichte, daraus, daß Polen sich mit der Eroberung Pommerellens durch den Orden nicht auf Dauer abgefunden und sich am Ende mit Erfolg um die Wiedergewinnung des Landes bemüht hat, und es folgt daraus, daß sich in späterer Zeit, als Polen politisch machtlos und geteilt war, die politische Meinung herausbildete, alle jene Gebiete, die um das Jahr 1000 und dann wieder im 12. Jahrhundert zum Herrschaftsbereich der polnischen Könige gehörten, müßten kontinuierlich und für alle Zukunft polnisch sein, als sei mit den Eroberungen des frühen Mittelalters eine Art überzeitlicher Rechtszustand geschaffen worden. Das ist die politische Idee des piastischen Polen, eine Idee, die ja auch den heutigen polnischen Grenzen entspricht. In der neueren polnischen Geschichte gibt es freilich nicht nur diese historisch-politische Ideologie, sondern auch die damit in Konkurrenz stehende Vorstellung von dem jagiellonischen Polen. Damit ist jenes Polen gemeint, das durch die polnisch-litauische Union von 1386 (vgl. unten S. 171) entstand, das sich aber angesichts der heutigen polnischen Ostgrenze als aktuelles Leitbild nicht so gut eignet.

Auf der einen Seite steht die Meinung, Polen habe ein unveräußerliches Anrecht auf Pommerellen gehabt. Auf der anderen Seite, nachzulesen wiederum bei Krollmann, hat der Orden Pommerellen nicht nur erobert, sondern auch das Recht dazu gehabt, weil der Markgraf von Brandenburg der rechtmäßige Besitzer Pommerellens gewesen sei und der Orden ihm seine Ansprüche abgekauft habe. Beide Meinungen schließen sich ihrem Inhalt nach zwar aus, ihrer Struktur nach gleichen sie sich jedoch. Denn beide greifen aus den sich widerstreitenden Rechtspositionen der untersuchten Zeit eine heraus und erklären sie für die wahre und richtige. Beide setzen also unausgesprochen voraus, daß der Historiker die Aufgabe habe, Recht und Unrecht zu unterscheiden, wie ein Richter, statt eine frühere Situation zu analysieren und einen einstigen Verlauf zu erklären.

Versucht man das im vorliegenden Falle, so stellt man etwas nachgerade Banales fest: rechtliche Ansprüche und militärische Macht. Die rechtlichen Ansprüche konkurrieren miteinander: Der Markgraf von Brandenburg hat Rechte auf Pommerellen, Polen hat sie ebenfalls. Die Frage, welches das bessere Recht gewesen ist, wäre naiv und jedenfalls nicht mit Sicherheit zu beantworten. Waren die Rechte aus der Lehnsauftragung Mestwins an die Markgrafen von Brandenburg besser als die, die sich aus seiner Schenkung an den Herzog von Großpolen herleiteten? Diese Frage ist schon im 14. Jahrhundert, wie gleich gezeigt werden soll, in gerichtlichen Auseinandersetzungen behandelt worden, aber ohne Erfolg. Schon diese Prozesse wurden von den Interessenten beeinflußt, und am Ende entschied die Macht des Ordens. Er konnte die Urteile ignorieren, ohne daß doch hier einfach Macht und Recht gegenübergestanden haben. Der Historiker jedenfalls sollte nicht probieren, nach Jahrhunderten einen solchen Prozeß wieder aufzunehmen.

Der pommerellische Herzog hat damals versucht, seine Position zu wahren, er hat versucht, sich seinen mächtigeren Nachbarn scheinbar zu unterwerfen und sie tatsächlich gegeneinander auszuspielen. Dazu hat er sich verschiedener Rechtsfiguren bedient: Lehnsauftragung, Schenkung. Wer heute meint feststellen zu können, daß die eine dieser Rechtsfiguren die entscheidende gewesen sei, der argumentiert eben wie ein Rechtsanwalt für die eine oder die andere Seite. Der Historiker sollte aber vielmehr deutlich machen, daß es politische Situationen gibt, die offen sind, er sollte nicht verdecken, daß die Geschichte nicht immer ein sich nach rechtlichen Normen vollziehender Prozeß ist, sondern daß hier auch die Macht Wirkungen ausübt, vom Zufall zu schweigen. Im Jahre 1309 hatte am Ende der Orden Erfolg.

Eine sehr lange Dauer hatte dieser Erfolg freilich nicht. Der Orden konnte Pommerellen nur 150 Jahre lang behaupten. 1466, im zweiten Thorner Frieden, ging es ihm verloren. Das aber war nicht etwa die Folge davon, daß er eineinhalb Jahrhunderte zuvor Uhrecht getan hatte, als sei die Weltgeschichte das Weltgericht. Und es führt schon gar nicht eine gerade und unaufhaltsame Entwicklung von der Eroberung Pommerellens bis zum Ende des Ordensstaates 1525. Es ist keineswegs so, daß die polnische Politik nun kontinuierlich über zwei Jahrhunderte hin die Wiedergewinnung Pommerellens und dann die Beseitigung des Ordensstaates zum Ziel gehabt hätte. Freilich hat sie diese Ziele immer wieder verfolgt, je nach der Situation in Polen selber und auch nach der des Ordens.

Wichtig ist in diesem Zusammenhang nicht zuletzt, daß die Aus-

Prozesse gegen den Orden 147

einandersetzungen um Pommerellen auf seiten des Ordens verflochten sind mit anderen gleichzeitigen Konflikten, vor allem mit dem Kampf, den der Erzbischof von Riga und die Stadt Riga gegen den Orden führten.

Auch dieser Konflikt hat eine längere Vorgeschichte; er beginnt in jenen Jahren, als sich der Schwertbrüderorden in Livland eben festgesetzt hatte, als der gewissermaßen klassische Konflikt zwischen Bischof und Ritterorden, wie er auch im Heiligen Land anzutreffen war. Zu einem eindeutigen Sieg des Bischofs oder des Ordens war es in Livland nicht gekommen. Die Herrschaft über das Land wurde vielmehr geteilt, und der Deutsche Orden übernahm diese Teilherrschaft vom Schwertbrüderorden, er hatte also in Livland eine Herrschaft, die deutlich anders war als die in Preußen, wo die Bischöfe keine politisch selbständige Position hatten (vgl. unten S. 183). Es ist also gar nicht verwunderlich, daß der Orden versuchte, in Livland gewissermaßen preußische Herrschaftsstrukturen zu schaffen, daß er immer wieder in heftige Auseinandersetzungen mit den Erzbischöfen von Riga geriet. Der Erzbischof Friedrich verbrachte den größten Teil seiner Amtszeit (1304-1341) im Exil an der päpstlichen Kurie, damals also in Avignon.

Zur selben Zeit, da der Orden Pommerellen eroberte, wurde er auch von diesem Erzbischof verklagt. Im Jahre 1311 erschien ein hoher italienischer Kleriker, Franz von Moliano, in Livland, um Zeugen wegen der Klagen gegen den Deutschen Orden zu verhören. Er führte eine lange Reihe von Anklageartikeln mit sich, insgesamt 230. Unter diesen waren auch einige, deren Gegenstand die Eroberung Pommerellens war, z. B. die Frage 25.

Kürzlich, so wird hier gesagt, sei dem Papst zu Gehör gelangt, daß die Ordensbrüder das Land des Herzogs von Krakau und Sandomir, d. h. des polnischen Königs, feindlich überfallen und in der Stadt Danzig über 10000 Menschen mit dem Schwert umgebracht hätten, wobei sie den in den Wiegen liegenden Kindern den Tod gebracht, die doch selbst die Feinde des Glaubens, die Heiden also, geschont hätten.

Dies war nun freilich eine Anklage, die sich nicht erhärten ließ, aber sie machte doch das Ausmaß dessen deutlich, was sich hier gegen den Orden ansammelte, und zwar als eine nicht irreale Gefahr. Denn in diesen Jahren wurde ja jener Orden, dessen unmittelbarer Nachfahr der Deutsche Orden war, nämlich der Templerorden, aufgelöst. Nachdem im Jahre 1291 die letzte Festung der Kreuzfahrer im Heiligen Land gefallen war, hatte sich am Hof des französischen Königs das politische Ziel gebildet, die Erbschaft der nun funktionslosen Ritterorden anzutreten, d. h. ihren sehr großen Besitz in Europa zu übernehmen. Der französische König wollte, daß alle Ritterorden unter seiner Leitung vereinigt würden. Er hatte damit keinen Erfolg. Wohl aber gelang es ihm nun, den Papst zu erpressen und ihm die Auflösung des Templerordens abzuzwingen. Die führenden Tempelritter in Frankreich wurden einem Häresieprozeß unterzogen, sie wurden gefoltert, viele wurden als rückfällige Ketzer verbrannt, und ihr Orden wurde am 3. April 1312 aufgelöst.

Auch wenn wir heute wissen, daß der Deutsche Orden damals nicht aufgelöst wurde, und auch wenn wir den Quellen nicht entnehmen können, daß entsprechende Pläne bestanden, so mußte das aus damaliger Perspektive doch anders aussehen. Als der päpstliche Richter in Livland eintraf, lag die Verhaftung und Folterung der französischen Tempelritter durch die Amtsträger des französischen Königs schon vier Jahre zurück. Man kannte die Vorgänge auf seiten des Deutschen Ordens sicherlich genau.

Aber man hatte in Preußen und Livland den Vorteil, daß weder der Papst in der Nähe war noch – und das war das Entscheidende – ein mächtiger, mit dem französischen König vergleichbarer weltlicher Fürst. In Preußen war damals die Sicherheit für einen Ritterorden größer als in Italien oder als in Frankreich. Es ist nicht unwahrscheinlich, daß der Hochmeister auch aus diesem Grunde seinen Amtssitz damals nach Preußen, in die Marienburg verlegt hat. Nach dem Verlust von Akkon hatte er zunächst in Venedig residiert. Seit 1309 war die Marienburg das Haupthaus des Ordens.

Erst mit dieser Verlegung des Hochmeistersitzes wird Preußen tatsächlich das zentrale Herrschaftsgebiet des Ordens. Aus späterer Sicht scheint dies eine folgerichtige Entwicklung: von der Goldbulle von Rimini gewissermaßen bis zur Marienburg. So hat man es auch oft dargestellt. Aus der damaligen Optik sah die Sache aber anders aus. Die Verlegung des Hochmeistersitzes nach Preußen war von einer schweren Krise begleitet. Die Ordensregel wurde kurz vor der

Verlegung um eine Bestimmung vermehrt, welche dem Hochmeister verbot, eigenmächtig seinen Amtssitz zu verlegen. Als dieser dann doch verlegt wurde, war eine innere Auseinandersetzung im Orden die Folge. Der 1311 gewählte Hochmeister, Karl von Trier, wurde bald zum Rücktritt genötigt. Er reiste in seine Heimat, widerrief dort jedoch seinen Rücktritt und regierte den Orden bis zu seinem Tode im Jahre 1324 nicht von der Marienburg aus, sondern in Trier. Der neue Hochmeistersitz war also zunächst gar nicht das Zentrum des Ordens.

Im übrigen bot auch dieser neue Sitz, bot auch die ferne Marienburg keine Garantie gegen päpstliche Angriffe. Ein päpstlicher Richter kam, wie gesagt, auch bis dorthin, und der päpstliche Bannstrahl reichte ebensoweit. Franz von Moliano exkommunizierte den Hochmeister und alle Ordensbrüder in Preußen und Livland bald nach seiner Ankunft.

Auf der anderen Seite konnte die im 20. Jahrhundert von einem bekannten Politiker ausgesprochene Frage nach der Zahl der päpstlichen Bataillone auch damals gestellt werden. Auch damals nützte der päpstliche Bann wenig, wenn der Papst keine Macht hatte, Zwang dahinter zu setzen, wenn sich also kein interessierter mächtiger Fürst fand, der dem Papst die nötigen Gewaltmittel zur Verfügung stellte. Konnte der Orden also den Papst und seinen Richter ignorieren? Das konnte er sicherlich nicht, denn den polnischen König gab es ja, und eine Übereinstimmung seiner Interessen mit denen des Papstes war möglich. Nachdem der eben genannte Prozeß dank einer Reise des Hochmeisters Karl von Trier nach Avignon im Sinne des Ordens zu Ende gebracht worden war, verklagte nun der polnische König den Orden vor dem Papst. Eine Übereinstimmung seiner Interessen mit denen der päpstlichen Kurie ergab sich daraus, daß die Bewohner Polens dem Papst eine besondere Abgabe, den Peterspfennig, zu zahlen hatten. Wenn der polnische König den Orden vor dem Papst nun auf die Herausgabe Pommerellens verklagte, dann ging es auch um Zahlung oder Nichtzahlung des Peterspfennigs aus dem strittigen Gebiet.

Das Urteil in diesem zweiten Prozeß fiel zu Gunsten Polens aus. Freilich, die beauftragten päpstlichen Richter waren ohne Ausnahme hohe polnische Geistliche gewesen – der Orden hatte also allen Anlaß, gegen dieses Urteil an den Papst selber zu appellieren. Der äußerte sich nicht, so daß die Sache zu keinem Ende kam. Sie wurde aber durch eine abermalige polnische Klage wieder aufgenommen. Zwei päpstliche delegierte Richter, französische Geistliche, fällten im Jahre 1339 ein Urteil, demzufolge der Orden nicht nur Pommerellen herauszugeben hatte, sondern auch jene Gebiete, die er inzwischen erobert hatte. In der Zwischenzeit war es nämlich zu militärischen Auseinandersetzungen zwischen dem Orden und Polen gekommen. Aber nicht nur die bei dieser Gelegenheit dem Orden zugefallenen Gebiete und auch nicht nur Pommerellen sollten an Polen gehen, sondern auch das Kulmer Land. Der Orden sollte außerdem noch eine Geldentschädigung zahlen.

Auch wenn dieses Urteil einstweilen zu nichts führte, ist es doch interessant. Denn indem der polnische König das Kulmer Land, jene ursprünglich Schenkung Konrads von Masowien, beanspruchte (vgl. oben S. 87), eröffnete er gewissermaßen den Angriff auf den Ordensstaat im ganzen.

Einstweilen war der Orden mächtig genug, ein solches Urteil ignorieren zu können. Die wirkliche Entscheidung darüber, wem Pommerellen gehörte, fällte jetzt kein Richter, sondern sie ergab sich aus dem Kräfteverhältnis – aber nicht nur zwischen Polen und dem Deutschen Orden. Die damalige Konstellation war auch durch die benachbarten Mächte geformt, durch Böhmen vor allem, und auch das Verhältnis des deutschen Königs zum Papst spielte eine Rolle dabei.

Am Ende einigten sich der polnische König und der Orden untereinander. An der päpstlichen Kurie schlug die Stimmung um, und der polnische König war stärker an einer Expansion nach Osten interessiert. Im Jahre 1343 wurde der Friede von Kalisch geschlossen. Der Orden gab die Eroberungen der letzten Jahre heraus. Der polnische König verzichtete nicht nur auf das Kulmer Land, sondern auch auf Pommerellen. Damit war für sechsundsechzig Jahre wiederum Frieden zwischen Polen und dem Deutschen Orden.

Siebentes Kapitel

Die Kreuzzüge des Deutschen Ordens gegen die Litauer

In den folgenden Jahrzehnten war der Orden nach außen vor allem auf zwei Feldern aktiv. Der Orden kämpfte erstens gegen die Litauer. Und er erweiterte zweitens sein preußisches Territorium nach Westen durch Kauf und Pfandnahme.

Das zweite braucht hier nur am Rande zu interessieren, als Folge der materiellen Möglichkeiten des Ordens, als Fortsetzung auch jener ganz eindeutig auf Herrschaftsbildung und -sicherung gerichteten Politik, deren deutliches Resultat die Eroberung Pommerellens gewesen war, deren Anfänge jedoch schon im Heiligen Land liegen und die typisch ist für die Politik auch der anderen Kreuzzugsorden.

Mit seinen Kriegen gegen die Litauer jedoch tat der Orden das, wozu er in diese Region gesandt worden war: Er kämpfte gegen die Heiden. Anders als im 13. Jahrhundert, wo er den Widerstand der Prussen niederrang, blieb er jetzt jedoch ohne Erfolg, obwohl er seine militärischen und politischen Kräfte hier das ganze 14. Jahrhundert hindurch einsetzte, obwohl er ebensowenig wie früher allein kämpfte. Jahr für Jahr kamen vielmehr Adlige und Fürsten aus Deutschland und aus den westlichen und südlichen Ländern Europas nach Preußen, um an diesen Litauer-Kämpfen teilzunehmen. Der Litauer-Kampf in Preußen, die Litauer-Reisen, wie der zeitgenössische Ausdruck lautet – das Wort Reise bedeutet ursprünglich Kampf – sind im 14. Jahrhundert ein fester Bestandteil dessen, was zur ritterlich-adligen Lebensweise gehört. Die Litauer-Kriege des Deutschen Ordens sind also auch ein Kapitel aus der Geschichte des spätmittelalterlichen Rittertums, aber sie sind ebenso ein Stück der politischen Geschichte des damaligen Nordosteuropa.

In der Mitte des 13. Jahrhunderts hatte sich einer der litauischen Fürsten, Mindowe, gegen die konkurrierenden Fürsten durchsetzen und das Land politisch zusammenfassen können – ganz ähnlich wie der entsprechende Akt siebenhundert Jahre früher dem fränkischen Fürsten Chlodowech geglückt war. Die Bildung eines ähnlich großräumigen politischen Gebildes war weder den Prussen noch den Kuren, Letten oder Esten gelungen. Hier hatte es der Orden mit kleineren politischen Gebilden zu tun, hier gelang ihm die Eroberung. In Litauen dagegen entstand, in letzter Minute, so möchte man sagen, eine Macht, die groß genug war, um dem Orden Widerstand leisten zu können.

Diese politische Wandlung in Litauen war kein von den benachbarten Ländern isolierter Vorgang. Mindowe stand vielmehr in engstem Kontakt mit dem Orden. Er versuchte, sich die Machtmittel des Ordens in seinem Kampf um die Macht in Litauen zunutze zu machen, und bot als Gegenleistung seine und der Litauer Taufe an. Im Jahre 1253 wurde er getauft. Als Gegenleistung erhielt der Orden die Oberherrschaft über ganz Litauen zugesagt – falls die entsprechenden Urkunden, was umstritten ist, echt sind – sowie jenen Teil Litauens, der zwischen Livland und Preußen lag, Samaiten.

Aber der Orden erhielt dieses Land weder jetzt noch in den nächsten einundeinhalb Jahrhunderten, obwohl er sich immer wieder darum bemühte. Mindowe war nicht mächtig genug, um seine Schenkung tatsächlich durchzusetzen, und dem Orden gelang es nicht, sie militärisch zu erzwingen. Mindowe verließ das Bündnis mit dem Orden, aber er konnte sich auch dadurch nicht retten. Einige Jahre später fiel er seinen litauischen Gegnern zum Opfer. Mit seinem Ende im Jahre 1263 war die Zeit eines gesamtlitauischen Staates vorbei, freilich nur für ein knappes halbes Jahrhundert.

Denn gegen Ende des 13. Jahrhunderts, seit 1293, gelang es zum zweiten Male einem litauischen Fürsten, Witen, eine dominierende Stellung in Litauen zu erreichen. Sein Bruder Gedimin (1316–1341) machte Litauen zu einer Großmacht. In diesen Jahrzehnten fing die Tatarenherrschaft über die russischen Fürstentümer an abzubröckeln; es begann der Aufstieg des Großfürstentums Moskau. Aber Moskau hatte Konkurrenten, und Litauen war der mächtigste. Die litauische Herrschaft wurde damals schnell nach Süden und Osten ausgedehnt. Zu Ende des 14. Jahrhunderts reichte Litauen im Osten bis 200 km an Moskau heran. Im Süden war seine Grenze ebenso dicht bis an die Küste des Schwarzen Meeres vorgeschoben. Litauen beherrschte also

Die frühen litauischen Fürsten 153

den größeren Teil der Ukraine. Es wurde zu einer Großmacht zwischen dem Deutschen Orden, Polen, dem Tatarenreich (Goldene Horde) und den russischen Fürstentümern.

Der litauische Großstaat befand sich angesichts dieser Geographie auch konfessionell zwischen den Fronten. Er hatte christliche Nachbarn zweier Konfessionen: lateinische Christen im Westen, griechisch-russische Christen im Osten. Schon das war schwierig genug, denn nach westlichem Verständnis waren die griechisch-russischen Christen Schismatiker, Abgefallene und kaum besser als Heiden. Heidnische Nachbarn aber hatte Litauen namentlich in den Tataren, und es war auch selber noch ein heidnischer Staat. Freilich, mit zunehmender Ausdehnung nach Süden wurde es auch zu einem heidnischen Staat mit ostkirchlichen Untertanen.

Diese christlichen Untertanen aber waren eher ein Hindernis für die Christianisierung Litauens, als daß sie diese befördert hätten. Denn wenn die Litauerfürsten sich zum lateinischen Christentum bekannt hätten, dann wäre ihnen die Beherrschung ihrer ostchristlichen Untertanen erschwert worden.

So existierte Litauen als ein Staat mit konfessionell unterschiedlicher Bevölkerung, und bald waren auch die Mitglieder der Herrscherfamilie Bekenner unterschiedlicher Religionen und Konfessionen. Sie waren in ihrer Mehrzahl Heiden, aber einige waren zum östlichen Christentum übergetreten, während die Töchter, welche Gedimin an polnische Fürsten verheiratete, zu diesem Zweck das lateinische Christentum annahmen.

Einer Hinwendung der ganzen Dynastie zum lateinischen Christentum stand entgegen, daß dessen Bekenner den Heidenkrieg gegen Litauen führten, nicht nur der Deutsche Orden, sondern zeitweise auch Polen. Hier war die Ursache jedoch eine andere als beim Deutschen Orden. Litauen und Polen waren sich bei ihrer Expansion nach Süden in die Quere gekommen. Im Jahre 1323 waren die Herrscher des südrussischen Fürstentums Halič-Vladimir ausgestorben. Die Erbschaft trat ein Neffe des letzten Regenten an, der mit einer Tochter Gedimins verheiratet war. Nachdem dieser im Jahre 1340 ermordet worden war, kam es zu heftigen Kämpfen der Nachbarn um das Land. Ungarn und Polen standen gegen Litauen. Im Hintergrund drohten die Tataren. Wenn sich der polnische König jetzt um Halič

7. Die Kreuzzüge gegen die Litauer

bemühen wollte, dann brauchte er einen freien Rücken. Infolgedessen schloß er im Jahre 1343 den Frieden von Kalisch (vgl. oben S. 150). Der polnische König hatte damit aber nicht nur den Rücken frei, sondern auch die päpstliche Kurie auf seiner Seite, die ihm seinen Krieg gegen Süden als Kreuzzug legitimierte und ihn durch die Erlaubnis, Steuern auf den polnischen Klerus zu legen, unterstützte. Kurz darauf freilich schloß der polnische König ein Bündnis mit den heidnischen Litauern.

Diese Situation ist typisch für die Zeit und für die Region. Es ist am Ende geradezu eindrucksvoll zu sehen, was hier in der Grenzzone dreier Konfessionen bzw. Religionen an Machiavellismus aufblüht. Wenn die päpstlichen Kreuzzugsprivilegien aus dem fernen Avignon auf ihrem langen Weg schließlich an der polnisch-litauischen Grenze angekommen waren, dann hatte der, der nun wunschgemäß mit dem Kampf gegen die Heiden und die Schismatiker betraut war, mit einem der beiden oder womöglich mit beiden gerade ein Bündnis geschlossen, das aber in seinem Gegensatz zu diesen Normen meistens noch dadurch gesteigert wurde, daß der Gegner des neuen Bündnisses ein Christ war. Wer sich als christlicher Fürst mit Heiden gegen einen christlichen Gegner verbündete, der zog selber den Kreuzzug auf sich – jedenfalls in der Theorie. Praktisch setzte das voraus, daß jemand an einem solchen Kreuzzug interessiert war.

Die unübertroffenen Meister in diesem Spiel waren die litauischen Fürsten. Da sie Heiden waren, hatten sie die weitesten Möglichkeiten. Sie konnten je nach Situation Heiden sein oder sich taufen lassen – russisch oder lateinisch, wobei diese Alternativen sich gar nicht ausschlossen, sondern aufeinander folgen konnten, obwohl die wiederholte Taufe nach kirchlichen Gesetzen streng verboten war. Witold, der später (vgl. unten S. 174) noch vorzustellende größte dieser litauischen Fürsten, ließ sich im späten 14. Jahrhundert insgesamt fünfmal taufen, wechselnd lateinisch und russisch, manchmal Phasen des Heidentums zwischen die christlichen Perioden einschaltend, je nach der Situation.

Der Deutsche Orden hat sich dabei gut behaupten können. In der Erwerbung von Herrschaft unter dem Titel des Heidenkampfes und mit Hilfe des Kreuzzuges hatte er inzwischen lange Erfahrungen. Manchmal freilich wurden diese Instrumente auch gegen ihn eingesetzt, wenn z. B. der polnische König ihn im Jahre 1355 zum Heidenkampf in seiner eigenen Expansionszone einlud und sich dann laut beim Papst darüber beklagte, daß der Orden den Heidenkampf verweigerte. Der Orden hätte andernfalls seinem Gegner geholfen, stärker zu werden. Aber das konnte nicht die von ihm auszusprechende Begründung für diese Weigerung sein. Denn eine solche Begründung hätte ja vorausgesetzt, daß der Orden seinen preußischen Staat als Staat unter Staaten verstand und das wollte der Orden nicht tun, begreiflicherweise. Er wollte selber den Kreuzzug und den Heidenkampf als Mittel der Machterweiterung gebrauchen.

In eine noch schlimmere Situation geriet der Orden wenige Jahre später. Im Sommer 1358 schickte nämlich einer der litauischen Großfürsten einen Gesandten zu Kaiser Karl IV. und ließ ihm mitteilen, er wolle sich taufen lassen, nach westlichem Ritus selbstverständlich, und diese Taufe solle im Beisein des Kaisers stattfinden. Der Kaiser selber sollte es also sein, der die Christianisierung erreichte, und nicht der Deutsche Orden.

Dieser kam durch ein solches Angebot in die allergrößte Gefahr. Denn nicht nur daß mit der Christianisierung Litauens sein Heidenkampf überflüssig geworden und er keine Möglichkeit gehabt hätte, seinen Herrschaftsbereich nach Litauen weiter auszudehnen; viel gefährlicher war, daß in diesem Falle hätte gesagt werden können, der Deutsche Orden sei in Preußen nunmehr überhaupt überflüssig. Man hätte ihn auffordern können, dorthin zu gehen, wo es noch Heiden zu bekämpfen gab.

Eine solche Gefahr ist mehr als eine Extrapolation. Denn soweit die freilich sehr komplizierte und in vieler Hinsicht unsichere Überlieferung dieser Vorgänge das erkennen läßt, hat der Litauerfürst selber diese Konsequenzen nicht nur erkannt, sondern sie auch gefördert. Als eine Bedingung seiner Taufe verlangte er erstens einen Teil des Ordensstaates für sich und zweitens eine Transferierung des Ordens an die Heidengrenze, an die Grenze zum Herrschaftsbereich der Tataren.

So weit konnte und wollte der Kaiser nun freilich nicht gehen. Aus dem politischen Geschäft wurde nichts. Aber es ist dennoch bemerkenswert, daß Karl IV. mit seinem Gefolge nach Breslau zog und dort auf den Litauer wartete. Der Kaiser, der als böhmischer König ein

Amt innehatte, dessen Inhaber seit einem Jahrhundert zu den engsten Verbündeten des Ordens gehörten, war immerhin bereit, sich mit dem Litauer auf ein Geschäft gegen den Orden einzulassen. Er hatte sich im übrigen kurz vorher schon mit dem polnischen König gegen den Orden verbündet.

In der deutschen Literatur über den Deutschen Orden, auch in der neueren, wird dessen Position und die seines Staates oft so dargestellt, als hätte er stets die beiden mittelalterlichen Universalgewalten auf seiner Seite gehabt, als habe er geradezu die Einheit des mittelalterlichen Abendlandes verkörpert. Davon kann schon im 13. Jahrhundert die Rede nicht sein. Es war auch jetzt nicht so. Immerhin: daß nun ein böhmischer und deutscher König aus dem Hause Luxemburg zu einer Politik gegen den Orden ansetzte, war etwas Neues. Es bedeutete eine neue Gefährdung des Ordens, eine Gefahr, die 30 bis 50 Jahre später dann wirklich zu einer Bedrohung werden sollte.

Einstweilen hatte das noch keine Konsequenzen, einstweilen blieb es zwischen dem Orden und Litauen bei der militärisch-politischen Realität, wie sie auch in den Jahrzehnten zuvor bestanden hatte: Litauer-Kriege, Verheerungs- und Vernichtungsfeldzüge des Ordens gegen die Litauer in regelmäßiger Folge, Rachezüge der Litauer auf der anderen Seite, manchmal bis weit nach Preußen hinein. Die Kriegführung ist die, die Heinrich von Lettland und Peter von Duisburg für das 13. Jahrhundert beschreiben. Aber wir haben solche Berichte auch aus dem 14. Jahrhundert. Auch sie erzählen uns, wie die Kontingente des Ordens in das heidnische Land einrücken und den Gegner zu schwächen versuchen, indem sie die wehrfähigen Männer töten, die anderen Menschen gefangennehmen und die Habe der Gegner zerstören.

In den Handbüchern der mittelalterlichen Kriegsgeschichte, die um 1900 verfaßt worden sind, kommt diese Kriegführung nicht oder kaum vor. Die Autoren, die damals über die Kriegführung der Vergangenheit schrieben, interessierten sich vor allem für Feldschlachten, aber nicht für diese Art von Krieg, wo es kein strategisches Kalkül zu analysieren gibt, sondern nur das Abbrennen der Ernte, das Wegtreiben von Vieh, das Zerstören von Häusern und das Abschlachten von Menschen zu notieren ist.

Es ist begreiflich, daß um 1900 diese Art von Krieg so wenig inter-

Die Kriegsführung 157

essiert hat, daß sie z. B. in der Geschichte der Kriegskunst von Hans Delbrück überhaupt nicht vorkommt. Denn damals war man in Europa in der glücklichen Lage, den Krieg für eine Angelegenheit der Streitkräfte und nicht der gesamten Bevölkerung halten zu können, damals galt die Unterscheidung von Kombattanten und Nichtkombattanten, von Militär- und Zivilbevölkerung. Inzwischen sind wir ein Stück weiter, oder, wenn man will, zurück. Wir kennen den totalen Krieg, der die Zivilbevölkerung ebenso oder in noch höherem Maße trifft als die Soldaten, und infolgedessen kommt uns die Art von Krieg, wie er hier zwischen den Litauern und dem Orden und seinen Gästen geführt wurde, nicht unbekannt vor.

Die Gäste des Deutschen Ordens, die Fürsten und Adligen aus Deutschland, aus West- und Südeuropa, die sich an diesen Kriegen beteiligen, kamen Jahr für Jahr nach Preußen. Sie nahmen die großen Kosten auf sich, welche die weite Reise mit sich brachte, und auch ihre Gefahren, deren Ursache nicht nur die Litauer waren, sondern auch die Christen, deren Gebiete die Gäste des Ordens passieren mußten. Mancher dieser nach Preußen ziehenden Ritter ist schon vorher festgesetzt worden, von einem polnischen oder pommerschen Adligen, der auf Lösegeld aus war.

Aber die meisten Gäste kamen an und nahmen am Krieg gegen die Litauer teil. Diejenigen, die die Ritterweihe noch nicht hatten, wurden nach dem Kampf zum Ritter geschlagen. Denn der Ritterschlag, den jeder Adlige, der auf sich hielt, empfangen mußte, dieser Ritterschlag war mehr wert, wenn er an einem der klassischen Orte ritterlicher Tradition empfangen wurde, in Jerusalem z. B., während einer Pilgerreise, oder eben in Livland. Dann weitere ritterliche Zeremonien, der Ehrentisch vor allem, das festliche Gelage, das nach dem Krieg in der Marienburg stattfand.

Warum nahmen die europäischen Adligen diese Mühen und diese Kosten auf sich? So hat man öfter gefragt. Die eine Antwort lautete: Hier fanden sich die Besten zusammen, hier verteidigte das europäische Rittertum das Abendland. Die andere Antwort war: Repräsentation, Adelssport, Heidenjagd.

Man läßt diese Antworten am besten beiseite und sieht sich die Sache etwas genauer an. Es ist keine Frage, daß die Reise nach Preußen, daß der Kampf gegen die Litauer im 14. Jahrhundert zu den gewissermaßen standardisierten Bewährungen ritterlicher Lebensart gehört. Man findet das z. B. bei Oswald von Wolkenstein, einem Tiroler Adligen, der seiner Lebensführung nach einer von vielen ist, ein Adliger, der sich im Fürstendienst durchschlägt und der weit in der Welt herumkommt. Aber auf der anderen Seite ist dieser Oswald von Wolkenstein doch eine ganz unverwechselbare Figur, ein Dichter, der größte deutsche Lyriker seines Jahrhunderts ganz ohne Frage. Und dieser Rang und sein Ruhm haben ihre Ursache in einem Phänomen, das diesen Mann auch für den Historiker interessant macht. Er erzählt nämlich in den meisten seiner Gedichte von sich und seinen Schicksalen in einem weitaus höherem Maße, als das seine literarischen Kollegen sonst tun, und so hören wir aus subjektiver Sicht, was das Leben vieler Adliger damals ausgemacht hat, was die anderen aber nicht wie dieser Oswald von Wolkenstein in Worte, in Verse zu fassen verstanden.

Oswald erzählt in einem Gedicht, wie weit er in der Welt herumgekommen sei. Zehn Sprachen, so sagt er, habe er auf diesen Reisen gesprochen, den Königen Ruprecht und Siegmund habe er gedient. Am Anfang dieses Gedichts aber nennt er die Länder, durch die er gereist sei:

Gen Preussen, Littwan, Tartarei, Turkei uber mer,
gen Frankreich, Lampart, Ispanien, mit zwaien kunges her,
traib mich die minn auf meines aigen geldes wer.

Die erste Zeile nennt die Heidenkampfländer, die ein spätmittelalterlicher Ritter aufsuchen sollte, Preußen, Litauen, das Tatarenland und das Heilige Land selber. Ebenso wie es eine feste Folge von Pilgerorten gibt, die der nichtmilitarisierte Fromme aufsucht, Rom, Jerusalem, Santiago, Aachen, ebenso gibt es die feste Folge ritterlicher Pilgerziele.

Diese Ziele aufzusuchen, ist ritterliche Lebensnorm im 14. Jahrhundert. Wer etwas auf sich hält, der macht sich wenigstens einmal auf die Reise, und viele tun es mehrmals, zumal diejenigen, welche die ritterliche Lebensweise damals durch ihr Beispiel formten, oder mit unseren Worten gesagt, die die Modetrends bestimmten. Sie gingen mit eigenem Beispiel voran.

So z. B. König Johann von Böhmen, der Vater Karls IV. Seine

Familie war von jeher eng mit dem Deutschen Orden verbunden, auch seine Vorgänger hatten an Preußenkreuzzügen teilgenommen, unter ihnen König Ottokar. Ihm zu Ehren hatte in der Mitte des 13. Jahrhunderts die preußische Stadt Königsberg ihren Namen erhalten.

König Johann hat insgesamt dreimal an einer Litauer-Reise teilgenommen, zuletzt im Winter 1344/45 zusammen mit seinem Sohn, dem späteren Kaiser Karl IV. Der König Johann ist bei den modernen Geschichtsschreibern schlecht angesehen, denn er war sicherlich das Gegenteil eines im Sinne der neueren Zeit verantwortlich handelnden Regenten. Einige unter seinen Zeitgenossen haben ähnlich geurteilt, z. B. sein Sohn, der spätere Kaiser. Er hatte alle Mühe, wieder zusammenzubringen, was sein Vater an Herrschaftsrechten und Vermögen mit vollen Händen ausgegeben hatte. Aber für die meisten seiner adligen Zeitgenossen war dieser König eine positive Figur, das Urbild geradezu eines Ritters, den es immer wieder von Land zu Land auf die Suche nach Abenteuern trieb, bis ihn am Ende der ritterliche Tod ereilte. König Johann, damals schon erblindet, war nämlich in der Anfangszeit des hundertjährigen Krieges dem König von Frankreich gegen die Engländer mit einem Kontingent zu Hilfe gezogen. 1346 fand er das Ende in der Schlacht von Crécy, die im Gegensatz zu der eben erwähnten im Mittelalter vorherrschenden Form des Krieges wirklich eine Schlacht war und die eine epochale Bedeutung hatte. In dieser Schlacht siegten die Engländer über ein ihnen zahlenmäßig ganz erheblich überlegenes französisches Heer, weil sie nicht wie üblich die Ritter Mann gegen Mann, Ritter gegen Ritter kämpfen, sondern weil sie diese absitzen und mit den Bogenschützen eine geschlossene Front bilden ließen. Ihnen fiel die „Blume der französischen Ritterschaft", wie der siegreiche englische König sagte, zum Opfer. Es war eine jener Schlachten, welche das Ende des Rittertums in seiner klassischen Form ankündigten, und König Johann, der dreifache Preußenfahrer, war ein Vertreter dieses Rittertums und ein Opfer dieser Schlacht.

Aber er war doch nicht nur das. Denn was auf der einen Seite aussieht wie in die Realität umgesetzte Ritterdichtung, hat auch seine realpolitische Seite, und die Teilnahme des Königs und seines Sohnes an der Schlacht von Crécy hängt politisch zusammen mit den damali-

7. Die Kreuzzüge gegen die Litauer

gen dynastischen Auseinandersetzungen um die politische Führung in Deutschland. Die Politik im Europa des 14. Jahrhunderts war weiträumig – die Ereignisse in Westeuropa und im Osten, z. B. die Expansion Polens nach Südosten, hängen miteinander zusammen.

Schon aus diesem Grunde ist die alternative Einordnung der Litauer-Züge des Ordens und seiner Gäste entweder als Rittersport oder ernste Kriegführung mit ethischem und politischem Hintergrund, wie sie immer wieder vorgenommen worden ist, falsch. Als ob sich bei einem Unternehmen, an dem viele Menschen beteiligt sind und das sich Jahr für Jahr wiederholt, Sport und Politik, Abenteuerlust und religiöse oder auch politische Motive ausschlössen. Und man braucht die Sache nur einmal im Detail, man braucht sich nur einen einzelnen Litauer-Zug statt der Litauer-Züge insgesamt anzusehen, um über solche Formeln hinauszukommen, z. B. den eben schon erwähnten Winterkrieg 1344/45.

Dieser Zug ist in mancher Hinsicht ungewöhnlich gewesen, auf der anderen Seite aber doch wiederum ein typisches Unternehmen. Typisch war zunächst die Teilnahme politischer Prominenz, auch wenn diese diesmal weiter herausragte als sonst. Diesmal nahmen König Johann von Böhmen und sein Sohn Karl, der spätere Kaiser, teil, ferner der König von Ungarn, der Graf von Holland, der Herzog von Bourbon, der Burggraf von Nürnberg, ein Graf von Schwarzburg, einer von Holstein und noch viele andere. Wir wissen von diesem Krieg besonders viel, weil er ein Mißerfolg war – deshalb nahmen die Chronisten von ihm Notiz. Schuld daran war zunächst das Wetter; der Winter war zu milde, der Frost wollte nicht einsetzen, und so konnte der Krieg nicht beginnen. Erst der Frost machte das sumpfige Land zugänglich.

Am 10. Februar begann der Feldzug dann schließlich doch, aber er endete schnell in einem Mißerfolg. Denn nachdem das Heer vier Tagesreisen vorgerückt war, wurde es nach Königsberg zurückgerufen. Der Hochmeister, der dort zurückgeblieben war, befürchtete einen Gegenstoß der Litauer. Das Heer der Ordensritter und Gäste zog also zurück, aber die Litauer unternahmen einen Einfall nach Livland, das von Ordenskräften entblößt war, weil der dortige Ordensmeister seinerseits einen Kriegszug gegen die Insel Ösel unternahm.

Die Gäste des Ordens mußten nicht nur die Niederlage in Livland erleben, sondern ihnen blieb auch jenes ritterliche Erlebnis versagt, um dessentwillen sie nicht zuletzt nach Preußen gekommen waren. Denn einen abermaligen Litauerzug erlaubte das Wetter nicht. Graf Wilhelm von Holland brach schon am 26. Februar zur Heimreise auf.

Wir wissen das so genau, weil wir in diesem Falle wie in einigen anderen auch sonst Rechnungen haben, die uns im einzelnen unterrichten, was ein solcher prominenter Kreuzfahrer gebraucht und erworben hat, z. B. Salben und Pflaster, die unmittelbar vor dem Aufbruch am 10. Februar gekauft wurden, und die, wie sich zeigen sollte, diesmal überflüssig waren. Jetzt, für Ende Februar, für die Zeit vor Beginn der Rückreise, können wir den Rechnungen z. B. entnehmen, daß der Graf die Miete für den Schrein bezahlte, in welchem er in Königsberg seine Wertsachen aufbewahrt hatte. Er hatte demnach eine Art Safe gemietet.

Die Rechnungsbücher lassen auch erkennen, wie einige dieser fürstlichen Kreuzfahrer sich die Zeit des Wartens auf Frost vertrieben. Sie würfelten und taten damit etwas, was die Kirche immer wieder verbot, was also als Beschäftigung von Kreuzfahrern besonders unpassend war, zumal es dabei um sehr hohe Beträge ging. Graf Wilhelm von Holland gewann dem König von Ungarn am Ende 600 Gulden ab, eine immense Summe, deren Höhe es leicht erklärlich macht, daß ein anderer Kriegsteilnehmer, der künftige Kaiser Karl IV., sie im Gedächtnis behielt. In seiner später niedergeschriebenen Autobiographie erzählt er von diesem Spielverlust, vom Zorn des Verlierers, des noch jungen Königs von Ungarn – der Gewinner war schon älter und hatte schon zwei Litauer-Reisen hinter sich. „Oh königlicher Herr", hat der Graf von Holland, Karl IV. zufolge, zu dem ungarischen König gesagt, „es ist zu verwundern, daß Ihr, ein so herrlicher Fürst, dessen Land, wie man sagt, vom Golde überfließt, wegen einer so mäßigen Summe ein dermaßen erregtes Gemüt sehen und Eure Seele in Unruhe setzen laßt".

Der Graf von Holland gibt dem König also, wie man hört, Nachhilfeunterricht in ritterlichem Benehmen, aber auf recht snobistische Art, denn 600 Gulden waren auch für einen Fürsten viel, und er setzte, laut Karl IV., diesen Unterricht fort, indem er den Spielgewinn unter die Umstehenden verteilte. Der König von Ungarn wurde dadurch freilich nicht froher gestimmt, denn nun war sein Geld definitiv verloren, er wurde vielmehr noch zorniger, wie Karl IV. schreibt, unterdrückte den Zorn jedoch. Am Ende war alles, wie wir gesehen haben, umsonst. Auf das frustrierende Warten folgte der vergebliche Kriegszug, folgte also die noch größere Frustration. Die prominenten Kreuzfahrer warfen dem Hochmeister vor, er habe sie mit Absicht um den Erfolg ihrer Reise gebracht. Nicht nur die fürstlichen und adligen Gäste, sondern auch Ordensritter ergingen sich schließlich in lauten Beschimpfungen des Hochmeisters, der infolge dieser Ereignisse bald von seinem Amt zurücktrat.

Wahrscheinlich hängt das krisenhafte Ende dieses Feldzuges auch mit den politischen Implikationen des Zusammentreffens der Fürsten bei diesem Kreuzzug zusammen. Wie eben schon gesagt, waren die politischen Beziehungen der Fürsten zueinander weiträumig. Für die beiden luxemburgischen Teilnehmer des Kreuzzuges, für König Johann und seinen Sohn Karl, stand im Zentrum ihres damaligen politischen Interesses die Frage, wer in Deutschland König sein sollte. Das Königtum Ludwigs des Bayern, der seit 1314 regierte, war niemals unbestritten gewesen, nachdem er in einer zwiespältigen Wahl auf den Thron gekommen war und bis zum Jahre 1330 einen Gegenkönig zunächst gegen sich und dann an seiner Seite gehabt hatte. In den hier interessierenden Jahren bereiteten die Luxemburger langsam und sorgfältig ein zweites Königtum vor oder, anders gesagt, die Rückkehr ihrer Familie auf den Thron. Heinrich VII., der Vater König Johanns, hatte als Vorgänger Ludwigs des Bayern von 1308 bis 1313 den deutschen Thron innegehabt. Im Juli 1346, also eineinhalb Jahre nach der mißglückten Litauer-Reise, sollte Karl IV. zum König bzw. damals, da Ludwig der Bayer noch lebte, zum Gegenkönig gewählt werden.

Die Planung dieser Wahl, die von dem damals in Avignon regierenden Papst gefördert wurde, geht sicherlich auf den März und April 1344 zurück, als Johann und Karl in Avignon waren und zugleich auch die Erhebung Prags, der böhmischen Hauptstadt, zum Sitz eines Erzbistums erreichten. Mit Sicherheit ist aber damals auch der Litauerzug besprochen worden, als eine Demonstration der Stärke gegenüber Polen, als Versuch, den ungarischen König im luxemburgischen

Interesse zu gewinnen, aber auch im Sinne der päpstlichen Politik, die damals an der Nachfolge im Königreich Neapel interessiert war, auf die der Bruder des Königs von Ungarn, Andreas, hinarbeitete. Nicht zuletzt wollten die Luxemburger den Deutschen Orden, der sich bisher in den Auseinandersetzungen um die deutsche Krone neutral verhalten hatte, angesichts des bevorstehenden abermaligen Doppelkönigtums auf ihre Seite ziehen.

Eine solche Absicht brachte den Orden jedoch in eine unangenehme Lage. Denn da seine Besitzungen im Reich so breit gestreut waren, konnte er sich bei einem Doppelkönigtum eine entschiedene Parteinahme nicht leisten – andernfalls hätte er jenen Teil seiner Besitzungen, der im Herrschaftsbereich des anderen Königs lag, auf das schwerste gefährdet. Man darf also vermuten, daß das Erscheinen der beiden Luxemburger in Preußen den Orden in eine gewisse Verlegenheit setzte. Was sollte die Ordensführung tun? Sie konnte schließlich prominente Kreuzfahrer nicht gut nach Hause schicken, oder sie konnte es nur unter den größten Schwierigkeiten. In einem anderen Falle, im Jahre 1394, hat der Orden freilich einer Gruppe von Kreuzfahrern, von englischen Rittern, so nachdrücklich von der Reise nach Preußen abgeraten, daß sie am Ende zu Hause blieben. Der Grund dafür lag in Streitigkeiten, die auf den Litauer-Reisen der Jahre 1391 und 1392 zwischen englischen und schottischen Rittern stattgefunden hatten und bei denen zunächst, nämlich 1391, ein Schwiegersohn des schottischen Königs getötet worden war, während im folgenden Jahre englische Kreuzfahrer einen Angehörigen des preußischen Adels und dessen Diener erschlugen. Auch sonst haben wir Zeugnisse von der Arroganz englischer Kreuzfahrer, insbesondere des vornehmsten unter ihnen, des Prinzen Heinrich von Derby, der 1399 als Heinrich IV. den englischen Thron besteigen sollte. Offensichtlich hatte die Ordensführung den Eindruck, daß die politischen Gegensätze unter den verschiedenen nationalen Gruppen von Kreuzfahrern in diesem Fall den Kreuzzug gefährdeten. So lud sie die Engländer aus, und zwar mit Erfolg. Seit 1394 haben keine englischen Ritter mehr an den Litauer-Reisen teilgenommen.

Eine entsprechende Ausladung des böhmischen und des eventuellen zukünftigen deutschen Königs wäre aber nicht möglich gewesen. So mußte die Ordensführung diesmal, im Winter 1344/45, die schwerlich besonders willkommene Gäste dulden, und die Sache war prekär auch deshalb, weil auch die gegnerische, die wittelsbachische Partei, ihre Anhänger nach Preußen gesandt hatte. Zu ihr gehörte jener Graf von Holland, der im Spiel mit dem ungarischen König so viel Glück hatte. Er war ein Schwager Kaiser Ludwigs des Bayern.

Die mißmutige Stimmung, von der die Quellen erzählen, war also sicherlich nicht nur Frustration infolge des verzögerten und dann mißglückten Krieges, sondern sie hängt auch damit zusammen, daß sich hier in Königsberg wochenlang die Vertreter zweier feindlicher Gruppierungen gegenübersaßen.

Dem entsprach dann auch das Nachspiel dieses Krieges. Noch während des Wartens in Königsberg hatte sich Kaiser Ludwig mit dem polnischen König verbunden. Dieser aber ließ sich von der Demonstration, welche dieser Litauerzug hatte sein sollen und doch nicht gewesen war, nicht in seinen Plänen behindern. Er versuchte, die beiden Luxemburger auf ihrem Heimweg gefangenzunehmen, um ihnen, wie Karl in seinen Erinnerungen schreibt, den letzten Pfennig abzupressen. Da den Luxemburgern dieser Plan vorher bekannt geworden war, machte Johann vorsichtshalber einen Umweg, während Karl, weil er nach Mähren reisen mußte, polnisches Gebiet nicht vermeiden konnte. So wurde er tatsächlich in Kalisch gefangengenommen, doch gelang es ihm nach einigen Tagen, mit List und Geistesgegenwart freizukommen.

Dieser Litauer-Zug ist, wie schon gesagt, von der Überlieferung besonders begünstigt – aber auch von den anderen Kreuzzügen des Ordens gegen Litauen hören wir immer wieder, nicht zuletzt deshalb, weil diese Züge aus der Sicht der meisten Teilnehmer Ereignisse waren, die dazu dienen sollten, ritterliche Normen zu erfüllen und ihr soziales Ansehen zu erhöhen. Aus diesem Grunde sorgten einige der prominenten Kreuzfahrer dafür, daß ihre Teilnahme am Preußenzug auch bekannt gemacht und unter Einsatz der Topoi ritterlicher Dichtung besungen wurde.

Oswald von Wolkenstein, der zitierte Lyriker des 15. Jahrhunderts, ist dafür freilich kein Beispiel. Denn er hält sich ja an den überlieferten Formen- und Motivkanon gerade nicht. Das extreme Gegenbeispiel liefert Peter Suchenwirt, ein sozusagen berufsmäßiger

Propagandist ritterlicher Taten, ein Herold. Als solcher hatte er die Aufgabe, bei Turnieren und anderen ritterlichen Festen für die Einhaltung der Zeremonien zu sorgen, die Gäste anzusagen, ihren Ruhm zu verkünden: Er war also so etwas wie ein Chef des Protokolls. Eine weitere Aufgabe eines solchen Herolds war es, den Ruhm seiner Auftraggeber in Gelegenheitsgedichten zu besingen. Wir kennen zwanzig solche von Peter Suchenwirt verfaßten Gedichte, und eines hat die Preußenfahrt Herzog Albrechts III. von Österreich im Jahre 1377 zum Gegenstand. Das Gedicht handelt also auch ausführlich vom Litauer-Krieg, und zwar aus der Perspektive eines Augenzeugen. Denn ein mächtiger Fürst wie der österreichische Herzog führte in dem großen Gefolge, das ihn nach Preußen begleitete, natürlich einen Herold mit sich.

Das Gedicht umfaßt 500 Verse. Wir hören am Anfang, daß Herzog Albrecht in Preußen die Ritterwürde erringen wollte und daß er sich dazu mit einer sehr ansehnlichen Begleitung auf den Weg machte:

Da sach man reiten auzerchorn
fumfzig werder dinstman;
durch hochen preis; di zogten dan
mit im gen Preuzzen auf di vart.
Da sach man reiten wol geschart
fumf grafen stolz und hochgemut,
die sparten weder leib noch gut
durch got, durch er, durch ritterschaft;
ir herz was mild und tugenthaft ...

So geht es fort. Es ist alles beisammen, was zu rechter Ritterschaft gehört, das Arsenal der einschlägigen Vorstellungen und Begriffe ist versammelt.

Das Gedicht fährt dann fort mit der Nennung der vornehmsten Teilnehmer des Zuges im einzelnen, der Verfasser tut also, was vor allem seine Heroldspflicht ist, und er beschreibt dann die Folge der Ereignisse, wobei immer wieder, entsprechend dem Beruf und den Aufgaben des Autors auf Zeremoniell und auf Festlichkeiten während der Reise Wert gelegt wird. So hören wir etwa vom Empfang der vornehmsten Gäste in Thorn, der ersten Stadt in Preußen, wo die Frauen und Töchter der Ratsfamilien zu einem Fest geladen werden:

> *pat man gar tugentleiche*
> *die vrauen da zu gaste;*
> *da sach man widerglaste*
> *von mundelein und von wangen;*
> *mit perlein, porten, spangen*
> *di vrauen sich da zirten*
> *und gen der lust vlorirten;*

Ganz andere Frauen lernen wir freilich dann kennen, wenn uns der eigentliche Anlaß der Reise, der Heidenkampf, geschildert wird. Vorher beschreibt Suchenwirt das Eindringen des Heeres in Litauen. Er gibt auch hier zunächst die repräsentative Seite des Vorganges: Ein schönes Bild, wie die kostbar geschmückten Fürsten und Ritter durch die Wildnis reiten. Die Banner flattern im Winde und:

> *schapel und strauzzenfedern*
> *furt da manig stolzer helt ...*

In Samaiten kommt es zu einer ersten Begegnung mit dem Feind:

> *da vant man einen hochzeit;*
> *di gest chomen ungepeten!*
> *Ein tanz mit haiden wart getreten,*
> *daz ir wol sechzig bliben tot;*
> *darnach daz dorf mit veur rot,*
> *daz ez hoch in di luften pran.*
> *Ich wer nicht geren preutigan*
> *da gewesen, auf mein ait.*

Und nachdem die ersten Heiden getötet sind, nachdem ihr Dorf abgebrannt ist und der Dichter diesen Vorgang mit Ironie dargestellt hat, ist auch der Moment für die zentrale Zeremonie gekommen: für den Ritterschlag.

> *Der graf von Zil, Herman genant,*
> *daz swert auz seiner schaide zoch*
> *und swencht ez in di luften hoch*
> *und sprach zu herzog Albrecht:*
> *„Pezzer ritter wenne chnecht"!*
> *und slug den erenreichen slag.*

Ein Herold über den Litauer-Krieg

Do wurden auf den selben tag
vir und sibenzig ritter ...
... Maria der vil rainen mait
zu wirden und zu eren.

Nach der Zeremonie geht der Krieg weiter. Da Gott den Rittern die Gnade gab, wie Suchenwirt schreibt, überraschend in Samaiten einzubrechen, finden sie keine ernste Gegenwehr. Die Heiden wagen nur nachts kleine Überfälle, und so können die Ritter beinahe ungehindert der Heidenjagd nachgehen, wie es ausdrücklich heißt:

Waz in tet we, daz tet uns wol!
Daz lant was leute und gutes vol,
damit so het wir unsern lust,
den christen gewin, den haiden vlust ...

Suchenwirt beschreibt weiter, wie sich das Heer nun in kleine Abteilungen auflöst und die Heiden verfolgt:

die haiden aber sere schrieren
in dem pusch, des gie in not,
wen man slug ir vil zu tot;
gevangen wurden weib und chint;
ez was ein gemleich hofgesint!
Man sach da vil manigem weib
zwai chint gepunden in irn leib,
ainz hinden und ainz voren;
auf einem pferd an sporen
cham sie parfuz her geriten!

Wie man sieht, erheitert es den Dichter bzw. diejenigen, für die er schreibt, wie da die verzweifelten Samaitenfrauen aus dem Busch kommen und die Kinder an der Brust und auf dem Rücken tragen. Ein Bild des Jammers ist das für ihn nicht, sondern vielmehr eine Gelegenheit, diesen Eindruck ironisch mit der Lebensweise zu konfrontieren, die er zu propagieren hat: Eine sonderbare unhöfische Gesellschaft, die da aus den Wäldern auftaucht. Und ohne Sporen sitzen diese Leute auch noch auf den Pferden.

Diese Haltung freilich ist nicht nur hier anzutreffen. Sie gehört auch sonst zur höfischen Literatur, in der die bäuerliche Welt als

Gegenwelt geschildert und in ihrer Abscheulichkeit gern beschrieben wird, weil vor diesem Hintergrund die eigene Ritterwelt um so heller strahlt. Diese Welt der Bauern, des Schmutzes, des Grotesken und absolut Unhöfischen ist es, die der Herold des österreichischen Herzogs hier bei den aufgespürten und gefangenen Heiden wiederzuerkennen vorgibt.

Man könnte fragen, ob für die einstige Wirklichkeit der Heidenkriege des Ordens ein solcher Text überhaupt erheblich ist. Ein einfacher Augenzeugenbericht, irgend etwas, was auch nur von ferne mit einer Reportage zu vergleichen wäre, ist er selbstverständlich nicht. Er gibt auch mit Sicherheit nicht die subjektiven Eindrücke seines Verfassers wieder. Dieses Gedicht ist Gebrauchsliteratur in einem extremen Grade. Es repräsentiert die Wünsche und Vorstellungen seiner Hörer. Selbstverständlich heißt das nicht, daß Herzog Albrecht und seine ritterlichen Begleiter die Samaiten so erlebten, wie Suchenwirt sie beschreibt. Aber sie erwarteten doch offensichtlich, daß ihnen solche Erlebnisse zugetraut wurden, und insofern lernt man hier vielleicht doch ein Stück Mentalität der adligen Kreuzfahrer des 14. Jahrhunderts kennen.

Die Litauer-Kriege des Deutschen Ordens waren, wie schon gesagt, ein Stück spätmittelalterlicher europäischer Adelskultur, wie sie Jan Huizinga in seinem bekannten Buch über den Herbst des Mittelalters beschrieben hat. Dort freilich ist eher von den schönen Seiten der späten Ritterkultur die Rede, von der Stilisierung der Liebe und so fort. Zum spätmittelalterlichen Rittertum gehört aber auch die Wirklichkeit der Kriege, welche jene kultivierten Ritter führten, und ihre Art Krieg zu führen begegnet hier, bei den Litauer-Kriegen in konzentrierter, aber auch in einer besonderen Form. Denn die hier geführten Kriege waren Heidenkriege; die Gegner, mit denen die Ritter es zu tun hatten, hatten keinen Anspruch darauf, nach den Regeln des Rittertums behandelt zu werden.

Aber nicht weniger wichtig sind die Litauer-Kriege des Deutschen Ordens für dessen Geschichte im 14. Jahrhundert. Sie zeigen, daß dieser Orden und sein preußischer Staat offensichtlich an die Grenzen ihrer Möglichkeiten gekommen waren. Denn einen Erfolg erzielte der Orden mit seinen alljährlichen Kreuzzügen ja nicht. Trotz allen Einfällen in das Litauerland, trotz allen Grenzburgen, die der Orden erbaute und gegen Widerstand behauptete: Ein entscheidender Vorstoß gelang ihm nicht, im Gegenteil.

Denn bald nach dem zuletzt erwähnten Ereignis, nach jenem Kreuzzug des Jahres 1377, auf dem Albrecht III. von Österreich zum Ritter geschlagen wurde, geschah, was als eine mögliche Gefahr, wie oben erwähnt, schon in der Mitte des 14. Jahrhunderts am Horizont aufgetaucht war: die Taufe der litauischen Fürsten. Wozu der Orden sie und ihr Volk durch seine Heidenkriege hatte zwingen sollen und wozu er sie doch nicht hatte nötigen können, das taten sie nun ohne Zwang, jedenfalls ohne durch den Orden ausgeübten Zwang. Dem Orden wurde damit seine Aufgabe genommen.

Achtes Kapitel

Der Deutsche Orden und die polnisch-litauische Union

Als König Kasimir III., der Große, jener polnische König, der 1343 den Frieden von Kalisch (vgl. oben S. 150) schloß, jener König auch, der den böhmischen König und seinen Sohn auf dem Heimwege vom Litauer-Zug festzusetzen versucht hatte (vgl. oben S. 164) und der der polnischen Ausdehnungspolitik die Richtung nach dem Südosten gab, im Jahre 1370 starb, hinterließ er keinen männlichen Erben. Mit ihm starben die Piasten in der regierenden Linie in Polen aus. Nachfolger wurde jedoch nicht ein Angehöriger einer anderen piastischen Linie, sondern der Sohn der älteren Schwester des Königs: König Ludwig der Große von Ungarn aus dem Hause Anjou, ein Fürst, der mit dem Deutschen Orden auch schon Erfahrungen gemacht hatte. Er war es, der auf jener Litauer-Reise des Winters 1344/45 eine hohe Summe an den Grafen von Holland im Würfelspiel verlor (vgl. oben S. 161). Als König Ludwig den polnischen Thron bestieg, stand er schon in einem höheren Alter. So war im Jahre 1382 die Nachfolgefrage abermals akut. Auch diesmal gab es keine männlichen Erben, aber Ludwig hinterließ zwei Töchter: Maria und Jadwiga (Hedwig). Beide waren verlobt: Maria mit dem Sohn Kaiser Karls IV., Siegmund, Jadwiga mit Herzog Wilhelm von Österreich.

Die beiden Prinzessinnen wurden nach dem Tode ihres Vaters gekrönt, in Polen wie auch in Ungarn gab es die weibliche Erbfolge, aber damit war doch die Frage, wer diese beiden Reiche regieren würde, noch nicht gelöst. Es kam vielmehr darauf an, ob es den Verlobten Marias und Jadwigas oder anderen gelingen würde, zur Heirat und damit zur Herrschaft zu gelangen. Das aber war selbstverständlich keine Frage, über die die beiden Prinzessinnen allein zu entscheiden gehabt hätten. In erster Linie ging es darum, wen die Stände beider Länder zum König wählen würden. Mitentscheidend war auch, wie sich die jeweiligen Nachbarn verhielten.

Die Anfänge der Union

Im Kampf um Jadwiga und um die polnische Krone gab es außer Herzog Wilhelm von Österreich noch andere Interessenten, unter ihnen Siegmund, den späteren ungarischen und deutschen König, den Verlobten Marias. Siegmund versuchte, die polnische Krone zu erlangen, scheiterte dabei jedoch unter anderem daran, daß der Deutsche Orden ihm nicht helfen wollte. Der favorisierte einen Herzog von Masowien, und das erwies sich als ein Fehler. Denn der kleinpolnische, d. h. der südpolnische Adel, bei dem vor allem die Entscheidung lag, hatte einen anderen Kandidaten für die Ehe mit Jadwiga und für den polnischen Thron ins Auge gefaßt: Jagiełło, einen litauischen Fürsten.

Am 14. August 1385 wurde ein Vertrag geschlossen, in dem sich Jagiełło verpflichtete, als Gegenleistung für die Hand Jadwigas und für die polnische Krone sich selber und alle Nichtchristen in seinem Volk taufen zu lassen, seine Länder auf Dauer der polnischen Krone anzufügen und sich um die Rückgewinnung jener Gebiete zu bemühen, die der polnischen Krone verlorengegangen waren. Mit diesem Vertrag wurde also nicht nur ein christliches Litauen kreiert, sondern ein Doppelstaat, zusammengesetzt aus den beiden Staaten, aus Polen und aus Litauen, mit denen der Orden in Preußen bisher die heftigsten militärischen Konflikte gehabt hatte, und es wurde überdies in Aussicht genommen, daß dieser Staat sich vergrößern sollte. In welcher Richtung, war nicht gesagt und ist auch nicht aus den Worten des Vertrages zu erschließen, denn der Kreis der Länder, von denen man behaupten konnte, sie hätten einmal zur Krone Polen gehört, war groß. Jedenfalls gehörten Pommerellen und das Kulmer Land dazu, denn auf diese Länder hatten die polnischen Könige in Prozessen der ersten Hälfte des 14. Jahrhunderts (vgl. oben S. 150) Ansprüche erhoben. Einige Jahre später sollte dieser Anspruch wiederum ausgesprochen werden, und bald darauf, im Jahre 1415, auf dem Konstanzer Konzil, legten gelehrte Juristen des polnischen Königs dar, daß der Orden und der Ordensstaat aus zwingenden rechtlichen Gründen aufgelöst werden müßten, so wie ein gutes Jahrhundert zuvor der Templerorden beseitigt worden war.

Man hat deshalb, sowohl in der polnischen wie auch in der deutschen Geschichtsschreibung, gemeint, im 15. Jahrhundert sei nur ausgeführt worden, was 1385 geplant worden sei. Man war der Meinung,

8. Der Orden und die polnisch-litauische Union

jene dritte Verpflichtung des neuen polnischen Königs habe von vornherein auf die Vernichtung des Ordensstaates gezielt. Aber das ist doch nur eine Schlußfolgerung von den späteren Ereignissen her und beinahe ein Zirkelschluß. Denn es ist durchaus offen, ob 1385 schon bestimmte Länder gemeint waren, und wenn das so war, dann ist eigentlich eher an jene Region zu denken, in die sich der polnische Staat in den letzten Jahrzehnten ausgedehnt hatte, also an den Südosten. Dafür spricht auch, daß es vor allem der südpolnische Adel war, der Jagiełło auf den polnischen Thron brachte.

Der Vertrag von 1385 wurde alsbald ausgeführt. Taufe, Heirat und Krönung des Litauers, der nun den christlichen und polnischen Namen Władysław führte – er ist der zweite polnische König dieses Namens –, fanden schon zu Anfang des Jahres 1386 statt. Jagiełło hatte den Hochmeister zur Teilnahme eingeladen und ihn gebeten, als Taufpate zu fungieren.

Aber der Hochmeister und der Orden waren offensichtlich nicht der Meinung, daß hier die Gelegenheit zu einem versöhnlichen Abschluß der Heidenkämpfe war. Die Einladung wurde nicht nur abgelehnt. Vielmehr rückten in den Tagen, da in Krakau die Taufe und die Krönung des neuen Königs stattfanden, Kontingente des Ordens nach Litauen ein. Der Heidenkrieg wurde fortgesetzt. Der Orden war also, und so verlautbarte er in der Folgezeit auch ausdrücklich, nicht bereit, Litauen nunmehr als christlichen Staat zu behandeln. Er stellte es vielmehr weiterhin als ein Heidenland dar und setzte seine Kreuzzüge fort. Aussichtsreich war eine solche Politik freilich nur dann, wenn der Orden Verbündete in Nordosteuropa fand, die seine Litauenpolitik abstützten, und wenn es ihm gelang, die Verbindung zwischen Polen und Litauen wieder aufzulösen.

Beides war nicht unmöglich, denn es gab durchaus Verbündete. Es gab z. B. den Herzog Wilhelm von Österreich, den einstigen Verlobten Jadwigas, die nun mit dem Litauerfürsten verheiratet war. Der Österreicher hatte im letzten Moment versucht, dem sich anbahnenden polnisch-litauischen Ehebündnis entgegenzutreten. Er war nach Krakau gereist, wurde jedoch vertrieben. Er ließ daraufhin verbreiten, Jagiełło sei ein Ehebrecher, er verklagte ihn an der päpstlichen Kurie – aber am Ende hatte das keinen Erfolg.

Das lag auch daran, daß der Papst gar nicht daran dachte, die Taufe des Litauerfürsten für einen Betrug und die Christianisierung Litauens für einen Schein zu halten. Schon 1388 wurde in Wilna ein litauisches Bistum errichtet, erkannte der Papst die Ehe des Litauers mit Jadwiga als legitim an und bezeichnete er den neuen polnischen König ausdrücklich als Vorkämpfer gegen das Heidentum. Ein Jahr später machten sich Gesandte des Papstes selber ein Bild von dem Fortschreiten der Christianisierung Litauens, und ihre Berichte fielen günstig aus. Sie forderten den Orden zum Frieden mit Litauen auf. Aber der Krieg ging weiter. Im September desselben Jahres erstürmte der Orden Wilna, den Sitz des eben gegründeten Bistums.

Einige Jahre später, im Jahre 1404, entzog der Papst dem Orden ausdrücklich seinen Auftrag, auf den er sich in seinem Kampf gegen Litauen berief: Er verbot dem Orden feierlich den Heidenkampf. Acht Jahre zuvor, im Jahre 1395, war dieses Verbot schon von seiten des deutschen Königs ausgesprochen worden.

Für sich betrachtet könnten diese beiden Verbote als Rücknahme der Privilegien erscheinen, die Kaiser und Päpste dem Orden im 13. Jahrhundert zugestanden hatten. Aber so einfach ist das nicht. Denn weder der Papst noch gar der König waren uninteressierte Schiedsrichter, die etwa aufgrund objektiver Erwägungen eine Entscheidung gefällt hätten. Beide handelten in einer bestimmten politischen Situation und aufgrund ihrer eigenen Interessen. Dessen ungeachtet war aber ihre Autorität erheblich. Ihre Entscheidung brachte den Deutschen Orden also in eine prekäre Lage. Auf der anderen Seite hatte dieser freilich inzwischen Erfahrungen mit der Ignorierung päpstlicher Urteile gesammelt. Eine Katastrophe waren die Entscheidung des Papstes und des Königs gegen den Orden für diesen nicht – jedenfalls so lange er sich militärisch behaupten konnte. Das aber gelang ihm recht gut, und es kam hinzu, daß die polnisch-litauische Union sich als einigermaßen fragil erwies. Der Orden tat alles, um ihren Verfall zu fördern.

Litauen war zwar im Hinblick auf seinen Umfang in den letzten Jahrzehnten zu einer Großmacht geworden, aber im Innern war es ein außerordentlich instabiles Gebilde. Es wurde regiert von den Nachfahren Gedimins (vgl. oben S. 152), einer Art von regierendem Clan mit vielen Mitgliedern – wenn man ein zeitgenössisches Beispiel für eine solche Regierungsform nennen sollte, könnte man, mit allen

8. *Der Orden und die polnisch-litauische Union*

notwendigen Einschränkungen, an Saudi-Arabien denken. Der Vergleich ist jedenfalls insofern gerechtfertigt, als hier wie dort jederzeit blutige Auseinandersetzungen innerhalb der regierenden Familie möglich waren bzw. sind.

Jagiełło war infolgedessen schon vor seiner Taufe nicht der alleinige und unbestrittene Herrscher Litauens gewesen, und er war es nach seinem Übertritt zum Christentum und seiner Krönung zum polnischen König erst recht nicht. Er hatte unter seinen Verwandten Konkurrenten, und unter diesen war der mächtigste sein Vetter Witold. Schon in den frühen achtziger Jahren, also noch vor Jagiełłos Taufe, hatten beide in blutigen Auseinandersetzungen gestanden, und der Orden war daran beteiligt gewesen. Er stand zunächst mit Jagiełło, dann mit Witold im Bunde. Die Rivalität der beiden Vettern hielt auch nach der Krönung Jagiełłos an, und so hatte der Orden hier weiterhin eine Chance.

Zwar kam es zu einem Kondominium zwischen Jagiełło und dem inzwischen ebenfalls getauften Witold – dieser übte die Herrschaft über Litauen aus, Jagiełło die über Polen – aber die polnisch-litauische Union blieb dennoch zerbrechlich. Auch aus diesem Grunde war die Stellung des Ordens keineswegs aussichtslos, als hätte hier, wie die Landkarte zu lehren scheint, ein kleiner Staat einem Koloß gegenübergestanden. Zwar reichte Litauen nun in der Tat im Norden bis fast an die Ostsee und im Süden bis nahe an das Schwarze Meer. Verbunden mit Polen war es größer als Deutschland und Frankreich zusammen. Aber die politische Potenz Polen-Litauens entsprach dieser Größe keineswegs, wegen des geringeren Grades an wirtschaftlicher und politischer Entwicklung, aber auch wegen der Spannungen zwischen Polen und Litauen. Diese wurden auch dadurch genährt, daß die Expansionsinteressen beider Staaten nicht übereinstimmten. Litauens Interessen reichten weiter nach Süden und Osten als die polnischen.

Die politischen Konstellationen wechselten in diesen Jahren rasch, sie brauchen hier im einzelnen nicht verzeichnet zu werden. Wichtig ist jedoch der 12. Oktober 1398. An diesem Tage einigten sich der Orden und Witold in einem umfassenden Abkommen, im Vertrag von Sallinwerder. Witold verzichtete auf Samaiten, auf jenes westliche Gebiet Litauens also, das zwischen Preußen und Livland lag, das der

Orden seit Jahrzehnten zu erkämpfen versucht hatte und das immer wieder der Schauplatz seiner Kreuzzüge gewesen war. Der Orden dagegen verzichtete auf einen Teil seiner preußischen Grenzregionen, er begradigte die preußische Ostgrenze. Aber diese Abtretung war durchaus unbedeutend im Vergleich mit dem, was er gewann. Der Vertrag von Sallinwerder war also ein Erfolg für den Orden.

Die Ursache dafür liegt dort, wo auch der Grund dafür gelegen hatte, daß Polen ein halbes Jahrhundert zuvor auf Pommerellen verzichtete. Wie damals Polen, so wollte nun Litauen den Rücken freihaben, um sich ungehindert in eine andere Richtung ausdehnen zu können, nach Süden bzw. Südosten. Jetzt, um 1400, war der Süden für Witold deshalb so interessant, weil Auseinandersetzungen innerhalb der Goldenen Horde Außenstehenden Gewinnmöglichkeiten eröffneten. Witold versuchte, so könnte man sagen, von den Konflikten innerhalb des Tatarenreiches ebenso zu profitieren, wie der Orden Nutzen aus den Kämpfen zwischen Witold und Jagiełło zog.

Der Deutsche Orden tat das seine, um Witold in seinen Bemühungen um eine Südexpansion zu bestärken. Wahrscheinlich hatten schon unmittelbar vor dem Frieden von Sallinwerder Ordensritter im litauischen Heer gekämpft. Nach diesem Vertrag beteiligte sich nun offiziell ein Ordenskontingent an den Kämpfen der Litauer im Süden. Die Ordensritter kämpften dabei nicht nur im Bunde mit denen, die sie eben noch für Heiden erklärt hatten – und alsbald wieder für Heiden erklären sollten –, sondern auch zusammen mit Ostchristen, mit Schismatikern also nach westlicher Terminologie, und, was das Auffälligste war, auch im Bündnis mit Tataren, mit jenen nämlich, die von der Goldenen Horde abgefallen waren. Ein gemeinsamer Kampf also von Christen, Schismatikern und Heiden, aber nicht nur im Sinne jenes oben (vgl. S. 154) schon genannten Machiavellismus, sondern auch mit der Autorität des Papstes, der dem christlich-schismatisch-heidnischen Heer noch ein Kreuzzugsprivileg nachsandte.

Die militärische Entscheidung fiel freilich dennoch zu Gunsten der Gegner aus. Jenes gemischte Heer erlitt an der Worskla, einem Nebenfluß des Dnjepr, am 12. August 1399 eine Niederlage, die sich in den nächsten Jahren als ein epochales Ereignis erweisen sollte. Denn mit dieser Schlacht war der Weg Litauens zur osteuropäischen Hegemonialmacht abgeschnitten. Und es zeigte sich, daß mit dieser

Schlacht auch eine Entscheidung für den Fortbestand der polnisch-litauischen Union gefallen war.

Damit aber war nun auch der Grund für das Entgegenkommen hinfällig geworden, das Witold dem Deutschen Orden im Vertrag von Sallinwerder bewiesen hatte. Samaiten ging dem Orden daher sogleich wieder verloren. Er hätte das Land nur halten können, wenn Witold ihn unterstützt oder jedenfalls den gegen die Ordensherrschaft kämpfenden Samaiten nicht geholfen hätte. Aber das tat Witold jetzt angesichts der veränderten Konstellation. Der Orden konnte Samaiten also nicht behaupten. Und so kehrte er zu seiner alten Politik zurück: Witold, mit dem im Bunde er eben noch gekämpft hatte, und sein Vetter Jagiełło waren in den Augen des Ordens nun wieder Heidenfürsten, und der Kampf gegen sie, so ließ der Orden verbreiten, war ein Entscheidungskampf zwischen Christentum und Heidentum. Die Aufgabe, um derentwillen der Orden nach Nordosteuropa versetzt worden war, bestand fort, so versuchte er allenthalben deutlich zu machen.

In diesen Jahren wurden in geradezu regelmäßiger Folge Gesandte des Deutschen Ordens ins Reich und weiter nach Westeuropa geschickt, die lange propagandistische Ausarbeitungen mitnahmen und auch mündlich die Position des Ordens darlegen sollten. Sie erklärten, daß der Orden es in Jagiełło und Witold mit Heidenfürsten zu tun habe, daß er legitimerweise Krieg gegen sie führe und daß ihn alle christlichen Fürsten dabei unterstützen müßten. Der polnische König behauptete seinerseits, daß der Orden zum Feind des Christentums geworden sei, daß er ihn nicht nur nicht als christlichen König anerkenne und bekämpfe, sondern vielmehr härter anfeinde als vor seiner Taufe. Am Ende kehrten die polnischen Argumente die des Ordens gegen ihn. Wenn der Orden, so ließ der polnische König verbreiten, ihm vorwerfe, seit seiner Taufe nur wenig für die Christianisierung Litauens getan zu haben, dann müsse man erst recht fragen, inwiefern der Orden denn in den nunmehr zweihundert Jahren, in denen er Preußen besaß, die Christianisierung dieses Landes gefördert habe. Die Argumente beider Seiten wurden sich im Verlauf dieses Propagandakrieges immer ähnlicher. Beide warfen sich Herrschaftserwerb unter dem Schein der Christianisierung vor, beide behaupteten, daß der jeweils andere es im Kriegsfalle vor allem auf die Kirchen und

Die Verbündeten des Ordens und der Union

Geistlichen abgesehen habe und die scheußlichsten Verbrechen an ihnen verübe. Weder auf der Seite des Ordens noch Polens hatte es einen solchen Propagandakrieg, eine so dichte Folge von vervielfältigten propagandistischen Verteidigungen der eigenen Politik vorher gegeben. Aber man kann durchaus erkennen, warum es zu dieser hier neuen Form der politischen Propaganda kommt. So machiavellistisch, so rein interessen- und situationsgebunden die Politik, um die es hier geht, auch erscheinen mag: am Ende regierte doch nicht nur das Gesetz der vollen Kassen und der stärkeren militärischen Kontingente. So deutlich man auch sehen kann, daß die besten Rechtspositionen nichts nutzten, wenn keine Macht hinter ihnen stand, so offensichtlich ist doch auch, daß rechtliche Argumente hier von großem Gewicht waren. Sowohl der Orden wie auch Polen waren auf Verbündete angewiesen, und die legten Wert darauf, einer Sache zu dienen, die für gut und gerecht gelten konnte, entsprechend den politischen Usancen der Zeit, ähnlich wie das für die Kriegsführung selber galt.

Beim Krieg, bei der Fehde stand es ja keineswegs im Belieben jedes Mächtigen, wann er seine Sache mit Gewalt vertreten, wann er die Fehde beginnen konnte. Die Fehde war vielmehr an gewohnheitsrechtliche Normen gebunden, die es erlaubten, sie, die rechtmäßig, die ehrlich geführte Fehde von unrechtem Raub zu unterscheiden. Zu diesen Normen gehörte vor allem, daß die Fehde erst dann rechtmäßig war, wenn der Rechtsweg zu keinem Erfolg geführt, wenn also der Gegner entweder die Unterwerfung unter ein Schiedsgericht verweigert hatte oder einem schiedsgerichtlichen Urteil nicht gefolgt war. Da beides strittig, da man im Einzelfall durchaus darüber uneinig sein könnte, ob einer sich an Verträge gehalten, ob er ein Schiedsgericht akzeptiert oder ob er zu Recht ein unakzeptables Schiedsgericht abgelehnt hatte, kommt es im ausgehenden Mittelalter im Zusammenhang mit Krieg und Fehde immer wieder zu großen propagandistischen Aktionen, und ein solcher propagandistischer Krieg begegnet auch hier bei den Auseinandersetzungen zwischen dem Orden und Polen-Litauen.

Die Ausmaße sind freilich hier besonders groß – entsprechend der Weite des Bereiches, aus dem die möglichen Kriegsteilnehmer auf der Ordensseite kommen konnten. Die Litauen-Kreuzfahrer kamen, wie oben gesagt, nicht nur aus Deutschland, sondern auch aus West- und Südeuropa. Sollte das so bleiben, dann mußte der Orden in diesen Ländern propagandistisch aktiv werden. Aber es ging nicht nur um die Mitwirkung von Kreuzfahrern, sondern auch um die Anwerbung von Söldnern, um adlige und nichtadlige Kämpfer, die sich gegen Lohn an diesen Kriegen beteiligten. Seit dem späten 14. Jahrhundert nahm der Anteil der Söldner am Heer des Ordens rasch zu. Doch ging es dabei nicht nur um Sold, und die adligen Söldner jedenfalls waren bis zu einem gewissen Grade an ritterliche Normen gebunden: Sie mußten darauf achten, nicht ihre Ehre zu verlieren, und deshalb Wert darauf legen, daß die Sache, für die sie kämpften, als gerecht angesehen werden konnte. Der Orden mußte also seine Sache publizistisch auch in ihrem Kreise vertreten, und das umso mehr, als in den Regionen, aus denen die Söldner vor allem kamen, in Schlesien und in Böhmen, auch der polnische König Soldritter anwarb. Nicht zuletzt diese Konkurrenz war die Ursache für die propagandistische Aktivität des Ordens wie auch Polens.

In den ersten Jahren des 15. Jahrhunderts beschleunigte sich die Folge von militärischen Auseinandersetzungen und kurzfristigen Einigungen zwischen dem Orden und Polen-Litauen, bis das polnisch-litauische Heer am 15. Juli 1410 im südwestlichen Preußen, in der Nähe des Dorfes Tannenberg, nicht weit auch von einem Dorf namens Grünfelde, den Orden in einer großen Feldschlacht besiegte, in der Schlacht von Tannenberg bzw., nach polnischer historiographischer Tradition und in Anlehnung an das schon genannte Dorf Grünfelde, in der Schlacht bei Grunwald.

Diese Schlacht, die im Hinblick auf die Stärke der dabei beteiligten Kontingente zu den größten Feldschlachten des Mittelalters gehört, bedeutete für den Orden nahezu eine Katastrophe. Nicht nur der Hochmeister wurde erschlagen, sondern auch die Mehrzahl der Gebietiger des Ordens, der Ordensritter also mit höheren Funktionen. Das Ordensland fiel in den folgenden Wochen dem polnischen Heer ohne Mühe und fast ohne Ausnahme in die Hand, die Bischöfe und die Städte unterwarfen sich, die Bürger besetzten vielfach die Ordensburgen, und die verbliebenen kleinen Burgbesatzungen ergriffen die Flucht.

Behaupten konnte der Orden jedoch sein Haupthaus, die Marienburg. Es gelang einem der Komture, die an der Schlacht von Tannenberg nicht teilgenommen hatten, nämlich dem Komtur von Schwetz, Heinrich von Plauen, die Marienburg in großer Eile in Verteidigungsbereitschaft zu setzen und sie zwei Monate lang gegen die polnisch-litauische Belagerung zu halten. Als das Belagerungsheer dann abzog, schwand auch sehr schnell der Effekt des Sieges von Tannenberg. Das Land fiel an den Orden zurück, und der Friede von Thorn, geschlossen ein halbes Jahr später, am 1. Februar 1411, brachte, was die territorialen Verhältnisse anging, eine Bestätigung des Status quo.

Der Orden mußte freilich eine Kriegsentschädigung zahlen, und diese Summe nimmt in der deutschen historiographischen Tradition, so möchte man sagen, einen Ehrenplatz unter den unrechtmäßigen Handlungen ein, welche dem deutschen Volk im Laufe seiner Geschichte zugefügt worden sind. Nach 1918 rangierte sie gleich neben dem Frieden von Versailles. Aber solche Bewertungen haben oft eine zweifelhafte Grundlage, und so ist es auch hier. Denn die sechs Millionen Groschen, die der Orden nun zu zahlen hatte, waren zwar eine sehr hohe Summe, aber doch keine unvergleichliche. Der Orden selber hatte in den Jahren zuvor den Markgrafen von Brandenburg die Neumark für knapp 150000 Gulden abgekauft. 10 Monate nach dem Thorner Frieden stellte er dem König Siegmund 300000 Gulden als Hilfsgelder für den Fall in Aussicht, daß er mit ihm zusammen gegen Polen kämpfen würde. Was der Orden dem ersten Thorner Frieden zufolge als Kriegsentschädigung zu zahlen hatte, lag, wenn man den Betrag umrechnet, zwischen diesen beiden Summen: Es waren 260000 Gulden.

Es ist also nicht richtig, wenn man in dieser Kriegsentschädigung den Hauptgrund für die Schwierigkeiten des Ordensstaates Preußen im 15. Jahrhundert und für sein schließliches Ende ansieht. Die Ursachen dafür sind vielfältiger. Sie sind auch nur zum geringen Teil äußerer Natur: Der Ordensstaat ist keineswegs der Übermacht des vereinigten polnisch-litauischen Reiches zum Opfer gefallen. Die Gründe für seinen Niedergang sind ganz überwiegend in Preußen selber zu suchen.

Soweit die zuletzt dargestellten außenpolitischen Ereignisse hier als Ursache mitgewirkt haben, war das weniger die militärische Niederlage des Ordensstaates im Jahre 1410 als vielmehr der größere Zusam-

8. Der Orden und die polnisch-litauische Union

menhang: die Folgen der Taufe Jagiełłos und Witolds im Jahre 1386, die sich nachträglich in der Tat als epochales Ereignis erwies. Dem Orden war damit der Heidenkampf unmöglich gemacht, obwohl er das nicht wahrhaben wollte und alles dafür tat, um Litauen weiterhin als heidnischen Staat gelten zu lassen. Aber er konnte sich mit dieser Beurteilung der neuen Lage in Litauen nicht durchsetzen. Papst und römischer König erkannten Litauen bald als Glied der christlichen Völkergemeinschaft an. Damit war dem Ordensstaat in Preußen seine bisherige Legitimation entzogen.

Vor allem aber kam hinzu, daß inzwischen auch die innere Entwicklung des Ordensstaates so weit fortgeschritten war, daß die herkömmliche Staatsform fragwürdig wurde. Hier vor allem liegen die Ursachen für die Krise des Ordensstaates im 15. Jahrhundert und für sein Ende im Jahre 1525.

Neuntes Kapitel

Die inneren Strukturen des Ordensstaates Preußen im 14. und frühen 15. Jahrhundert

Wie früher gezeigt, ließ sich die Bevölkerung des Ordensstaates in drei große Gruppen gliedern: in die Stadtbewohner, in die bäuerliche Bevölkerung auf dem Lande und in die ebenfalls ländliche Schicht der Besitzer von Dienstgütern, der Freien. In allen Gruppen befanden sich Deutsche und Nichtdeutsche, vor allem Prussen, wenn auch in unterschiedlicher Position und in unterschiedlichem Grade. Bei den Bauern läßt sich ein deutlicher Unterschied zwischen den relativ günstig gestellten meist deutschen Hufenbauern und den weniger günstig situierten prussischen Hakenbauern feststellen. Ganz ähnlich finden sich in den Städten die Nichtdeutschen vor allem in der Unterschicht, während die Inhaber der Dienstgüter Deutsche wie auch Nichtdeutsche waren.

Von Anfang an waren also die Zuwanderer und die einheimische Bevölkerung nicht durch kastenartige Schranken voneinander getrennt, und auch in der Folgezeit kam es nicht zur Ausbildung fester Grenzlinien. Vielmehr lassen sich immer wieder Assimilationen feststellen. Die Sozialverfassung des Landes ist mobil geblieben. Es gibt zwar auf der einen Seite Gebiete, z. B. im Samland, wo geschlossene prussische Siedlungen konzentriert und wo infolgedessen die Möglichkeiten für eine Assimilation gering waren. Aber solche Regionen sind eher die Ausnahme. Im allgemeinen wächst die Bevölkerung des Landes trotz ihrer heterogenen Herkunft im Laufe des 14. und 15. Jahrhunderts zusammen. Es entsteht, jedenfalls bei den Schichten, die sich politisch artikulieren, ein gemeinsames Bewußtsein, man könnte, mit einem Modewort unserer Tage, sagen: eine neue Identität. Die war jedoch für den Landesherrn nicht nur positiv, sondern konnte ihm auch gefährlich werden, wie sich sehr bald zeigen sollte.

Zunächst freilich zeigte das Zusammenwachsen der Bevölkerung und die Entstehung eines Landesbewußtseins bei einer offensichtlich wachsenden Zahl von Menschen, daß dem Orden die Gründung eines Staates gelungen war – und das ist nicht erst eine nachträgliche Einsicht. Denn in einer der Verteidigungsschriften des Ordens, die in die Tradition jener propagandistischen Verlautbarungen gehört, die der Orden seit dem späten 14. Jarhundert versandte (vgl. oben S. 176) und die er dem Konstanzer Konzil vorlegte (vgl. unten S. 204), findet sich das Lob der Staatsgründung des Ordens in Preußen, in lateinischer Sprache, teilweise sogar in Versen, und in einer gleichzeitigen Übersetzung ins Deutsche:

Under irer [der Ordensbrüder] *beschirmunge das Land (terra) czu Prussen in korcz gros gewachsen ist, das uber andere lande in frede und gerechtigkeit (pace et ... iusticia) hatte ubergetreten bis czu dem hasse der nyder. Wy vil fryheit aller leute, wy vil gelucsamkeit, wy vil richtum (quanta libertas omnium, quanta prosperitas, quot divicie), e das der nyd der fremden dy selbe seligkeit umb hat gekaret. Eyn geczugnisse geben die schonen stete (magnifica oppida), kostliche huzere (sumptuosa castra) und vil festen (fortalicia copiosa), welche mit gotis hulfe czu beschirmunge der globien wedir dy heiden gebuet syn. Sehet was wirt von desem lande gemeynlich gesungen (Ecce quidem in vulgaribus canonibus de hac patria canitur): Ere, frede, freude luchet in Prussen, gestrengkeit, recht, gerechtikeit, herte stroffunge (honor, pax, leticia fulget in Prussia/rigor, lex, iusticia, arta disciplina). Eyns mogen wir frylich sagen, das des landes glich kume ist, das in also korczen jaren in selikeit (felicitatis incrementum) gemeret ist.*

Dieser Text ist, wie gesagt, nicht das, als was er sich ausgibt. Aus ihm spricht nicht die Bevölkerung des Landes, sondern der Landesherr, der Orden. Dieser aber, und darauf kommt es hier an, sieht in diesem Text seine wesentliche Leistung in der Staatsgründung, zu der auch das Zusammenwachsen der Landesbevölkerung oder eines Teiles von ihr, und das Bewußtsein von diesem Vorgang, gehörte.

Doch die neue Identität festigte das Land nicht nur, sondern sie konnte dem Landesherrn auch gefährlich werden. Das politische Selbstbewußtsein eines wachsenden Teiles der Bevölkerung konnte sich gegen den Landesherrn wenden, und zwar gerade gegen einen Landesherrn, der kein Fürst war, sondern ein Ritterorden. Denn je

Land und Landesherr 183

stärker sich die Bevölkerung mit dem Land identifizierte, je nachhaltiger das Bewußtsein der Bewohner wurde, schon seit mehreren Generationen im Lande zu sitzen, desto deutlicher und im Konfliktfalle auch befremdlicher mußte ihr die sich stets erneuernde überwiegende Landfremdheit des kollektiven Landesherren werden. Die Ordensritter kamen in ihrer Mehrheit von außen nach Preußen, sie kamen als Fremde, und das gab den Konflikten, die hier wie überall zwischen Landesherrschaft und Landbewohnern entstanden, eine zusätzliche Schärfe.

Doch sind Landesherr und Orden nicht identisch. Das herkömmliche Bild von der Struktur des Ordensstaates, und auch diese Darstellung, die der Einfachheit halber vom Orden spricht, wenn sie den Landesherrn meint, überdeckt, daß der Orden keineswegs allein der Landesherr in Preußen war. Landesherr waren neben ihm auch die vier Bischöfe.

Nachdem, wie früher gesagt, das eine Bistum Preußen, wie es der Bischof Christian, der Konkurrent des Ordens, gewollt hatte, nicht zustandegekommen war (vgl. oben S. 86), wurden im Jahre 1243 durch den päpstlichen Legaten vier Bistümer errichtet: Kulm, Pomesanien, Ermland und Samland. Dabei wurde jedes der Bistümer mit einem Territorium ausgestattet, und zwar jeweils mit einem Drittel des bischöflichen Amtsbezirkes, der Diözese. In diesem Drittel der Diözese war nicht der Orden Landesherr, sondern der Bischof bzw. das Domkapitel. Denn die Bischöfe teilten die Landesherrschaft mit ihren Domkapiteln, so daß Preußen tatsächlich aus neun Territorien bestand: vier bischöflichen, vier domkapitularischen und dem des Ordens, das allerdings das größte war. Es umfaßte zwei Drittel des Landes.

In der politischen Realität übte der Orden freilich nicht nur in seinem Landesteil Rechte aus, so daß die übliche Meinung, der Orden sei in Preußen allein Landesherr gewesen, wenn auch nicht richtig, so doch begreiflich und nicht unbegründet ist. Der Orden hat Rechte auch in den bischöflichen und domkapitularischen Territorien namentlich aus zwei Gründen ausgeübt. Er hatte erstens von Anfang an die Aufgabe, auch die Gebiete der Bischöfe und der Domkapitel militärisch zu schützen. Zwar konnten auch die Bischöfe und die Domkapitel das Landesaufgebot bestellen, ebenso wie der Orden gaben auch sie Dienstgüter aus, deren Inhaber zu Kriegsdienst verpflichtet waren. Aber im Kriegsfall bildeten diese Aufgebote doch zusammen mit denen des Ordensgebietes ein Heer. Und wegen dieser militärischen Aufgabe des Ordens auch in den anderen Territorien hatte er das Recht, auch hier die entsprechenden Abgaben einzuziehen. Freilich sehen wir immer wieder, daß die Bischöfe und Domkapitel die Verteidigung ihrer Territorien durchaus auch in eigener Regie vornehmen. Wenn jedoch, wie etwa vor der Schlacht von Tannenberg, der Hochmeister mit dem Rat seiner Gebietiger, also der Inhaber der höheren Ordensämter, den Krieg beschloß, dann war davon nicht nur das Ordensterritorium betroffen, sondern ganz Preußen. Die Bischöfe konnten nicht daran denken, eine selbständige Außenpolitik zu treiben. Sie konnten das allenfalls im Ausnahmefall tun, wie z. B. nach der Schlacht von Tannenberg, wo sie sich dem König von Polen unterwarfen.

Die militärisch also nur mit Einschränkungen gegebene und außenpolitisch überhaupt nicht vorhandene Selbständigkeit der anderen Territorien läßt sich nicht aus Verfassungsurkunden, Verträgen oder anderen Normen ableiten. Sie ergibt sich aus den faktischen Verhältnissen. Zu diesen gehört, und das ist der zweite hauptsächliche Grund für die Herrschaft des Ordens auch in den anderen preußischen Territorien, daß die Domkapitel von Kulm, Pomesanien und Samland dem Deutschen Orden inkorporiert waren. Die Domherren waren Priesterbrüder des Deutschen Ordens, und der Bischof war es auch, falls der Papst nicht einen anderen einsetzte. Damit aber waren Bischöfe und Domkapitel dem Hochmeister disziplinarisch unterworfen. Der Hochmeister bzw. der Orden konnte bis zu einem gewissen Grade bestimmen, wer in diesen drei bzw. sechs Territorien die Landeshoheit ausüben sollte. Darüber hinaus hatte der Orden Zugriffsmöglichkeiten auch dadurch, daß er die Kirchenvogteien besetzte. Jene Ämter also, die in anderen geistlichen Territorien in die Hand der dort ansässigen Adelsfamilien gelangten und denen sie dann zum Aufbau eigener Herrschaften, oft genug anderer Territorien dienten, waren hier in der Hand des Ordens.

Faktisch hatte der Orden eine entsprechende Stellung zeitweise auch in dem nicht inkorporierten Bistum Ermland. Auch auf dem ermländischen Bischofsstuhl saßen zuweilen Vertraute des Hochmeisters. Aber dieses Bistum war doch selbständiger als die anderen. Das zeigte sich z. B. in der Mitte des 15. Jahrhunderts, als der Deutsche Orden sich um eine wenigstens partielle Inkorporation des Domkapitels bemühte. Der Hochmeister hatte sich vom Papst das Recht verleihen lassen, zwei der insgesamt 24 ermländischen Domherrnstellen zu besetzen. Aber er konnte dieses Privileg nicht verwirklichen. Das Domkapitel und der – im übrigen eng mit dem Orden zusammenarbeitende – Bischof haben ihm erfolgreich Widerstand geleistet.

Man sieht daran, daß die Eigenständigkeit der Bistümer nicht unterschätzt werden darf. Auf der anderen Seite läßt sich aber in der ersten Hälfte des 15. Jahrhunderts ein deutliches Zusammenwachsen der bischöflichen und domkapitularischen Territorien mit dem des Ordens feststellen. In den Auseinandersetzungen mit den preußischen Ständen traten diesen der Hochmeister, die Gebietiger des Ordens und die Bischöfe meistens geschlossen gegenüber. Und auch die Stände trugen zu einer Zusammenführung des Landes bei. Die Gegenstände, die in den Verhandlungen zwischen ihnen und dem Landesherrn besprochen wurden, betrafen oft das ganze Land, gleichgültig, ob es Ordensterritorium war oder nicht. Und erst recht im Außenverhältnis, gegenüber Polen und Litauen, war Preußen eine Einheit. Dennoch bestanden weiterhin die bischöflichen und domkapitularischen Territorien neben denen des Ordens. Doch auch für dessen eigenes Territorium ist die Frage, von wem es tatsächlich beherrscht wurde, nicht einfach zu beantworten. Wer herrschte in Preußen: der Hochmeister oder die Gesamtheit der Ordensritter oder ein Teil von ihnen?

Mit Sicherheit ist das nicht zu sagen, obwohl zu den geläufigen Vorstellungen über den preußischen Ordensstaat ja auch die vermeintliche Klarheit der hier gültigen Verfassung gehört. Im Gegensatz zu allen anderen spätmittelalterlichen deutschen Territorien schien Preußen klare politische Strukturen, eine eindeutige Verfassung und eine übersichtliche Ämtergliederung zu bieten, moderne Verhältnisse, wie man oft gesagt hat, die auf neuzeitliche Verfassungsformen hinweisen. Die Ursache dieser Meinung sind schriftliche Normen, die es in der Tat gibt und die einen Teil des Lebens der Ordensbrüder formten bzw. formen sollten: die Ordensregel und ihre Ergänzungen.

Diese Ordensregel ist älter als der preußische Ordensstaat; sie konnte seine Verfassung schon aus diesem Grunde nicht sein. Aber sie war auf der anderen Seite doch nicht ohne Bedeutung für die Verfassung des Landes. Denn ebenso wie die Benediktsregel, auf die sie letzten Endes zurückgeht, formt sie das Zusammenleben der Mitglieder einer geistlichen Gemeinschaft. Sie regelt auch das Verhältnis zwischen den Brüdern und ihren Vorstehern, verspricht also eine Antwort auf die Frage, ob eher der Hochmeister oder die Ordensbrüder als kollektiver Landesherr anzusehen sind.

Anders als in der Benediktsregel, nach welcher der Abt trotz der ihm gestellten Aufgabe, sich mit den Brüdern zu beraten, doch deren allgewaltiger Vater ist, hat der Hochmeister des Deutschen Ordens eine so herausragende Stellung nicht. Er ist vielmehr in seiner Amtsführung eng an den Willen des Generalkapitels, der Versammlung aller Ordensbrüder, gebunden. Das Kapitel war z. B. für alle Grundstücksgeschäfte zuständig.

Freilich lehrt schon diese Bestimmung, daß die Ordensregel spätestens von dem Moment an nicht mehr wörtlich verwirklicht werden konnte, da die Ordenshäuser sich über eine größere Fläche verteilten. Es war undenkbar, das Generalkapitel mit vielen Einzelheiten zu befassen, ja es war auf Dauer überhaupt unmöglich, es in regelmäßigen Abständen einzuberufen.

So hat sich schon im Hinblick auf dieses zentrale Verfassungsorgan die politische Wirklichkeit anders entwickelt, als die Norm es vorschrieb, ohne daß doch die Norm verändert oder wenigstens durch eine neue schriftliche Norm ergänzt worden wäre, welche den veränderten Gewohnheiten entsprochen hätte. Tatsächlich wurde das Verhältnis von hochmeisterlicher Amtsführung und Kontrolle durch das Generalkapitel vom Herkommen geregelt. Und die Stellung des Generalkapitels war stark, obwohl seine Zusammensetzung nicht genau festgelegt war. Auch wenn das Kapitel in die laufenden Regierungsgeschäfte nicht eingriff, so waren ihm Eingriffe im Krisen- und Konfliktfall doch möglich. Wie oft und in welchem Maße sie vorgenommen worden sind, das ist jedoch nur undeutlich zu sehen.

Deutlich zu erkennen sind aber die Absetzungen und erzwungenen Rücktritte von Hochmeistern, z. B. im Zusammenhang der Verlegung des Ordenshaupthauses nach Marienburg (vgl. oben S. 148f.)

oder infolge eines Litauer-Zuges von besonderem politischem Rang, der mißglückte (vgl. oben S. 162). Der Rücktritt jenes Hochmeisters Ludolf König im Jahre 1345 war nicht der letzte. Auch der nächste Hochmeister trat nach kurzer Amtszeit zurück. Seine Nachfolger sind bis zu ihrem Lebensende im Amt geblieben, unter ihnen der oft genannte Winrich von Kniprode (1352-1382). Die zweite Hälfte des 14. Jahrhunderts ist nicht nur jene Zeit, in der der Orden in keinerlei größere äußere Konflikte verwikkelt war, sondern diese Jahrzehnte, die gemeinhin als die Blütezeit des preußischen Ordensstaates gelten, sind offensichtlich auch eine Periode starker Hochmeister. Erst der im Jahre 1411 gewählte Hochmeister, dem es nach der Katastrophe von Tannenberg gelungen war, die Marienburg zu halten (vgl. oben S. 178f.), wurde wieder seines Amtes enthoben, zwei Jahre schon nach seiner Wahl, im Jahre 1413. Jetzt ist die Überlieferung besser als im 14. Jahrhundert, die genaueren Umstände des Hochmeistersturzes sind deutlich zu erkennen und die Motive der Gegner auch. Entscheidend war, daß der Hochmeister Politik machte wie ein unabhängiger Fürst und sich dem Rat der oberen Ordensritter verschloß.

Auch die beiden Nachfolger Heinrichs von Plauen traten zu Lebzeiten zurück, freilich anders als dieser nach verhältnismäßig langer Amtszeit, und sie wurden auch nicht mit Gewalt zur Resignation genötigt. Dabei ist aber bei dem letzten von ihnen, Paul von Rusdorf, der von 1422 bis 1441 regierte, deutlich zu sehen, daß er nicht zuletzt durch Auseinandersetzungen zwischen um die Macht im Ordensstaat ringenden Gruppen von Ordensrittern zermürbt worden war.

Damals waren diese Gruppen landsmannschaftlich konstituiert. In den dreißiger Jahren des 15. Jahrhunderts kämpften in Preußen die Ritter rheinischer und westfälischer Herkunft mit denen aus Süddeutschland um die Macht, es kämpfte auch der Deutschmeister gegen den Hochmeister, um sich den zweiten Platz in der Hierarchie des Ordens zu sichern, wobei er sich noch einmal einer sehr mittelalterlichen Waffe, nämlich einer gefälschten Urkunde bediente. Der Deutschmeister begründete seine Ansprüche mit gefälschten Ordensstatuten angeblich aus dem Jahre 1329, aus der Zeit des Hochmeisters Werner von Orseln.

In den Jahrzehnten davor sind die Fronten innerhalb des Ordens so

9. Die inneren Strukturen des Ordensstaates

deutlich nicht zu erkennen. Abgesehen von dem Hochmeister Heinrich von Plauen, der beinahe den ganzen Orden gegen sich hatte, läßt sich nicht erkennen, auf welche Gruppen ein Hochmeister sich jeweils stützte, ob es solche Gruppen unter den Ordensbrüdern überhaupt über eine längere Zeit hinweg gegeben hat und ob sie es waren, die einen Hochmeister zum Rücktritt drängten oder zwangen. Aber es ist deutlich zu sehen, daß ein Hochmeister jedenfalls längere Zeit nicht ohne die Zustimmung des Ordens regieren konnte, geschweige denn gegen ihn.

Freilich: was heißt in einem solchen Zusammenhang Orden? Wie bringt die Korporation der Ordensbrüder ihren politischen Willen zum Ausdruck? Durch das große Kapitel, wie gesagt, nicht, das wäre schon aus geographischen und auch aus numerischen Gründen nicht möglich gewesen. Wir wissen zwar nicht genau, wie stark der Orden gewesen ist, aber mit ca. 700 Ritterbrüdern darf man wohl für die Zeit vor der Schlacht von Tannenberg allein für Preußen rechnen.

Aber auch wenn das Ordenskapitel keine Versammlung aller Brüder, sondern kleiner gewesen ist, war es dennoch nicht geeignet, dem Hochmeister als regulärer Vertreter der Ordensbrüder gegenüberzustehen. Dazu trat es zu selten zusammen. Es scheint eher ein außerordentliches Organ des Ordens gewesen zu sein.

In welcher Form also trat dem Hochmeister der Orden gegenüber? Man kann das nur so unbestimmt beschreiben, wie auch die Quellen sich ausdrücken, wenn sie davon sprechen, daß Hochmeister und Orden gemeinsam handeln. Sie reden dann von den Gebietigern, mit denen sich der Hochmeister berät.

Die Gebietiger sind zunächst die Inhaber der traditionellen fünf vornehmsten Ämter im Orden nach dem des Hochmeisters: der Großkomtur, der Marschall, der Spitler, der Trapier und der Tressler. Man liest häufig, daß diese herausgehobenen Ordensritter so etwas wie die Minister des preußischen Ordensstaates gewesen seien: der Marschall der Kriegsminister, der Spitler der Gesundheitsminister, der Trapier derjenige, der für die Kriegsausrüstung verantwortlich war, und der Tressler der Finanzminister. Das ist zwar falsch, aber nicht unbegründet. Denn ursprünglich, in der palästinensischen Frühzeit des Ordens, hatten diese Ämter tatsächlich die Bedeutung, welche ihr Name anzeigt. Die Inhaber dieser Ämter hatten die entsprechende Funktion bei der Verwaltung der Hauptburg des Ordens. Aber in Preußen war das ganz anders. Hier waren das Spitler- und das Trapieramt reine Ehrenämter. Sie waren in der Regel mit den Komtureien Elbing und Christburg verbunden. Ebenso war die Komturei Königsberg mit dem Marschallamt verbunden. Aber das hatte doch einen praktischen Sinn behalten. Denn der Komtur von Königsberg war meistens mit der Koordinierung des Litauer-Kampfes betraut. Der Marschall des Ordens hatte also eine militärische Führungsaufgabe. Der Großkomtur schließlich war der Stellvertreter des Hochmeisters, während der Tressler der einzige dieser Großgebietiger war, der das tat, was die Bezeichnung seines Amtes sagte: Er verwaltete die wichtigsten Kassen des Ordensstaates.

Aber unabhängig davon, ob die Titel der fünf Großgebietiger etwas über ihre Tätigkeit aussagten oder nicht, waren die Inhaber dieser Ämter doch führend an der preußischen Politik beteiligt. Sie vor allem waren es, die den Hochmeister berieten. Zusammen meistens mit den Inhabern der weiteren großen Komtureien, mit den Komturen von Danzig und von Thorn sowie mit den Bischöfen bildeten sie den Rat des Hochmeisters. Soweit man sehen kann, ist es dieser Gebietigerrat, der in hohem Maße die Politik des Hochmeisters bestimmt hat – ein Organ also, das es in den geschriebenen Normen des Ordens gar nicht gab.

Dieser Gebietigerrat war es wohl auch, der die Personalpolitik des Ordens bestimmte, der festlegte, welcher Ordensbruder welches Amt bekam, wer insbesondere Komtur wurde.

Wie früher schon gezeigt (vgl. oben S. 38), war der Orden so organisiert, daß eine Gruppe von Brüdern unter einem Komtur zusammen in einem Ordenshaus lebte. Diese Organisation wurde auch nach Preußen übertragen. Doch mußten sich Änderungen daraus ergeben, daß der Orden in den zwei Dritteln des Landes, die ihm hier gehörten, eine geschlossene Gebietsherrschaft ausübte. Es gab hier weder Adelsbesitz noch reichsfreie Städte. Es gab, abgesehen von Pommerellen, auch keinen Besitz anderer Fürsten und geistlicher Grundherrn. Die preußischen Komture des Ordens sind infolgedessen nicht, wie die Komture im Reich, Herren nur über Streubesitz. Sie verfügen vielmehr über geschlossene Gebiete. Man kann also sagen, daß Preußen, jedenfalls dort, wo der Orden Landesherr war, ähnlich

9. *Die inneren Strukturen des Ordensstaates*

wie ein moderner Staat in Landkreise oder Regierungsbezirke aufgegliedert war, nämlich in Komtureien. Ein Komtur vertrat in seiner Komturei den Orden, in Stellvertretung des Hochmeisters übte er hier die Landesherrschaft aus, unterstützt von seinem Konvent, von den Ordensbrüdern, die mit ihm in der Komtursburg lebten oder die Außenposten innehatten, als Unterkomture gewissermaßen, als Pfleger oder als Vögte, die z. B. in einer an der Küste gelegenen Komturei die Fischereieinkünfte verwalteten und deshalb den Titel Fischmeister führten oder die unter dem Titel Waldmeister entsprechende binnenländische Einkünfte kontrollierten.

Das Land war in Komtureien aufgegliedert bzw. auch in Vogteien und Pflegämter, denn die Gebiete, die der Orden seit dem späten 14. Jahrhundert erwarb, wurden nicht mehr Komturen unterstellt, sondern Vögten oder Pflegern, die dem Hochmeister unmittelbar unterstanden. Die Vögte und Pfleger waren dem Hochmeister gegenüber weniger selbständig als die Komture. Diese Änderung des Verwaltungsgefüges hatte also eine Stärkung der Stellung des Hochmeisters zum Ziel.

Jedenfalls war das Herrschaftsgebiet des Ordens in Preußen durchgängig in kleine regionale Einheiten aufgegliedert – ganz ähnlich wie das beim neuzeitlichen Staat auch der Fall ist. So könnte man vermuten, daß man hier auf die oft hervorgehobene Modernität der administrativen Strukturen des preußischen Ordensstaates stößt. Aber das ist doch nur teilweise der Fall. Denn eine solche Aufgliederung von Herrschaftsgebieten findet man auch in anderen Territorien. Auch hier setzen die Landesherren Vögte, Pfleger und Amtleute zur Wahrnehmung von Herrschaftsrechten ein. Aber die Verhältnisse unterscheiden sich dennoch.

Die administrativen Strukturen Preußens erscheinen moderner als die der meisten anderen Territorien der Zeit, weil es beim Ordensstaat um die Verwaltung geschlossener Gebiete geht. In den anderen deutschen Territorien sind die Besitz- und Herrschaftsrechte bunt gemischt, und auch die Rechte des Landesherrn liegen im allgemeinen in Streulage. Ferner unterscheiden sich auch die Personen der landesherrlichen Herrschaftsbeauftragten. Die Vögte, Pfleger oder Amtleute in den anderen Territorien sind im allgemeinen Adlige, Leute also, die selber Herrschaftsrechte besitzen, die womöglich eine starke

Stellung im Lande haben, Leute demnach, mit denen der Landesherr nicht nach Belieben umspringen kann. In Preußen dagegen hat jeder Komtur, Vogt oder Pfleger sein Amt nur auf Zeit inne. Der Ordensregel zufolge muß er alljährlich Rechenschaft über seine Amtsführung ablegen. Und es kommt hinzu, daß er als Ordensritter ein Mann ist, der zur Armut verpflichtet ist und der auch keine Familie hat, an deren Versorgung er hätte interessiert sein können. Das galt zwar für jedes Ordensmitglied, für jeden Mönch also auch, doch war die Einbindung der mittelalterlichen Mönche, besonders der adligen unter ihnen, in das Familieninteresse oft stark. In Preußen war das anders aus dem ebenso trivialen wie wirkungsvollen Grunde, daß zwischen dem Ordensritter und seinen Verwandten fast immer die Distanz von einigen hundert Kilometern lag – die Landfremdheit der Ritter hatte also auch positive Seiten.

Der Ordensritter als Komtur oder Vogt war sehr viel weniger an ein Familieninteresse gebunden als der Beauftragte eines anderen Territorialfürsten. Und er konnte, anders als dieser, auch nicht hoffen, sich eine Machtposition durch enge Verbindungen mit den Leuten zu schaffen, die in der von ihm regierten Region mächtig waren. Er mußte damit rechnen, bald in ein anderes Amt versetzt zu werden. Die Ordensregel schrieb den dauernden Wechsel der Ämter vor. Jeder Ordensbruder, abgesehen vom Hochmeister, übte seine Funktionen nur zeitweise aus. Aus diesem Grunde waren die Ordensbrüder sicherlich weniger korrumpierbar als fürstliche Amtsträger sonst.

Soweit man sehen kann, hat der Ämterwechsel bis in die Mitte des 14. Jahrhunderts tatsächlich funktioniert. Die Ordensbrüder wechselten ihre Ämter zwar nicht von Jahr zu Jahr, aber doch in vergleichsweise kurzen Abständen. Das freilich geschah nicht so, daß jemand heute Komtur von Königsberg war und ein Jahr später Fischmeister von Putzig wurde, um ein eben erwähntes Amt zu nennen, und dann wieder Komtur von Elbing und hinterher vielleicht Aufseher über Stall und Wagenpark einer Burg, also Karwansherr. Es gab vielmehr deutlich untere, mittlere und obere Ämter, und wer einmal nach oben gekommen war, der blieb dort im allgemeinen auch. Wer einmal Inhaber eines der erwähnten fünf Großgebietigerämter gewesen war oder Komtur von Danzig oder von Thorn, der konnte damit rechnen, künftig im Wechsel eines dieser Ämter innezuhaben, und er hatte gewisse Aussichten darauf, beim nächsten Hochmeisterwechsel zu den Nachfolgekandidaten zu zählen. Ein sicheres Karrieremuster gab es freilich nicht. Es gibt Beispiele dafür, daß Mitglieder aus dieser Führungsgruppe wieder absanken. Die schon erwähnte Absetzung des Hochmeisters Ludolf König im Jahre 1345, Folge eines auf spektakuläre Weise gescheiterten Litauer-Kreuzzuges, hatte zur Auswechslung fast des gesamten Führungsstabes geführt. Auf der anderen Seite konnten je nach den politischen Umständen auch andere Ämter einen höheren Rang erhalten. Man sieht das z. B. im frühen 15. Jahrhundert an der Karriere jenes Ordensritters, der nach dem Sturz Heinrichs von Plauen zum Hochmeister gewählt wurde. Der neue Hochmeister, Michael Küchmeister, hatte eine nach den herkömmlichen Maßstäben nicht gerade glänzende Karriere gemacht, er war zuletzt Großschäffer von Königsberg gewesen, also der eine der beiden Leiter des vom Orden selbst betriebenen Handels. Er war dann Vogt von Samaiten und danach Vogt der Neumark. Traditionell hochstehende Ämter waren das nicht, aber in den Jahren, da Michael Küchmeister sie innehatte, waren sie politisch außerordentlich wichtig. Und insofern stellen sie zu dieser Zeit doch die Stufen einer nach oben führenden Karriereleiter dar.

Die Karrieren der Ordensbrüder beginnen im normalen Falle damit, daß ein Sohn einer adligen, meistens ministerialischen, oft auch städtischen Familie (vgl. oben S. 59) in eines der Ordenshäuser im Reich eintritt, das seinem Geburtsort benachbart ist. Die Ordensritter werden dann nach Preußen abgeordnet, wo sie zunächst als einfache Konventsbrüder leben, wo sie dann Hausämter übernehmen und gegebenenfalls Komture werden, zunächst kleinerer, dann größerer Bezirke, woran sich gegebenenfalls der Aufstieg in die kleine Gruppe der Inhaber der zentralen Ämter anschließt.

Es gibt freilich auch Söhne preußischer Familien, Angehörige von Freien- bzw. Adelsfamilien (vgl. oben S. 123ff.), Angehörige auch von führenden städtischen Familien, die dem Orden beitreten. Meistens werden sie jedoch Priesterbrüder mit der Aussicht, später in den inkorporierten Domkapiteln Domherren und Bischöfe zu werden. Die Landfremdheit des Landesherrn, die, wie erwähnt, seit dem späten 14. Jahrhundert in wachsendem Maße von der Bevölkerung des Landes empfunden wird, gilt also nur für das Ordensterritorium

Die Karrieren der Ordensritter 193

im engeren Sinne und nicht für die Territorien der Bischöfe und Domkapitel. Sie wurden ganz überwiegend von Einheimischen regiert. In dem Ordensterritorium dagegen wuchs die Landfremdheit des Ordensherren noch, weil seit dem Ende des 14. Jahrhunderts die Zahl derjenigen Bewohner Preußens, die dem Orden als Ritterbrüder beitraten und an der Herrschaft über das Ordensterritorium im engeren Sinne teilhatten, zurückging. Der Orden verschloß sich seit dem ausgehenden 14. Jahrhundert den Bewohnern des Landes in einem wachsenden Maße.

Man könnte annehmen, daß sich das nach Tannenberg geändert habe. Denn nun, nachdem die Mehrzahl der Ordensritter umgekommen war, mußte der Orden ja wieder aufgefüllt werden. Dennoch erhielten die Landesbewohner nun keineswegs einen breiteren Zugang zum Orden. Es blieb vielmehr dabei, daß Einheimische jetzt nur noch selten als Ritterbrüder aufgenommen wurden und daß sie vor allem nur noch ausnahmsweise im Orden Karriere machen konnten. Wir haben zwar keine genauen Zahlen und können nur Schätzungen anstellen, aber die ergeben doch eindeutig, daß die Zahl der Ordensritter in Preußen im 15. Jahrhundert niedriger war als vorher. Vor Tannenberg mögen dem Orden in Preußen 700 Ritterbrüder angehört haben. Im Jahre 1437, wo man für den größten Teil Preußens genaue Zahlen hat, darf man etwas über 400 Ritterbrüder annehmen, im Jahre 1453 ist deren Zahl noch einmal auf ca. 300 gesunken. Entsprechend ging auch die Mitgliederzahl im Reich zurück.

Man könnte vermuten, daß in Preußen eine Ursache dafür die veränderte Heeresverfassung war. Seit dem ausgehenden 14. Jahrhundert wuchs der Anteil der Söldner am Ordensheer sehr schnell. Aber wichtiger war doch offensichtlich der Rückgang der Einnahmen. Er ließ eine Reduzierung der Zahl der Ordensritter angezeigt erscheinen. Eine solche Erklärung leuchtet nicht gleich ein. Was kann es schon ausgemacht haben, ob sich aus den landesherrlichen Einnahmen in Preußen 700 oder 300 Ritter ernährten? Aber es ging nicht um Ernährung, sondern in dieser Zeit, anders als früher, auch darum, daß die Ordensritter entgegen ihrer Lebensnorm Besitz ansammelten und auch aus diesem Grunde darauf achteten, daß sie nicht zu viele waren. Der Rückgang der Zahlen und die Krisen des Ordensstaates im 15. Jahrhundert sind auch ein moralisches Problem. In der Vernachlässigung der Regeltreue hat man lange Zeit überhaupt die Ursache für den Niedergang des Ordens im 15. Jahrhundert gesehen. Es ist freilich außerordentlich schwierig, solche Sachverhalte zu rekonstruieren. Hauptquelle für unsere Kenntnisse vom Verfall einer Lebensform ist meistens die zeitgenössische Kritik, und die neigt dazu, die kritisierten Mängel zu übertreiben. Wir haben es also bei der Frage nach dem Zustand des Ordens im 15. Jahrhundert methodisch mit demselben Problem zu tun wie z. B. bei der Frage nach den religiösen Verhältnissen vor der Reformation. Wollte man sie nur nach den Äußerungen der zeitgenössischen Kritiker beschreiben oder derer, die mit dem alten Glauben brachen, so erhielte man eine Karikatur, wie sie auch oft genug bei der Darstellung der Ursachen der Reformation zu Papier gebracht worden ist.

Im Falle des Ordens kommt hinzu, daß die Überlieferung für das 15. Jahrhundert ungleich besser ist als für die Zeit vorher. Daß man gemeinhin annimmt, im 14. Jahrhundert habe es mit der Ordensdisziplin sehr viel besser gestanden als später, liegt auch daran, daß der Orden in dieser Zeit prosperierte und daß man von hier aus auf eine disziplinierte Lebensweise zurückschloß, zumal die Überlieferung so schlecht ist, daß man von Regelverstößen kaum jemals etwas erfährt. Aber man weiß eben vom Leben der Ordensbrüder im 14. Jahrhundert überhaupt wenig. Im 15. Jahrhundert ist das anders.

Daß die geistlichen Gemeinschaften des Mittelalters im allgemeinen, also nicht nur die Ritterorden, sondern auch die Klöster und Mönchsorden große Schwierigkeiten hatten, den disziplinären Standard ihrer Gründungszeit aufrechtzuerhalten, daß sie immer wieder der Reform bedurften, das ist freilich eine bekannte Sache. Es wäre unwahrscheinlich, wenn der Deutsche Orden hiervon nicht auch betroffen gewesen wäre. In der zweiten Hälfte des 15. Jahrhunderts findet dann freilich ein sehr rascher Wandel bzw. von der Ordensregel aus gemessen: Verfall statt. Die wenigen Ordensritter, die in dem durch den zweiten Thorner Frieden verkleinerten preußischen Ordensstaat noch lebten, verwalteten die ihnen zugewiesenen Burgen beinahe wie ihren privaten Besitz (vgl. unten S. 212).

Am Anfang des 15. Jahrhunderts kommt ein Wort auf, das diesen damals zwar nicht neuen, wohl aber an Gewicht gewinnenden Sachverhalt gut bezeichnet. In den Propagandaschreiben, in denen der

Orden um Beistand gegen Polen und Litauen warb (vgl. oben S. 176f.), heißt es manchmal, die deutschen Fürsten und Adligen sollten dem Deutschen Orden zu Hilfe kommen, weil dieser doch stets eine Stätte ihrer Zuflucht gewesen sei: das Spital des deutschen Adels. Dieser neue Begriff, der Deutsche Orden als des deutschen Adels Spital, als seine Versorgungsanstalt, könnte aus späterer Sicht als ein polemisches Bild erscheinen. Aber so wurde es ursprünglich nicht gebraucht, und das um so weniger, als der Deutsche Orden Angehörigen insbesondere niederadliger Familien Versorgungsmöglichkeiten ja von Anfang an geboten hat (vgl. oben S. 43 f.). Freilich war das keine Spezialität dieser geistlichen Gemeinschaft. Der Deutsche Orden gehört in dieser Hinsicht mit vielen Dom- und Stiftskapiteln und Klöstern in eine Reihe. Dennoch wird man wohl sagen können, daß der neue Ausdruck am Anfang des 15. Jahrhunderts nicht zufällig aufkommt, sondern einen Wandel anzeigt.

Dieser Wandel aber dürfte seine Ursache nicht nur in nachlassender Disziplin der Ordensbrüder gehabt haben und auch nicht bloß darin, daß der Heidenkampf in Preußen nun aufhörte. Dieser Wandel hängt auch mit der sich verändernden wirtschaftlichen Situation zusammen, mit dem Rückgang der Einnahmen, über die der Orden verfügen konnte, oder allgemeiner gesagt: mit der spätmittelalterlichen Agrarkrisis. Die Verschiebung des Preisgefüges seit der Mitte des 14. Jahrhunderts, der Rückgang insbesondere der Getreidepreise und das Steigen der für gewerbliche Produkte zu zahlenden Entgelte traf alle Empfänger bäuerlicher Abgaben. Der Deutsche Orden in Preußen war davon offensichtlich in besonders hohem Maße betroffen, da sein Reichtum zu einem wesentlichen Teil auf dem Verkauf von überschüssigem Getreide beruhte.

Zu dieser konjunkturellen Krise kam aber nun die politische Krise hinzu, zunächst in Gestalt der Christianisierung Litauens und schließlich in Form der hohen Kriegskosten und Kontributionen nach der Schlacht von Tannenberg. Der Deutsche Orden, der das 14. Jahrhundert hindurch so reich gewesen war, daß er kleinere und mittlere Nachbarn hatte auskaufen können, bis hin zur Erwerbung der Neumark von den Markgrafen von Brandenburg, von dessen Schätzen an Edelmetallen und Geld in der Marienburg sagenhafte Gerüchte Wunderdinge erzählten, war nun selber geldbedürftig und mußte von seinen Untertanen neue Abgaben erheben. Der Hochmeister, der im 14. Jahrhundert gelegentlich die Ordensniederlassungen im Reich aufgrund seiner reichen preußischen Einkünfte subventioniert hatte, mußte nun versuchen, die preußischen Defizite mit Hilfe von Überschüssen der Balleien auszugleichen. Nicht zuletzt aus diesem Grunde wurde in der ersten Hälfte des 15. Jahrhunderts das Verhältnis des Hochmeisters und des preußisch-livländischen Ordenszweiges zu den Ordenskonventen im Reich außerordentlich kritisch. Und vor allem wegen der stärkeren Heranziehung der preußischen Untertanen zu finanziellen Leistungen kam es hier, wie in der Frühgeschichte der Stände auch anderer Regionen, zu einem Zusammenschluß der Untertanen, zur Ausbildung ständischer Vertretungen, der in der Mitte des 15. Jahrhunderts der preußische Ordensstaat dann beinahe zum Opfer gefallen wäre.

Zehntes Kapitel

Der Deutsche Orden im 15. Jahrhundert

Die Stände entwickelten sich in Preußen zunächst nicht anders als in anderen deutschen Territorien, nicht anders auch als im benachbarten Polen. Die Städte auf der einen Seite und der Adel, d.h. die Freien, die Inhaber der Dienstgüter (vgl. oben S. 123 ff.) andererseits, fanden sich zu gemeinsamem Handeln zusammen, weil sie gemeinsame Interessen durchsetzen wollten, weil der Landesherr ihre Zustimmung brauchte und sie seinerseits versammelte. Mittelalterliche Herrscher sind stets auf Zustimmung der von ihnen Abhängigen angewiesen – wenn auch nicht aller, und auch nicht von gewählten Repräsentanten, sondern vielmehr derer, die politisch zu handeln in der Lage sind, des Adels also zunächst, ferner von geistlichen Gemeinschaften sowie seit dem späten Mittelalter der Vertreter der größeren Städte. Insofern kann man in Preußen ebensowenig wie in anderen Gebieten einen bestimmten Zeitpunkt benennen, von dem an es ständische Vertretungen gibt. Auf der anderen Seite ist aber im Preußen des späten 14. Jahrhunderts doch eindeutig eine Entwicklung festzustellen, die zu einer festeren Organisation der Stände, d. h. des Teiles der Bevölkerung, der sich politisch artikulieren konnte, führte.

Diese Entwicklung verläuft zunächst für Städte und Adel getrennt. Es gibt auf der einen Seite Zusammenkünfte, auf denen der Hochmeister mit Vertretern der Städte zusammenkommt, um gemeinsam interessierende Fragen, z. B. des Fernhandels zu beraten. Und es gibt entsprechende Versammlungen mit Vertretern des Adels in einzelnen Teilen des Ordenslandes, wo insbesondere über die Festsetzung von Abgaben verhandelt wird. Vereinzelt begegnet beides schon sehr früh. Die erste Nachricht von einer solchen Versammlung des Adels stammt aus dem Jahre 1255, wo wir hören, daß der Bischof von Kulm unter Vermittlung des Landmeisters, d. h. des Hochmeisterstellvertreters für Preußen, wegen der an den Bischof abzuführenden Abgaben mit Bewohnern des Kulmer Landes verhandelt habe. Das früheste Zeugnis für solche Verhandlungen zwischen dem Landesherrn und Städten stammt aus den neunziger Jahren ebenfalls noch des 13. Jahrhunderts. Es ist ein Brief, in dem der damalige Landmeister den Städten Rostock, Greifswald und Stralsund mitteilt, daß er in bestimmten Fragen des hansischen Handels mit den preußischen, d. h. den größeren, der Hanse angehörigen Städten verhandelt habe. Das waren die ältesten Städte des Ordenslandes: Kulm, Thorn, Elbing und Königsberg, sowie die zum Territorium des ermländischen Bischofs gehörende Stadt Braunsberg. Seit der Eroberung Pommerellens im Jahre 1309 kam zu diesen fünf Städten noch Danzig hinzu. Die jetzt sechs größeren Städte des Landes, die zugleich Hansestädte waren, trugen vor allem die Weiterentwicklung der ständischen Organisation.

Man kann sich von diesem Prozeß leicht einen Eindruck aus den überlieferten Zeugnissen verschaffen. Die Lektüre des ersten Bandes der Ständeakten oder auch nur der Überschriften zu den einzelnen hier gesammelten Aktenstücken gibt einen guten Einblick in die Anlässe, aus denen sich Adel und Städte mit dem Landesherrn trafen, in jene Vorgänge also, die sich aus späterer Perspektive hier wie in anderen Territorien auch als die Vorgeschichte ständischer Vertretungen erweisen. Dazu gehört z. B. ein Städtetag aus dem Jahre 1335 oder 1336, auf dem gemeinsame Maße und Gewichte für die Städte, sicherlich jetzt auch schon des ganzen Landes, also des Ordens und der Bischöfe und der Domkapitel vereinbart wurden. Ein anderer Anlaß für solche Versammlungen war der Regierungsantritt des neuen Hochmeisters. Die Untertanen, d. h. die Vertreter der Städte und der Freien, schworen ihm einen Gehorsamseid und versammelten sich zu diesem Zweck. Wir wissen nicht, seit wann das geschah. Der früheste Gehorsamseid, den wir kennen, wurde dem Hochmeister Winrich von Kniprode, also im Jahre 1352 geschworen. Auch dieser Gehorsamseid war ein Ansatzpunkt für die Anmeldung und Durchsetzung ständischer Forderungen. Im 15. Jahrhundert verknüpften die Vertreter der Städte und des Adels diesen Huldigungseid mit der Erfüllung von Bedingungen, die sie dem Hochmeister stellten.

Wichtiger aber sind als wiederkehrender Anlaß ständischer Versammlungen zunächst Verordnungen ähnlich jener eben genannten von 1335 oder 1336. Seit den siebziger Jahren dieses Jahrhunderts nimmt die Zahl solcher Regulierungen, von Landesordnungen, wie sie nun genannt werden, rasch zu. Und jetzt wird die Überlieferung auch besser. Wir haben nicht nur vereinzelte Nachrichten, sondern protokollartige Niederschriften, und zwar nicht nur der Ergebnisse, der Rezesse oder Abschiede, wie die zeitgenössischen Überschriften lauten, sondern wir haben auch Zeugnisse von den Verhandlungen selber, wir können sehen, wie sich aus Forderungen der einen Seite und Antworten der anderen schließlich der Rezeß ergibt.

Es ist kein Zufall, daß die Quellen nun im einzelnen von den sich widerstreitenden Standpunkten des Landesherrn und der Stände sprechen. Die Überlieferung wird besser, weil seit dem späten 14. Jahrhundert die Interessen von Landesherrn und Ständen tatsächlich weiter auseinandergingen, weil die Zahl der Konflikte wuchs. Wir haben es dabei mit den für die Frühgeschichte ständischer Versammlungen gewissermaßen normalen Auseinandersetzungen zu tun, wie sie sich in anderen Territorien auch finden, vor allem mit dem Konflikt zwischen landesherrlichen Finanzbedürfnissen und den Bemühungen der Stände, möglichst geringe Abgaben zu bewilligen und im Gegenzug Anteil an der Regierung zu gewinnen.

Im Zentrum der Auseinandersetzungen zwischen Landesherrn und Ständen in Preußen stehen jedoch zwei andere Fragen. Sie lassen zugleich auch die sozialen und wirtschaftlichen Wandlungen erkennen, die sich hier vollziehen. Im einen Fall handelt es sich um einen Konflikt zwischen Landesherrn und Städten, im anderen Fall ist der Landesadel der Kontrahent der Landesherren.

Im ersten Falle stoßen die Handelsinteressen der Städte und des Ordens zusammen. Wir haben es also mit einem nur in diesem Territorium möglichen Konflikt zu tun; denn kein anderer deutscher Landesherr betrieb im ausgehenden Mittelalter einen so umfangreichen Handel wie der Orden. Der Hochmeister hatte in Preußen unter seinen Amtsträgern zwei hierfür spezialisierte Ordensritter: den Großschäffer in Königsberg und den Großschäffer in Marienburg (vgl. oben S. 192): Neben ihnen ist noch der Münzmeister von Thorn zu nennen, der nicht nur die Münzprägung in Preußen unter sich hatte, sondern auch Kreditgeschäfte im Auftrage des Ordens betrieb, sowie der Bernsteinmeister in Lochstedt, der das Einsammeln des Bernsteins an der samländischen Küste überwachte. Der Bernstein war eines der wichtigsten Exportgüter Preußens – schon vor der Herrschaft des Ordens, ja in frühgeschichtlicher Zeit.

Wichtiger aber im Hinblick auf den Konflikt mit den Städten ist der von den Großschäffern und ihren Untergebenen geleitete Export- und Importhandel. Die Großschäffer hatten in den großen Städten des Ordenslandes, aber auch in Handelszentren außerhalb, in Lübeck z. B. und in Brügge, Lieger, welche die Funktion von Handelsvertretern ausübten. Sie hatten im Auftrage des Ordens Waren zu verkaufen und zu kaufen. Die Lieger besonders in Brügge verbanden daneben den Orden auch mit dem internationalen, vor allem italienischen Geldmarkt der Zeit. Wenn der Hochmeister z. B. Geld an seinen Vertreter in Rom zu zahlen hatte, dann geschah das in der Regel bargeldlos über die Lieger in Brügge, die ihrerseits mit den großen italienischen Banken zusammenarbeiteten.

Der Export überschüssiger Landesprodukte, der Import von Fernhandelsgütern – in anderen Territorien lag das ausschließlich bei Kaufleuten. In Preußen dagegen hatte der Landesherr selber dieses Geschäft zu einem wesentlichen Teil in der Hand. Man darf allein schon wegen dieser bloßen Tatsache Konflikte erwarten. Aber in Preußen kam nun hinzu, daß mit der Zunahme von Landesordnungen auch der Bereich der Wirtschaft wuchs, der durch den Landesherrn geregelt wurde, und daß dieser seinen eigenen Handel dabei begünstigte. Schließlich muß man die höheren Finanzbedürfnisse des Ordens hinzunehmen (vgl. oben S. 179): Die Forcierung seines eigenen Handels machte es den Städten schwer, die erhöhten Abgaben, welche der Orden nun verlangte, zu erwirtschaften. Strittig war insbesondere der Getreidehandel, den der Orden zeitweise monopolisierte.

Und hier bahnte sich noch ein anderer Konflikt an. Das zeitweilige Getreidehandelsmonopol des Ordens richtete sich nicht nur gegen die Kaufleute der preußischen Städte, sondern auch gegen englische und niederländische Händler, die in Preußen Getreide einkaufen wollten – im Zuge des Vordringens westeuropäischer Kaufleute in die Ostsee, wie er für diese Zeit des zerbrechenden hansischen Handelsmonopols charakteristisch ist. Wenn der Orden den englischen und niederländischen Händlern nun das Aufkaufen des Getreides untersagte, dann konnte er zwar die Städte des Landes auf seiner Seite haben. Unzufrieden waren nun jedoch die Produzenten des Getreides, d. h. vor allem der Landesadel. Die häufigsten Konflikte zwischen diesem und den Landesherren lagen aber auf einem anderen Feld. Der Orden bemühte sich, die ländliche Verfassung, wie sie bei der Besiedlung des Landes mit Zuwanderern entstanden war (vgl. oben S. 123 ff.), zu Ungunsten des Adels zu verändern.

Die Adligen, d. h. die Inhaber der Dienstgüter, hatten so gut wie keine Abgaben, statt dessen jedoch Militärdienst zu leisten. Diese Militärdienste wurden aber im 15. Jahrhundert in dem Maße entbehrlich, wie der Anteil der Söldner am Ordensheer wuchs. Je größer deren Zahl aber wurde, desto größer wurden die Finanzbedürfnisse des Ordens und als desto nützlicher erwiesen sich gegenüber den Inhabern der Dienstgüter Bauern, die nicht Dienste, sondern im wesentlichen Abgaben zu leisten hatten. So versuchte der Orden, Dienstgüter umzuwandeln, entweder in Bauernland oder doch wenigstens in solche Güter, die ein enger gefaßtes Erbrecht hatten, bei denen der Landesherr öfter die Chance hatte, daß sie an ihn zurückfielen. Die Inhaber der Dienstgüter haben sich gegen diese Politik des Landesherrn zur Wehr gesetzt, auch deshalb, weil sie inzwischen selbstbewußter geworden waren und sich als Adlige verstanden. Auf den Ständetagen kommt es immer wieder zu scharfen Auseinandersetzungen mit ihnen. Die Komture des Ordens haben offensichtlich in vielen Fällen unklare Rechtsverhältnisse zu ihren Gunsten ausgenutzt und sich über bestehende Bestimmungen hinweggesetzt – nicht nur in dieser Hinsicht.

Die Ständeakten aus der ersten Hälfte des 15. Jahrhunderts berichten von vielen Klagen gegen Übergriffe der Ordensritter. Dabei geht es oft um Dinge, die materiell gar nicht so schwerwiegend, wohl aber geeignet waren, die Unzufriedenheit zu verschärfen. Der Orden bzw. seine Repräsentanten fühlten sich in ihren Herrschaftsrechten angegegriffen, während sich die Stände Schikanen ausgeliefert sahen. Strittig war, wie in anderen Territorien auch, nicht zuletzt während des großen Bauernkrieges von 1524/25, das Fisch- und Jagdrecht. Der Orden hatte sich das Recht auf die Fische und auf das Wild generell vorbehalten, hatte jedoch zugunsten der Untertanen meistens in dem Maße darauf verzichtet, wie diese für den eigenen Gebrauch jagten und fischten. In der ersten Hälfte des 15. Jahrhunderts kommt es immer wieder zu erbitterten Auseinandersetzungen, weil die Untertanen ihre Rechte ausdehnen, weil sie Fisch über den eigenen Gebrauch hinaus für den Markt fischen, während die Ordensritter sich darum bemühen, selbst die Fischerei zum eigenen Gebrauch der Untertanen zurückzudrängen, auch deshalb, weil das Recht zu fischen und zu jagen eine grundsätzliche Seite hat. Wenn die Untertanen es wahrnehmen, dann bedeutet es ein Stück Freiheit, während es für den Landesherrn ein Zeichen für Herrschaft ist.

Wie rasch ein solcher Streit eine grundsätzliche Dimension erreichen und zu einer weit über den Anlaß hinausgehenden Erbitterung führen konnte, sieht man sehr deutlich, wenn in den Ständeakten einschlägige Streitgespräche in direkter Rede überliefert werden.

So berichtet der Vogt von Leipe dem Hochmeister von einer Versammlung der Dienstgüterinhaber seines Gebietes, auf der einer in Bezug auf ihn, den Ordensgebieter, gesagt habe: *Möcht mir ein stück von ym werden in einer schüssel, so würd ich frolich.* Und dann sei die Rede auf die Fischerei gekommen. Einer habe den anderen gefragt: *Was freyheit hat dir der meister geben?* Die sarkastische, das eingeschränkte Fischrecht noch verkleinernde Antwort habe gelautet: *Czu fischen mit hewleittern.* Ein anderer Landesadliger habe zu berichten gewußt, daß der Hochmeister ihm gesagt habe: *Dyweyl ich meister bin, so solt du nicht in dem see fischen.* Und ein weiterer habe das bestätigt: *Ya der meister will mir mein garn clein genug machen.* Diese Reden wurden freilich von Leuten geführt, welche die Waffen schon griffbereit hatten. Sie stammen aus dem Dezember 1453, aus einer Zeit also, wo der Abfall des größeren Teils der Stände vom Orden (vgl. S. 207) unmittelbar bevorstand.

Aus den Ständeakten des früheren 15. Jahrhunderts lassen sich nicht nur erregte Auseinandersetzungen in solchen konkreten Fragen entnehmen, sondern auch eine allgemeine Rechtsunsicherheit, Rechtsbrüche auf der einen Seite, usurpierte Rechte auf der anderen. So schreibt z. B. der Komtur von Osterode dem Hochmeister, ebenfalls im Jahre 1453, er habe mit einer Gruppe von Adligen verhandelt, die sich seine, wie er zugibt: unrechtmäßige, Art, das Gericht zu halten, nicht länger gefallen lassen wollten: *Do reth einer das wort vor sie, der hoth sich bynnen dreyhen viertel jors in das egedochte dorff beweybet* (d. h. hineingeheiratet) *und is komen aus dem Colmischen lande. Do frete* (fragte) *ich en, wer im das recht also egentlich gesayt hette sint der czeith, das her also newkomende were, und sagete em dobey, her sule mir meine lewthe nicht czyhen von meiner gerechtikeith; anders ich welde en leghen in den torm bas ober die oren.*

Es ist schwer zu sagen, in welchem Maße eine solche Drohung mit dem Gefängnis als Antwort des Vertreters der Landesherrschaft an Untertanen, die sich auf ihre Privilegien berufen, typisch ist für die Amtsinhaber des Ordens in dieser Zeit. Immerhin findet man schon in einer im Jahre 1428 niedergeschriebenen Zusammenstellung von Mißständen im Ordensstaat als typische Rede eines Ordensgebietigers an Vertreter der Dienstleute, die sich in ähnlicher Weise beschweren, wie die Gesprächspartner des Komturs von Osterode im Jahre 1453, die polemische Frage: *Was yst Culmysch recht?* Und die Antwort lautet: *Wir sint euer recht.* Die typischen Vertreter des Ordens weisen also das Privilegienrecht zurück und setzen neue Entscheidungen an seine Stelle. Und im Gericht, so heißt es weiter, verbieten sie den Vertretern von Untertanen, die sich auf geschriebenes Recht berufen, das der Herrschaft, wie sie meinen, unbequem ist, einfach das Wort, so daß das alte Recht nicht zur Geltung kommt: *Ouch weis imant ein recht, das doch ein recht ist nach dem rechtes beschribenen rechte, ist es den gebittigern zcuwiddern, so vorbeut men den vorsprochen, das sy is nicht mussen tegedyngen, also bleybet is vorswegen.*

Aber es waren nicht nur die steigenden Anforderungen des Ordens an seine Untertanen und eine wohl wachsende Zahl von Übergriffen der Herrschaft, welche die Stände fester zusammenführte. Auch die außenpolitischen Schwierigkeiten des Ordensstaates wirkten sich auf die Umwandlung der Stände in eine politisch handlungsfähige Korporation aus.

Der Friede von Thorn im Jahre 1411 hatte nur einen Teil der zwischen dem Deutschordensstaat und Polen/Litauen strittigen Probleme gelöst. Das Verhältnis zwischen den beiden Gegnern blieb gespannt. Zwar machte dem Krieg, den der Hochmeister Heinrich von Plauen im Jahre 1413 begann, dessen Absetzung ein Ende, bevor es noch zu einer militärischen Konfrontation gekommen war. Doch kam es schon im folgenden Jahre zu einer Erneuerung des Krieges, diesmal von seiten Polens und Litauens. Diesen Krieg beendete vor allem König Siegmund, der beide Seiten nötigte, sich auf dem Konzil zu einer schiedsgerichtlichen Einigung unter ihm, dem König, als Richter, einzufinden.

So bereiteten sich in Konstanz Vertreter des Ordens und des polnischen Königs auf eine gerichtliche Entscheidung vor. Aber da in Konstanz nicht nur der König Richter war, sondern auch das Konzil als internationales Publikum oder womöglich als entscheidendes Gremium bereitstand, erhielten die beiderseitigen Prozeßschriften eine neue Gestalt. Die Vertreter des polnischen Königs und des Ordens warfen der gegnerischen Seite nun nicht mehr bloß lange Reihen von vermeintlichen oder tatsächlichen Unrechtshandlungen vor, wie sie das zuvor und auch in den Prozessen des 14. Jahrhunderts (vgl. oben S. 147ff.) getan hatten. Jetzt wurde der Konflikt vielmehr durch die mit den Mitteln der Wissenschaft, d. h. vor allem des kanonischen Rechts arbeitenden Prozeßvertreter in eine grundsätzliche Dimension vorangetrieben. Die Vertreter der polnischen Krone legten am Ende dar, daß der Orden in Preußen prinzipiell keine Herrschaftsrechte habe und daß er aufgelöst werden müßte, während Vertreter des Ordens weiterhin dessen Recht zum Heidenkrieg behaupteten, alle Gegner des Ordens demzufolge als Glaubensfeinde deklarierten, deren Vernichtung, so lautete die weitestgehende Zuspitzung, die Pflicht jedes Christen sei. Doch erhielten diese Prozeßschriften eine praktisch-politische Bedeutung nicht. In der praktischen Politik war das Verhältnis des Ordensstaates zu seinen Gegnern auch weiterhin eine Sache, die nicht aufgrund von rechtlich-theoretischen Darlegungen gestaltet, sondern auf jene Weise reguliert wurde, wie sie auch sonst im Verhältnis zwischen Staaten gebräuchlich war: durch Krieg, Waffenstillstand und Friedensschluß.

Nachdem der Krieg noch einmal erneuert worden war, schlossen der Orden und seine Gegner im Jahre 1422 den Frieden von Melnosee, in dem Samaiten und weitere Gebiete an Litauen abgetreten wurden. Die damals geschaffene Grenze blieb bis zum Jahre 1919 bestehen. Doch ist dieser Friede wenigstens ebenso wichtig für die Entwicklung der inneren Machtverhältnisse in Preußen. Denn anders als seine Vorgänger wurde dieser Vertrag nicht nur zwischen dem Orden und dem polnischen König bzw. dem Großherzog von Litauen geschlossen. Den Frieden von Melnosee garantierten vielmehr auch die

Der Orden und die Stände

Stände beider Seiten. Im Falle eines Vertragsbruches waren sie von ihren Gehorsamspflichten entbunden. Damit waren die preußischen Stände von seiten der Gegner des Ordens, aber auch von diesem selbst indirekt als Teilhaber der Herrschaft anerkannt.

Obwohl es alsbald wieder zu einem Krieg kam und das Ordensland weiter geschwächt wurde, nicht zuletzt auch durch hussitische Heere, hatten die Regelungen von Melnosee doch Bestand. Sie wurden im Jahre 1435 im Frieden von Brest erneuert. Auch jetzt hatte es der Orden keineswegs mit einem übermächtigen Gegner zu tun. Auch jetzt war die polnisch-litauische Union ein fragiles Gebilde, das immer wieder die Chance bot, es aufzubrechen oder doch zeitweise außer Kraft zu setzen. Die weiteren Gefährdungen der Ordensherrschaft in Preußen kamen nicht von den äußeren Gegnern des Ordens, sondern von den Ständen.

Die Einbeziehung der preußischen Stände in den Frieden von Melnosee konnte wohl deren Selbstbewußtsein heben, nicht aber ihre Stellung im Lande sichern. Wie bisher kamen die Stände im Grunde nur dann zu Wort, wenn der Landesherr sie dazu aufforderte. Die Stände waren wohl in der Lage, von Fall zu Fall mitzuraten und mitzubestimmen. Sie konnten sich auch im Einzelfall hinter Städte oder Adlige stellen, die sich im Streit mit dem Landesherrn befanden. Aber das hing doch von den jeweiligen Gegebenheiten ab und war infolgedessen unsicher. So zielten die Forderungen der Stände immer wieder auf ihre grundsätzliche Beteiligung an der Herrschaft. Vor allem forderten sie ein oberstes Gericht, das aus Vertretern der Landesherren und Stände zusammengesetzt sein, zweimal im Jahr tagen und als oberstes Entscheidungsorgan beim Streit um Privilegien (vgl. oben S. 201 ff.) fungieren sollte. Um dieses Gericht und um andere Forderungen durchzusetzen, schlossen sich die Vertreter des Landesadels und der Städte im Jahre 1440 zu einem Bündnis zusammen.

Die Begründung dieses preußischen Bundes führte zunächst noch nicht zum Konflikt, da der im Jahre 1441 gewählte Hochmeister, Konrad von Erlichshausen, im Hinblick auf Einzelforderungen der Stände kompromißbereit war. Aber die Hauptforderung der Stände, das gemischte Gericht, und auch ihr Bündnis vom Jahre 1440 blieben bestehen und konnten nur schwer von seiten der Landesherren toleriert werden. Sowohl der Orden wie auch die Bischöfe und die Domkapitel waren ja Geistliche und unterlagen dem kanonischen Recht, in dessen Licht der preußische Bund wie auch das von den Ständen geforderte gemischte Gericht eine Einschränkung der kirchlichen Freiheit bedeuteten. Ein unübersteigbares Hindernis für ständische Mitbestimmung war das nicht, wie die Entwicklung der Stände in den meisten geistlichen Territorien im Reich lehrt. Aber im Falle des Ordens war die Situation insofern etwas anders, als sich hier nicht die Stände auf der einen Seite und die Person eines Landesherren auf der anderen gegenüberstanden. In Preußen war der Landesherr eine Korporation. Landesherr waren, wie schon gesagt (vgl. oben S. 183), Orden, Bischöfe und Domkapitel, wobei, wie ebenfalls schon gesagt, der Orden nicht mit dem Hochmeister identisch war. Wenn der Hochmeister den Ständen gegenüber kompromißbereit war, dann mußte er damit rechnen, Widerstand in den eigenen Reihen zu finden, wenn nicht in Preußen, dann im Reich, beim Deutschmeister und bei den Vorstehern der Balleien, und nicht nur bei ihnen. Denn wenn der Deutsche Orden ein „Spital des deutschen Adels" war, dann konnten sich auch Angehörige des deutschen Adels für diesen verantwortlich fühlen und sich an seiner Politik beteiligen, ganz zu schweigen vom Kaiser und vom Papst, die seit den Anfängen des Ordens beanspruchten, dessen Schicksal mitzubestimmen. Infolgedessen war für einen Hochmeister eine Politik, die den Buchstaben des geistlichen Rechtes nicht zur Kenntnis nahm und zu weitgehenden Kompromissen mit den Ständen bereit war, nur dann möglich, wenn sie innerhalb des Ordens und bei denen, die dessen Politik mitzubestimmen ein Recht zu haben meinten, durchzusetzen war.

Dem eben schon genannten Hochmeister Konrad von Erlichshausen ist eine solche Politik bis zu einem gewissen Grade gelungen, doch wurden schon zu seiner Regierungszeit Versuche unternommen, die Existenz des preußischen Bundes und der zentralen Forderungen der Stände für illegal zu erklären. Der nach dem Tode Konrads im Jahre 1450 gewählte neue Hochmeister, Ludwig von Erlichshausen, war zu Kompromissen mit den Ständen nicht bereit. Er bzw. seine Berater drängten auf eine grundsätzliche Entscheidung, d. h. auf eine Beseitigung der ständischen Organisation gemäß der Rechtslage und mit Hilfe derer, die vor allem zum Schutz des Kirchenrechtes verpflichtet waren, nämlich des Papstes und des Kaisers. Dem Orden ist es in der Tat gelungen, Papst und Kaiser für sich einzusetzen, mit Hilfe einer im Detail raffinierten, die Mittel der zeitgenössischen Wissenschaft einsetzenden Politik. Während der Orden zu Anfang des Jahrhunderts, vor allem auf dem Konstanzer Konzil, es weniger gut als sein polnischer Gegner verstand, die Wissenschaft für sich zu verwenden, ist hier, in der Auseinandersetzung zwischen dem Orden und den Ständen, ganz eindeutig der Orden in dieser Hinsicht überlegen, obwohl auch die Stände sich um gelehrten Beistand – in Polen, aber auch im Reich – mühten. Doch auch jetzt waren die politischen Konflikte nicht mit rechtlichen Mitteln zu lösen.

Der Orden erzielte zwar in dem Schiedsprozeß, in welchen seine Auseinandersetzungen mit dem preußischen Bund schließlich eingemündet waren, einen Sieg. Im Dezember des Jahres 1453 erklärte der von beiden Seiten als Schiedsrichter gewählte Kaiser, daß der preußische Bund illegal sei und aufgelöst werden müsse.

Als jedoch die Prozeßvertreter des Ordens am 7. Februar 1454 in der hochmeisterlichen Residenz ankamen, da hatte der preußische Bund seine prozessuale Niederlage schon mit einer Kriegserklärung quittiert. Am 4. Februar 1454 sagten die Stände dem Orden den Gehorsam auf; am 6. März nahm der polnische König ihre Unterwerfung entgegen. Kurze Zeit darauf befand sich der überwiegende Teil des Landes in der Hand der Aufständischen.

Die Folge dieser Gehorsamsaufkündigung war ein Krieg von 13 Jahren, der das Land in fürchterlicher Weise verheerte und im Jahre 1466 durch den zweiten Thorner Frieden beendet wurde, in welchem der Orden den größeren und wertvolleren, nämlich den westlichen Teil des Landes, das Gebiet rechts und links der Weichsel, Danzig und Marienburg eingeschlossen, abtreten mußte. Der Orden beherrschte nach dem zweiten Thorner Frieden nur noch das spätere Ostpreußen. Hauptstadt und Sitz des Hochmeisters war jetzt Königsberg. Die abgetretenen Teile des Ordensstaates wurden der Krone Polen als autonome Gebiete inkorporiert. Denn Gegner des Ordens im Dreizehnjährigen Krieg waren nicht nur die preußischen Stände, sondern auch der polnische König. Im Krieg freilich standen sich nicht etwa Ordensritter auf der einen Seite und Landesritter und Polen auf der anderen gegenüber. Den Krieg bestritten in der Mehrheit Söldner. Kriegsentscheidend war nicht zuletzt die Frage, welche

Seite eher in der Lage war, die hohen Soldbeträge zu bezahlen, und hier waren die Gegner des Ordens dank der Wirtschaftskraft der großen Städte, insbesondere Danzigs, im Vorteil. Es ist kennzeichnend für diese Form des Krieges, daß das Ordenshauptaus, die Marienburg, dem Orden nicht etwa dank einer erfolgreichen Belagerung durch den Gegner verlorenging, wie es nach der Schlacht von Tannenberg beinahe geschehen wäre. Diesmal wurde die Marienburg zwar auch belagert, aber verloren ging sie dem Orden deshalb, weil er sie seinen Söldnern zum Pfand für nichtbezahlte Soldbeträge gegeben hatte und weil diese ihr Pfand, als der Orden die vereinbarten Zahlungsfristen verstreichen ließ oder lassen mußte, dem Gegner verkauften.

Der Kampf der preußischen Stände gegen den Orden im Bündnis mit Polen und die Inkorporation des größeren Teiles von Preußen in die Krone Polen als Resultat dieses Bündnisses erschien den Historikern des 19. und frühen 20. Jahrhunderts meistens als ein Verrat an der Nation. Daß das ein anachronistisches Urteil war, wird heute ernsthaft von niemandem bestritten. In diesem Krieg standen sich nicht zwei Nationen gegenüber. Freilich handelte es sich hierbei auch nicht nur um den Kampf von Ständen gegen ihren Landesherrn oder bloß um die Ausübung von Widerstandsrecht. Auf polnischer Seite jedenfalls wurde das Bündnis, zu dem die preußischen Stände Polen gewonnen hatten, in einen Zusammenhang mit den jahrzehnte- und jahrhundertlangen Auseinandersetzungen Polens mit dem Deutschen Orden gebracht. Der polnische Kampf gegen den Orden und der zweite Thorner Friede rechtfertigten sich daher auch von den alten Ansprüchen her, welche von Polen im 14. Jahrhundert gegenüber dem Ordensstaat angemeldet worden waren und die während des Konstanzer Konzils (vgl. oben S. 204) zu der Forderung, den Ordensstaat überhaupt zu beseitigen, zugespitzt worden waren. Für einen Teil des kulmländischen Adels spielten auch die engen Beziehungen zum Adel der benachbarten polnischen Regionen eine Rolle. Die Vorrechte der polnischen Stände boten einen Anreiz, ähnliche Privilegien auch in Preußen zu erstreben. Im Kern aber haben wir es hier, beim Dreizehnjährigen Krieg, bei den ihm vorausgehenden Auseinandersetzungen und bei seinem Resultat, dem zweiten Thorner Frieden, mit nichts anderem zu tun als mit einer für das spätere

Mittelalter typischen Auseinandersetzung zwischen Ständen und Landesherrn, die hier freilich angesichts der Grenzlage des betroffenen Gebietes und infolge der Tatsache, daß der Landesherr kein Fürst, sondern ein Ritterorden war, ihre besondere Gestalt erhielt. Ebensowenig wie Anlaß besteht, den Ständen Verrat an ihrer Nation vorzuwerfen, ist es auch angebracht, ihnen eine von modernen Demokratievorstellungen gespeiste Sympathie zuzuwenden. Der Orden hatte es, ebenso wie jeder andere Landesherr der Zeit, in seinen Ständen mit einer oligarchischen Gruppe zu tun, mit den Mächtigen und Reichen in Stadt und Land. Der Orden hat übrigens diese Tatsache wiederholt zu seinem Vorteil zu nutzen gewußt. Es gab einige Male Situationen, in denen der Orden sich mit Vertretern der unteren Schicht einer Stadt gegen die dort herrschende Oligarchie, die ein Teil der gegen ihn kämpfenden Stände war, verbündete.

Die preußischen Gegner des Ordens waren jene Untertanen, die am mächtigsten, die infolgedessen am ehesten dazu in der Lage waren, einen eigenen politischen Willen zu organisieren und sich mit anderen zusammenzuschließen. Die Gegner des Ordens saßen infolgedessen vorwiegend in den am weitesten entwickelten Regionen, in jenen Gebieten, wo die Städte groß waren, wo der Landesadel mächtig war und wo er auch Gelegenheit hatte, seine Ansprüche durch den Blick über die Grenzen zu nähren. Infolgedessen ist das schon genannte territoriale Resultat des Thorner Friedens kein Zufall. Der Orden mußte jene Gebiete abtreten, die, wie gesagt, am weitesten entwickelt waren und in denen auch der ständische Widerstand am stärksten gewesen war.

Die Situation des preußischen Ordensstaates nach dem zweiten Thorner Frieden war infolgedessen prekär. Ihm war nicht nur ein großer, sondern auch der wertvollste Teil seines bisherigen Herrschaftsgebietes verlorengegangen. Und es kamen die anderen Bestimmungen des Friedens hinzu. Der Orden mußte nicht nur Gebietsverluste auf sich nehmen, sondern für sein verbliebenes Gebiet auch eine Oberhoheit des polnischen Königs anerkennen. Er war verpflichtet, dem polnischen König in bestimmten Fällen Kriegshilfe zu leisten. Und er sollte auch seine Struktur ändern. Der zweite Thorner Frieden sah vor, daß künftig auch Polen, und zwar zu 50%, Mitglieder des Ordens werden sollten.

Eine solche Bestimmung hätte der Ordensverfassung zwar nicht widersprochen. Der Deutsche Orden, wie er heute abgekürzt genannt wird und wie er auch schon im 15. Jahrhundert hieß, war zur Aufnahme nur von deutschen Rittern in seiner Regel nicht verpflichtet. Faktisch freilich hatte die Aufnahme von Nichtdeutschen, für die es bis zum Ende des 14. Jahrhunderts immer wieder Beispiele gibt, seitdem nahezu völlig aufgehört. Eine Auffüllung des Deutschen Ordens mit polnischen Rittern hätte diesen grundlegend verändert. Aber dazu ist es nicht gekommen. Der zweite Thorner Frieden ist in diesem Punkt nicht Wirklichkeit geworden und in anderer Beziehung, streng genommen, auch nicht. Denn der Papst, dessen Zustimmung für die Gültigkeit des Friedens erforderlich war, hat den zweiten Thorner Frieden nicht bestätigt. Die territorialen Bestimmungen dieses Friedens freilich wurden Wirklichkeit. Sie haben bis zur Säkularisation des verbliebenen Ordensstaates im Jahre 1525 praktisch gegolten.

Der verbliebene preußische Ordensstaat hat sich bis zu diesem Datum rasch gewandelt, und diese Wandlungen bewirkten einen zunehmenden Abbau jener Strukturen, welche den Ordensstaat von den Fürstenstaaten der Zeit unterschieden. Hatten die preußischen Stände schon in der ersten Hälfte des 15. Jahrhunderts darauf gedrängt, zum Landesherrn weniger die Ordenskorporation als vielmehr einen Fürsten, nämlich den Hochmeister, zu haben (vgl. oben S. 206), so ging der verfassungs- und sozialgeschichtliche Wandel nun erst recht in diese Richtung. Die Säkularisation von 1525 kann infolgedessen nachträglich als das Ende eines zielgerichteten Prozesses erscheinen. In das preußisch-kleindeutsche Geschichtsbild ist der Rechtsbruch und Staatsstreich, welchen die Umwandlung des preußischen Ordensstaates in ein weltliches Herzogtum darstellt, so eingebaut worden: Der letzte preußische Hochmeister erschien auf diese Weise nicht als Gewalttäter und Hazardeur, sondern vielmehr als Agent wenn nicht des Weltgeistes so doch wenigstens einer notwendigen nationalgeschichtlichen Entwicklung. Das ist der Hochmeister und spätere Herzog Albrecht jedoch nicht gewesen.

Dennoch ist nicht zu verkennen, daß die besonderen rechtlichen und sozialen Strukturen des restlichen Deutschordensstaates rasch dahinschwanden. Zunächst tat hier der Krieg seine Wirkung. Der

Orden hatte nicht nur Schulden bei jenen Söldnerführern, denen er die Marienburg verpfändet hatte (vgl. oben S. 208), sondern auch bei denen, die weiterhin den Krieg für ihn geführt hatten. An einen Ausgleich dieser Soldforderungen mit Geld war nicht zu denken. Der Orden mußte also mit Herrschaftsrechten zahlen, und er hat den Söldnerführern einen beträchlichen Teil des ihm unmittelbar unterstehenden ländlichen Grundbesitzes teils verpfändet und teils von vornherein auf Dauer übergeben, so daß in Preußen nun etwas entstand, was für die spätere soziale und politische Entwicklung des Landes von fundamentaler Bedeutung, ursprünglich aber nur in wenigen Ausnahmefällen vorhanden gewesen ist, nämlich ländlicher Großgrundbesitz. Viele der bekannten Adelsfamilien, welche später in der Geschichte Ostpreußens, aber auch Brandenburg-Preußens bis zum Jahre 1945 eine beträchtliche Rolle spielen sollten, sind damals in das Land gekommen und haben den Grundstock ihres Besitzes in Gestalt von Verpfändungen und Besitzüberschreibungen für unbezahlbare Soldrechnungen erhalten: die Dohna, die Schlieben, die Eulenburg usf.

Der Orden hatte es also auch in seinem Reststaat, in dessen Gebiet angesichts der geringeren Bedeutung der Städte und der verhältnismäßig niedrigen Zahl der Großen Freien das Gewicht der Stände in der ersten Hälfte des 15. Jahrhunderts sehr viel geringer gewesen war als in den im Jahre 1466 verlorenen Gebieten, mit mächtigen Ständen zu tun, und so kehrten die alten Konflikte wieder. Diesmal freilich hatten die Forderungen insbesondere des neuen Adels Erfolg. Zu Anfang des neuen Jahrhunderts, 1506 und 1507, wurde ein oberstes Gericht gebildet, welchem außer Angehörigen des Ordens und weltlichen Räten des Hochmeisters auch Vertreter der Stände angehörten, obwohl das den Normen des geistlichen Rechts jetzt ebenso zuwiderlief wie sechs Jahrzehnte zuvor, als ein so zusammengesetztes Gericht zu jenen Forderungen der Stände gehört hatte, welchen der Orden nicht nachgeben zu können gemeint hatte.

Doch war der Hochmeister nun nicht nur von dem Landesadel und von den Städten abhängig. Er war auch zur Rücksichtnahme auf die Amtsträger des Ordens genötigt. Daß der Hochmeister des Deutschen Ordens an den Willen der Korporation gebunden war, das entsprach nur der Ordensregel und war auch eine – zu Zeiten unterschiedlich gewichtige – Realität seit der Gründung des Ordens gewesen. Jetzt dagegen handelte es sich um eine Abhängigkeit anderer Art: die Gebietiger des Ordens traten ihrem Hochmeister gegenüber wie die Angehörigen eines privilegierten Standes dem Fürsten eines Territoriums. Die Komture, Vögte und Pfleger des Ordens wandelten sich von auf kurze Frist bestellten Amtsträgern, die sie in der ersten Hälfte des 15. Jahrhunderts doch wohl noch überwiegend gewesen waren, zu Nutznießern der den Ämtern zustehenden Einnahmen. Im späten 15. Jahrhundert finden sich Beispiele für Ämterkauf. Dementsprechend verkehrten die Amtsträger des Ordens mit dem Hochmeister nicht wie ihre Vorgänger in früheren Jahrzehnten und Jahrhunderten, deren Erträge dem Ordensoberhaupt bzw. dem Ordensstaat insgesamt zur Verfügung standen, sondern sie halfen mit Krediten aus, sie empfingen Pfänder vom Hochmeister, sie wurden von diesem zu Landessteuer veranlagt – kaum anders als der weltliche Landesadel auch.

Soweit man sehen kann, hat diese veränderte Amtsauffassung zu einer verhältnismäßig raschen Heilung der Kriegsschäden beigetragen. Die Amtsträger des Deutschen Ordens erwirtschafteten Überschüsse. Die Stellung des Hochmeisters freilich war schwach, und das war prekär sowohl im Hinblick auf das ungeklärte Verhältnis des Ordens zu Polen als auch hinsichtlich der Gehorsamsstrukturen im Gesamtorden.

Der Dreizehnjährige Krieg und die Verkleinerung des preußischen Deutschordensterritoriums haben die Entfremdung zwischen dem Orden im Reich und dem preußischen Deutschordensstaat vergrößert. Die Umkehrung des hergebrachten Leistungsverhältnisses bzw., anders gesagt, der Versuch der Hochmeister, das ursprüngliche Leistungsverhältnis wieder herzustellen und die Deutschordensbesitzungen im Reich zur Deckung der preußischen Defizite heranzuziehen, ließ sich nicht verwirklichen – verständlicherweise. Die wirtschaftliche Situation der Balleien hätte eine Subventionierung des Ordens in Preußen nur bei allergrößten Anstrengungen möglich gemacht, aber solche Anstrengungen hätten eine andere Mentalität bei den Ordensbrüdern im Reich und deren Verwandten vorausgesetzt, und sie wären wohl auch nur bei einer anderen Situation in Preußen selbst denkbar gewesen.

So laut die Äußerungen des Ordens selber sich darum bemühten, den Eindruck von einer sich gegenüber der des 13. Jahrhunderts nicht unterscheidenden Kampfsituation und Aufgabe des Ordens in Preußen zu erwecken, so bewegend auch die neuen, das Schicksal der deutschen Nation anrufenden Klagen klangen, die man auf dem Regensburger Reichstag von 1454 hören oder doch jedenfalls danach im Hinblick auf diesen Reichstag lesen konnte: man kann sich schwer vorstellen, daß der Impuls, der einen in der Mitte des 15. Jahrhunderts von Franken oder vom Niederrhein nach Preußen gehenden Ordensritter begleitete, dem glich, der die Mehrzahl der Ordensbrüder des 13. Jahrhunderts zum Heidenkampf nach Preußen getrieben hatte.

Es ist keine Frage, daß wir es hier mit dem zu tun haben, was Historiker in einem solchen Fall nach dem Beispiel zeitgenössischer Kritiker im allgemeinen ohne Zögern als Verfall einer ursprünglichen Idee bezeichnen. Es ist jedoch zu bezweifeln, ob dieses Wort sehr förderlich ist. Im Hinblick auf die Geschichte von geistlichen Gemeinschaften bezeichnet es geradezu eine Normalität. Das regeltreue Leben ist hier, ohne die Hilfe eines neuen Anfangs, eines Reformimpulses, fast immer nur über die Dauer von wenigen Generationen hin möglich. Ein Deutscher Orden, der im 15. Jahrhundert ein Kreuzzugsorden ähnlich dem des 13. Jahrhunderts gewesen wäre, ist nicht vorstellbar. Dazu waren seine Erfolge, war die durch diese Erfolge bewirkte Veränderung seines Aktionsfeldes zu groß gewesen. Die Ordensritter – und die ihnen nachfolgenden Siedler – hatten Preußen in einem Maße umgestaltet, das es geradezu ausschloß, daß in der zweiten Hälfte des 15. Jahrhunderts die Ordensritter in der Weise angezogen werden konnten, wie das zweihundert Jahre zuvor der Fall gewesen sein mochte.

Auf der anderen Seite war es dem Hochmeister und denen, welche seine Politik verteidigten und in Worte faßten, doch nicht möglich, die – dem späteren Historiker scheinbar einsichtige – neue Situation anzuerkennen und einzuräumen, daß der preußische Deutschordensstaat inzwischen zu einem Staat unter Staaten geworden sei, daß die nichtpreußischen Teile des Deutschen Ordens sich ihrerseits zu Staaten entwickelt hätten, die sich zu Preußen verhielten wie andere Staaten zu einem traditionell befreundeten Staat.

10. *Der Orden im 15. Jahrhundert*

Eine solche Auffassung der Situation des späteren 15. Jahrhunderts wäre schon daran gescheitert, daß die Ordensbrüder ja auch jetzt aus dem Reich nach Preußen kamen, daß also im Hinblick auf die Rekrutierung des Nachwuchses die ursprünglichen Verhältnisse weiterhin bestanden. Vor allem aber hätten der Hochmeister und der preußische Ordenszweig ihre prekäre Stellung gegenüber Polen zusätzlich gefährdet, wenn sie nicht darauf bestanden hätten, so in Preußen zu existieren, wie sie im 13. Jahrhundert hier eingesetzt worden waren. Und eine Revision des zweiten Thorner Friedens, die wiederholt als ein Ziel der Ordenspolitik auftaucht, wäre anders nicht möglich gewesen.

Infolgedessen wurden auf dem Posener Kongreß des Jahres 1510, auf welchem Vertreter des Papstes, des Kaisers und des ungarischen Königs zwischen dem Orden und Polen vermitteln sollten, die alten Argumente vorgetragen, welche schon im 15. und im 14. Jahrhundert von den Vertretern des Ordens und von polnischer Seite formuliert worden waren. Unter den auf die Anfänge des Ordens zielenden Rechtsgründen, mit deren Hilfe die Ordensvertreter die Ungültigkeit des Friedens von 1466 zu erweisen versuchten, hatte freilich einer in den Urkunden und geschriebenen Normen des Ordens keine Stütze. Davon daß der Orden, weil auf die deutsche Nation gestiftet, keiner anderen Nation – also auch nicht Polen – untertan sein dürfe, konnte nicht die Rede sein. Freilich macht das weitere Argument, daß deutsche Adlige sich einem fremden Herrn nicht unterwerfen würden, daß der Orden bei fortdauernder Gültigkeit des 2. Thorner Friedens also keinen Nachwuchs mehr aus dem Reich erhalten würde, deutlich, daß man es hier mit jener neuen, man könnte sagen: reichspatriotischen politischen Propaganda zu tun hat, wie sie schon auf dem Regensburger Reichstag von 1454 zu hören war und wie sie für die Zeit Kaiser Maximilians I. charakteristisch ist. Richtig war dagegen, daß der Orden dem Papst unterworfen sei und deshalb keinen weltlichen Oberherrn haben dürfte, doch stand dem die Tatsache gegenüber, daß die dem Deutschmeister unterstehenden Balleien faktisch schon seit dem frühen 15. Jahrhundert dem Reich unterworfen waren und daß der das ganze 15. Jahrhundert andauernde Prozeß einer Integration der Balleien in das Reich im Jahre 1494 zu einem Abschluß gekommen war. Damals hatte König Maximilian den Deutschmeister mit den Regalien belehnt, war dieser also ausdrücklich und entgegen den eine weltliche Belehnung ausschließenden grundlegenden Normen des Ordens zum Reichsfürsten geworden.

Weiterhin hatten die Juristen des Ordens sicherlich recht, wenn sie auf die Verpflichtung des Ordens zum Heidenkampf hinwiesen, doch barg dieses Argument die Gefahr, daß dem Deutschen Orden Kampffelder für seine Aufgabe tatsächlich angeboten wurden. Damit hatte schon in der ersten Hälfte des 15. Jahrhunderts König Siegmund den Orden in Verlegenheit gebracht, und so versuchte nun Polen, den Orden beim Wort zu nehmen. Schon die Vertreter des Ordens auf dem Konstanzer Konzil haben bemerkt, daß solche Versuche, den Orden dorthin zu verpflanzen, wo es Heiden in der Tat noch zu bekämpfen gab, nicht *ex fonte caritatis* geflossen seien, sondern den Zweck erkennen ließen, den Orden in Preußen zu verdrängen oder ihn doch dort wenigstens zu schwächen. Nur hatten solche weiteren politischen Zwecke den Heidenkampf stets begleitet – ein schlagendes Argument gegen die Aufforderung, den Heidenkampf tatsächlich zu führen, gab es nicht, solange der Orden für sich auf seiner alten Position beharrte. Einen Ausweg bot nur die definitive Absage an die Ziele des Ordens und an diesen selbst, also die Säkularisierung Preußens, wie sie der Hochmeister Albrecht vornahm.

Die Säkularisation des Deutschen Ordens in Preußen fügt sich, wie schon gesagt, in eine Kette von Veränderungen, welche diesen Akt zwar nicht vorbereiteten und ihn schon gar nicht notwendig machten, die aber doch erkennen lassen, warum denjenigen, welche den Bruch in die Wege leiteten, dieser als nicht so total erscheinen konnte, wie es die Umwandlung eines Ordensterritoriums in einen weltlichen Fürstenstaat als solche ist.

Das markanteste Datum in diesem Sinne ist die Hochmeisterwahl des Jahres 1498. Nachdem der Hochmeister Hans von Tiefen auf dem Wege zum militärischen Einsatz im Heer des polnischen Königs gegen die Türken gestorben war – der Orden hatte sich hier also dem doppelten Druck, der vom Thorner Frieden und von seiner ursprünglichen Stiftungsaufgabe ausging, nicht entziehen können – , wurde als sein Nachfolger ein Angehöriger des sächsischen Herzogshauses, der damals fünfundzwanzigjährige, von Kindheit an für den geistlichen Stand bestimmte Friedrich von Sachsen zum Hochmeister gewählt.

10. Der Orden im 15. Jahrhundert

Die Wahl eines Fürsten zum Hochmeister selbst wäre noch nichts Neues, sondern nur eine lange nicht mehr praktizierte Möglichkeit gewesen – in der Mitte des 13. Jahrhunderts (vgl. oben S. 54) war Landgraf Konrad von Thüringen, von 1330 bis 1335 war ein Welfe, Herzog Luther von Braunschweig, Hochmeister gewesen. Hier jedoch wurde Herzog Friedrich von Sachsen mit der Hoffnung, die Macht seiner Familie dem Orden nutzbar zu machen, von außen für das Hochmeisteramt gewonnen. Er trat dem Orden erst jetzt und allein zu dem Zweck bei, Hochmeister zu sein, er übernahm dieses Amt also in derselben Weise, wie er, infolge einer anderen Konstellation, auch Erzbischof von Magdeburg hätte werden können. Das Hochmeisteramt wurde also zum erstenmal wie eines jener geistlichen Fürstentümer behandelt, auf welche die für den geistlichen Stand bestimmten Angehörigen fürstlicher Familien rechnen konnten.

Die Hoffnungen, welche der Deutsche Orden auf Friedrich von Sachsen setzte, haben sich nicht erfüllt. Der Hochmeister aus fürstlichem Hause hat Preußen im Jahre 1507 verlassen und sich fortan in Sachsen aufgehalten, schon im Jahre 1505 hatte er sich darum bemüht, Coadjutor des Erzbischofs von Magdeburg zu werden, also hohe geistliche Ämter so zu kumulieren, wie das seine geistlich-fürstlichen Standesgenossen auch taten. Im Jahre 1510 ist er gestorben.

Sein Nachfolger, Albrecht von Brandenburg, entstammte jenem Zweig der süddeutschen Familie Hohenzollern, die als Burggrafen von Nürnberg ein mittleres Territorium in Franken erworben hatten und seit dem Jahre 1415 auch Markgrafen von Brandenburg waren. Auch Albrecht, im Jahre 1490 geboren, gehörte zu jenen jüngeren Fürstensöhnen, die schon als Kinder für eine geistliche Karriere bestimmt worden waren. Nachdem andere frühe Versorgungswünsche nicht zum Ziele geführt hatten, wurde er mit 15 Jahren Domherr in Köln, doch zeigte sich bald, daß ein rascher weiterer Aufstieg hier nicht möglich war. So verbrachte Albrecht die Jahre 1508 bis 1510 auf unstete Weise: teils in Begleitung seines Vaters im Krieg, teils in der seines Bruders in Ungarn, wo Erbansprüche zu sichern waren.

Nach dem Tode Friedrichs von Sachsen kam es in Verhandlungen zwischen den sächsischen Räten des Verstorbenen bzw. seiner Familie mit der markgräflichen Familie um die Nachfolge eines von deren Mitgliedern im Hochmeisteramt rasch zu einer Einigung auf die Person des zwanzigjährigen Albrecht oder besser gesagt: über seine Person. Der künftige Hochmeister war durchaus das Objekt dieses politischen Geschäfts. Im Februar 1511 wurde er in den Deutschen Orden aufgenommen. Nachdem schon bei der Einkleidung die künftige Wahl garantiert worden war, folgte vier Monate später die formelle Wahl zum Hochmeister. Zwischen diesen beiden Vorgängen liegt ein Akt, der trotz seinem geringen politischen Gewicht die Situation kräftig beleuchtet. Der Vater des Hochmeisters verlieh seinem Sohn die Kette des Hausordens der Familie, des Schwanenordens, und der Hochmeister Albrecht hat sich elf Jahre später auch als Schwanenritter porträtieren lassen. Die Mitgliedschaft in einem solchen dynastischen Ritterorden war damals, um 1500, weniger als die Zugehörigkeit zu einem Ritterorden im 13. Jahrhundert, aber sie war doch mehr als z. B. der Besitz des Roten Adlerordens im 18. Jahrhundert. Die Ordenskette um 1500 war etwas anderes als das Ordenszeichen des 18. oder gar des 19. Jahrhunderts, denn die Ordensritter um 1500 waren bis zu einem gewissen Grade wirklich Ordensritter, und so hätte ein Deutschordensritter — von einem Hochmeister ganz zu schweigen — nicht Schwanenritter sein dürfen. Zweieinhalb Jahrhunderte später, bei der Aufnahme des künftigen Hochmeisters Erzherzog Maximilian Franz in den Deutschen Orden, mußte dieser seine bisher getragenen Ordenszeichen ablegen, obwohl seine Mutter, die Kaiserin Maria Theresia, es lächerlich fand, daß sich auch ein so vornehmer Fürst den Ansprüchen der Ordensnormen unterwerfen sollte. Es half ihm und ihr nichts. Jetzt, im frühen 16. Jahrhundert, nahm man die Sache längst nicht so wichtig: Schwanenorden oder Deutscher Orden, das bedeutete gleich wenig oder gleich viel. Auch Kaiser Maximilian machte die Ritterorden in einer Weise zum Gegenstand seiner politischen Projekte, welche es schwer macht zu entscheiden, ob die Orden dabei noch oder wieder oder gar nicht ernst genommen wurden. Was Albrecht als Nachfolger eines Hermann von Salza — von dem er freilich damals nichts gewußt haben dürfte — empfahl, war vor allem seine nahe Verwandtschaft mit dem polnischen Königshaus. Im übrigen spielen alle Beteiligten Hazard — in einer Weise, die den jetzt, in der Zeit Kaiser Maximilians, dominierenden politischen Stil bezeichnet.

Daß aus dem jungen Mann – dem bisher jüngsten Hochmeister in der Geschichte des Deutschen Ordens – einmal ein unter seinesgleichen tüchtiger Fürst werden sollte, ein um die Stabilisierung seines in ein Herzogtum verwandelten Herrschaftsgebietes ohne Zweifel verdienter Landesherr, das konnte damals niemand voraussehen. Und auch die ersten Regierungsjahre des neuen Hochmeisters waren nicht dazu angetan, solche Erwartungen zu nähren.

Vielmehr hat der Hochmeister Albrecht, in unangebrachter Hoffnung auf die Hilfe des Kaisers, mit dessen Einverständnis er zu seinem Amt gekommen war, auf einigermaßen leichtsinnige Weise versucht, die Revisionspolitik seines Vorgängers fortzusetzen. Der Krieg gegen Polen, den er provozierte, forderte mehr Mittel, als ihm zur Verfügung standen, und führte ihn rasch an den Rand einer Katastrophe. Immerhin verschaffte ihm die Unterstützung des Kaisers einen mehrjährigen Waffenstillstand. Die Möglichkeit, seine Situation zu verbessern, brachte ihm dieser freilich nicht. Seine Hoffnung auf Hilfe von seiten des Reiches ließ sich nicht verwirklichen.

In dieser Situation, aus welcher sich zu befreien der nach Franken zurückgekehrte und dort ohne hinreichende Einkünfte lebende Hochmeister verschiedene Möglichkeiten erwog, darunter eine Tätigkeit als hochgestellter Söldnerführer im kaiserlichen oder päpstlichen Dienst, der er auch – vergeblich – durch das Glücksspiel zu steuern bemüht war, die ihn mit dem Gedanken umgehen ließ, auf sein Amt zugunsten einer Tätigkeit als Söldnerführer im Dienste des französischen Königs zu verzichten – in dieser Situation wurde er mit der neuen Lehre Martin Luthers bekannt. Er suchte Kontakt mit dem Reformator und ließ ihm die Regel seines Ordens mit der Bitte überreichen, ihm einen Vorschlag für dessen Reform zu machen.

Luthers Antwort war seine Schrift an die Deutschordensbrüder, in welcher er diese aufforderte, ihre Ehelosigkeit aufzugeben, den Orden aufzulösen und die von ihnen verwalteten Güter im weltlichen Stande zu nutzen. Wohl kurze Zeit später, im November 1523, ist der Hochmeister persönlich mit Luther zusammengetroffen. Einem Brief Luthers aus dem nächsten Jahre zufolge haben der Reformator und Melanchthon dem Hochmeister geraten, Preußen in ein Fürstentum oder Herzogtum zu verwandeln. Der Hochmeister habe diesen Rat mit schweigendem Lächeln quittiert.

Luther hat nun im Einvernehmen mit dem Hochmeister führende Vertreter seiner Lehre nach Königsberg gesandt, wo die Reformation in den nächsten Monaten rasch Fortschritte machte. Die lutherischen Prediger sollten auch den Boden für den Staatsstreich bereiten. Gleichzeitig ließ Albrecht selbst mit dem polnischen König verhandeln. Alle Forderungen, welche auf eine Revision des Zweiten Thorner Friedens zielten, blieben ergebnislos. Dennoch hat der Hochmeister ein Angebot des Erzherzogs Ferdinand, das kaiserliche Heer in den Krieg nach Italien zu führen, abgelehnt. Bedrängt durch den polnischen König, der ihm mit einer Erneuerung des Krieges drohte, hat er sich bereitgefunden, den status quo ante zu akzeptieren und dem polnischen König auch jenen Eid zu schwören, den er entgegen dem Wortlaut des Thorner Friedens verweigert hatte, und das in einer Form, die ihn stärker band, als der Eid von 1466 das getan hätte. Im April 1525 hat Albrecht – unterstützt von Vertretern des Ordens in Preußen und von Repräsentanten des Landes – in Krakau nicht nur Frieden mit dem polnischen König geschlossen, sondern er hat diesem auch einen Lehnseid geschworen, und zwar als weltlicher Fürst. Damit war die Umwandlung Preußens in ein erbliches weltliches Fürstentum in die Wege geleitet.

In Preußen selbst hat sich dieser Staatsstreich angesichts seines Zusammenhangs mit dem Glaubenswechsel, angesichts der stetigen Änderung der Verfassungsverhältnisse in den letzten Jahren sowie schließlich auch dank den Vorteilen, welche der neue Herzog seinen einstigen Ordensbrüdern für den Fall anbot, daß sie den Orden verließen und seine Amtleute wurden, ohne nennenswerten Widerstand vollziehen lassen. Der Wandel vom Hochmeister-Staat zum Herzogtum ging rasch vonstatten, da er im Einvernehmen mit dem bisherigen Hauptgegner des preußischen Ordenszweiges, mit Polen, vollzogen wurde. Und ebenso wie der Orden außerhalb Preußens, im Reich und in Livland, in den vorangegangenen Jahren nicht in der Lage gewesen war, den Preußen wirkungsvoll zu stützen, hatte er jetzt die Kraft, dem Abfall des Hochmeisters Sanktionen folgen zu lassen. Für den Kaiser galt das gleiche. Trotz allen Protesten und ungeachtet der Tatsache, daß der Deutsche Orden auch später den Abfall des Hochmeisters und des wichtigsten Ordensterritoriums nie anerkannt hat, ließ sich der Staatsstreich von 1525 doch nicht rückgängig machen.

10. Der Orden im 15. Jahrhundert

Zwar gelang es dem Deutschen Orden im Reich, sich zu konsolidieren, doch blieb ihm Preußen verloren – zunächst als von Polen lehnsabhängiges, dann, seit dem 17. Jahrhundert, als ein souveränes Herzogtum der brandenburgischen Kurfürsten, auf welches diese seit dem Jahre 1701 ihre Königswürde begründeten und das infolgedessen namengebend wurde für deren im 18. Jahrhundert entscheidend gefestigten und vergrößerten Staat.

Die Wahl des Markgrafen Albrecht zum Hochmeister und dessen Abfall vom Deutschen Orden haben wichtige Voraussetzungen für diese spätere Geschichte Preußens innerhalb des brandenburgisch-preußischen Gesamtstaates geschaffen, doch sind sie nicht Stationen in einem konsequenten, zielgerichteten Prozeß. War schon die Wahl gerade dieses Fürstensohnes zum Nachfolger Friedrichs von Sachsen ein eher zufälliges Ereignis, so waren auch seine Entscheidungen für den neuen Glauben und gegen den Orden durchaus situationsgebunden und nicht einmal notwendig miteinander verknüpft. Der Abfall vom Orden war keineswegs durch den Glaubenswechsel erzwungen – in der Ballei Utrecht, aber auch in anderen Ordensgebieten haben in der Folgezeit nichtkatholische Ordensritter gelebt.

Elftes Kapitel

Der Deutsche Orden seit dem 16. Jahrhundert

Der Staatsstreich des Hochmeisters Albrecht in Preußen traf den Deutschen Orden außerhalb Preußens in einem Zustand schon längst bestehender Schwäche und aktueller Gefährdung. Aktuell war die Not, in welche der Orden im Zuge des Bauernkrieges geriet. Die wichtigsten Herrschaftsgebiete des Ordens im Reich gehörten zu jenen Regionen, in welchen die Bauern sich empörten. Wenige Wochen nach dem Krakauer Akt (vgl. oben S. 219), am 23. April 1525, verwüsteten aufständische Bauern den Sitz des Deutschmeisters, Schloß Horneck am Neckar, und das hatte Folgen weit über die Geschehenszeit hinaus. Denn damals ist das Archiv des Deutschmeisters vernichtet worden, und daraus ergeben sich erhebliche Schwierigkeiten für die Beantwortung der Frage nach dem Gewicht, welches der Politik des Deutschmeisters im 15. Jahrhundert zugemessen werden muß.

Trotzdem kann nicht bezweifelt werden, daß die Deutschmeister sich im 15. Jahrhundert mit einem gewissen Erfolg darum bemüht haben, einen Teil der ihnen unterstellten Gebiete im Sinne der damals üblichen Konzentration von Herrschaftsrechten zusammenzufassen und sich einen eigenen „Staat" zu schaffen, ein geschlossenes Herrschaftsgebiet, das dem des Hochmeisters – bei allem Unterschied der Dimensionen – doch nicht ganz unähnlich war. Sucht man die Anfänge dieses Prozesses, so wird man weit in die frühe Geschichte des Deutschen Ordens zurückgeführt. Was die deutschen Herrschaftsgebiete des Ordens im Sinne einer gewissermaßen abstrakten Auslegung der zentralen Aufgabe, welche der Orden zur Zeit seiner Gründung haben sollte, hätten sein müssen, nämlich Etappenstationen für die Front des Heidenkampfes, das sind diese Gebiete von Anfang an nur teilweise gewesen. Noch im 13. Jahrhundert wurde deutlich, daß die Besitzungen des Ordens im Reich, in der Heimat seiner Stifter und Mitglieder, gleichfalls zu dem wurden, was andere Ansammlungen von geistlichem Besitz unabhängig von ihren spezifischen Zwecken, unabhängig also davon, ob es sich um den Besitz eines Bischofs, eines Domkapitels, eines Stifts, eines Klosters, einer bedeutenden Pfarrei oder eines großen Spitals handelte, stets auch waren: Herrschaftsgebilde, die in das regionale Geflecht politischer Beziehungen und Interessen eingebunden waren.

Seit dem frühen 13. Jahrhundert sind oberste Amtsträger des Ordens im Reich, Deutschmeister, bezeugt. Das Amt blieb auch bestehen, als nach der Aufgabe von Akkon und der letzten Besitzungen im Heiligen Land 1291 der Amtssitz des Hochmeisters nicht mehr so weit entfernt war, daß ein eigenes Deutschmeister-Amt dadurch gerechtfertigt worden wäre. Daß der Sitz des Hochmeisters nach den wenigen Jahren in Venedig im Jahre 1309 nach Marienburg verlegt wurde, hängt offensichtlich auch damit zusammen, daß das Deutschmeisteramt damals bestehen blieb. Wahrscheinlich gehört auch jene unter dem Hochmeister Siegfried von Feuchtwangen (1303-1311) fixierte Erweiterung der Ordensnormen in diesen Zusammenhang, derzufolge die Deutschmeister (und auch der livländische und der preußische Landmeister) vom Hochmeister nicht mehr unabhängig eingesetzt werden, sondern vielmehr aus dem Kreise von jeweils zwei Kandidaten gewählt werden sollten, welche die Ordensoberen des jeweiligen Gebietes gewählt hatten. Es scheint, daß die Festigung und gegenseitige Abgrenzung der großen Herrschaftsgebiete des Ordens hier schon weit fortgeschritten ist, und man darf mit Grund annehmen, daß die im frühen 14. Jahrhundert zu beobachtenden schweren Auseinandersetzungen innerhalb des Ordens um dessen Führung mit dieser Verfestigung von Machtpositionen zusammenhängen.

Das weitere Wachstum der Selbstständigkeit des Deutschmeisters und seines Herrschaftsgebietes läßt sich nicht kontinuierlich nachzeichnen, vor allem infolge des Mangels einschlägiger Quellen, die teils – wie das einstige Deutschmeisterarchiv – verlorengingen, teils nie existiert haben: wie insbesondere eine eigene Geschichtsschreibung des Ordens im Reich oder eine über Preußen und Livland hinausreichende und auch den Orden im Reich zur Kenntnis nehmende preußische bzw. Gesamtordenschronistik. Doch lassen einzelne markante Zeugnisse der Selbstständigkeit wie die Fälschung der Orselnschen Statuten (oben S. 187) hinreichend deutlich die lange und annähernd kontinuierliche Entwicklung zu jener reichsfürstlichen und vom Hochmeister faktisch unabhängigen Position erkennen, welche der Deutschmeister seit dem späten 15. Jahrhundert und zum Zeitpunkt der Säkularisierung Preußens innehatte.

Wie schon gesagt, reichten jedoch weder die Machtmittel des Ordens hin, den Abfall Albrechts rückgängig zu machen, noch war auch die politische Situation des Kaisers oder eines anderen Fürsten, der an einer Exekution der gegen Albrecht ausgesprochenen Reichsacht interessiert war, von der Art, daß ernsthaft ein Versuch hätte unternommen werden können, dem Staatsstreich des einstigen Hochmeisters mit Gewalt zu begegnen. Die Säkularisation Preußens war nicht mehr zu beseitigen, und die andauernden Proteste des Deutschen Ordens dagegen blieben ohne Wirkung. Der Deutsche Orden hat den Anspruch auf Preußen zwar niemals aufgegeben, aber an eine Realisierung war nicht zu denken, auch wenn bestimmte Ereignisse, wie vor allem die preußische Königskrönung von 1701, ein Aufleben der Proteste des Ordens zur Folge hatten.

Erfolgreich war der Deutsche Orden dagegen bei der Eingrenzung des Schadens auf Preußen und später dann auf Livland, wo der Ordensbesitz im Jahre 1561 säkularisiert wurde. Auch wenn überdies Außenpositionen – wie z. B. in Südeuropa – verloren gingen, so gelang es doch, den überwiegenden Teil der Ordensbesitzungen im Reich zu erhalten, diese zu konsolidieren und den Orden insgesamt zu reorganisieren. In der am Ende dieser Krise erreichten Verfassung hat der Deutsche Orden im Reich, geführt von dem in Mergentheim residierenden Hoch- und Deutschmeister, seine Herrschaftsgebiete bis zu den Säkularisationen der napoleonischen Zeit nicht nur halten können. Die Herrschaftsgebiete des Deutschen Ordens haben vielmehr in ähnlicher Weise wie die anderen geistlichen und Adelsherrschaften im Reich einen geradezu konstituierenden Bestandteil dieses Reiches dargestellt, und sie haben sich insbesondere nach der Überwindung der Schäden des Dreißigjährigen Krieges ebenso wie viele der genannten anderen kleineren Herrschaften ökonomisch nicht ungünstig entwickelt. Die barocken Ordensschlösser auf der Mainau, in Altshausen, in Ellingen, in Mergentheim und in anderen Herrschaftszentren des Deutschen Ordens sind deutliche Zeugnisse von Prosperität. Als diese Herrschaftsgebiete säkularisiert und den benachbarten größeren Territorien wie Baden und Württemberg zugeschlagen wurden, da wurden gewiß politische Grenzen beseitigt, welche sich im 19. Jahrhundert als Hindernisse der wirtschaftlichen und sozialen Entwicklung erwiesen hätten. Zum Zeitpunkt dieser Säkularisationen aber fand eher eine Beseitigung durchaus funktionierender politischer Verhältnisse statt.

Doch so schlüssig diese Entwicklung von 1525 bis in die napoleonische Zeit erscheint, so gut es erklärbar ist, daß der Orden in jener Region, aus welcher die meisten seiner Mitglieder traditionsgemäß kamen, überdauerte, zumal er sich auf die Kaiser aus dem Hause Habsburg in der Regel stützen konnte: tatsächlich war die Situation des Ordens nach der Säkularisation von 1525 außerordentlich gefährdet, und seine totale Liquidierung lag durchaus im Bereich des Möglichen, zumal seine Herrschaftsgebiete im Reich keine Einheit darstellten.

Nur ein Teil dieser Gebiete war dem Deutschmeister unmittelbar unterstellt und bildete dessen „Staat". Dagegen waren die von den Landkomturen geführten Balleien weitgehend selbständige Gebilde in einem umso höheren Grade, je mehr sich die ihre Söhne traditionell in den Orden entsendenden Adelsfamilien daran gewöhnen, die Ordenshäuser ihrer Nachbarschaft als ihr kollektives Eigentum zu sehen, und je stärker es den jeweils benachbarten Territorialfürsten im Laufe des 15. Jahrhunderts gelang, die Balleien an ihre sich konsolidierenden Territorien heranzuziehen, so daß die Landkomture am Ende weniger Gebietsbeauftragte des Gesamtordens waren als vielmehr Prälaten eines Territoriums, wenn sie nicht gar wie Angehörige der landsässigen Ritterschaft behandelt und in Anspruch genommen wurden. Ein Beispiel dafür ist die weitgehende Einbindung der Ballei Bozen in die Grafschaft Tirol, wobei dadurch nicht einmal der Deutschmeister in seinen Möglichkeiten eingeschränkt wurde, sondern vielmehr der Hochmeister selbst. Denn Bozen war ebenso wie Koblenz, Österreich und (seit dem späteren 14. Jahrhundert) Elsaß-Burgund eine der sog. Kammerballeien des Hochmeisters, welche nach dem Staat des Deutschmeisters und den Balleien den dritten Teil der Herrschaftsgebiete des Deutschen Ordens im Reich darstellten.

Infolgedessen mußten die Bemühungen um eine Konsolidierung des Ordens nicht zuletzt darauf zielen, ihm die bisher dem Hochmei-

Die Konsolidierung des Ordens 225

ster unterstellten Balleien im Reich zu erhalten. Doch vorher war die Frage zu klären, wer überhaupt an die Stelle des abgefallenen Hochmeisters treten sollte. Der Deutschmeister beanspruchte mit Berufung auf die (gefälschten) Orselnschen Statuten seine Anerkennung als interimistisches Haupt des Ordens. Die Repräsentanten vor allem der dem Hochmeister unterstehenden Balleien wollten die Wahl eines neuen Hochmeisters, der dann neben dem Deutschmeister amtiert hätte. Eine neue Hochmeisterwahl aber hätte bedeutet, den Verlust Preußens für den Orden anzuerkennen. Dennoch ist es dem im Jahre 1526 gewählten neuen Deutschmeister Walter von Cronberg erst nach beträchtlichen Anstrengungen gelungen, die schon von seinem Amtsvorgänger angestrebte Lösung zu erreichen und als interimistisches Oberhaupt des Ordens, als Administrator des Hochmeistertums im Orden und von seiten des Reiches anerkannt zu werden. Entscheidend war dabei weniger die Willensbildung innerhalb des Ordens als vielmehr die Tatsache, daß der Kaiser sich im Jahre 1527 bereitfand, Walter von Cronberg das Administratoramt anzubefehlen. Freilich dauerte es ein Dreivierteljahr, bis der Administrator in den Besitz der Urkunde des Kaisers kam: Die Auseinandersetzungen darum, wie die Summen aufzubringen waren, welche der Kaiser und der beim Zustandekommen der kaiserlichen Entscheidung tätige Vermittler beanspruchten, zogen sich angesichts der mißlichen finanziellen Lage des Deutschmeisters in die Länge.

Zwei Jahre später, auf dem Frankfurter Kapitel des Ordens vom August 1529, folgte die ordensinterne Fixierung der neuen Verhältnisse. Die Unterstellung auch der bisher dem Hochmeister zugehörigen Balleien unter den Deutschmeister und Administrator des Hochmeistertums wurde grundsätzlich entschieden. Entsprechend einem weiteren Beschluß des Kapitels wurde der Administrator im folgenden Jahre, auf dem Augsburger Reichstag des Jahres 1530, von Karl V. mit den Regalien des Hochmeisteramtes und mit Preußen belehnt. Damit war das undeutliche Verhältnis des Deutschen Ordens zum Reich, das im 15. Jahrhundert, insbesondere zur Zeit Kaiser Siegmunds wiederholt zum Problem geworden war, eindeutig geklärt – wenngleich unter definitiver Aufgabe eines der fundamentalen Privilegien des Ordens, nämlich seiner Lehnsexemtion. Doch einen Bruch in der verfassungsgeschichtlichen Entwicklung stellte der Akt von 1530 nicht dar. Die Lehnsnahme des Deutschmeisters im Jahre 1494 war ihm vorausgegangen. Und auch um die Belehnung mit Preußen hatte Hochmeister Albrecht im Jahre 1524, ein Jahr vor seinem Abfall, den Kaiser ersucht. Daß es dazu nicht mehr kam, liegt wohl nur daran, daß die Krakauer Lehnsnahme so rasch auf diesen Versuch folgte.

Auch wenn sich diese Beschlüsse und Rechtsakte von 1529/1530 als die Verfassungsgrundlagen für die Geschichte des Deutschen Ordens bis in die Zeit Napoleons erweisen sollten, so war damals, im Jahre 1530, doch keineswegs etwa der gesamte verbliebene Orden und Ordensbesitz dem Deutschmeister und Administrator bzw. – so die nun meist gebrauchte inoffizielle Titulatur – Hoch- und Deutschmeister untergeordnet. Dieser hatte es auch weiterhin mit den regionalen Bindungen der Balleien und Kommenden zu tun. So nahm die Ballei Elsaß-Burgund das den Ordensregeln gänzlich widersprechende, ihr aber dennoch vom Hochmeister im Jahre 1522 gegen eine beträchtliche Geldzahlung abgetretene Recht in Anspruch, den Landkomtur zu wählen. Die schwäbischen Ordensritter hatten sich gegen einen vom Hochmeister eingesetzten landfremden Landkomtur zur Wehr gesetzt, ganz ähnlich wie sich der territoriale Adel eines Fürstentums gegen die Bestellung landfremder fürstlicher Amtleute stellte und dem Fürsten durch ständischen Widerstand den Indigenat, also das Zugeständnis, nur Amtsträger aus der jeweiligen Region einzusetzen, abtrotzte. Ähnlich wie in Preußen (vgl. oben S. 212) verhalten sich also auch hier und andernorts die Ordensritter ihrem Ordenshaupt gegenüber wie die adligen Landstände gegenüber einem Territorialfürsten. Während in Preußen die Macht der Stände erst in der zweiten Hälfte des 17. Jahrhunderts durch den Großen Kurfürsten zurückgedrängt wurde, hat den schwäbischen Ordensrittern gegenüber schon im Jahre 1601 der damalige Hoch- und Deutschmeister das Recht des Ordenshauptes zur Geltung gebracht, den Landkomtur – freilich aus einer Gruppe von zwei seitens der Ballei gewählten Kandidaten – seinerseits einzusetzen.

Noch gefährlicher als der sozusagen alte Partikularismus war für den Orden jedoch, daß die traditionellen autonomistischen Tendenzen von Kommenden und Balleien sowie die herkömmlichen Gefährdungen seitens territorialfürstlicher Politik jetzt vielfach durch die

Reformation gesteigert wurden. Dem neuen Glauben wandten sich nicht nur der preußische und der livländische Ordenszweig und auch nicht nur vereinzelte Ordensbrüder zu, die den Orden verließen. Vielmehr gaben ganze Konvente den alten Glauben auf, ohne jedoch ihren Austritt aus dem Orden zu erklären, während andere Ordensbrüder mit der alten Konfession wohl die Ordenszugehörigkeit aufgeben wollten, nicht jedoch die von ihnen verwalteten Ordensgüter. Der Orden war also auch im Reich von Säkularisationen bedroht, und er mußte sich mit der Frage auseinandersetzen, ob er Platz für lutherische und reformierte Brüder habe.

Lutherische, reformierte und – selten – katholische Adlige lebten z. B. in der Ballei Marburg zusammen, nachdem Landgraf Philipp diesen Herrschaftsbereich des Ordens, der angesichts seiner reichen Fundierung im 13. Jahrhundert (vgl. oben S. 51 f.) noch im Zeitalter der Reformation zu dessen wertvollsten Bezirken gehörte, zwangsweise zunächst in religiöser Hinsicht reformiert, dann aber finanziell und administrativ weitgehend aus dem Ordensverband gelöst und dem eigenen Territorium eingefügt hatte. Wie in anderen Regionen wurden der Orden und sein Besitz auch hier im Hinblick auf Rechte und Verpflichtungen auf die Stufe von privilegierten Untertanen des Landesherrn heruntergedrückt, die von dem Orden außerhalb des Territoriums und von dessen Führung faktisch abgetrennt waren, so daß für diese der Unterschied zwischen einem solchen Zustand und der Säkularisation nicht groß war. Groß war dagegen im vorliegenden Falle der Unterschied für diejenigen hessischen Adelsfamilien, die ihre Söhne weiterhin in die Marburger Ballei entsandten. Ihnen blieb die traditionelle Versorgungsmöglichkeit erhalten, die ihnen eine Säkularisation der Ordensgüter genommen hätte.

In Sachsen und Thüringen dagegen wurde der größte Teil des Deutschordensbesitzes im 16. Jahrhundert enteignet. Hier hatten die Landesherrn im Zusammenhang der territorialen Kirchenpolitik schon längst vor der Reformation die Selbständigkeit des geistlichen Besitzes eingeschränkt. Auf der anderen Seite verursachte gerade hier die Reformation einen grundlegenden Wandel, weil in Thüringen und – in etwas geringerem Maße auch in Sachsen – die übergroße Mehrzahl der Ordensmitglieder Priesterbrüder war. In Thüringen lebten vor Beginn der Reformation 6 Ritter- und 92 Priesterbrüder, in Sachsen 4 (oder 6) Ritter- und 16 (oder 14) Priesterbrüder. Da das Verhältnis zwischen den einen und den anderen vor Beginn der Reformation nicht gut war und da sich die Priesterbrüder als schlecht bezahlte, von den zu diesem Zeitpunkt ohnehin die adlige Seite ihres status betonenden Ordensrittern mißachtete Ordensglieder minderen Ranges empfanden, hatten sie keinen Anlaß, sich gegen die Sachsen und Thüringen rasch erfassende Reformation zu stellen.

Die Ordenspriester haben den alten Glauben und den Orden hier rasch verlassen, und damit war dieser jedenfalls in Thüringen sozusagen von selbst zusammengebrochen. Mit den Priesterbrüdern schwanden auch die von diesen durch Messdienst und Seelsorge erwirtschafteten Einnahmen, von denen der Orden in Thüringen in der Hauptsache lebte. Im Jahre 1539 beschloß das thüringische Kapitel des Ordens, die „törichten (Ordens-) Gelübde" aufzugeben. Erhalten blieben dem Orden lediglich drei Kommenden in Thüringen und sechs in Sachsen, die einer kleinen Zahl von – evangelischen – Rittern Lebensunterhalt gewährten. Zu Ende des Jahres 1801, also kurz vor der fast gänzlichen Aufhebung des Ordens, lebten in Thüringen ein und in Sachsen sechs Ordensritter. Damals waren solche Zahlen freilich gar nicht einmal so niedrig und war Sachsen noch eine der stärkeren Balleien. Der Orden zählte insgesamt nur noch 60 Ritter.

Der Weg vom 16. Jahrhundert bis zu jenem Zustand und zur weitgehenden Auflösung des Ordens in der Napoleonischen Zeit kann hier nur angedeutet werden.

Wie schon gesagt, ist dem Orden trotz den Verlusten, die er über den Abfall Preußens und Livlands hinaus im 16. Jahrhundert hinnehmen mußte, eine Konsoldierung und Reorganisation gelungen. Am sichtbarsten wird das am Ausbau der fränkischen Kommende Mergentheim zur Hochmeisterresidenz und Hauptstadt der dem Hochmeister unmittelbar unterstellten Gebiete sowie – in unterschiedlichem Grade – zum Zentrum des Ordens. Obwohl der aufrechterhaltene Anspruch auf Preußen und damit auf den Hochmeistersitz Königsberg es lange Zeit nicht zuließ, Mergentheim ausdrücklich als Hochmeistersitz zu deklarieren, sondern in einer geradezu an die Geschichte der bundesrepublikanischen Hauptstadt Bonn erinnernden Weise dazu nötigte, mit einem Provisorium zu leben, verhinderte das ebensowenig wie in dem parallelen Fall unserer Tage die Errichtung der notwendigen Zentralbehörden, wenn auch in Mergentheim natürlich nur in dem bescheidenen Umfang, wie er einem kleinen frühneuzeitlichen Territorium gemäß war. So amtierten in Mergentheim in ähnlicher Weise wie in anderen Territorien der Zeit Hofrat und Hofkammer als oberste Behörden mit den entsprechenden Funktionsträgern. Diese weltlichen Beamten, die nun die Regierung des Deutschordensterritoriums ganz überwiegend vornahmen, unterscheiden das Mergentheimer Regiment sichtbar von der Verwaltung des Ordensbesitzes durch die Ordensbrüder selbst. Doch hatten schon in Preußen, spätestens seit dem frühen 15. Jahrhundert und vor allem am Hof des Hochmeisters, also in der zentralen Verwaltung, besoldete Funktionsträger weltlichen oder auch geistlichen Standes, die keine Ordensbrüder waren, einen wachsenden Raum in der Verwaltung des Ordens einzunehmen begonnen. In Mergentheim amtierte zur Verwaltung der geistlichen Aufgaben des Ordens in den inkorporierten und von der bischöflichen Aufsicht freigestellten Pfarreien als dritte Zentralbehörde noch der geistliche Rat – eine einfache Notwendigkeit, aber doch auch ein Anzeichen dafür, daß die Konsolidierung der Ordensherrschaft nicht nur auf dem Felde der politischen Administration stattfand, sondern auch in kirchlicher Hinsicht. Es ist nicht zu übersehen, daß der Deutsche Orden an der katholischen Reform in der zweiten Hälfte des 16. Jahrhunderts Anteil hatte. Im Jahre 1606 wurde in Mergentheim ein Priesterseminar begründet.

In gewisser Weise läßt sich einer hier und auf andere Weise erkennbaren Rückkehr zu geistlichen Pflichten eine Reform des Ordens auch im Hinblick auf seine ursprünglichen militärischen Aufgaben an die Seite stellen. Zwar weigerte sich der Orden ähnlich wie im 15. Jahrhundert auch jetzt, eigene Niederlassungen an der Heidengrenze zu begründen und hier ein Stück Militärgrenze ständig zu verteidigen, doch wurde in der 1606 neugefaßten Ordensregel nachdrücklich Gewicht auf eine jedenfalls zeitweilige militärische Tätigkeit der jungen Ordensritter gelegt. Jeder von ihnen sollte drei Jahre lang an der ungarischen Grenze oder andernorts Kriegsdienst gegen die Heiden leisten. Erst danach sollte ihm eine Kommende übertragen werden und ihm damit jene standesgemäße Versorgung offenstehen dürfen, die jetzt wie schon in den Jahrzehnten zuvor das eigentliche

Ziel derer war, welche dem Orden als Ritterbrüder beitraten. Wie schon im 15. Jahrhundert war der Deutsche Orden nun erst recht das „Spital des deutschen Adels", und wie damals so drückte auch jetzt diese Formel keine Kritik vor dem Hintergrund der frühen Geschichte des Ordens aus, sondern beschrieb sie einen nicht in Frage gestellten, sondern zur Rechtfertigung des Ordens in kritischen Situationen immer wieder ins Feld geführten Sachverhalt. Im Jahre 1696 wurde ein eigenes Regiment mit dem Namen Hoch- und Deutschmeister, in welchem Deutschordensritter aber natürlich nur als Offiziere Dienst taten, begründet. Nicht selten leisteten Ordensritter in fremden militärischen Einheiten Offiziersdienste, während andere im Dienste von Fürsten, vor allem aber des Kaisers, administrative Aufgaben wahrnahmen.

Im Jahre 1590 wurde mit Erzherzog Maximilian zum erstenmal ein Habsburger zum Hochmeister gewählt. Seit 1641 hatten dieses Amt meistens Angehörige der kaiserlichen Familie inne. Von 1732 bis 1761 stand dem Orden der Wittelsbacher Clemens August vor: Bischof von Paderborn, von Münster, von Hildesheim, von Osnabrück sowie Erzbischof von Köln. Wie schon zur Zeit Friedrichs von Sachsen und Albrechts von Brandenburg wurde das Hochmeisteramt nun wiederum zu einem geistlichen Fürstentum neben anderen, das zum geistlichen Stand bestimmte Angehörige reichsfürstlicher Familien möglichst zusammen mit weiteren hohen geistlichen Würden innehatten.

In geradezu drastischer Weise läßt sich das an dem Wege erkennen, auf welchem Maximilian Franz, der im Jahre 1756 geborene jüngste Sohn der Kaiserin Maria Theresia, zunächst zum Amt des Hochmeister-Koadjutors, also des nachfolgeberechtigten Stellvertreters, und dann zu dem des Hochmeisters selber kam. Obwohl der kaiserliche Hof die Wahl sorgfältig vorbereitete, war die Kaiserin nicht gesonnen, sich viel um die Verfassung des Ordens zu kümmern. In ihren Augen wählte „ihr liebster Schwager", Hochmeister Karl Alexander aus dem Hause Lothringen, und nicht etwa das Ordenskapitel, ihren Sohn zum Koadjutor. Unverständlich ist diese Optik nicht, wenn man bedenkt, daß das Generalkapitel des Ordens nach Brüssel, wo der Hochmeister als Statthalter der habsburgischen Niederlande residierte, bestellt wurde und dort einen abwesenden Erzherzog zunächst

Die Hochmeister aus dem Hause Habsburg 231

in den Orden aufnahm und dann zum künftigen Hochmeister wählte, der einer Ausnahmeregelung nicht nur wegen seiner Jugend – er war damals dreizehn Jahre alt – bedurfte, sondern der auch ausdrücklich von der Forderung nur deutscher adliger Vorfahren befreit werden mußte, die dem künftigen Deutschordensritter nun schon seit langem gestellt wurde und die ein Habsburger angesichts der Internationalität der Heiratsverbindungen dieser Dynastie nicht erfüllen konnte.

Natürlich wurde dem Habsburger auch das einjährige Noviziat erlassen, und auch im Hinblick auf den Zeitpunkt, an welchem er die drei Ordensgelübde schwören sollte, waren seine Wähler großzügig. Bis zu seinem zwanzigsten Geburtstag sollte er damit Zeit haben.

Schwierig wurde die Kombination habsburgischer Familienpolitik mit den Erfordernissen der Ordensverfassung erst bei der feierlichen Einkleidung des Erzherzogs als Ordensritter, beim Ritterschlag und bei der Frage, wie sich seine Zugehörigkeit zum Deutschen Orden mit dem Zeichen des Ordens vom Goldenen Vlies und einem weiteren Ordensemblem, das er trug, vereinbaren lasse (vgl. oben S. 217).

Am Ende kam es jedoch zu einem Kompromiß, und die Kaiserin konnte ihren Sohn zur Zufriedenheit mahnen: „Das Großmeistertum des Deutschen Ordens ist eine angenehme Versorgung und eine sehr angemessene Stellung. Es ist immer gut, irgend etwas als Eigentum zu besitzen. Was hätte ein achter Erzherzog denn überhaupt zu hoffen? Je höher Deine Geburt, um so kritischer Deine Lage. Betrachte also diesen hochachtbaren Platz als Dein größtes Glück und verlaß ihn nicht leichtsinnig und überhaupt niemals, ohne daß der Chef Deines Hauses es billigt oder verlangt."

Eine solche Äußerung scheint sich selber zu karikieren. Tatsächlich aber ist Maximilian Franz, obwohl auch noch Erzbischof von Köln und Bischof von Münster – die zitierte Äußerung seiner Mutter erwies sich also als zu pessimistisch –, von 1780 bis zu seinem Tode im Jahre 1801 ein Hochmeister gewesen, der sein Amt als Territorialfürst und Ordenshaupt, auf das er sich eingehend vorbereitet hatte, mit großer Sorgfalt und nicht ohne Erfolg ausgefüllt hat.

Trotz guter Verwaltung und ungeachtet voller Kassen – der Orden konnte angesichts seiner Finanzlage ähnlich wie in seiner Frühzeit in erheblichem Umfang als Kreditgeber auftreten – blieben Ordensstaat und Ordenskorporation dennoch das, als was sie sich bei der Wahl dieses Hochmeisters so deutlich erwiesen hatten, nämlich Objekte der habsburgischen Politik. Infolgedessen wirkte sich die politische und militärische Schwäche des Hauses Habsburg in der napoleonischen Zeit verhängnisvoll auf die Existenz des Ordens aus. Die kaiserliche Verwandtschaft weder des Hochmeisters Maximilian Franz noch seiner beiden Nachfolger, die ebenfalls Erzherzöge waren, konnte verhindern, daß der Orden in die gewaltsamen Veränderungen der Reichsverfassung seit der Abtretung des linken Rheinufers an das revolutionäre Frankreich im Jahre 1801 einbezogen wurde. Ebenso wie die meisten kleinen weltlichen und alle geistlichen Territorien wurde er nun zum Opfer jener Mittelstaaten, denen es dank ihrem Bündnis mit Napoleon gelang, zunächst die Masse der Entschädigungen für linksrheinische Verluste und dann die ganze Hinterlassenschaft der liquidierten geistlichen und kleineren weltlichen Territorien zu erhalten. Im Falle des Deutschen Ordens waren die Hauptnutznießer Württemberg, Bayern und zunächst auch Preußen. Nachdem der Markgraf Karl Alexander im Jahre 1791 zugunsten seiner preußischen Verwandten abgedankt hatte, zog in den süddeutschen hohenzollernschen Markgrafschaften unter der Führung des späteren Staatskanzlers Hardenberg die preußische Verwaltung ein, um hier alsbald mit militärischer Gewalt die benachbarten kleineren ritterschaftlichen und geistlichen Herrschaften zu okkupieren, darunter im Jahre 1796 fast die gesamte Ballei Franken. Mit den Markgrafschaften fiel auch dieses Gebiet schon zehn Jahre später an Bayern.

Im Jahre 1809 hob Napoleon den Deutschen Orden in den Rheinbundstaaten auf und sprach den ihm verbündeten deutschen Fürsten dessen noch verbliebenen Besitz zu. Württembergische Truppen hatten Mergentheim schon einige Tage zuvor besetzt.

Auf der einen Seite war dieser Akt das Ende des Deutschen Ordens, wie er bisher existiert hatte. Die Zeit seiner souveränen Herrschaft war unwiderruflich zu Ende. Der Orden verfügte nun nur noch über verstreute Besitztümer im Gebiet der habsburgischen Monarchie. Ebensowenig wie nach der Niederwerfung Napoleons die Säkularisationen und Mediatisierungen der vergangenen Jahre rückgängig gemacht wurden, erhielt der Orden jetzt die Masse der ihm gewaltsam entzogenen Herrschaftsrechte zurück. Nur im heutigen Jugoslawien und in Tirol wurden ihm Besitztümer restituiert.

Auf der anderen Seite blieb die Ordensbruderschaft jedoch bestehen. Als im Jahre 1835 der seit 1804 regierende Hochmeister, Erzherzog Anton Victor, starb, wurde nicht nur ein Nachfolger, Erzherzog Max Josef, gewählt, sondern fand auch eine Neuorganisation des Ordens statt. Der Deutsche Ritterorden, wie er nun zum erstenmal seit seiner Gründung offiziell hieß, blieb weiterhin ein habsburgischer Hausorden. Die Ordensbrüder wurden in ihren neuen Statuten verpflichtet, einen Prinzen des Hauses Habsburg zum Hochmeister zu wählen, und das haben sie auch getan. Bis zum Jahre 1923 waren die nun in Wien residierenden Deutschordenshochmeister Habsburger.

Auf der anderen Seite nahm der Orden jetzt jedoch eine neue, an seine allerersten Anfänge anknüpfende Gestalt an, indem er sich karitativen Aufgaben zuwandte, Schulen und Spitäler betrieb, den weiblichen Zweig des Ordens, also das Institut der Deutschordensschwestern, neu begründete und auch das Leben der Priesterbrüder im Sinne der Normen des Regularklerus reformierte.

Nach dem Ende der Habsburger-Monarchie ist der Orden noch einmal reorganisiert worden. Die Bindungen an das Haus Habsburg wurden gelöst, und aus dem Deutschen Ritterorden wurde im Jahre 1929 wiederum ein Deutscher Orden, der nun jedoch, zum erstenmal in seiner Geschichte, kein Ritter-, sondern nur ein Priesterorden war. In der nationalsozialistischen Zeit ist der Deutsche Orden wie andere katholische Orden aufgehoben worden, nach dem Krieg wurde er in Österreich, in Südtirol und in der Bundesrepublik restituiert.

Der heutige Deutsche Orden ist ein so anderes Institut als jener Ritterorden, der von der Kreuzzugszeit bis in die Zeit Napoleons existierte, daß er den an dessen Geschichte interessierten Historiker zunächst nichts anzugehen scheint. Doch die Grenze zwischen Diskontinuität und Kontinuität fließt. Wenn sich Politiker und mittelständische Unternehmer als Familiaren des Deutschen Ordens heute an hohen Kirchenfesten mit jenem Mantel schmücken, den einst ein Hermann von Salza getragen hat oder auch ein Albrecht von Brandenburg, so wird der Historiker darüber anders denken als vermutlich die Träger des Mantels. Eindrucksvoller erscheinen ihm dagegen die Bemühungen des heutigen Deutschen Ordens nicht bloß um Seelsorge und Krankenpflege, sondern auch um des mittelalterlichen und frühneuzeitlichen Deutschen Ordens und damit um seine eigene Geschichte.

Zwölftes Kapitel

Der Deutsche Orden in der Geschichtsschreibung und im historischen Bewußtsein des 19. und 20. Jahrhunderts

Im ausgehenden 18. Jahrhundert wurde die mittelalterliche Geschichte des Deutschen Ordens, die mittelalterliche Geschichte vor allem seines preußischen Staates als etwas Neues entdeckt. Vergessen war der Deutsche Orden hier zwar auch vorher nicht, man entsann sich seiner wohl, aber diese Erinnerung war undeutlich, und sie war meistens negativ.

In den Gebieten, die schon im Zweiten Thorner Frieden 1466 dem Deutschen Orden verloren gegangen waren, im späteren Westpreußen und im Ermland, wo der Aufstand der Stände gegen den Orden erfolgreich gewesen war, hätte eine positive Erinnerung an ihn den Aufstand des 15. Jahrhunderts nachträglich seiner Legitimität beraubt. Weiterhin wurde die Bevölkerung im 16. Jahrhundert auch in Westpreußen evangelisch, und damit war ein weiterer Grund gegeben, sich des Ordens als einer für den überwundenen alten Glauben besonders charakteristischen Institution nicht im guten zu erinnern.

Nachdem sich diese im Jahre 1466 definitiv vom Ordensstaat abgetrennten Gebiete in lockerer Form dem polnischen König unterstellt hatten, wurden sie im 16. und 17. Jahrhundert näher an Polen herangezogen. Westpreußen oder, wie man damals sagte, Preußen königlichen Anteils war bis zur ersten polnischen Teilung ein Glied des polnischen Gesamtstaates. Man hat darin im 19. Jahrhundert irrtümlich Fremdherrschaft gesehen und gemeint, daß die Bewohner dieser Gebiete in ihrer Nationalität unterdrückt gewesen seien und deshalb den Zeiten des Deutschen Ordens nachgetrauert hätten. Obwohl das königliche Preußen jetzt ein Teil Polens war, blieben die meisten seiner Bewohner, besonders in den Städten, ihrer Sprache nach dennoch Deutsche. Sie wurden weder hierin noch in ihren wirtschaftlichen Möglichkeiten durch die Zugehörigkeit des königlichen Preußen zu Polen behindert.

Überwiegend negativ war die Erinnerung an den Deutschen Orden auch in dem 1466 beim Orden verbliebenen Teil Preußens, im Herzogtum Preußen seit 1525, also in dem späteren Ostpreußen mit der Hauptstadt Königsberg. Eine positive Erinnerung an den Orden hätte auch hier das Fundament des Staates unterminiert und die Berechtigung des Staatsstreiches von 1525 zweifelhaft gemacht. Aber dieser Staatsstreich mußte nicht nur aus Gründen der legitimierenden Erinnerung als berechtigt erscheinen, sondern vor allem deshalb, weil der Deutsche Orden, der ja außerhalb Preußens weiterbestand, nicht daran dachte, den Akt von 1525 zu akzeptieren. Der Orden führte vielmehr Prozesse gegen das Herzogtum Preußen und später gegen den brandenburg-preußischen Staat, um sein früheres Gebiet wiederzugewinnen.

Und auch im Jahre 1701, als sich der Markgraf von Brandenburg und Herzog von Preußen, Kurfürst Friedrich III., zum König krönte, dachte man nicht daran, den neuen Rang etwa durch einen Rückbezug auf die mittelalterlichen Ordenshochmeister historisch zu rechtfertigen. Soweit man dergleichen tat, griff man ein gutes Stück tiefer in die Geschichte zurück. Wenn der neue preußische König schon einen Vorläufer hatte, dann war das nicht der Ordenshochmeister, sondern der sagenhafte prussische, vorordenszeitliche König Waidewuth.

Im 18. Jahrhundert wuchs die Abneigung gegen den Orden noch aus einem weiteren Grunde an. Ein Zeitalter der Aufklärung und Toleranz brachte der mittelalterlichen Geschichte insgesamt nur wenig Sympathie entgegen, und der Deutsche Orden war, so schien es jetzt, geradezu der Inbegriff dessen, was man am Mittelalter verachtete. Der Königsberger Historiker Ludwig von Baczko brachte im Jahre 1797, als sich das negative Urteil über den Orden schon langsam wandelte, die damals traditionelle Auffassung noch einmal pointiert zum Ausdruck.

Ausgehend von einem ästhetischen Urteil über die Burgen des Ordens, die er „unbedeutend" findet und allenfalls dann „nicht gleichgültig", falls man das Straßburger oder das Ulmer Münster schön fände, räumt er ein, daß diese Burgen immerhin als technische Leistungen anerkennenswert seien. Doch stünden einem solchen positiven Urteil die Umstände ihrer Erbauung entgegen. Baczko fährt nämlich fort: „Dies letztere Wohlgefallen schwindet aber bei dem Kenner der preußischen Geschichte, wenn er sich erinnert, daß unglükliche Sklaven diese Steinmassen aufthürmten..., und daß diese unglüklichen kein anderes Verbrechen begangen hatten, als daß sie jenen unsichtbaren Wesen, denen sie ihren Unterhalt und ihr Daseyn zu verdanken glaubten, auf eine andere Weise in ihren Hainen dienen wollten, als dem Deutschen Orden in seinen Tempeln beliebte." Baczko meint also, der Deutsche Orden habe die einheimische, heidnische Bevölkerung unterjocht und zu Sklavendiensten angetrieben, und die Ursache dieser Sklaverei sei die unterschiedliche Religion gewesen. Für ihn selber stehen die heidnische und die christliche Religion durchaus auf einer Stufe, ja seine Wortwahl läßt sogar eine stärkere Sympathie für den heidnischen Kult erkennen. Ganz ähnlich spricht Heinrich Luden noch 1822 in seiner weit verbreiteten Weltgeschichte von „Stolz, Trotz und Menschenverachtung" der Ordensritter.

Dieses negative Urteil über den Orden ist auch nicht dadurch verändert worden, daß seit 1772 infolge der polnischen Teilungen die seit 1466 dem polnischen Staatsverband gehörenden ehemaligen Ordensgebiete an Preußen kamen. Im 19. Jahrhundert, und manchmal auch noch in unserer Zeit, ist das so verstanden worden, als seien diese Regionen damals wieder dorthin zurückgekehrt, wo sie früher waren, als habe sich Friedrich der Große als Nachfolger der Hochmeister verstanden und den Zweiten Thorner Frieden revidieren wollen. Die polnischen Teilungen waren jedoch ebenso kühle wie gewaltsame Kabinettsaktionen, und der preußische König hat sich dabei herausgesucht, was ihm unter den erreichbaren Ländereien am vorteilhaftesten erschien. Historische Reminiszenzen waren hier nicht beteiligt.

Man sieht das auch sehr deutlich daran, daß die preußische Verwaltung mit den Relikten aus der Ordenszeit, mit den Burgen, von denen der zitierte Aufsatz Ludwig von Baczkos handelt, ebenso praktisch wie roh umging. Einige wurden abgerissen, andere blieben nur deshalb stehen, weil ein Umbau zum Kornmagazin billiger schien als ein Abbruch. Das galt auch für die Marienburg, die damals gründlich umgebaut bzw. für unsere Begriffe verunstaltet wurde. Am Ende sollte sie abgerissen werden.

Daß es dazu nicht kam, ist auf der einen Seite ein Zufall. Auf der anderen Seite hängt es zusammen mit einem sich rasch und grund-

Die Neuentdeckung des Ordens 237

legend verändernden Verständnis der mittelalterlichen Vergangenheit, mit der allgemeinen Hinwendung zum Mittelalter um 1800. In Deutschland und besonders in Preußen kam die napoleonische Zeit hinzu, die Zeit der Fremdherrschaft und der Kampf gegen sie, der Freiheitskrieg.

Die mittelalterlichen Ordensritter erschienen jetzt nicht als hochmütig und grausam, sondern sie wurden als – nicht nur militärische – Vorbilder empfunden. Der Ordensstaat wurde positiv gesehen auch deshalb, weil er nicht einer der vielen Fürstenstaaten war, sondern auf Prinzipien begründet, weil er eine Staatsidee zu verkörpern schien, ebenso wie auch der preußische Staat der Gegenwart eine Staatsidee haben sollte. Man begann zu meinen, daß die Staatsidee des alten Ordensstaates und die Idee des gegenwärtigen preußischen Staates teilweise identisch seien.

Man sieht das sehr deutlich am Eisernen Kreuz, an jenem Orden, der 1813 in den Freiheitskriegen gestiftet wurde. Dieses Eiserne Kreuz war in seiner Gestalt nahezu identisch mit dem Zeichen des mittelalterlichen Deutschen Ordens, mit jenem schwarzen Kreuz, das die Ordensbrüder auf ihren Mänteln trugen. Aber diese Identität ist geradezu paradox, denn das Eiserne Kreuz war trotz seiner in die Vergangenheit zurückverweisenden Gestalt ein durchaus moderner Orden. Es konnte an alle tapferen Soldaten, unabhängig von ihrem Dienstgrad, verliehen werden und wurde auch so verliehen, während die bisherigen Orden als unmittelbare Nachfahren der Symbole spätmittelalterlicher Ritterorden den adligen Offizieren vorbehalten waren.

Max von Schenkendorf, der damals bekannte Dichter der Freiheitskriege, hat den Zusammenhang des neuen Ordenszeichens mit dem alten Ritterorden in einem Gedicht auf den Stifter des neuen Ordens, König Friedrich Wilhelm III., besungen:

Um die kühnen Heldengeister
schlingt sich dieses Ordensband,
und der König ist sein Meister,
der das alte Zeichen fand.

In Prosa übersetzt heißt das, daß der gegenwärtige preußische König, der das alte Ordenszeichen wieder zu Ehren gebracht hat, ein neuer

Hochmeister, daß der preußische Staat der Gegenwart eine Erneuerung des mittelalterlichen Ordensstaates war. Dementsprechend wurden in der Marienburg, die man nun wiederherstellte, einige Jahre später Glasmalereien angebracht, die links einen mittelalterlichen Ordensritter zeigten und rechts einen Landsturmmann, das heißt einen Kriegsfreiwilligen der Freiheitskriege. Aus den Briefen derer, die diese Fenster veranlaßten, erfahren wir ausdrücklich, wie diese Kombination gemeint war. Der Kriegsfreiwillige von 1813 wurde als Nachfahr der Ordensritter verstanden, ja in gewisser Weise als dessen Wiederholung auf höherer Stufe. Denn am mittelalterlichen Ordensritter störte die Preußen des frühen 19. Jahrhunderts, die in ihrer großen Mehrzahl Protestanten waren, daß er ein Mönch war.

Das neue Urteil über den Deutschen Orden, für das das Eiserne Kreuz ein deutliches Beispiel ist, erweist sich auch daran, daß die Geschichtswissenschaft sich dem Orden nun in neuer Weise zuwandte. Neu war dabei nicht nur die Intensität des Interesses, nicht nur positive Färbung des Urteils, sondern auch der Rückgriff auf die ungedruckten Quellen.

Die Geschichtswissenschaft hatte sich in den Jahrhunderten zuvor überwiegend auf gedrucktes Material gestützt, auf literarische Quellen: Chroniken, Annalen usf. Mit den Akten und Urkunden aus alter Zeit beschäftigten sich nicht so sehr die Historiker wie vielmehr die Juristen. Diese Schriftstücke galten als das, als was sie entstanden waren, nämlich als Rechtsdokumente, und sie hatten in der Tat eine praktische Bedeutung. Die mittelalterlichen Urkunden des Deutschen Ordens waren Rechtsdokumente nicht zuletzt deshalb, weil der Deutsche Orden und der preußische Staat sich ja immer noch wegen der Säkularisation von 1525 stritten. In diesem Zusammenhang waren die Urkunden, die im Königsberger Staatsarchiv lagen, Beweismaterial. Es war also nicht daran zu denken, daß sie einfach jedem Interessierten zur Verfügung standen.

Um 1800 tritt hier ein grundsätzlicher Wandel in Deutschland ein – aus praktischen, aber auch aus geistesgeschichtlichen Ursachen. Die praktischen Gründe liegen in der damaligen Umgestaltung der Verfassungsverhältnisse. Da nun die Mehrzahl der deutschen Einzelstaaten aufgehoben wurde, da auch die fortbestehenden Staaten ihre

Grenzen änderten, hörten tausende von mittelalterlichen Urkunden auf, Beweisstücke für einen noch bestehenden Zustand zu sein. Sie waren nun nur noch Quellen für den Historiker – oder Altpapier bzw. nutzloses Pergament. Infolgedessen sind damals die Handschriften, Akten und Urkunden auch tonnenweise vernichtet worden. Aber was übrig blieb, stand den Historikern zur Verfügung. Die Archive, bisher Verwaltungsstellen, wurden nun zu Forschungsstätten, wenn auch nicht auf einen Schlag. Im Königsberger, dem ehemaligen Ordens- und damaligen preußischen Geheimen Staatsarchiv, wurde im Jahre 1822 die freie Benutzung aller Archivalien aus der Zeit vor 1500 erlaubt. Ein Jahr später wurde die Grenze immerhin bis 1525 hinausgeschoben. Jetzt hatte ein Gelehrter also einen Anspruch auf die Benutzung wenigstens der alten Quellen, während das vorher nur ausnahmsweise möglich war. Eine solche Ausnahme war z. B. im Jahre 1805 für den berühmten Dichter August von Kotzebue gemacht worden, aber an die Urkunden des Ordens war er dennoch nicht herangekommen. Denn der Raum, wo sie aufbewahrt wurden, diente gleichzeitig praktischen Verwaltungszwecken, und vor den Urkundenregalen standen schwere Kassenschränke, die den Zugang zu den Quellen im wörtlichsten Sinne versperrten.

Nun wurden die Schränke weggerückt. Die Historiker aber waren an den alten Dokumenten nicht nur deshalb interessiert, weil sie ihnen jetzt zur Verfügung standen, sondern auch darum, weil ihr Interesse an der älteren Zeit nun größer war als zuvor. Das zeigt sich am deutlichsten an den Anfängen der Monumenta Germaniae Historica, der großen Quellensammlung zur mittelalterlichen Geschichte, in jenen Jahren. Am Anfang jedes Bandes dieser Sammlung ist ein Eichenkranz mit einer Devise abgebildet: *Sanctus amor patriae dat animum:* Die heilige Liebe zum Vaterland beflügelt den Geist.

Diese Devise bringt knapp und deutlich zum Ausdruck, was diejenigen bewegte, die sich damals, unter der Führung des früheren preußischen Staatsreformers, des Freiherrn vom Stein, zusammenfanden. Sie verstanden ihre Arbeit an den Quellen als Dienst für das Vaterland. Aus der besseren Kenntnis der Geschichte sollte die Kraft für eine bessere Politik der Zukunft hervorgehen.

Die Arbeit an den Monumenta hat sich sehr schnell auch auf die landesgeschichtliche Forschung ausgewirkt, auch in Preußen, und hier sogar besonders früh. In Preußen erschien zwar nicht sogleich eine große Quellenedition, wohl aber eine unmittelbar aus den Quellen, vornehmlich aus Archivalien des Königsberger Archivs, geschriebene ausführliche Darstellung der Geschichte Preußens von den Anfängen bis 1525 aus der Feder des Königsberger Archivdirektors und Geschichtsprofessors Johannes Voigt. Diese Geschichte Preußens war eine Pionierarbeit. Voigt hat die gewaltige Masse an archivalischer Überlieferung, die er in seiner Geschichte Preußens benutzte, überhaupt erst einmal geordnet, die einzelnen Stücke identifiziert und bestimmt, wie man immer wieder sieht, wenn man in dem seinerzeit von ihm geordneten Archiv arbeitet. Immer wieder begegnet man hier auf den Papierumschlägen, in welchen die einzelnen Urkunden und Aktenstücke gelegt sind, Voigts etwas krakeliger Handschrift, die auf diesen Umschlägen den Inhalt der Stücke in Regestenform angibt.

Diese Regesten sind trotz ihrem inzwischen erreichten Alter von 150 Jahren immer noch brauchbar, jedenfalls die meisten, und in gewisser Weise gilt das auch für Voigts neunbändige Darstellung. So ausführlich ist die mittelalterliche Geschichte Preußens später im ganzen nicht mehr behandelt worden, und schon aus diesem Grunde ist sein Buch ein Standardwerk. Aber eine inzwischen so alte Darstellung ist interessant nicht nur als Nachschlagewerk, sondern auch als Zeugnis ihrer Zeit. Sie ist inzwischen zu einem Dokument geworden und gibt Auskunft auf die Frage, wie ein Historiker des frühen 19. Jahrhunderts den Orden sah.

Voigt spricht im Vorwort des letzten Bandes von der Achtung und Bewunderung, welche der Orden zur Zeit seiner Blüte in ihm errege, aber er wehrt sich zugleich gegen den Vorwurf der Parteilichkeit, und das mit Recht. Denn wenn Voigt auch deutlich jener Generation angehört, die den Orden neu und positiv sah, so ist in seinem Urteil doch auch die Kritik der vorigen Generation enthalten. Die Sympathie etwa mit den vorordenszeitlichen Bewohnern Preußens, mit den Prussen, ist auch bei ihm lebendig. Man sieht das nicht nur daran, daß er den ganzen ersten Band den vorordenszeitlichen Zuständen widmet. Er sagt es auch direkt. Er spricht im Vorwort dieses Bandes ausdrücklich von seiner Absicht, eine Volksgeschichte zu schreiben, keine Staaten-, keine dynastische Geschichte also. Der Einfluß, den hier direkt oder indirekt die Entdeckung der Völker, vor allem der osteuropäischen, als geschichtlicher Kräfte ausübt, wie sie Johann Gottfried Herder gelungen war, ist deutlich zu sehen. Immer, so schreibt Voigt, haben nur andere über die heidnischen Prussen geschrieben: „Ausländer, Fremdlinge und Christen". „Verstanden" sie dieses „Volk in seinem Geiste, in seinem eigenthümlichen Wesen zu würdigen"? Die Frage bezeichnet zugleich das Ziel, das Voigt nicht nur verfolgte, sondern teilweise durchaus erreicht hat, wie z. B. bei der Darstellung des Hochmeisters Winrich von Kniprode.

Die Regierungszeit dieses Hochmeisters (1352–1383) wird von Voigt, teilweise zu Recht, als die Blütezeit des Ordens angesehen, und der Hochmeister ist deshalb sein Held, doch nicht ohne Einschränkung. Zu einer Einschränkung nötigen Voigt nämlich die Kriegszüge, die dieser ebenso wie die anderen Hochmeister seines Jahrhunderts gegen die heidnischen Litauer führte. Voigt spricht davon, daß die zeitgenössischen Chronisten den Hochmeister verherrlichten, aber der moderne Historiker dürfe ihnen darin nicht folgen. Seiner eigenen Zeit würde es „frech und fast gottlos scheinen, ihm (dem Hochmeister) als rastlosen Krieger gegen das heidnische Volk der Litthauer, als Verwüster ihrer Gebiete, als Zerstörer alles ihres heimatlichen Glükkes, als dem Leiter und Urheber des Hinschlachtens so vieler Tausende, die unter dem Schwerte der Ordensritter fielen, das Lob und den Ruhm zu zollen, den frühere Geschlechter über ihn ausgesprochen haben".

Man könnte fragen, ob Voigt sich mit diesem Raisonnement nicht unterhalb des methodischen Standards seiner Zeit bewegt. Versucht er nicht, den Hochmeister statt mit den Maßstäben der eigenen, mit denen einer späteren Zeit zu messen, und verstößt er damit nicht gegen die Grundregel dessen, was als Historismus eben damals entwickelt wurde? Voigt tut das nicht. Er weist ausdrücklich darauf hin, daß der Hochmeister nach den Normen seiner Zeit handelte. Dennoch hält er es für nötig, auf die „Leichenhaufen meist unschuldiger Menschen" hinzuweisen, die dieser Hochmeister hinterlassen habe, und das ist bemerkenswert, weil die Historiker der nächsten Generation von diesen Leichenhaufen entweder nicht reden oder sie mit Beifall bedecken.

Man sieht das am deutlichsten bei jenem Historiker, der, anders als

Voigt, nicht eine Gestalt bloß der regionalen Geschichte ist, sondern ein Mann von nationalem Rang, einer der einflußreichsten Universitätslehrer und politisch-historischen Schriftsteller seiner Zeit, nämlich bei Heinrich von Treitschke. Treitschke war, ganz anders als Voigt, ein Schriftsteller von großen Fähigkeiten. Er hat, nachdem der erste Band der Sammlung von chronikalischen Quellen der preußischen Geschichte, der Scriptores rerum Prussicarum, erschienen war, eine Art von Rezension dieses Bandes in den Preußischen Jahrbüchern erscheinen lassen, einer politisch historischen Zeitschrift von hohem Rang. Da Treitschke von der mittelalterlichen preußischen Geschichte und von der des Deutschen Ordens nicht viel verstand, hat er sich nicht darauf eingelassen, den Lesern der Zeitschrift im Detail vorzuführen, was in dem Scriptores-Band zu lesen war. Er hat sich statt dessen über das Wesen des preußischen Deutschordensstaates im ganzen ausgelassen, in einem Essay unter dem Titel: Das deutsche Ordensland Preußen, der zuerst 1862 erschien, der später in die mehrfach aufgelegte Sammlung der Aufsätze Treitschkes aufgenommen und danach auch separat verbreitet wurde: als Reclamheft, als Inselbuch, zuletzt noch 1955 in einer jüngeren Taschenbuchreihe. Dieser Essay hat das deutsche Urteil über den Deutschen Orden auf das stärkste geformt.

Bei Treitschke sind anders als bei Voigt Reminiszenzen an den aufgeklärten Humanismus des 18. Jahrhunderts nicht mehr zu entdecken. Dagegen trifft man hier auf etwas Neues, auf einen aggressiven Nationalismus. Die Zeit, in welcher Westpreußen zu Polen gehört hatte, die Jahre von 1466 bis 1772, erscheinen als Beispiel eines „widernatürlichen Zustandes, daß Slaven über Deutsche herrschen". In einem Brief, in dem Treitschke über die Arbeit an seinem Essay berichtet, spricht er davon, gewissermaßen das Urteil Voigts aufhebend, daß man beim Deutschen Orden „einige Züge des deutschen Wesens verkörpert" finde, „die man selten recht beachte – die aggressive Kraft und die herrische, gemüthlose Härte". Das ist, selbstverständlich, positiv gemeint.

Solche Urteile finden sich im ausgehenden 19. Jahrhundert nicht nur bei Treitschke. Man kann, etwas vereinfacht, sagen, daß seit der Mitte des 19. Jahrhunderts bis zum Ende des Zweiten Weltkrieges in Deutschland über den Deutschen Orden im Sinne Treitschkes geurteilt worden ist. Bei genauerer Betrachtung müßte man freilich unterscheiden. Die zugespitzten, allzu zeitgebundenen Urteile finden sich eher bei den Essay-Schreibern als bei denen, die die Arbeit an den Quellen geleistet haben. Der Umgang mit den Quellen treibt einem die kurzen Formeln meistens aus. Man würde die Veröffentlichungen vieler fleißiger Gelehrter übersehen, wenn man nicht sagte, daß selbstverständlich auch in diesen Jahrzehnten nüchtern geforscht wurde. Und die Forschungen wurden publiziert und studiert. Aber auf der anderen Seite wurden kurze Äußerungen wie jener Essay Treitschkes und wie viele populäre Broschüren noch öfter gelesen. Sie haben das allgemeine Urteil ohne Frage in einem höheren Maße geformt als die wissenschaftliche Literatur. Das ist auch heute nicht anders. Aber damals, um 1900, kamen besondere Ursachen hinzu: die politische Situation, die schnelle Änderung des Verhältnisses zwischen dem preußischen Staat und seinen polnischen Untertanen bzw. zwischen den Polen und den drei Teilungsmächten, also außer Preußen noch Rußland und Österreich.

In den ersten Jahrzehnten des 19. Jahrhunderts waren die polnischen Bewohner der zum preußischen Staat gehörenden Gebiete des ehemaligen polnischen Reiches so gut wie keinen Repressionen seitens der Regierung und der staatlichen Behörden ausgesetzt gewesen. Die preußischen Behörden hatten ihren polnisch-sprachigen Untertanen ausdrücklich versprochen, sie in ihrer Religion – die Polen waren katholisch, Preußen war ein protestantischer Staat – und Sprache nicht einzuschränken, und so ist auch tatsächlich verfahren worden. Größere Nationalitätenkonflikte hatte es nicht gegeben – im Gegenteil. In der ersten Hälfte des 19. Jahrhunderts gab es in Westeuropa und auch in Deutschland jedenfalls unter den Gebildeten eine allgemeine Sympathie für Polen, vor allem nach dem mißglückten Aufstand in Russisch-Polen von 1830/31 und nach dem Beginn der sogenannten Großen Emigration.

In der zweiten Hälfte des 19. Jahrhunderts wuchsen die Konflikte zwischen Polen und den Teilungsmächten jedoch schnell, und zwar besonders in den zu Preußen gehörenden Teilen Polens. Denn hier standen sich nicht wie in Russisch-Polen eine homogene Bevölkerung und ein kleiner Beamtenstaat anderer Nationalität gegenüber. In den zu Preußen gehörenden Gebieten des einstigen Polen, also vor allem im Großherzogtum Posen, war auch ein Teil der Bevölkerung deutsch. Da diese westpolnischen Gebiete am weitesten entwickelt waren – auch im Hinblick auf die Schulbildung –, wuchs bei der polnischen Bevölkerung das nationale Bewußtsein vergleichsweise rasch. Seit 1870/71 waren diese Polen Bürger des Deutschen Reiches. Vorher waren sie Angehörige des preußischen Staates gewesen, der schon seit langem Untertanen verschiedener Sprache gehabt hatte. Im neuen Reich fühlten sich die Polen in wachsendem Maße fremd, zumal die ersten Jahre dieses Reiches durch den Kulturkampf geprägt waren, der den katholischen Polen noch zusätzlich das Stigma aufdrückte, Reichsfeinde zu sein.

Die wachsende Entfremdung führte auf beiden Seiten zu Aktionen, welche den Gegensatz verstärkten. Auf polnischer Seite versuchte man, sich durch Organisation zu behaupten, durch die Schaffung von Vereinen und Genossenschaften. Die Regierung dagegen operierte auf der einen Seite mit die Polen diskrimierenden Verordnungen und Gesetzen, sie versuchte mit Hilfe von Schulpolitik eine Assimilation der polnischen Bevölkerung zu erzwingen, und sie bemühte sich andererseits, den Anteil der Deutschen an der Bevölkerung durch eine staatliche Siedlungspolitik zu stabilisieren oder gar zu erhöhen. Denn der Anteil der Deutschen an der Bevölkerung dieser Gebiete sank im ausgehenden 19. Jahrhundert in der Tat – infolge des Sogs, den die sich schnell entwickelnden westdeutschen Industriezonen ausübten. Damals freilich interpretierte man diese Bevölkerungsverschiebung als eine Verdrängung der Deutschen durch die Polen.

So hatten die Deutschen bei ihren die Polen diskriminierenden Maßnahmen das gute Gewissen, sich nur zu verteidigen: wie vermeintlich früher schon einmal, zu Zeiten von Ostsiedlung und Deutschem Orden. Die populäre historische Literatur wird besonders aggressiv dort, wo sie von der Zeit nach 1466 spricht, als ein Teil des Ordensstaates zu Polen gehörte und somit den „Vorfahren derselben Polen, die heute in Westpreußen und Posen das Deutschtum verdrängen wollen". Im Jahre 1886 sagte ein Abgeordneter im preußischen Landtag, als es um die Kosten ging, welche die Restauration der Marienburg verursachte: „Diese Ordensburg war im Mittelalter der Hort des Deutschtums im Osten. Ihre Wiederherstellung und Erhal-

Der Orden im Zeitalter des Imperialismus

tung wird auch in Zukunft das Deutschtum, deutsches Nationalbewußtsein und deutsche Gesittung gegenüber einem etwaigen Ansturm anderer Nationalitäten in unserer Ostmark stärken." Das Protokoll vermerkt: „Bravo! Beifall von rechts."
In klassischer Kürze brachte aktuelle Politik und eine entsprechende Wertung der Vergangenheit ein Mann in Übereinstimmung, der auch sonst ein guter Zeuge für das damals in Deutschland Übliche ist, der Kaiser, Wilhelm II. Während eines Festaktes in der Marienburg im Jahre 1902, auf dem die Vergangenheit durch einen für die Zeit charakteristischen Festzug beschworen wurde, an dem preußische Grenadiere teilnahmen, die man als Ordensritter verkleidet hatte, hielt der Kaiser eine der für ihn charakteristischen Reden und verknüpfte er die Ordensvergangenheit mit der politischen Gegenwart: „Jetzt ist es wieder so weit. Polnischer Übermut will dem Deutschtum zu nahe treten, und Ich bin gezwungen, Mein Volk aufzurufen zur Wahrung seiner nationalen Güter."

Der Ausgang des Ersten Weltkrieges war nicht dazu angetan, solche Urteile und Stimmungen zu revidieren. Denn nun war ein polnischer Staat geschaffen, der angesichts der ethnisch gemischten Bevölkerung in jener Region auch Deutsche umfaßte. Teile Westpreußens, des ehemaligen Ordensstaates also, gehörten wiederum zu Polen. Die deutschen Bemühungen, den Vertrag von Versailles zu revidieren und insbesondere die deutsch-polnische Grenze zugunsten Deutschlands zu verändern, beriefen sich nun erst recht auf die Geschichte des Deutschen Ordens. Die Erinnerung an den Deutschen Orden und seine noch existierenden Burgen, vor allem natürlich die Marienburg, wurde damals zu einer Art Garantie der eigenen politischen Hoffnung. Insbesondere die polnischen Jahrhunderte Westpreußens, die Jahre also zwischen 1466 und 1772, galten als Analogon der eigenen Zeit.

Man sieht das z. B. an den Äußerungen eines Dresdner Studienrates, der im Jahre 1930 die Erinnerungen an eine Exkursion zu Papier brachte, an eine Grenzlandfahrt, die ihn nach Ostpreußen und Danzig geführt hatte. Der Titel seines Aufsatzes lautet, obwohl der sächsische Studienrat sicherlich mit der Bahn gefahren war: Nach Ostland wollen wir reiten. Diese Worte „nach Ostland wollen wir reiten" sind der Anfang eines spätmittelalterlichen niederdeutschen Gedichts, das damals, ins Hochdeutsche übertragen, an wohl allen Schulen gesungen wurde, eines vergleichsweise inhaltslosen Liedes übrigens, wo nur von Wein und Bier die Rede ist, die man im Osten als Willkommenstrunk erhält, und vom Liebchen, das da wohnt. Aber nicht deshalb wurde das Lied gesungen, sondern wegen der Assoziationen, welche die erste Zeile erwecken konnte, wenn man einiges hinzutat, wie das z. B. jener Studienrat machte. Er schreibt über den Höhepunkt seiner Reise, den Besuch der Marienburg: „Das Heiligtum der Deutschen im Osten, so hat man die Marienburg genannt, und das wird sie uns immer bleiben, vor allem jetzt, wo sie Grenzwacht zu halten hat gegen den immer weiter sich vorschiebenden slavischen Strom".

In der Vorstellung, die sich hinter einem solchen Satz verbirgt, stehen nicht nur deutsche gegen polnische politische Ziele, in diesen Vorstellungen geht es nicht nur um einen Konflikt unter politischen Gegnern, sondern hier stehen sich Wahrheit und Lüge, das Heilige und das Böse gegenüber oder, wie in dem zitierten Satz: die heilige Burg, aufragend, hell und wehrhaft, gegen den in der Tiefe bedrohlich, unmenschlich vorandrängenden Strom. Die Bilder und Metaphern, mit denen die politische Sprache arbeitet, sagen oft mehr als die Inhalte. Die Slaven werden mit einem Strom, mit einem Fluß, mit einer Flut nicht nur hier verglichen. Sie sind damals immer wieder so bezeichnet worden, wobei schon charakteristisch ist, daß den Deutschen nicht Polen gegenübergestellt werden, sondern eben Slaven. Damit wird ausgedrückt, daß die Deutschen es nicht mit einem festgeprägten Volk zu tun hatten, nicht mit einer Nation, sondern mit einer gestaltlosen Masse. Und diese Gestaltlosigkeit wird noch durch das Bild vom Strom, von der Flut akzentuiert.

Die Deutschen, so lehrte die hinter solchen Bildern stehende Geschichtsauffassung, hatten es in Mitteleuropa mit Menschen zu tun, die nach der Hand eines Mächtigen, auch eines friedlichen Kulturträgers, jedenfalls eines Überlegenen verlangten. Von hier aus wurde auch die mittelalterliche Ostsiedlung verstanden, nicht, wie man heute sagen würde, als die Beschleunigung der kulturellen Entwicklung durch die Einwanderung von Menschen mit weiter entwickelten Kulturtechniken, nicht als die Beschleunigung einer im Siedlungsgebiet längst im Gange befindlichen Entwicklung, sondern als die totale

Nationalsozialismus und Deutscher Orden 247

Umwandlung des Lebens dort, eines Lebens, das von sich aus eine höhere Stufe nicht hätte erreichen können.

Das Jahr 1933 hat für das Urteil über den mittelalterlichen Deutschordensstaat keinen tiefen Wandel zur Folge gehabt, obwohl die nationalsozialistische Partei sehr bald Schulungszentren für ihre höheren Funktionäre errichtete, die sie Ordensburgen nannte, obwohl der in der Frühzeit des Nationalsozialismus führende Ideologe, Alfred Rosenberg, wiederholt Versuche unternahm, den mittelalterlichen Deutschen Orden für den Nationalsozialismus fruchtbar zu machen.

Man sieht das am deutlichsten an jener Rede, die Rosenberg im April 1934 in der Marienburg hielt und mit der, wie der damalige Herausgeber von Rosenbergs Reden vermerkt, die „NSDAP innerlich Besitz vom germanischen Gehalt des Mittelalters" ergriff. Rosenberg fügt die Ordensvergangenheit und die nationalsozialistische Gegenwart dadurch zusammen, daß er Hermann von Salza als Motiv den Kampf um Lebensraum zuschreibt, und dadurch, daß er den im frühen 15. Jahrhundert regierenden Hochmeister Michael Küchmeister, der seinen Vorgänger, Heinrich von Plauen, gestürzt hatte, um mit Polen zu einem Frieden zu kommen, mit Anspielung auf das Ende des Ersten Weltkrieges als „den Erzberger dieser Zeit" bezeichnet. Aber entscheidend waren nicht die Ereignisparallelen, sondern die strukturellen Gemeinsamkeiten. Rosenberg meinte, der Beamtenstaat sei den Deutschen unangemessen. Für ihn passe das durch Treue charakterisierte gegenseitige Verhältnis besser, das Verhältnis des Herzogs zur Mannschaft. So sei es bei Friedrich dem Großen gewesen – der es sich verbeten hätte, wie man hinzufügen muß, mit einem mittelalterlichen Herzog verglichen zu werden. Auch Hindenburg sei ein solcher Herzog gewesen und erst recht, natürlich, Hitler. Was aber danach? Einen Führer, so vermutete Rosenberg, würde es nicht immer geben. Damit aber war er beim Thema: „Hier", also bei Ausfall des Herzogs, „tritt als Fortführung und Ergänzung zum Herzogsgedanken das Prinzip des Ritterordens." Rosenberg führt das aus. Er entwirft das Bild einer, wie er meinte, ordensähnlichen kleinen Elite, die dann in einer Art von Konklave den neuen Führer zu wählen gehabt hätte.

Diese Betrachtungen waren schon zu ihrer Zeit außerordentlich wirr. Man muß sie aber trotzdem nennen, weil diese Annäherung von Nationalsozialismus und Deutschordensgeschichte nach 1945 nicht selten zitiert worden ist, und zwar in dem Sinne, als habe sich hier, bei Rosenberg und dem Orden, tatsächlich etwas Verwandtes zusammengefunden. In der Nähe der bekannten Linien von Luther zu Friedrich dem Großen, zu Bismarck, zu Hitler, wie sie von den Nationalsozialisten selber konstruiert und von ihren Gegnern dann, mit negativer Wertung, übernommen worden sind, fand auch der Deutsche Orden seinen Platz.

Aber damit wird Rosenberg allzuviel Ehre angetan. Der Marienburger Redner war keineswegs jener Hauptideologe, der er gern sein wollte. Er wurde nach 1933 schnell zu einer Figur minderen Ranges, und die Elite, von der er sprach, baute ein anderer auf, nämlich Heinrich Himmler. Der träumte zwar auch vom Mittelalter, aber nicht vom Deutschen Orden, sondern von Heinrich dem Löwen und dem ersten Sachsenkönig, von Heinrich I. Deren Grabstätten, den Braunschweiger und den Quedlinburger Dom, ließ er zu nationalsozialistischen Weihestätten umbauen.

Rosenberg stand mit seinen skurrilen Gedanken viel eher in der Tradition rechter politischer Organisationen, wie sie während der Weimarer Republik stark geworden waren, in Traditionen also, wie sie der Schriftsteller Arthur Moeller van den Bruck verkörpert mit seinem Buch über den preußischen Stil und mit einer weiteren Schrift, die den Titel: Das Dritte Reich führte. Ein anderer konservativer Publizist dieser Zeit gründete im Jahre 1920 gar einen „Jungdeutschen Orden", in dem es, wie beim Deutschen Orden selbst, Balleien, Kapitel und Komture gab. Da extremistische politische Organisationen mit verwandten Zielen sich selbst oft am heftigsten bekämpfen, waren Jungdeutscher Orden und NSDAP die schärfsten Gegner, aber die partielle Gemeinsamkeit war dennoch groß.

Soweit es überhaupt eine beschreibbare nationalsozialistische Ideologie gegeben hat, nahm der Deutsche Orden darin einen nur bescheidenen Platz ein. Selbst ein Rosenberg mußte am Ende konstatieren, daß ihn von diesem vieles trennte. Da die Ordensritter Mönche waren, konnten sie für tüchtigen Elitenachwuchs nicht selber sorgen. Das war, wie Rosenberg fand, ihre „Tragik".

Auch nach 1933 dominierte eine Vorstellung von der Geschichte des Ordens, wie sie schon seit der Mitte des 19. Jahrhunderts, durch Treitschke vor allem, begründet worden war. Der Orden wurde als ein Verein von Staatsgründern, Lebensraumgewinnern, Vorkämpfern des Deutschtums und Slavengegnern gesehen. Zwar finden sich z. B. in den nationalsozialistischen Schulungsbriefen, jenem Periodicum, das der ideologischen Ausrichtung der Parteimitglieder dienen sollte, auch kurze Aufsätze über den Deutschen Orden, in welchen versucht wird, diesen der nationalsozialistischen Gegenwart und der erhofften Zukunft dienstbar zu machen. Aber im ganzen dominiert doch – wie im Hinblick auf die Geschichtswissenschaft und das Geschichtsbild damals überhaupt – die im späteren 19. Jahrhundert begründete Tradition.

Infolgedessen ging auch nach 1933 weiter, was bei einer Betrachtung von politischen Reden und populären Broschüren leicht aus dem Blick gerät, nämlich die Arbeit der Wissenschaft selbst, und zwar nicht nur dort, wo die unauffällige Arbeit an den Quellen und am gelehrten Detail stattfand, sondern auch in einer für die Öffentlichkeit sichtbaren Weise. Ein Beispiel dafür ist die Geschichte Ost- und Westpreußens von Bruno Schumacher, die im Jahre 1937 erschien. Dieses Buch liest sich heute in mancher Hinsicht befremdlich, und in seinem letzten, dem zeitgeschichtlichen Kapitel, entspricht es der damals herrschenden Zeitdeutung. Aber das versteht sich angesichts der Umstände, unter denen dieses Buch publiziert wurde, beinahe von selbst – jedenfalls wäre es allzu wohlfeil, einem damals schreibenden Autor vorzuwerfen, daß er nicht zu einem demonstrativen Widerstand bereit war. Die Seiten davor hingegen sind, wo heute befremdlich, von dem konservativen, sozusagen schwarz-weiß-roten Geschichtsbild auch des späten 19. Jahrhundert geprägt. Doch das gilt nicht für das ganze Buch. Denn stellenweise entfernt sich Schumacher von der damals dominierenden Meinung durchaus. Er schreibt z. B.: „Wohl legt das Wirken des Deutschen Ordens in Preußen nahe, in Staatsgründung und Leitung seine eigentliche ‚Idee' zu sehen. Wer so denkt, verkennt die auf Augustins Gedankenwelt zurückgehende Geisteshaltung der mittelalterlichen Menschheit, ihre tiefe Überzeugung von der Pflicht der Christen zur Mitarbeit an der Aufrichtung des ‚Reiches Gottes', sei es in Erfüllung kirchlicher Pflichten, sei es in gemeinsamem gottzugewandtem Leben (Mönchtum), sei es – und das ist die ritterlich-germanische Abwandlung des augustinischen Grundgedankens – im Waffenkampf gegen die ‚Verächter Christi' (Kreuzzugsidee). Nur in der Verwirklichung dieses Ideals" – und nicht, so darf man hinzufügen, durch Siedlung oder Staatsgründung – „konnten die Ritterorden ihre Existenz und ihre Ansprüche auf bestimmte Vorrechte vor dem Forum des mittelalterlichen christlichen Europas rechtfertigen."

Man liest über solche Sätze heute leicht hinweg, aber es ist doch nicht selbstverständlich, daß sie im Jahre 1937 in Königsberg gedruckt wurden. Es ist freilich zu fragen, was denn für diese Jahre charakteristischer war: diese Sätze oder die Feststellungen eines Rosenberg.

Doch auch wenn man nicht genau wird sagen können, ob der mittelalterliche Deutsche Orden in den Vorstellungen jener einen Platz gehabt hat, die z. B. nach 1939 in Polen deutsche Besatzungspolitik praktizierten, ob diejenigen, die hier Gewalttaten verübten, sich durch eine Erinnerung an den mittelalterlichen Orden in ihrem Handeln legitimiert fühlten, ist doch festzuhalten, daß damals vom Deutschen Orden viel die Rede war, wenn vom Mittelalter gesprochen wurde, und daß diese jedenfalls teilweise vorgenommene Adaptierung des Ordens durch den Nationalsozialismus in der Tradition einer inzwischen schon jahrzehntealten Anschauung stand.

Man sieht das nicht nur an wissenschaftlichen und an solchen Veröffentlichungen, die sich an ein breiteres Publikum wendeten, sondern an Dramen und vor allen Dingen an Romanen. Das populäre Geschichtsbild ist im Fall des Deutschen Ordens wie überhaupt im 19. und frühen 20. Jahrhundert mehr noch als durch Reden und Zeitungsartikel durch Dichtungen geprägt worden. Was heute die Autoren sogenannter Sachbücher leisten, das war früher die Sache des Dramatikers und vor allem des Romanciers. Die Zahl der Romane und Dramen über den mittelalterlichen Deutschen Orden ist demzufolge einigermaßen groß – auf deutscher, aber vor allem auch auf polnischer Seite.

Das polnische Bild des Deutschen Ordens war in seiner Machart dem deutschen außerordentlich ähnlich, wenn auch in der Wertung entgegengesetzt. Je hellere Helden die Ordensritter der deutschen Romane waren, als desto teuflischere Gestalten figurierten sie in den

Erzählungen polnischer Autoren, darunter vor allem in dem Roman ‚Die Kreuzritter' von Henryk Sienkiewicz (1897–1900). Anders als die zweit- und drittrangigen deutschen Autoren, die sich mit dem Orden abgaben, war Sienkiewicz ein berühmter Schriftsteller. 1905 erhielt er für seinen zur Zeit der Christenverfolgungen spielenden Roman ‚Quo vadis' den Nobelpreis. Dieser Roman ist in vielen Ländern noch heute bekannt, nicht zuletzt dank dem Film. In Polen gilt für den Kreuzritterroman dasselbe. Dort ist dieses Buch vor wenigen Jahren in einem großen und vielbeachteten Film verarbeitet worden, und es hat vor gar nicht langer Zeit noch polnische Historiker gegeben, die Sienkiewicz bescheinigten, die einstige Wirklichkeit des Deutschen Ordens richtig wiederzugeben.

Sienkiewicz stellt die Ordensritter mit den Mitteln des aus der Tradition des späten 18. Jahrhunderts kommenden Schauerromans dar: als ausführlich geschilderte Sadisten. Das Buch leistet, so wird man sagen können, etwas ähnliches, was heute gewisse Comic-Serien, besonders in Frankreich und Italien produzieren, wenn sie die Greuel der SS mit zwischen Entsetzen und Behagen angesiedelter Ausführlichkeit schildern.

Die Ordensritter heißen in diesem Roman und in anderen Büchern der Zeit Aussatz, Pest und germanische Überschwemmung – die Strommetapher, die deutscherseits für die Slaven verwendet wurde, findet sich auch hier. Die Ritter unterjochen die Bevölkerung Preußens, die in einer sklavischen Existenz lebt, und wenn ein Gegner in ihre Hand fällt, dann hat er sadistische Folterungen zu erleiden. Die Ritter sind abstoßende häßliche Gestalten, oder ihr Erscheinungsbild ist von Arroganz und Haß verzerrt.

Einem Leser, der an die deutsche historiographische Tradition gewöhnt war, mußte ein solches Buch unbegreiflich sein. Er hatte in deutschen Romanen das Gegenteil kennengelernt. Da sprachen die häßlichen Kretins und Sadisten polnisch, wobei man, was den Sadismus angeht, wohl sagen muß, daß der in den polnischen Büchern häufiger zu finden war. Aber die polnischen Romane mußten einen deutschen Leser auch deshalb abstoßen, weil jene Elemente quellenmäßig zu belegender Wirklichkeit, welche die polnischen Autoren in ihre Dichtungen einbauten, im deutschen Geschichtsbild nicht vorkamen. Wenn Sienkiewicz etwa erzählt, daß die Ordensritter eine Stadt überfallen, sie niederbrennen, und auch Männer, Kinder und Frauen niederhauen und Säuglinge ins Feuer werfen, dann ist das nicht so unbegründet, wie man vielleicht meinen möchte. Denn der Krieg ist im späteren Mittelalter ganz allgemein in einer auch für unsere an Grausamkeiten gewöhnte Erfahrung bestialischen Weise geführt worden, konnte jedenfalls so geführt werden, und der Zivilbevölkerung, um es etwas anachronistisch auszudrücken, ging es übel beinahe in jedem Falle. In Osteuropa sind die Bestialitäten sicherlich in noch höherem Maße praktiziert und im übrigen auch in zeitgenössischen Quellen beschrieben worden, freilich in der Regel als Vorwurf gegenüber der anderen Seite. Im Falle der Heidenkriege des Ordens, jener Kriege, über die Johannes Voigt sich so sehr beklagte, sprechen aber auch dessen eigene Quellen von einer für unsere Vorstellungen sehr grausamen Kriegführung, während wir umgekehrt für das, was die preußische Bevölkerung von den polnisch-litauischen Heeren zu erdulden hatte, besonders in jenem Krieg, dessen Höhepunkt die Schlacht von Tannenberg war, auch zeitgenössische polnische Zeugnisse haben.

Aber damit, daß die polnischen Romane bis zu einem gewissen Grade an nachweisbare Sachverhalte anknüpften, sind doch ihre Inhalte noch nicht erklärt. Und es reicht als weitere Erklärung auch nicht aus, wenn man hinzufügt, daß das deutsche Geschichtsbild gewissermaßen automatisch ein polnisches Gegenbild erzeugen mußte. Ein Automatismus war dabei nicht am Werk, wohl aber eine gemeinsame Ursache, nämlich die Nationalitätenkämpfe seit der Mitte des vorigen Jahrhunderts.

In diesen Kämpfen aber waren die Bedingungen für polnische und deutsche Autoren ungleich. Ein Treitschke brauchte bei seinen Polemiken keine Zensur zu fürchten, doch bei einem polnischen Autor, der ja nicht in einem polnischen Staat lebte, sondern Untertan des russischen Zaren war, des Kaisers von Österreich oder des preußischen Königs, sah das anders aus.

Die Situation des polnischen Autors war freilich auch nicht von der Art, wie man angesichts der Unterdrückungsmethoden moderner Staaten denken könnte. Der Roman von Sienkiewicz und viele ähnliche die polnische Geschichte verherrlichende Literaturwerke erschienen ja in Polen. Aber bei politischen Schriften zur damals aktuellen

Politik gab es doch ganz erhebliche Beschränkungen, vor allem im russischen Teil Polens, entsprechend den ja in Rußland auch sonst praktizierten Zensurmaßnahmen. Infolgedessen sind die polnischen Autoren mit ihren Aussagen zur politischen Gegenwart und Zukunft damals vielfach in die Belletristik und in die Vergangenheit ausgewichen. Bis zu einem gewissen Grade handelt es sich bei den historischen Romanen demzufolge um Schlüsselliteratur.

Ein Beispiel dafür ist das im Jahre 1827 erschienene Epos ‚Konrad Wallenrod' von Adam Mickiewicz. Die Titelgestalt ist ein Ordenshochmeister, der in dieser Dichtung seiner Herkunft zufolge ein Litauer ist – die Ordensritter haben ihn als Kind geraubt. Das ist natürlich eine Fiktion, aber doch keine Absurdität, denn die Wegführung von Kindern als Geiseln oder als Vertragsbürgen, wie man angesichts der heutigen Bedeutung des Wortes Geisel besser sagen sollte, war in der vom Autor beschriebenen Zeit in der Tat ein gewöhnliches Instrument der Politik. Doch darauf kommt es hier nicht an, ebensowenig wie auf die an Absurditäten reiche Handlung, welche der Autor auf dieses Kinderschicksal nun aufbaut. Zu nennen ist das Buch hier nun als das deutlichste Beispiel verschlüsselnder Erzählkunst mit aktuellen Absichten. Mickiewicz meint mit dem Deutschen Orden das Rußland seiner Zeit, und die russischen Behörden haben das auch verstanden. Nachdem sie das Erscheinen der Dichtung nicht verhindert hatten, haben sie doch wenigstens die literarische Diskussion darüber verboten.

Die entsprechenden deutschen Romane und Dramen sind heute so gut wie vergessen. Ernst Wichert, der einen seinerzeit weitverbreiteten Roman über Heinrich von Plauen schrieb, oder gar Wilhelm Kotzde-Kottenrodt, den Autor von ‚Die Burg im Osten', dürfte heute kaum noch jemand lesen. In Polen dagegen ist das anders. Hier fand man zwar in den zwanziger Jahren unseres Jahrhunderts die einschlägigen historischen Romane auch schon einigermaßen zweifelhaft, aber die deutsche Besatzungspolitik während des Zweiten Weltkrieges gab allen Anlaß, sich auf das traditionelle Geschichtsbild zu besinnen und Kraft aus ihm zu schöpfen, ganz abgesehen davon, daß manches von dem, was das besetzte Land nun erdulden mußte, in den alten Romanen den Deutschordensrittern zugeschrieben war. An den polnischen Untergrundschulen und Untergrunduniversitäten wurden die nationalen und nationalistischen Traditionen, begreiflicherweise, erneuert.

Nach 1945 bestand in Polen erst recht kein Anlaß, den Deutschen Orden in freundlicheren Farben zu schildern. Denn nun kam es darauf an, den neuen Grenzen Sinn zu geben und sie als Resultat einer langen Geschichte darzustellen. Polnische Autoren haben infolgedessen damals manches produziert, was man im heutigen Polen nicht mehr ernsthaft benutzen mag, ganz ähnlich, wie in Westdeutschland nach 1945 über die Geschichte der verlorenen deutschen Ostgebiete nicht selten mit nur dem Ziel geschrieben wurde, zu einer Wiedergewinnung dieser Gebiete beizutragen. Ähnlich wie im 19. Jahrhundert glichen sich die gegeneinander polemisierenden deutschen und polnischen Darstellungen der Vergangenheit auch damals: in der Isolierung der nationalgeschichtlichen Elemente, in der Betonung von Kontinuitäten über sieben Jahrhunderte hin, in der Verknüpfung von mittelalterlichem Deutschem Orden und neuzeitlicher preußischer Monarchie. Doch auch hier darf über den kurzlebigen publizistischen Äußerungen die im engeren Sinne geschichtswissenschaftliche Arbeit nicht übersehen werden, auf polnischer Seite wie auf deutscher, und hier nicht nur bei auf die Geschichte Ostdeutschlands spezialisierten Historikern. Der Deutsche Orden wird heute von den Historikern in der Bundesrepublik in sehr viel stärkerem Maße als jemals zuvor in seiner gesamten Wirksamkeit gesehen und nicht nur im Zusammenhang der Geschichte Preußens. Das ist, sicherlich, auch eine Folge der nach 1945 veränderten Grenzen, aber doch auch, so ist zu hoffen, ein Resultat von Einsicht.

Hinweise auf Quellen und Literatur

Ebensowenig wie in der Darstellung ein Handbuch beabsichtigt ist, wollen die folgenden Hinweise eine systematische Bibliographie geben. Genannt werden möglichst nur die neuesten Titel, von denen aus der Weg zur älteren Literatur leicht zu finden ist, sowie solche Arbeiten und Quellentexte, auf welche in der Darstellung Bezug genommen ist. Obwohl sich dieses Buch nicht primär an fachwissenschaftlich interessierte Leser wendet, wird auch spezielle Literatur genannt, doch kann dies auch geschehen, da die geschichtswissenschaftliche Forschungsliteratur sich dem nichtprofessionellen Leser in aller Regel weniger verschließt, als das z. B. politologische oder neuerdings auch literaturwissenschaftliche Arbeiten mit ihrer kunstvollen Fachsprache tun.

Zur Einleitung werden Gesamtdarstellungen und andere Titel von allgemeinerer Bedeutung genannt, die später in der Regel nicht noch einmal zitiert werden, obwohl sie bei einer näheren Beschäftigung mit dem Inhalt der einzelnen Kapitel neben der dort genannten spezielleren Literatur natürlich heranzuziehen sind.

Zur Einleitung

(1) Eine moderne Gesamtdarstellung der Geschichte des Deutschen Ordens gibt es nicht. Am ehesten kann als eine solche dienen *M. Tumler,* Der Deutsche Orden im Werden, Wachsen und Wirken bis 1400 mit einem Abriß der Geschichte des Ordens von 1400 bis zur neuesten Zeit. 1955. Das Buch ist aus einer internen Sicht geschrieben (sein Autor war von 1948 bis 1970 Hochmeister des Ordens), zeichnet sich also positiv gegenüber jener preußischen Perspektive aus, welche die meisten über den Deutschen Orden verfaßten Arbeiten bestimmt. Daß andererseits die interne Sicht gewisse Gefahren mit sich bringt, liegt auf der Hand. *Derselbe* Verfasser hat im Jahre 1948 einen sehr kurzen Überblick veröffentlicht: Der Deutsche Orden. 3. Auflage unter Mitarbeit von *U.Arnold.* 1981. Die beste Einführung in die Geschichte des Ordens gibt die Problemskizze von *E.Maschke,* Die inneren Wandlungen des Deutschen Ritterordens. In: Geschichte und Gegenwartsbewußtsein. Festschrift für *H. Rothfels.* 1963, wiederholt in: *E.Maschke.* Domus hospitalis Theutonicorum. Gesammelte Aufsätze. 1970. Ferner *M. Hellmann,* Bemerkungen zur sozialgeschichtlichen Erforschung des Deut-

schen Ordens. Historisches Jahrbuch 80. 1961 und *M. Biskup,* Wendepunkte der Deutschordensgeschichte. In dem Band von 1986 (unter Nr. 3).
(2) Für die Geschichte des Ordens in Preußen ist immer noch die Geschichte Preußens von *J. Voigt* zu nennen, die von 1827 bis 1839 in 9 umfangreichen Bänden erschienen ist. Der Verfasser war Direktor des Königsberger Archivs, hat dessen Bestände erstmals erschlossen (vgl. *Forstreuter,* wie bei Nr. 10 zitiert) und die intime Kenntnis der archivalischen Überlieferung seiner Darstellung zugute kommen lassen, die angesichts ihres Alters heute ein Denkmal der Historiographie ist, aber in fast allen Detailfragen dennoch konsultiert werden muß.
(3) Moderner und kürzer: *Chr. Krollmann,* Politische Geschichte des Deutschen Ordens in Preußen. 1932 sowie B. Schumacher, Geschichte Ost- und Westpreußens. 1937. Die Neuauflagen dieses Buches nach 1945 bieten teilweise einen überarbeiteten Text, jedoch dennoch den Kenntnis- und Urteilshorizont der dreißiger Jahre. Ein modernes, freilich sehr viel umfangreicheres Pendant ist ein Sammelwerk polnischer Gelehrter, die von *G. Labuda* herausgegebene Historia Pomorza. Poznań 1972, die entsprechend der polnischen Nomenklatur nicht nur eine Geschichte Pommerns und Pommerellens, sondern auch West- und (teilweise) Ostpreußens und insofern auch des Deutschen Ordens in Preußen gibt. *H. Boockmann,* Deutsche Geschichte im Osten Europas. Ostpreußen und Westpreußen. 1992. *K. Górski,* L'Ordine teutonico. Alle origini dello stato prussiano erschien Turin 1971 und danach polnischsprachig: Zakon Krzyżacki a powstanie państwa pruskiego. Wrocław usw. 1977. *Górski* hat schon 1946 eine Gesamtdarstellung vorgelegt (Państwo krzyżackie w Prusach) und von 1930 bis 1939 und seit 1946 eine Fülle von Arbeiten zur preußischen Geschichte veröffentlicht (vgl. die Bibliographie in: Zapiski Historyczne 34. 1969 und in: Acta universitatis Nicolai Copernici. Historia 9. Toruń. 1973) und in Thorn nach 1945 viele Studenten an die Geschichte Preußens und des Deutschen Ordens herangeführt (vgl. das Verzeichnis der Dissertationen und Magisterarbeiten ebd.). Infolgedessen ist das Buch von 1971 bzw. 1977 die Summe eines Lebenswerkes, das im Zusammenhang der polnischen historiographischen Tradition zu sehen ist, das aber auch beträchtlich dazu beigetragen hat, den Abstand nationalstaatlicher historiographischer Traditionen bei der Untersuchung der Deutschordensgeschichte zu verringern. Den Charakter eines ausführlichen Handbuches hat: *M. Biskup* u. *G. Labuda,* Dzieje zakonu krzyżaciego w Prusach. Gdańsk 1986. Eine deutsche Übersetzung ist in Vorbereitung. Wichtige Arbeiten polnischer Autoren finden sich übersetzt in: Der Deutschordensstaat Preußen in der polnischen Geschichtsschreibung der Gegenwart. Hg. v. *U. Arnold* u. *M. Biskup.* 1982. Arbeiten vor allem polnischer und deutscher Historiker meist zur Geschichte des Deutschen Ordens in: Ordines

Zur Einleitung 257

militares. Colloquia Torunensia Historica. Hg. v. Z. H. Nowak. Toruń 1983 ff. Die 1985 gegründete Internationale Historische Kommission zur Erforschung des Deutschen Ordens gibt Beiträge zur Geschichte des Deutschen Ordens heraus. Bd. 1 erschien, hg. v. *U. Arnold,* 1986, Bd. 2, hg. v. *Dems.:* Zur Wirtschaftsentwicklung des Deutschen Ordens im Mittelalter. 1989. Ausstellungskataloge: 800 Jahre Deutscher Orden. 1990; Kreuz und Schwert: Der Deutsche Orden in Südwestdeutschland, in der Schweiz und im Elsaß. 1991; Ritter und Priester. Acht Jahrhunderte Deutscher Orden in Nordwesteuropa. 1992.

(4) Kürzer: *H. v. Treitschke,* Das deutsche Ordensland Preußen. Zuerst 1862, danach in zahlreichen Ausgaben. Dieser Essay hat das deutsche Geschichtsbild nachdrücklich bestimmt. Vgl. unten Nr. 143.

(5) Essays aus den letzten Jahren *Maschke* (wie Nr. 1), *K. Górski,* The Teutonic Order in Prussia. Mediaevalia et Humanistica 17. 1966, wiederholt in: *Ders.,* Communitas, princeps, corona regni. Studia selecta. Warszawa 1976; *M. Biskup,* The Role of the Order and State of the Teutonic Knights in Prussia in the History of Poland. Polish Western Affairs 7. 1966; *W. Küttler,* Charakter und Entwicklung des Deutschordensstaates in Preußen. Zeitschrift für Geschichtswissenschaft 19. 1971 (der einzige Beitrag aus der DDR zum Thema dieses Buches); *M. Biskup,* Rola zakonu krzyżackiego w wiekach XIII–XVI. In: Stosunki polsko-niemieckie w historiografii 1. Hg. v. *J. Krasuski* u. a. Poznań 1974; *H. Boockmann* u. *G. Rhode,* Thesen zur Geschichte des Deutschen Ordens. In: Polen, Deutschland und der Deutsche Orden. Sonderdruck aus: Internationales Jahrbuch für Geschichts- und Geographieunterricht 16. 1975 (nur separat erschienen); *M. Biskup,* Die Rolle des Deutschen Ordens in Preußen in der Geschichte Polens. Ebd.; *Ders.,* Die Erforschung des Deutschordensstaates Preußen. In dem Band von 1982 (wie bei Nr. 3). *Ders.,* Wendepunkte der Deutschordensgeschichte. In dem Band von 1986 (wie bei Nr. 3).

(6) Eine erste Gesamtdarstellung der Geschichte des Deutschen Ordens im Reich hat ebenfalls *J. Voigt* gegeben: Geschichte des Deutschen Ritter-Ordens in seinen zwölf Balleien in Deutschland. 1857 und 1859. Eine neuere gibt es nicht. Vgl. aber auch die unten Nr. 28 f. genannte Literatur.

(7) Weitaus weniger befriedigend ist die Literatur über den Deutschen Orden in Livland. Es gibt keine Gesamtdarstellung und nur wenige Untersuchungen. Vgl. *M. Hellmann,* Die Stellung des livländischen Ordenszweiges ... In: Von Akkon bis Wien. Studien zur Deutschordensgeschichte. Hg. v. *U. Arnold.* 1978.

(8) Eine Darstellung der außerdeutschen, außerpreußischen und außerlivländischen Ordensgeschichte, ansatzweise aber auch eine Gesamtdarstellung gibt *K. Forstreuter,* Der Deutsche Orden am Mittelmeer. 1967. Auch dieses Buch resumiert jahrzehntelange Forschungen.

(9) Ein bibliographisches Hilfsmittel für die gesamte Geschichte des Ordens ist *K. H. Lampe*, Bibliographie des Deutschen Ordens bis 1959. Bearbeitet von *K. Wieser.* 1975, ein im Hinblick auf die Titelauswahl freilich nicht immer befriedigendes Buch. Nicht selten fehlt die wissenschaftlich ernstzunehmende Literatur, während kleine Beiträge von allenfalls aktueller Bedeutung verzeichnet werden. Für die preußische und die livländische Geschichte des Deutschen Ordens geben die wichtigsten Titel: *H. Jilek* u. a., Bücherkunde Ostdeutschlands und des Deutschtums in Ostmitteleuropa. 1963. Für die preußische Geschichte des Ordens liegt ein außerordentlich qualitätvolles Hilfsmittel vor in *E. Wermke*, Bibliographie der Geschichte von Ost- und Westpreußen. 1933. Der Verfasser hat auch die Literatur der folgenden Jahre verzeichnet und diese Verzeichnisse für die Jahre bis 1970 zusammengefaßt: *Ders.*, Bibliographie der Geschichte von Ost- und Westpreußen für die Jahre 1939–1970. 1974. Die Fortsetzungen dieser Bibliographie finden sich in der Zeitschrift für Ostforschung, die auch in ihrem Rezensionsteil über die Literatur zur ostdeutschen Geschichte des Ordens unterrichtet. Dasselbe gilt für das Jahrbuch für die Geschichte Mittel- und Ostdeutschlands, für Preußenland. Mitteilungen der Historischen Kommission für ost- und westpreußische Landesforschung und aus den Archiven der Stiftung Preußischer Kulturbesitz sowie für die Zeitschrift für die Geschichte und Altertumskunde Ermlands. Diese Zeitschrift ist auch wegen der Rezensionen polnischer Arbeiten zu nennen. Auf polnischer Seite sind am wichtigsten die in Thorn herausgegebenen Zapiski Historyczne.

(10) Die wichtigsten Urkunden und Akten zur Geschichte des Deutschen Ordens sind im ehemaligen Marienburger Archiv überliefert, das sich bis zum Ende des Zweiten Weltkrieges in Königsberg und danach in Göttingen befand und neuerdings in Berlin (Geheimes Staatsarchiv der Stiftung Preußischer Kulturbesitz) aufbewahrt wird. Vgl. *K. Forstreuter*, Das preußische Staatsarchiv in Königsberg. 1955. Für die Geschichte des Deutschen Ordens wichtige Bestände dieses Archivs sind erfaßt in: *E. Joachim/W. Hubatsch*, Regesta historico-diplomatica. 1948 ff. In diesem Regestenwerk wird sowohl der Bestand des ehemaligen Hochmeisterarchivs an Urkunden wie auch an Korrespondenz und verwandten Aktenstücken insbesondere des 15. Jahrhunderts verzeichnet. Vorwiegend aus den Beständen des Königsberger Archivs sind zwei für die Geschichte des Deutschen Ordens wichtige Urkundenbücher gearbeitet: Preußisches Urkundenbuch. 1882 ff. und Liv-, Est- und kurländisches Urkundenbuch. 1852 ff. Eine Auswahl mit (nicht immer verläßlichen) Übersetzungen gibt *W. Hubatsch*, Quellen zur Geschichte des Deutschen Ordens. 1954.

(11) Die Überlieferung des Deutschen Ordens außerhalb Preußens ist verstreut. Für die frühe Geschichte des Ordens ist ein zentraler Urkundenbestand ediert von *E. Strehlke*, Tabulae ordinis Theutonici. 1869. Neudruck mit einer quellenkritischen Einleitung von *H. E. Mayer.* Toronto 1975.

(12) Das Archiv des Deutschmeisters auf der Burg Horneck ist im Jahre 1525 durch die aufständischen Bauern zerstört worden, das danach in Mergentheim aufgebaute Archiv im 19. Jahrhundert durch den württembergischen Staat. Vgl. *A. Seiler,* Horneck–Mergentheim–Ludwigsburg. Zur Überlieferungsgeschichte der Archive des Deutschen Ordens in Südwestdeutschland. In: Horneck, Königsberg und Mergentheim. Hg. v. *U. Arnold.* 1980.

(13) Im 19. Jahrhundert ist das Zentralarchiv des Ordens geschaffen worden. Vgl. *K. Wieser,* Das Zentralarchiv des Deutschen Ordens in Wien. Preussenland 1. 1963. Vorwiegend auf dieses Archiv stützt sich *E. G. Graf von Pettenegg,* Die Privilegien des Deutschen Ritter-Ordens. 1895. Einen wichtigen Bestand des Wiener Archivs verzeichnet *K. Wieser,* Nordosteuropa und der Deutsche Orden. Kurzregesten. 1969 und 1972.

(14) Unter den Editionen von Urkunden zur Geschichte des Deutschen Ordens im Reich ist am wichtigsten *J. H. Hennis,* Codex diplomaticus ordinis Sanctae Mariae Teutonicorum. 1845–1861.

(15) Die wichtigsten historiographischen Quellen zur Geschichte des Ordens in Preußen (aber auch, soweit vorhanden, außerhalb Preußens) sind gesammelt in: Scriptores rerum Prussicarum. 5 Bände. 1861–1874 und ein 6. Band mit Ergänzungen. 1961. Zu den Autoren die Einleitungen dieser Edition sowie *K. Helm* u. *W. Ziesemer,* Die Literatur des Deutschen Ritterordens. 1951, *O. Engels,* Zur Historiographie des Deutschen Ordens. Archiv für Kulturgeschichte 48. 1966 und *H. Boockmann,* Die Geschichtsschreibung des Deutschen Ordens. In: Geschichtsschreibung und Geschichtsbewußtsein im späten Mittelalter. Hg. v. *H. Patze* (= Vorträge und Forschungen 31). 1987.

(16) Weitere Nachschlagewerke zur Geschichte des Ordens: *A. B. E. v. d. Oelsnitz,* Herkunft und Wappen der Hochmeister des Deutschen Ordens 1198–1525. 1926 und *B. Dudik,* Des hohen Deutschen Ritterordens Münz-Sammlung in Wien. 1858. Dieses Buch enthält sehr viel mehr, als sein Titel verspricht. Es ist teilweise eine Übersicht über die Urkunden des Wiener Deutschordenszentralarchivs, das der Verfasser eingerichtet hat, und es behandelt auch die Gewandung des Ordens, seine Zeichen und seine Siegel. Die Ordensregel und die sie ergänzenden normativen Bestimmungen sind ediert von *M. Perlbach,* Die Statuten des Deutschen Ordens. 1890.

(17) Nicht nur für die Geschichte Preußens, sondern auch für die des Deutschen Ordens außerhalb von Preußen sind teilweise wichtig die Karten in: Historisch-geographischer Atlas des Preußenlandes. Hg. v. *H. Mortensen* u. a. 1968 ff. Als weitere Nachschlagewerke sind für die preußische Ordensgeschichte zu nennen: Handbuch der Historischen Stätten. Ost- und Westpreußen, Hg. v. *E. Weise.* 1966 und Altpreußische Biographie. 1. 1941, 2. 1967 und Ergänzungen. 1975.

Zum ersten Kapitel

(18) Zu den Ritterorden im ganzen *H. Prutz,* Die geistlichen Ritterorden. Ihre Stellung zur kirchlichen, politischen, gesellschaftlichen und wirtschaftlichen Entwicklung des Mittelalters. 1908. Das Buch ist, wie nicht anders möglich, in vielen Details überholt, aber im ganzen unersetzt.

(19) Das genannte Buch von *C. Erdmann,* Die Entstehung des Kreuzzugsgedankens, erschien zuerst 1935. 1955 u. später erschienen Nachdrucke. Jerusalem und das Heilige Land im 12. Jahrhundert: *H. E. Mayer,* Geschichte der Kreuzzüge. 3. Aufl. 1965 S. 68ff. und die ausführliche Monographie von *J. Prawer,* Histoire du royaume de Jerusalem. 2 Bände. Paris 1969f. Die Kirchen im Heiligen Land sind untersucht von *H. E. Mayer,* Bistümer, Klöster und Stifte im Königreich Jerusalem. 1977. Einen außerordentlich instruktiven Eindruck von den zahlreichen später nicht zu allgemeiner Bedeutung gelangten neuen geistlichen Gemeinschaften im Heiligen Land gibt *K. Elm,* Kanoniker und Ritter vom Heiligen Grab. Ein Beitrag zur Entstehung und Frühgeschichte der palästinensischen Ritterorden. In: Die geistlichen Ritterorden Europas, Hg. v. *J. Fleckenstein* u. *M. Hellmann* (= Vorträge und Forschungen 26). 1980. Anfänge der Templer: *Marion Melville,* Les Débuts de l'Ordre du Temple. In dem eben zitierten Sammelband von *J. Fleckenstein* u. *M. Hellmann* sowie *J. Fleckenstein,* Die Rechtfertigung der geistlichen Ritterorden nach der Schrift ‚De laude novae militae' Bernhards von Clairvaux. Ebd.

(20) Zu Bernhard von Clairvaux und zu den Anfängen des Zisterzienserordens die zusammenfassenden und weiterführenden Beiträge von *K. Elm, J.Miethke, L. Schmugge, B. Schimmelpfennig* und *G. B. Winkler* in: Die Zisterzienser. Ordensleben zwischen Ideal und Wirklichkeit. 1980. Der Band ist der Katalog einer Aachener Ausstellung. Bernhards Schrift über die neuen Tempel-Ritter ist ediert innerhalb seiner Werke: Sancti Bernardi opera. Hg. v. *J. Leclercq* und *H. M. Rochais.* Band 3, Rom 1963. Hierzu *E. D. Hehl,* Kirche und Krieg im 12. Jahrhundert. 1980 S. 109ff. Zum zweiten Kreuzzug und zum Wendenkreuzzug sind einige wichtige Aufsätze gesammelt in: Heidenmission und Kreuzzugsgedanke in der deutschen Ostpolitik des Mittelalters. Hg. v. *H. Beumann* (= Wege der Forschung 7). 1963. In jüngster Zeit hat sich *F. Lotter* mit der Frage, was die Forderung Bernhards – Vernichtung oder Taufe – zu bedeuten habe, auseinandergesetzt und ist zu dem, freilich nicht unbestrittenen, Resultat gekommen, daß Bernhard nicht die Vernichtung der taufunwilligen Heiden gefordert habe. Vgl. zuletzt: Die Konzeption des Wendenkreuzzugs. Ideengeschichtliche, kirchenrechtliche und historisch-politische Voraussetzungen der Missionierung von Elb- und Ostseeslawen um die Mitte des 12. Jahrhunderts. 1977 und *ders.* Die Vorstellungen von Heidenkrieg und Wendenmission bei Heinrich dem Löwen. In: Hein-

Zum ersten Kapitel

rich der Löwe. Hg. v. W.-D. Mohrmann. 1980 sowie Hehl (wie oben zit.) S. 134 f.

(21) Zu den Anfängen des Johanniterordens R. Hiestand in dem unter Nr. 19 zitierten Sammelband von J. Fleckenstein u. M. Hellmann. Gesamtdarstellung der frühen Ordensgeschichte: J. Riley-Smith, The Knights of St. John in Jerusalem and Cyprus c. 1050–1310. London 1967.

(22) Zu den Anfängen des Deutschen Ordens Marie-Louise Favreau, Studien zur Frühgeschichte des Deutschen Ordens. [1975] u. U. Arnold, Entstehung und Frühzeit des Deutschen Ordens. In dem unter Nr. 19 zitierten Sammelband von J. Fleckenstein und M. Hellmann. Die strittige und für die Frühgeschichte des Deutschen Ordens in der Tat zentrale Frage nach der Kontinuität oder Diskontinität im Verhältnis zwischen dem frühen Deutschen Hospital von Jerusalem und dem Militärhospital von Akkon bzw. dem frühen Deutschen Orden steht im Zentrum beider Arbeiten.

(23) Die ‚Narratio de primordiis ordinis Theutonici' ist ediert in: Scriptores rerum Prussicarum 6. Bearb. v. U. Arnold. 1968.

(24) Die Gestalt des namentlich als Vermittler zwischen Papst und Kaiser über die Geschichte des Deutschen Ordens hinaus bedeutenden 4. Hochmeisters Hermann von Salza (von seinen Vorgängern kennt man wenig mehr als den Namen) hat immer wieder zu biographischen Versuchen gereizt (ja zu Charaktergemälden, die freilich angesichts der Quellen, die von seiner Person so gut wie nichts erkennen lassen, nicht gelingen konnten). Neuerdings liegt eine umsichtige und nüchterne Arbeit vor: H. Kluger, Hochmeister Hermann von Salza und Kaiser Friedrich II. 1987. Zur Politik des Ordens während der Regierungszeit dieses Hochmeisters im Heiligen Land K. Forstreuter, Der Deutsche Orden am Mittelmeer (wie oben Nr. 8) und H. E. Mayer, Die Seigneurie de Joscelin und der Deutsche Orden. In dem unter Nr. 19 zitierten Sammelband von J. Fleckenstein u. M. Hellmann.

(25) Zu Titulatur und Wappen des Deutschen Ordens B. Dudik, wie oben Nr. 16, S. 57 ff. und A. B. E. v. d. Oelsnitz, wie ebd.

(26) Die frühen päpstlichen Privilegien des Deutschen Ordens sind verzeichnet von A. Potthast, Regesta pontificum Romanorum 1. 1874. Ein großer Teil von ihnen ist gedruckt in der Edition von Strehlke (oben Nr. 11).

(27) Zum Ablaß die ausführliche Gesamtdarstellung von N. Paulus, Geschichte des Ablasses im Mittelalter. 2 Bände. 1922 f. sowie zwei neuere, sehr ausführliche Lexikonartikel von G. A. Benrath in: Theologische Realenzyklopädie 1. 1977 und von L. Hödl in: Lexikon des Mittelalters 1,1. 1977. Zur Frühgeschichte des Ablaß siehe Mayer, Geschichte der Kreuzzüge (wie unter Nr. 19 zitiert) S. 32 ff. Zur Kreuzzugswerbung des Bernhard von Clairvaux und zu benachbarten Werbeargumenten ebd. S. 43 ff.

Zum zweiten Kapitel

(28) Zu den Anfängen des Deutschen Ordens in Deutschland im ganzen *K. Militzer*, Die Entstehung der Deutschordensballeien im Deutschen Reich. 2. Aufl. 1981 und in einer Region *H. Limburg*, Die Hochmeister des Deutschen Ordens und die Ballei Koblenz. 1969.

(29) Ein Überblick über die Besitzungen des Ordens insgesamt bei *M. Tumler*, Der Deutsche Orden (wie oben Nr. 1) S. 54–209. Siehe auch die Karte von *K. Militzer* über die Balleien des Ordens in: Reich um 1400 (1. Hälfte) in dem unter Nr. 17 zit. Atlas (Lieferung 11. 1986).

(30) Die Schenkungsurkunde von 1207 ist gedruckt in: Urkundenbuch der Deutschordensballei Hessen 1. Hg. v. *A. Wyss* (= Hessisches Urkundenbuch 1,1). 1879 Nr. 1. Hier Nr. 2 ff. auch die weiter unten zitierten Urkunden. Reichenbach: *C. Heldmann*, Geschichte der Deutschordensballei Hessen. Zeitschrift des Vereins für hessische Geschichte 30. 1895 S. 6 ff.

(31) Zu den Verbindungen zwischen dem Deutschen Orden und den thüringischen Landgrafen und Kaiser Friedrich II. *H. Patze*, Die Entstehung der Landesherrschaft in Thüringen 1. 1962 S. 267 ff. u. *ders.* in: Geschichte Thüringens, hg. v. *dems.* u. *W. Schlesinger* 2,1. 1974 S. 34 ff.

(32) Die Literatur über die heilige Elisabeth ist außerordentlich umfangreich. Eine befriedigende Biographie gibt es freilich nicht. Ganz vorzüglich ist die jüngste Darstellung von *M. Werner*, Die Heilige Elisabeth und die Anfänge des Deutschen Ordens in Marburg. In: Marburger Geschichte. Rückblick auf die Stadtgeschichte in Einzelbeiträgen. Hg. v. *E. Dettmering* u. *R. Grenz*. 1980 S. 121–164. 1981 hat in Marburg eine Elisabeth-Ausstellung stattgefunden, deren Katalog (Sankt Elisabeth. Fürstin – Dienerin – Heilige) Beiträge zu allen Aspekten enthält. Ferner: *K. E. Demandt*, Verfremdung und Wiederkehr der Heiligen Elisabeth. Hessisches Jahrbuch für Landesgeschichte 22. 1972 und *E. Keyser*, Untersuchungen zur Geschichte des Deutschen Ordens in Marburg. Ebd. 10. 1960. Die wichtigsten Quellen bei *A. Huyskens*: Der sog. Libellus de dictis quatuor ancillarum s. Elisabeth confectus. 1911 und: Quellenstudien zur Geschichte der hl. Elisabeth. 1908. Zu Elisabeths geistlichem Mentor *A. Patschovsky*, Zur Ketzerverfolgung Konrads von Marburg. Deutsches Archiv 37. 1981.

(33) Zum weiteren Zusammenhang *E. Kantorowicz*, Kaiser Friedrich II. 1927 S. 384 ff. und Ergänzungsband. 1931. Ferner *D. Wojtecki*, Der Deutsche Orden unter Friedrich II. In: Probleme um Friedrich II. Hg. v. *J. Fleckenstein* (= Vorträge und Forschungen 16). 1974. Zur Kronenstiftung des Kaisers *P. E. Schramm*, Kaiser Friedrichs II. Herrschaftszeichen (=Abhandlungen der Akademie der Wissenschaften in Göttingen. Phil.-Hist. Klasse 3. Folge 36). 1955 S. 27 ff. sowie *ders.* u. *Florentine Mütherich*, Denkmale der deutschen Könige und Kaiser. 1962 Nr. 206.

(34) Zur Frömmigkeit Elisabeths einige Aufsätze von *W. Maurer*, wieder abgedruckt in dessen Aufsatzsammlung: Kirche und Geschichte 2. 1970. Der frömmigkeitsgeschichtliche Zusammenhang bei *H. Grundmann*, Religiöse Bewegungen im Mittelalter. Untersuchungen über die geschichtlichen Zusammenhänge zwischen der Ketzerei, den Bettelorden und der religiösen Frauenbewegung im 12. und 13. Jahrhundert und über die geschichtlichen Grundlagen der deutschen Mystik. Zuerst 1935 und in 2. Aufl. 1961. Über Elisabeth hier S. 196.

(35) Zu den territorialpolitischen Auseinandersetzungen zwischen den Landgrafen von Thüringen und den Erzbischöfen von Mainz das unter Nr. 31 genannte Buch von *H. Patze*. Konkurrierende Stadtgründungen waren z. B. Wolfhagen bei Kassel (landgräflich) und Landsberg 4,5 Kilometer von Wolfhagen entfernt (erzbischöflich). In jenem Krieg von 1232, in welchem der spätere Deutschordenshochmeister Konrad von Thüringen Fritzlar beschädigte, zerstörte er auch Landsberg, und zwar vollständig und für immer, mit der Folge, daß seine Reste heute im Gelände als eines der seltenen Beispiele von Stadtwüstungen erkennbar sind.

(36) Die personengeschichtlichen Angaben zu den thüringischen Deutschordensbrüdern nach *D. Wojtecki*, Studien zur Personengeschichte des Deutschen Ordens im 13. Jahrhundert. 1971. Zur Deutschordenskommende Mainau *O. Feger*, Die Deutsch-Ordens-Kommende Mainau. 1958. Auf Deutschordensbrüder aus städtischen Ministerialenfamilien machte aufmerksam *E. Maschke*, Deutschordensbrüder aus städtischem Patriziat. Zuerst 1958 und dann wiederholt in: *Ders.*, Domus hospitalis (wie oben Nr. 1). Die Auszählung der Amtsträger des Deutschen Ordens nach *E. Weichbrodt*, Gebietiger des Deutschen Ordens in Preußen nach ihrer Herkunft. In: Historisch-geographischer Atlas (wie oben Nr. 17) Lieferung 1. 1968. Vgl. ferner *K. Scholz*, Beiträge zur Personengeschichte des Deutschen Ordens in der ersten Hälfte des 14. Jahrhunderts. Untersuchungen zur Herkunft livländischer und preußischer Deutschordensbrüder. Diss. phil. Münster 1969.

(37) Für die Standesverhältnisse in Domkapiteln *A. Schulte*, Der Adel und die deutsche Kirche im Mittelalter. 2. Aufl. 1922. Eine detaillierte Untersuchung eines der Domkapitel, dessen Einzugsbereich zugleich zu den wichtigsten Rekrutierungsgebieten des Deutschen Ordens zählte, gibt *J. Kist*, Das Bamberger Domkapitel 1399–1556. 1943.

(38) Ein Beispiel dafür, daß der Aufenthalt eines Deutschordensbruders in Preußen als Strafe bzw. Sühne verhängt war, bietet *A. Werminghoff*, Ludwig v. Eyb d. Ä. 1919 S. 41 f.: Wilhelm v. Eyb, der jüngste von drei Brüdern, möchte weltlich bleiben, der älteste Bruder widerspricht als Familienoberhaupt, darauf handgreiflicher Streit mit dem Messer und Schiedsgericht. Dieses beschließt, daß Wilhelm von Eyb nach einer bestimmten Frist entweder dem Deutschen Orden beitreten oder in Haft gehen müsse. Darauf verpflich-

tet sich Wilhelm von Eyb, nach Preußen zu gehen und das Land nicht zu verlassen, worauf er von seinem Bruder ausgestattet wird. Wohl 14 Jahre später, 1455 ist er in Königsberg während der Kämpfe des Ordens gegen den mit dem polnischen König verbündeten Teil der Landesstände gefallen. Daß in diesem Falle Preußen bzw. der Deutsche Orden als Verbannungsort gewählt wurde, lag nahe, weil die fränkische Familie von Eyb mehrere Ordensritter gestellt hat. Seltene Nachrichten über individuelle Schicksale einzelner Ordensbrüder bieten die von *H. P. Lachmann* hg. Deutschordensbriefe aus dem frühen 14. Jahrhundert. Archiv für Diplomatik 23. 1977 [erschienen: 1979].

Zum dritten Kapitel

(39) Literatur über Hermann von Salza oben Nr. 24. Über den Anteil des Hochmeisters an der Krönung des Kaisers in Jerusalem und deren Verständnis *Mayer*, Geschichte der Kreuzzüge (vgl. oben Nr. 19) S. 213. Zur Territorialpolitik des Hochmeisters in Palästina und zur Ähnlichkeit seiner Politik hier mit der in Preußen und im Burzenland *ders.*, Die Seigneurie de Joscelin und der Deutsche Orden. In: Die geistlichen Ritterorden (oben Nr. 19) besonders S. 196 ff. sowie *Forstreuter,* Der Deutsche Orden am Mittelmeer (oben Nr. 8) S. 35 ff. Vgl. ferner *W. Hubatsch*, Montfort und die Bildung des Deutschordensstaates im Heiligen Land (= Nachrichten der Akademie der Wissenschaften in Göttingen. Phil.-Hist. Kl. 1966,5). 1966. Zu den Ansätzen auf Zypern *ders.*, Der Deutsche Orden und die Reichslehnschaft über Cypern (= Nachrichten usw., wie eben zitiert, 1955,8). 1955.

(40) Zu Konrad von Masowien und zur Goldbulle von Rimini unten S. 266 ff. Der Versuch des Deutschen Ordens, im Burzenland Herrschaft zu bilden, ist zuletzt dargestellt worden von *H. Zimmermann*, Der Deutsche Ritterorden in Siebenbürgen. In: Die geistlichen Ritterorden (oben Nr. 19). Zu der Bedeutung der päpstlichen Schutzurkunde von 1224 hier S. 289 ff.

(41) Zur Ostsiedlung im ganzen unten S. 272, zum heiligen Adalbert siehe den Artikel von *G. Labuda* u. a. in: Lexikon des Mittelalters 1,1. 1977 Sp. 101 f. Zu Brun *R. Wenskus*, Studien zur historisch-politischen Gedankenwelt Bruns von Querfurt. 1956 und *H. D. Kahl*, Compelle intrare. Die Wendenpolitik Bruns von Querfurt im Lichte hochmittelalterlichen Missions- und Völkerrechts. Zuerst 1955 und dann wiederholt in: Heidenmission (wie oben Nr. 20).

(42) Zur hochmittelalterlichen politisch-kirchlichen Situation im Ostseegebiet *J. Petersohn*, Der südliche Ostseeraum im kirchlich-politischen Kräftespiel des Reiches, Polens und Dänemarks vom 10. bis 13. Jahrhundert. 1979 sowie *T. Nyberg*, Kreuzzug und Handel in der Ostsee zur dänischen Zeit

Zum dritten Kapitel

Lübecks. In: Lübeck 1226. Reichsfreiheit und freie Stadt. Hg. v. *O. Ahlers* u. a. 1976.

(43) Zu den grundsätzlichen Problemen der hochmittelalterlichen Mission der eben zitierte Aufsatz von *Kahl.* Ferner *ders.,* Zum Geist der deutschen Slavenmission des Hochmittelalters. Zuerst 1953 und dann wiederholt ebd. sowie *ders.,* Bausteine zur Grundlegung einer missionsgeschichtlichen Phänomenologie des Hochmittelalters. In: Miscellanea Historiae Ecclesiasticae (= Bibliothèque de la Revue d'Histoire Ecclésiastique 38). 1961.

(44) Zu Religion und Sozialordnung der Prussen *H. Biezais,* Die Religionsquellen der baltischen Völker und die Ergebnisse der bisherigen Forschungen. ARV. Tidskrift för nordisk folkminnesforskning 9. 1953, *R. Wenskus,* Kleinverbände und Kleinräume bei den Prussen des Samlandes. In: Die Anfänge der Landgemeinde und ihr Wesen 2 (= Vorträge und Forschungen 8). 1964. sowie vor allem *ders.* Über einige Probleme der Sozialordnung der Prussen. In: Acta Prussica. *F. Gause* zum 75. Geburtstag (= Beiheft zum Jahrbuch der Albertus-Universität Königsberg/Pr. 29). 1968. Ferner: *K. Ślaski,* Stosunki Prusów z innymi ludami nadbałtyckimi w VII–XII wieku. Roczniki Olsztyńskie 5. 1963, *Anna Rutkowska-Płachcińska,* Tradition und Kulturumwandlung der Prussen im 14. und 15. Jahrhundert. Zur Fragestellung. In: Kultur und Politik im Ostseeraum und im Norden 1350–1450 (= Acta Visbyensia 4). Visby 1971 sowie zu den nördlichen Nachbarvölkern der Prussen *M. Hellmann,* Burgen und Adelsherrschaft bei den Völkern des Ostbaltikums. In: Europa Slavica – Europa Orientalis. Festschrift für *H. Ludat* (= Giessener Abhandlungen zur Agrar- und Wirtschaftsforschung des europäischen Ostens 100). 1980. Zu den alten prussischen Territorien *J. Powierski,* Uwagi o starożytnych dziejach ziem Pruskich. Zapiski Historyczne 41. 1976. Zum Schwertbrüderorden die ausführliche Monographie von *F. Benninghoven,* Der Orden der Schwertbrüder. 1965.

(45) Zu Christian siehe die Aufsätze von *F. Blanke* in: Heidenmission (oben Nr. 20) sowie *Z. Nowak,* Milites Christi der Prussia. Der Orden zu Dobrin. In: Die geistlichen Ritterorden (oben Nr. 19), *H. Lingenberg,* Die Anfänge des Klosters Oliva und die Entstehung der deutschen Stadt Danzig. 1982 S. 182ff. und *H. Boockmann,* Die Freiheit der Preußen. 1990 in: Die abendländische Freiheit vom 10. zum 14. Jh. (=Vorträge und Forschungen 29). 1991. Zur Ausbreitung der Zisterzienser in Polen *Helena Chłopocka* u. *W. Schich* in dem oben Nr. 20 genannten Zisterzienser-Katalog.

(46) Zum Anteil Polens an den beiden ersten Prussen-Kreuzzügen *B. Zientara,* Sprawy Pruskie w polityce Henryka brodatego. Zapiski Historyczne 41. 1976, deutsch in dem Band von 1982 (oben Nr. 3), sowie *E. Maschke,* Polen und die Berufung des Deutschen Ordens nach Preußen. 1934. Diese Arbeit ist auch für das folgende heranzuziehen.

(47) Die beiden erwähnten Versuche des Papstes, Mission und Unterwerfung zu trennen, Preußisches Urkundenbuch 1,1 Nr. 7, Nr. 26 und Nr. 38. Die entsprechenden Darlegungen des Helmold von Bosau, denen zufolge sich Kreuzfahrer des Jahres 1147 dagegen sträuben, den Glaubenskrieg gegen ihre künftigen Untertanen zu führen, in dessen Slavenchronik Kapitel 65 (Chronica Slavorum. Neu übertragen und erläutert von *H. Stoob* = Ausgewählte Quellen zur Geschichte des Mittelalters 19. 1963 S. 228 f.).

(48) Der Hilferuf Konrads ist nur indirekt bezeugt, insbesondere in der Goldbulle von Rimini. Infolgedessen wirkt sich die Problematik von deren Datierung auch auf den Zeitpunkt des Hilferufs aus.

(49) Die Goldbulle von Rimini ist wiederholt gedruckt worden. Sie findet sich in: Preußisches Urkundenbuch 1,1 Nr. 56. Neuester Druck bei *L. Weinrich,* Quellen zur deutschen Verfassungs-, Wirtschafts- und Sozialgeschichte. 1977 Nr. 104.

(50) Zu den Urkunden für Lübeck *B. Am Ende,* Studien zur Verfassungsgeschichte Lübecks im 12. und 13. Jahrhundert. 1975 sowie die Beiträge von *W. Goez, W. Hubatsch* und *H. Boockmann* in dem Nr. 42 zitierten Sammelband: Lübeck 1226.

(51) Die Interpretation der in die frühe Geschichte des preußischen Deutschordensstaates gehörigen Urkunden nicht so sehr im Hinblick auf die Ziele derer, die sie ausstellten, wie vielmehr auf die Absichten ihres Empfängers, des Deutschen Ordens hin, steht in einer Tradition. Besonders wichtig ist hier die gleich zu nennende Arbeit von *Caspar.* Eine Diskussion des ganzen Zusammenhanges auch bei *M. Hellmann,* Über die Grundlagen und die Entstehung des Ordensstaates in Preußen. In: Nachrichten der Gießener Hochschulgesellschaft 31. 1962. Neuerdings haben die hier einschlägigen und weitere mit ihnen zusammenhängende Urkunden *E. Pitz* als einer jener Komplexe von Dokumenten gedient, an welchen er zu erweisen versuchte, daß eine große Zahl von Papst- und auch von Kaiserurkunden keine rechtsetzenden Diplome seien, sondern Rescripte, nämlich Schriftstücke, in welchen der Aussteller im wesentlichen dem künftigen Empfänger der Urkunde, dem Petenten folgt, die deshalb an die Voraussetzungen gebunden sind, daß das vom Petenten Vorgetragene richtig ist, und die in Wirklichkeit in der Regel erst dadurch umgesetzt werden, daß der Empfänger ihnen dort, wo sie gelten sollen, Geltung verschafft. Siehe z. B. die entsprechende Darlegung über die Goldbulle von Rimini: *E. Pitz,* Papstreskript und Kaiserreskript im Mittelalter. 1971 S. 203 f. *Pitz* ist mit seinem umfassenden Umdeutungsvorhaben heftig widersprochen worden, z. B. von *H. M. Schaller* in: Deutsches Archiv 28. 1972 S. 579 ff. und *P. Herde* in: Archivalische Zeitschrift 69. 1973 S. 54 ff. Doch kann das hier beiseite bleiben, weil eine weitgehende Formung von Urkunden durch Petenten zur Erklärung nicht einer umfassenden Rescript-

Theorie bedarf und weil *Pitz* ungeachtet der Richtigkeit oder Falschheit seiner Theorie ohne Zweifel das Verständnis der baltischen Mission beträchtlich gefördert hat. Die Literatur über die frühen preußischen Urkunden hätte sich manche Umwege durch eine stärkere Berücksichtigung des Petentenwillens ersparen können. Daß sie das nicht getan hat, hängt freilich auch mit der Bedeutung des preußischen Deutschordensstaates für das nationale deutsche Geschichtsbild zusammen. In dieses fügte sich ein vermeintliches Ringen von Kaiser Friedrich II. und den Päpsten seiner Zeit um das Schicksal des Deutschen Ordens in Preußen nur allzu gut ein. Sehr instruktiv für den Zusammenhang nun *J. Fried*, Der päpstliche Schutz für Laienfürsten (= Sitzungsber. der Heidelberger Akad. der Wiss. Phil.-hist. Klasse 1980, 1). 1980 S. 293 ff.

(52) Die Goldbulle von Rimini bietet auch unabhängig von den eben skizzierten Interpretationsschwierigkeiten Probleme. Es ist nicht ohne Grund bezweifelt worden, ob sie tatsächlich schon zu dem in ihr genannten Datum ausgestellt worden ist, und es ist nicht zu bezweifeln, daß sie den regulären Produkten der Kanzlei Friedrichs II. in vieler Hinsicht unähnlich ist. Siehe zuletzt *P. Zinsmaier*, Die Reichskanzlei unter Friedrich II. In: Probleme um Friedrich II. (wie oben Nr. 33) S. 147 f. *Zinsmaier* ist dort zu korrigieren, wo er annimmt, daß das Warschauer Exemplar der Goldbulle von Rimini verschollen sei (es befindet sich im ehemaligen Königsberger Staatsarchiv, heute also in Berlin-Dahlem), doch berührt das nicht die Richtigkeit seiner Ausführungen. Angesichts der Naivität, mit welcher in der einschlägigen landesgeschichtlichen Literatur auch heute zuweilen noch verkannt wird, daß die Ausstattung einer Urkunde mit einem goldenen Siegel nicht notwendigerweise etwas über die Absichten des Ausstellers, sondern womöglich nur etwas über die Investitionsbereitschaft des Empfängers aussagt, ist der Hinweis S. 137 f. auf die ungewöhnlich große Zahl der goldbesiegelten Urkunden aus der Kanzlei Friedrichs II. wichtig.

(53) Die erwähnten Deutungen von *monarchia imperii* bei *A. Werminghoff*, Der Hochmeister des Deutschen Ordens und das Reich. Historische Zeitschrift 110. 1913 (Preußen als viertes Teilreich neben Deutschland, Italien und Burgund), bei *E. E. Stengel*, Hochmeister und Reich. Die Grundlagen der staatsrechtlichen Stellung des Deutschordenslandes. Zeitschrift der Savigny-Stiftung für Rechtsgeschichte. Germanistische Abteilung 58. 1938 (wiederholt in: *ders.*, Abhandlungen und Untersuchungen zur Geschichte des Kaisersgedankens im Mittelalter. 1965) und bei *E. Weise* in: Acht Jahrhunderte Deutscher Orden. Hg. v. *K. Wieser*. 1967. S. 35 (*monarchia* im Sinne der mittelalterlichen Weltalterlehre). In diesem Aufsatz sowie in seinem Buch: Die Amtsgewalt von Papst und Kaiser und die Ostmission. 1971 will *Weise* das Kirchenrecht zur Erklärung der Goldbulle von Rimini und der mit ihr zusammengehörigen Urkunden heranziehen. Doch mißlingt das, weil *Weise* verkennt, daß das Kirchenrecht keine Einheit

und daß es geradezu absurd ist, von kanonistisch argumentierenden Parteigutachten aus, die im frühen 15. Jahrhundert die Urkunden des 13. Jahrhunderts interpretieren, die Absichten von deren Ausstellern zu erhellen. Vgl. nur *O. Engels* in: Zeitschrift für die Geschichte ... Ermlands 33. 1969 S. 311 ff. sowie *H. Boockmann* in: Deutsches Archiv 28. 1972 S. 290 f. Aufgrund seiner irrigen Prämissen kommt *Weise* nicht nur zu einem einigermaßen sonderbaren Verständnis der Figur des Kaisers als des in Harmonie mit dem Papsttum tätigen Armes der Kirche, sondern überhaupt zu einer Auffassung der Urkunde als Formulierung von absoluten, von der konkreten historischen Situation abgelösten Wahrheiten, die einen Rückschritt hinter den durch *E. Caspar*, Hermann von Salza und die Gründung des Deutschordensstaates in Preußen. 1924 erreichten Kenntnisstand darstellt. Förderlich dagegen *Ingrid Matison*, Die Lehnsexemtion des Deutschen Ordens und dessen staatsrechtliche Stellung in Preußen. Deutsches Archiv 21. 1965 und *dieselbe*, Zum politischen Aspekt der Goldenen Bulle von Rimini. In: Acht Jahrhunderte (wie oben). Als letzte Äußerung, wenngleich nicht als letztes Wort in dieser Angelegenheit sei zitiert *W. Hubatsch*, Zur Echtheitsfrage der Goldbulle von Rimini. In: Von Akkon bis Wien. Studien zur Deutschordensgeschichte. Hg. v. *U. Arnold*. 1978. Wenn hier im ersten Satz von der „über Jahrhunderte reichenden politischen Wirkung" der Goldbulle von Rimini gesprochen wird, so muß angemerkt werden, daß man von dieser Wirkung wenig Sicheres weiß. Die Frage, wann und unter welchen Umständen der Deutsche Orden sich der Urkunde von 1226 als eines fundamentalen Dokuments bedient hat, und die zu Zeiten sehr unterschiedliche Interpretation der Position des Deutschen Ordens im Spannungsfeld von Imperium und Sacerdotium durch diesen selber bedarf dringend der Aufhellung. Die Führung des Deutschen Ordens hatte hier weniger fixierte Meinungen, als moderne Historiker, verführt durch den Umgang mit neuzeitlichen Fundamentalgesetzen, gemeint haben. Die Frage nach „der" Stellung des Deutschen Ordens im Verhältnis zu Kaisertum und Papsttum ist, genau genommen, falsch. Sie kann nur im Hinblick auf eine bestimmte Situation hin sinnvoll gestellt werden.

(54) Zum Orden von Dobrin der Nr. 45 zitierte Aufsatz von *Nowak* und die dort genannte Literatur.

(55) Der sog. Kruschwitzer Vertrag ist ediert Preußisches Urkundenbuch 1,1 Nr. 78. Er wurde von *M. Perlbach*, Die ältesten preußischen Urkunden. Altpreußische Monatsschrift 10. 1875 für gefälscht erklärt. Diese Deutung ist dann durch *W. Kętrzyński* übernommen und zu einer Art von Fundament des antipreußischen polnischen Geschichtsbildes ausgebaut worden. Dagegen hat sich *A. Seraphim*, Zur Frage der Urkundenfälschungen des Deutschen Ordens. Forschungen zur Brandenburgischen und Preußischen Geschichte

Zum vierten Kapitel

19. 1906 bemüht, die Echtheit dieser und anderer Urkunden nachzuweisen. Ihm sind in der Folgezeit die deutschen Gelehrten gefolgt, während die polnischen sich an *Perlbach* hielten, bis zu G. *Labuda,* Die Urkunden über die Anfänge des Deutschen Ordens im Kulmerland und Preußen in den Jahren 1226–1243. In: Die geistlichen Ritterorden (wie oben Nr. 19) S. 299 u. ö. Siehe auch *ders.,* Über die angeblichen und vermuteten Fälschungen des Deutschen Ordens in Preußen. In: Fälschungen im Mittelalter 4. 1988.

(56) Doch könnte *Labudas* Arbeit von 1980 S. 300 und 315 insofern einen Wendepunkt darstellen, als sie (wie schon *Boockmann* in: Deutschland, Polen, vgl. oben Nr. 5, S. 9f.) auf den bescheidenen Rang hinweist, den die Frage nach der Echtheit des Kruschwitzer Vertrages verdient. Zu den Urkundenfälschungen im Mittelalter im allgemeinen *H. Fuhrmann,* Einfluß und Verbreitung der pseudoisidorischen Fälschungen 1. 1972 S. 64 ff.

(57) Zur Urkunde von Rieti (Preussisches Urkundenbuch 1,1 Nr. 108) G. *Labuda* in dem eben zitierten Aufsatz von 1980, der entgegen einem lange Zeit üblichen Verständnis des Textes feststellt, daß der Papst dem Orden nur das zu erobernde Prussen-Land, nicht aber das Kulmerland geschenkt habe. *Labuda* hat die Diskussion auch durch den notwendigen Bezug auf die polnischen Rechtsverhältnisse neu in Bewegung gebracht. Vgl. die Diskussion in: Protokoll über die Arbeitstagung des Konstanzer Arbeitskreises Nr. 216 S. 87 ff. Doch ist kritisch gegen *Labuda* einzuwenden, daß auch er, wie die ältere Literatur in dieser Sache immer wieder, gelegentlich zu der Annahme neigt, daß das, was der rechtlichen Norm nach nicht geschehen konnte, auch nicht geschah (so z. B. S. 308 Anm. 21).

(58) Zu den päpstlichen und kaiserlichen Verlautbarungen („Manifesten") über die Lage der Neugetauften zuletzt *Pitz* (wie Nr. 51) S. 209 ff. Die zitierten Stellen aus der Livländischen Chronik des Heinrich von Lettland in deren Ausgabe von *A. Bauer* (Ausgewählte Quellen zur deutschen Geschichte des Mittelalters 24). 1975 29,3 S. 318 f. Zum Zusammenhang *G. A. Donner,* Kardinal Wilhelm von Sabina, Bischof von Modena 1222–1234. Päpstlicher Legat in den nordischen Ländern. Helsingfors 1929 und *Boockmann* (wie Nr. 45).

Zum vierten Kapitel

(59) Die Eroberung Preußens wird dargestellt von *A. L. Ewald,* Die Eroberung Preußens durch die Deutschen. 1872–1886. Eine systematische Untersuchung gibt *E. Maschke,* Der Deutsche Orden und die Preußen. Bekehrung und Unterwerfung in der preußisch-baltischen Mission des 13. Jahrhunderts. 1928. Einen Überblick gibt *W. Urban,* The Prussian Crusade. Washington

1980. Sehr summarisch: *E. Christiansen*, The Northern Crusades. London 1980.

(60) Zum Schwertbrüderorden das oben Nr. 44 genannte Buch von *Benninghoven*. Hier sowie bei *W. Urban*, The Livonian Crusade. Washington 1981 eine Darstellung der Eroberung Livlands. Zum Dobriner Orden oben Nr. 54.

(61) Zu den Klagen des Bischofs Christian gegen den Deutschen Orden *F. Blanke* in: Heidenmission (oben Nr. 20) S. 405 ff. Zur Begründung der preußischen Bistümer *Brigitte Poschmann*, Bistümer und Deutscher Orden 1243–1525. Zeitschrift für die Geschichte ... Ermlands 30. 1962.

(62) Zu den Beziehungen zwischen den Herzögen von Pommerellen, den Prussen und dem Deutschen Orden hat *J. Powierski* eine Reihe von Arbeiten vorgelegt. Zu nennen ist v. a. Chronologia stosunków pomorsko-krzyżackich w latach 1236–1242. Komunikaty Mazursko-Warmieńskie 1970. Vgl. auch *P. Kriedte*, Die Herrschaft der Bischöfe von Włocławek in Pommerellen von den Anfängen bis zum Jahre 1409. 1974 sowie *H. Lingenberg* (wie bei Nr. 45 zitiert).

(63) Vorgeschichte, Inhalt und Bedeutung des Christburger Vertrages bei *H. Patze*, Der Frieden von Christburg vom Jahre 1249. Zuerst 1958 und dann wiederholt in: Heidenmission (oben Nr. 20). Gegen den dort S. 484 f. gedruckten Nachtrag wendet sich *K. Forstreuter*, Zur Geschichte des Christburger Friedens. Zeitschrift für Ostforschung 12. 1963. Zu Einzelfragen *R. Wenskus*, Über die Bedeutung des Christburger Vertrages für die Rechts- und Verfassungsgeschichte des Preußenlandes. In: Studien zur Geschichte des Preußenlandes. Festschrift für *E. Keyser*. 1963, *R. Wenskus*, Zur Lokalisierung der Prussenkirchen des Vertrages von Christburg 1249. In: Acht Jahrhunderte (oben Nr. 49) sowie *J. Powierski*, Bogini Kurko i niektóre aspekty społeczno-gospodarcze wierzeń Pruskich. Bydgoskie Towarzystwo Naukowe. Prace Wydziału Nauk Humanistycznych Seria C Nr. 16. 1975.

(64) Zu mittelalterlichen Bedeutungen von „Freiheit" vgl. *G. Dilcher*, Freiheit. In: Handwörterbuch zur deutschen Rechtsgeschichte 1. 1971 Sp. 1228–1233.

(65) Die Chronik des Peter von Duisburg ist ediert in: Scriptores rerum Prussicarum 1. 1861. Zweisprachige Ausgabe von *K. Scholz* und *D. Wojtecki* (=Ausgewählte Quellen zur deutschen Geschichte 25). 1984. Zur Chronik (und zu einem beträchtlichen Teil der Deutschordensgeschichtsschreibung überhaupt) *H. Bauer*, Peter von Duisburg und die Geschichtsschreibung des Deutschen Ordens im 14. Jahrhundert. 1935 sowie *Marzena Pollakówna*, Kronika Piotra z Dusburga. Wrocław usw. 1968.

(66) Zu Heiligenfesten als militärischen Terminen *H. M. Schaller*, Der heilige Tag als Termin mittelalterlicher Staatsakte. Deutsches Archiv 30. 1974. Im frühen 15. Jahrhundert ist dem Deutschen Orden, der mit der Synchroni-

Zum vierten Kapitel 271

sierung von Kriegführung und Heiligenkalender nur etwas auch sonst im Mittelalter Übliches tat, aus seinen militärischen Aktionen an Marienfesttagen der Vorwurf der Häresie gemacht worden. Vgl. nur die unter dem Stichwort „Marienfeiertage" im Register von: Die Staatsschriften des Deutschen Ordens 1. Bearbeitet von *E. Weise*. 1970 gesammelten Stellen.

(67) Zu den Formen spätmittelalterlicher Kriegführung im allgemeinen und den Kriegen des Deutschen Ordens im besonderen *F. Benninghoven*, Zur Technik spätmittelalterlicher Feldzüge im Ostbaltikum. Zeitschrift für Ostforschung 19. 1970. Zu Problemen der „Logistik" in diesem Zusammenhang *ders.*, Die Burgen als Grundpfeiler des spätmittelalterlichen Wehrwesens im preußisch-livländischen Deutschordensstaat. In: Die Burgen im Deutschen Sprachraum 1 (= Vorträge und Forschungen 19). 1976.

(68) Zur Chronik des Heinrich von Lettland oben Nr. 58. Zur mittelalterlichen Missionstheorie die oben Nr. 43 zitierte Literatur. Von „Predigt mit eiserner Zunge" ist in der Translatio St. Liborii (Monumenta Germaniae Historica. Scriptores 4 S. 151) die Rede. Die erwähnten Äußerungen des heiligen Augustinus und Papst Gregors des Großen finden sich im Decretum Gratiani c. 33 C. XXIII qu. 5 und c. 3 f. C. XXIII qu. 6 – im Corpus iuris canonici, hg. v. *Ae. Friedberg* 1. 1879 Sp. 939 f. und Sp. 948 ff. Zu der schwierigen Frage, wie diese Stellen im einzelnen ausgelegt worden sind, ob und ab wann sie nicht nur auf Schismatiker und Ketzer, sondern auch auf Heiden bezogen wurden, siehe die oben Nr. 58 genannten Arbeiten von *Kahl*. Zur Frage der Herrschaftsrechte von Heiden *J. Muldoon*, The Contribution of the Medieval Canon Lawyers to the Formation of the International Law. Traditio 28. 1972 sowie *ders.*, Popes, Lawyers and Infidels. Liverpool 1979.

(69) Die für die prussische Bevölkerung des Ordensstaates anzunehmenden Zahlen hat *H. Łowmiański* berechnet. Siehe den oben Nr. 44 genannten Aufsatz von *Anna Rutkowska-Płachcińska* S. 53. Über das Schicksal der Prussen und der anderen nichtdeutschen Bewohner Preußens *R. Wenskus*, Der Deutsche Orden und die nichtdeutsche Bevölkerung des Preußenlandes mit besonderer Berücksichtigung der Siedlung. In: Die deutsche Ostsiedlung des Mittelalters als Problem der europäischen Geschichte. Hg. v. *W. Schlesinger* (= Vorträge und Forschungen 18). 1975. Zu den Bettelorden im Deutschordensland Preußen *W. Roth*, Die Dominikaner und Franziskaner im Deutsch-Ordensland Preußen. Diss. phil. Königsberg 1919.

(70) Zu den Nachfahren des prussischen Fürsten Skaumand und zu den Schicksalen anderer Nachkommen ehemals führender prussischer Familien *R. Wenskus*, Eine prussische Familie in Pommerellen und ihre Erben. In: Europa Slavica – Europa orientalis. Festschrift für *H. Ludat*. 1980 sowie *Gertrud Mortensen*, Erläuterungen zur Karte: Der Gang der Kirchengründungen S. 10 in: Historisch-geographischer Atlas (wie oben Nr. 17) Lieferung 3. 1973.

Zum fünften Kapitel

(71) Über den aktuellen Stand der Ostsiedlungsforschung unterrichten die Beiträge in: Die deutsche Ostsiedlung des Mittelalters als Problem der europäischen Geschichte. Hg. v. W. *Schlesinger* (= Vorträge und Forschungen 18). 1975. Auf deutscher Seite sind besonders wichtig die (zu einem beträchtlichen Teil dem Deutschordensland Preussen geltenden) Arbeiten von *W. Kuhn*, von denen ein Teil gesammelt und neugedruckt ist in: *Ders.*, Vergleichende Untersuchungen zur mittelalterlichen Ostsiedlung. 1973. Eine knappe Einführung gibt *H. Boockmann*, Die mittelalterliche deutsche Ostsiedlung. Zum Stand ihrer Erforschung und zu ihrem Platz im allgemeinen Geschichtsbewußtsein. In: Geschichte und Gegenwart. Festschrift für *K. D. Erdmann*. 1980. Eine vorzügliche Quellenauswahl bieten *H. Helbig* und *L. Weinrich*, Urkunden und erzählende Quellen zur deutschen Ostsiedlung im Mittelalter. 2 Bände (= Ausgewählte Quellen zur Deutschen Geschichte des Mittelalters 26a u. 26b). 1968 u. 1970.

(72) Die Zahlen der Bevölkerungsentwicklung im Mittelalter nach *J. C. Russel* in: The Fontana Economic History of Europe 1. Hg. v. *M. Cipolla*. London 1972. Die Zahlen der Ostsiedler nach *Kuhn*, wie eben zitiert.

(73) Als Beispiel für die Bemühungen, eine deutsche Stadtbevölkerung in einem Maße zu erweisen, das über die Möglichkeiten der Quellen am Ende hinausgeht, sei die – sehr verdienstvolle – Arbeit von *Th. Penners*, Untersuchungen über die Herkunft der Stadtbewohner im Deutschordensland Preußen. 1942 genannt. Über die in die entgegengesetzte Richtung gehenden polnischen Bemühungen kann man sich bequem unterrichten bei *Th. Sporn*, Die „Stadt zu polnischen Recht" und die deutschrechtliche Gründungsstadt. 1978. Als eine der aus sprachlichen Gründen leicht zugänglichen Arbeiten eines der heute produktivsten polnischen Forscher auf diesem Gebiet ist zu nennen *B. Zientara*, Socio-economic and Spatial Transformations of Polish Towns during the Period of Location. Acta Poloniae Historica 34. 1976. Vgl. auch *W. M. Bartel*, Stadt und Staat in Polen im 14. Jahrhundert. In: Stadt und Stadtherr im 14. Jahrhundert. Hg. v. *W. Rausch*. Linz 1972.

(74) Eine moderne Gesamtdarstellung der ländlichen Siedlungsverhältnisse in Preußen gibt es nicht. Statt dessen sind Einzelstudien heranzuziehen wie *Heide Wunder*, Siedlungs- und Bevölkerungsgeschichte der Komturei Christburg. 13.–16. Jahrhundert. 1968. Von den älteren Arbeiten sind hier zu nennen *W. v. Brünneck*, Zur Geschichte des Grundeigentums in Ost- und Westpreußen. 1891–1896; *H. Plehn*, Zur Geschichte der Agrarverfassung in Ost- und Westpreußen. Forschungen zur brandenburgischen und preußischen Geschichte 17f. 1904f. und wegen seines Materialreichtums *L. Weber*, Preußen vor 500 Jahren. 1878. Ein moderner Überblick findet sich am besten

auf den einschlägigen Seiten von *R. Wenskus*, Das Ordensland Preußen als Territorialstaat des 14. Jahrhunderts. In: Der deutsche Territorialstaat im 14. Jahrhundert 1. Hg. v. *H. Patze* (= Vorträge und Forschungen 13) sowie für einen Teil der ländlichen Bevölkerung bei *H. Patze*, Die bäuerliche Gemeinde im Ordensstaat Preußen. In: Die Anfänge der Landgemeinde und ihr Wesen 2 (= Vorträge und Forschungen 8). 1964. Zu Haken und Pflug *W. Kuhn* in dem Nr. 71 zitierten Sammelband. Zur Frage der Pfluggeräte bei den Prussen *J. Powierski*, W sprawie narzędzia ornego Prusów. Komunikaty Mazursko-Warmieńskie 119/120. 1973. Mittelalterliche Ackergeräte im allgemeinen: *U. Bentzien*, Bauernarbeit im Feudalismus. Landwirtschaftliche Arbeitsgeräte und -verfahren in Deutschland von der Mitte des ersten Jahrtausends u. Z. bis um 1800. 1980. Zur Technik der Landvermessung hat sich aus dem Ordensland eine zeitgenössische Anweisung erhalten, die Geometria Culmensis, hg. v. *H. Mendthal*. 1886. Ein Auszug bei *Helbich-Weinrich*, wie Nr. 71 zitiert, 1 Nr. 143.

(75) Die erwähnte Urkunde von 1280 in: Preußisches Urkundenbuch 2,1. 1909 Nr. 382. Die Urkunde von 1236 für Dietrich von Depenow bei *Helbich-Weinrich*, wie eben zitiert, 1 Nr. 121. Der Bericht des Deutschordenskomturs von 1454 in: Acten der Ständetage Preußens 4. 1884 S. 247.

(76) Die Kulmer Handfeste ist zu benutzen in der Ausgabe von *G. Kisch*, jetzt zusammen mit einschlägigen Abhandlungen desselben Autors in: Ders., Die Kulmer Handfeste. Text, rechtshistorische und textkritische Untersuchungen usw. 1978.

(77) Zur rechtlichen und ethnischen Struktur der städtischen Bevölkerung außer der oben Nr. 73 schon genannten Literatur *G. Kisch*, Studien zur Rechts- und Sozialgeschichte des Deutschordenslandes. 1973; *H. Boockmann*, Civis und verwandte Begriffe in ostdeutschen, insbesondere preußischen Stadtrechtsquellen. In: Über Bürger, Stadt und städtische Literatur im Spätmittelalter. Hg. v. *J. Fleckenstein* u. *K. Stackmann* (= Abhandlungen der Akademie der Wissenschaften in Göttingen. Phil.-Hist. Klasse 3. Folge 121). 1980; *ders.*, Zur ethnischen Struktur der Bevölkerung deutscher Ostseestädte. In: Der Ostseeraum – Elemente einer wirtschaftlichen Gemeinschaft. Hg. v. *K. Friedland* o. J. [1980]. Für eine Stadt im livländischen Herrschaftsgebiet des Deutschordens bieten eine ebenso ausführliche wie anschauliche Untersuchung *P. Johansen* u. *H. v. z. Mühlen*, Deutsch und Undeutsch im mittelalterlichen und frühneuzeitlichen Reval. 1973. Generell zum Verhältnis der deutschen Siedler zur einheimischen Bevölkerung *B. Zientara*, Foreigners in Poland in the 10th – 15th Centuries: Their Role in the Opinion of Polish Medieval Community. Acta Poloniae historica 29. 1974. Zur Bevölkerung des Ordenslandes Preußen im ganzen *J. Powierski*, Die ethnische Struktur der Gesellschaft im Ordensstaat im 13. bis zum 16. Jahrhundert. Internationales Jahrbuch für Geschichts- und Geographieunterricht 16. 1975 und

274 Quellen und Literatur

Heide Wunder, Sozialstruktur des Deutschen Ordens und der Bevölkerung des Ordensstaates Preußen. Ebd.
(78) Zu den älteren Stadttypen *H. Ludat,* Frühformen des Städtewesens in Osteuropa. In: Studien zu den Anfängen des Städtewesens (= Vorträge und Forschungen 4). 1958. Wiederholt mit Nachträgen in: *Ders.,* Deutsch-Slawische Frühzeit und modernes polnisches Geschichtsbewußtsein. 1969. Zu Haithabu *H. Jankuhn,* Haithabu. Ein Siedlungsplatz der Wikingerzeit. 6. Aufl. 1976. Zu Truso und Elbing *W. Neugebauer,* Die Gründung Elbings durch den Deutschen Orden und Lübecker Bürger 1237. In: Lübeck 1226 (wie oben Nr. 42). Zu Danzig die oben Nr. 45 zitierte Arbeit von *Lingenberg.* Zur späteren, vor allem baulichen Entwicklung der Stadt *E.Keyser,* Die Baugeschichte der Stadt Danzig. 1972. Eine moderne Darstellung der Danziger Stadtgeschichte bis 1454 bietet die Historia Gdańska 1. Hg. v. *E. Cieslak.* Gdańsk 1978. Eine Klärung der Genese des planmäßigen Grundrisses ostdeutscher Gründungsstädte versucht *H. Keller,* Die ostdeutsche Kolonialstadt des 13. Jahrhunderts und ihre südländischen Vorbilder. Sitzungsberichte der Wissenschaftlichen Gesellschaft an der Johann-Wolfgang-Goethe-Universität Frankfurt am Main 16,3. 1979. Zur Lischke *H. Ludat* in dem eben zitierten Aufsatz.
(79) Zu den Namen von Stadtbürgern die Nr. 77 zitierten Arbeiten von *Boockmann.* Zu den städtischen Bevölkerungen Livlands außer dem ebd. zitierten Buch von *Johansen* und *v. z. Mühlen* auch *V. Niitema,* Die undeutsche Frage in der Politik der livländischen Städte im Mittelalter. Helsinki 1949.

Zum sechsten Kapitel

(80) Die Frage, ab wann man dem Orden die Absicht zuschreiben dürfe, einen Staat zu gründen und nicht nur der Mission Schutz zu gewähren, wird in dem oben Nr. 51 zitierten Aufsatz von *Hellmann* diskutiert.
(81) Zur allgemeinen und kirchlichen Geschichte Pommerns und Pommerellens im Hochmittelalter das oben Nr. 42 zitierte Buch von *Petersohn.* Ferner *ders.,* Pommerns staatsrechtliches Verhältnis zu den Nachbarmächten im Mittelalter. In: Die Rolle Schlesiens und Pommerns in der Geschichte der deutsch-polnischen Beziehungen im Mittelalter (= Schriftenreihe des Georg-Eckert-Instituts für internationale Schulbuchforschung 22,3). 1980. Die genaue Analyse des Lehnsaktes von 1181 (S. 105 ff.) ist von exemplarischer Bedeutung. Denn dieser Akt und andere entsprechende Vorgänge im Gebiet der deutschen Ostsiedlung sind später immer wieder als die Zugehörigkeit der jeweiligen Gebiete zu Deutschland begründende Rechtsakte angesehen worden, während sie tatsächlich nur Stationen in langen und wechselhaften Prozessen waren. Im Falle Pommern hätte es beispielsweise durchaus sein können, daß das Unterwerfungsverhältnis Pommerns gegenüber Dänemark,

das im Jahre 1185 zustandekam, längere Folgen gehabt hätte. In diesem Falle wäre das Datum von 1181 ohne jede weiterreichende Bedeutung gewesen. Vgl. ferner in demselben Bande die Beiträge von *M. Biskup* (Pommern und Pommerellen als Problem der deutsch-polnischen Beziehungen im 14. und 15. Jahrhundert), *R. Kiersnowski* (Nachkriegserforschung der Geschichte Pommerns bis zum Anfang des 14. Jahrhunderts) und *P. Kriedte* (Pommerellen und Schlesien in der mittelalterlichen Kirchengeschichte Polens und seiner Randzonen). Zu den wirtschaftsgeschichtlichen Zusammenhängen *H. Samsonowicz,* Tło gospodarze wydarzeń 1308 roku na Pomorzu Gdańskim. Przegląd Historiczny 56. 1965.

(82) Zur Geschichte der seit 1309 zum Ordensstaat Preußen gehörige Teile des Bistums Włocławek und zu den Versuchen des Deutschen Ordens, dieses Gebiet kirchlich aus seiner bisherigen Diözesanzugehörigkeit herauszulösen, *P. Kriedte,* Die Herrschaft der Bischöfe von Włocławek in Pommerellen von den Anfängen bis zum Jahre 1409. 1974.

(83) Zu den Danziger Ereignissen zuletzt und sehr ausführlich, mit erneuter Verarbeitung aller Quellen die oben Nr. 45 genannte Arbeit von *Lingenberg.* Die zitierten Urteile der Literatur: *M. Tumler,* Der Deutsche Orden (vgl. oben Nr. 1) S. 321 f.; *Chr. Krollmann,* Politische Geschichte (vgl. oben Nr. 3) S. 33; *M. Biskup,* Die Rolle des Deutschen Ordens in Preußen in der Geschichte Polens. In: Deutschland, Polen usw. (wie oben Nr. 5) S. 21 f. Vorsichtiger dagegen *ders.* in dem Nr. 81 zit. Beitrag von 1980 S. 147, der im Gegensatz zu der erstgenannten Äußerung wohl nicht wie dieser als die programmatische Summierung einer nationalen historiographischen Tradition zu verstehen ist. Der danach zitierte Satz von *Krollmann* a. a. O. S. 27. Zu den aus Preußen nach Westen und nach Süden führenden Straßen siehe die Karte: Die Postwege des Deutschen Ordens in der ersten Hälfte des 15. Jahrhunderts in dem oben Nr. 17 zit. Atlas, Lieferung 1, 1968, die freilich über die Wege der Handelswaren keinen Aufschluß und infolgedessen auf die oben im Text angedeutete Frage nur eine Teilantwort gibt. Als das für Pommerellen einschlägige Werk der Siedlungsforschung ist zu nennen *K. Kasiske,* Das deutsche Siedelwerk des Mittelalters in Pommerellen. 1938. Vgl. dazu *Biskup* 1980, wie eben zitiert, S. 149 f.

(84) Zum Konflikt zwischen dem Erzbischof von Riga und dem Schwertbrüderorden das oben Nr. 44 zit. Buch von *Benninghoven;* zu den folgenden Auseinandersetzungen zwischen Deutschem Orden und Erzbischof *J. Haller,* Die Verschwörung von *Segewold* (1316). Mittheilungen aus dem Gebiete der Geschichte Liv-, Est- und Kurlands 20. 1910; zu Erzbischof Friedrich von Pernstein *K. Forstreuter,* Erzbischof Friedrich von Riga. Zeitschrift für Ostforschung 19. 1970, der freilich der Gestalt des Kirchenfürsten bzw. der Lage, in welcher sich dieser gegenüber dem Deutschen Orden befand, nicht ganz gerecht wird.

(85) Zu dem Prozeß des Erzbischofs gegen den Deutschen Orden: Das Zeugenverhör des Franciscus de Molina (1312). Bearbeitet von *A. Seraphim*. 1912. Der zitierte Anklagepunkt hier S. 171.

(86) Das Ende des Templerordens ist zuletzt von *Marie Luise Bulst-Thiele*, Der Prozeß gegen den Templerorden. In: Die geistlichen Ritterorden (wie oben Nr. 19) dargestellt worden.

(87) Zu den Prozessen zwischen Polen und dem Deutschen Orden *Helena Chłopocka*, Procesy Polski z zakonem krzyżackim w XIV wieku. Poznań 1967, *Irene Ziekursch*, Der Prozeß zwischen König Kasimir von Polen und dem Deutschen Orden im Jahre 1339. 1934. Die Prozeßakten von 1320/1321 liegen in einer neuen Edition vor: Lites ac res gestae inter Polonos ordinemque Cruciferorum [3. Bearbeitung] 1. bearbeitet von *Helena Chłopocka*. Wrocław usw. 1970. Von *ders.* ist in einem Band des Konstanzer Arbeitskreises (Vorträge und Forschungen) über die spätmittelalterliche Geschichtsschreibung ein Beitrag über den Wert der Zeugenaussagen in diesen Prozessen für die Geschichte der ersten Hälfte des 14. Jahrhunderts zu erwarten. Zum Peterspfennig *E. Maschke*, Der Peterspfennig in Polen und dem deutschen Osten. 1933. Die neue Bestimmung in der Ordensregel in der oben Nr. 16 zitierten Ausgabe von *Perlbach* S. 145.

Zum siebenten Kapitel

(88) Zu König Mindowes Übertritt zum Christentum *K. Forstreuter*, Deutschland und Litauen im Mittelalter. 1962 und *ders.*, Die Berichte der Generalprokuratoren des Deutschen Ordens an der Kurie 1. 1961 S. 168f. Zu den Anfängen des litauischen Großreiches neben dem eben zitierten Buch von *Forstreuter: J. Pfitzner*, Großfürst Witold von Litauen als Staatsmann. 1930 und *J. Ochmański*, Historia Litwy. Wrocław usw. 1967. Zu den religiösen bzw. konfessionellen Verhältnissen in dem Großreich *H. Boockmann*, Johannes Falkenberg, der Deutsche Orden und die polnische Politik. 1975 S. 58ff. u. ö.

(89) Die polnische Kreuzzugsaufforderung an den Deutschen Orden und die litauischen Kontakte mit Kaiser Karl IV. bei *K. Conrad*, Litauen, der Deutsche Orden und Karl IV. 1352-1360. Zeitschrift für Ostforschung 21. 1972. Zuletzt hierzu *U. Arnold*, Preußen, Böhmen und das Reich – Karl IV. und der Deutsche Orden. In: Kaiser Karl IV. Staatsmann und Mäzen. Hg. v. *F. Seibt*. 1978.

(90) Zu den traditionellen Beziehungen zwischen den böhmischen Königen und dem Deutschen Orden in Preußen *W. Rautenberg*, Einwirkungen Böhmens auf die Geschicke Preußens im späten Mittelalter. Zeitschrift für Ostforschung 22. 1973.

(91) Zu den Formen der Kriegführung der oben Nr. 67 zitierte Aufsatz von

Benninghoven. Das im Text genannte klassische Werk der Kriegsgeschichte: *H. Delbrück,* Geschichte der Kriegskunst 3. Das Mittelalter. 1907 behandelt S. 389 ff.: Die Eroberung Preußens durch den Deutschen Orden. Dieser Abschnitt hat dem Autor sichtlich wenig Freude bereitet, weil er ihm keinerlei Kriegskunst, wie er sie suchte, zu bieten vermochte. Die livländischen Kreuzzüge des Deutschen Ordens kommen in dem Band nicht vor, ebensowenig wie die Realität spätmittelalterlicher gewöhnlicher Fehdeführung im Reich.

(92) Die Teilnahme des westeuropäischen Adels an den Litauenkreuzzügen ist eines der großen Themen spätmittelalterlicher Geschichte. Eine Gesamtdarstellung aufgrund vor allem der Quellen aus den Herkunftsländern hat *W. Paravicini* begonnen: Die Preußenreisen des europäischen Adels. Teil 1. 1989. *Ders.,* Heraldische Quellen zur Geschichte der Preußenreisen. In: Ordines (wie bei Nr. 3) 4. 1987. Eine Skizze gibt *E. Maschke,* Burgund und der preußische Ordensstaat. In: Syntagma Friburgense, *H. Aubin* zum 70. Geburtstag. 1956 und wiederholt in: *Ders.,* Domus hospitalis (wie oben Nr. 1). Hier S. 21 ff. Ausgezeichnet und exemplarisch ist die Untersuchung eines solchen Kreuzzuges durch *K. Conrad,* Der dritte Litauerzug König Johanns von Böhmen und der Rücktritt des Hochmeisters Ludolf König. In: Festschrift für *H. Heimpel* 2. 1972. Weiter ist zu nennen *H. Koeppen,* Das Ende der englischen Preußenfahrten. Preußenland 8. 1970. Die Gestalt eines Kreuzfahrers untersucht. *U. Arnold,* Engelbert III., Graf von der Mark, seine Kreuzfahrten in das Heilige Land, nach Livland und nach Preußen. In: Acta Prussica (wie oben Nr. 44). *K. Forstreuter,* Briefe aus Preußen nach Köln um 1330. Jahrbuch des Kölnischen Geschichtsvereins 26. 1951 zeigt an Hand einer seltenen Überlieferung (private Briefe aus dieser Zeit gibt es kaum) das Schicksal eines Kölners, der in Preußen am Krieg teilnimmt und Handel treibt. Literarisch überhöht findet man jenes Motivgeflecht aus Jerusalemfahrt, Livlandkreuzzug, der Erinnerung an die hochmittelalterlichen Kreuzzüge und der späten ritterlichen Kultur in dem ‚Songe de viell pèlerin' des Philipp de Mézières, eines im Dienst König Peters I. von Zypern und anderer Herrscher stehenden französischen Ritters, der sein Leben lang den Kreuzzug propagierte, letztlich auf die Gründung eines neuen Kreuzzugordens zielte und in diesem Zusammenhang auch für die Litauen-Kreuzzüge des Deutschen Ordens, und zwar nach dem Übertritt von dessen Herrschern zum Christentum (dazu oben S. 171), warb. Vgl. *J. Jakštas,* Das Baltikum in der Kreuzzugsbewegung des 14. Jahrhunderts. Die Nachrichten Philipps de Mézières über die baltischen Gebiete. Commentationes Balticae 6/7. 1959.

(93) Das zitierte Gedicht des tirolischen Adligen: Die Lieder des Oswald von Wolkenstein. Hg. v. *K. K. Klein.* 1962 S. 49. Zum folgenden der eben zitierte Aufsatz von *K. Conrad.* Die erwähnte Erinnerung Karls IV. in: Vita

Caroli quarti. Hg. v. *E.. Hillenbrand.* 1979 S. 182 ff. Als Ort der Handlung wird irrtümlich Breslau angegeben. Das Gedicht des Peter Suchenwirt Scriptores rerum Prussicarum 2. 1863 S. 161 ff. (zusammen mit weiteren Quellen zu den Livlandkreuzzügen). Zum Autor *H. Rupprich,* Die deutsche Literatur vom späten Mittelalter bis zum Barock 1. 1970 S. 197 ff. Zu einem weiteren hierzu gehörigen Text *M. Caliebe,* Schondochs „rede" von der Bekehrung des Litauers. Festschrift für *G. Cordes* 1. 1973. Das erwähnte Buch über die spätmittelalterliche Adelskultur: *J. Huizinga,* Herbst des Mittelalters. In deutscher Sprache zuerst 1923 und dann in späteren Auflagen.

Zum achten Kapitel

(94) Zu diesem Kapitel *Boockmann,* Falkenberg (wie oben Nr. 88) S. 53 ff. und *K. Neitmann,* Die Staatsverträge des Deutschen Ordens in Preußen 1230–1449. 1986 an vielen Stellen. Zur Geschichte des Deutschen Ordens in dieser Zeit zwei Hochmeister-Monographien: *H. Gersdorf,* Der Deutsche Orden im Zeitalter der polnisch-litauischen Union. Die Amtszeit des Hochmeisters Konrad Zöllner von Rotenstein (1382–1390). 1957 und *W. Nöbel.* Michael Küchmeister. Hochmeister des Deutschen Ordens 1414–1422. Der Wert beider Arbeiten, vor allem der letztgenannten, wird dadurch eingeschränkt, daß ihre Verfasser den apologetischen Charakter eines großen Teiles ihrer Quellen übersehen haben und deshalb immer wieder Propagandaschriften des Ordens von der oben S. 176 f. charakterisierten Art in naiver Weise reproduzieren.

(95) Zu Litauen die oben Nr. 88 zitierte Monographie von *J. Pfitzner* sowie die ebd. genannte Darstellung von *Ochmański.* Zu den dynastischen Zusammenhängen beim Übergang zur jagiellonischen Dynastie in Polen *Helene Quillus,* Königin Hedwig von Polen. 1938 und *A. F. Grabski,* Jadwiga – Wilhelm – Jagiełło w opiniach europejskich. Nasza przeszłość 23. 1966.

(96) Zu der Frage, welche Expansionsziele der zwischen den polnischen Ständen und Jagiełło geschlossene Vertrag meint, *G. Rhode,* Die Ostgrenze Polens 1. 1955 S. 294 ff. Zu den in diesem Zusammenhang zu beachtenden verfassungsrechtlichen Vorstellungen von den Kronrechten *J. Dąbrowski,* Die Krone des polnischen Königtums im 14. Jahrhundert. Zuerst 1956 und dann ins Deutsche übersetzt in: Corona regni. Hg. v. *M. Hellmann,* 1961.

(97) Der Vertrag von Sallinwerder in: Die Staatsverträge des Deutschen Ordens in Preußen im 15. Jahrhundert. Hg. v. *E. Weise* 1. 1939 Nr. 2. Zu den Litauisch-samaitisch-preußischen Grenzen *H.-J. Karp,* Grenzen in Ostmitteleuropa während des Mittelalters. 1972 S. 44 ff.

(98) Zur Goldenen Horde *A. Bohdanowicz,* La Horde d'or, la Pologne et la Lithuanie (1242–1430). Revue internationale d'histoire politique et constitutionelle n. s. 5. 1955 sowie *B. Spuler,* Die Goldene Horde. 2. Aufl. 1965. Zu

Zum achten Kapitel

den tatarisch-russischen Beziehungen *P. Nitsche* In: Handbuch der Geschichte Russlands. Hg. v. *M. Hellmann* u. a. 1. 1980 S. 614ff.

(99) Zu Fehdeführung und Fehderecht im allgemeinen *O. Brunner*, Land und Herrschaft. 1939 und weitere Auflagen sowie *H. Obenaus*, Recht und Verfassung der Gesellschaften mit St. Jörgenschild in Schwaben. 1961. Hier S. 55 ff. über das Verhältnis von Schiedsgericht und Fehde, also über jene Normen, von denen her die oben erwähnte Propagandaliteratur sowohl des Ordens wie Polen-Litauens zu verstehen ist.

(100) Zur Schlacht von Tannenberg gibt es eine umfängliche Literatur. Zusammenfassend zuletzt *St. M. Kuczyński*, Wielka wojna z Zakonem Krzyżackim w latach 1309–1411. Zuerst Warszawa 1955. Vgl. zum späteren Forschungsstand *G. Rhode* in: Zeitschrift für Ostforschung 22. 1973. Zum Beginn des Krieges *Z. Nowak*, Akt rozpoczynający „Wielką wojnę". Komunikaty Mazursko-Warmieńskie 131. 1976. Von *S. Ekdahl*, der schon eine wichtige Studie über einen Teil des Schlachtverlaufes veröffentlicht hat (Die Flucht der Litauer in der Schlacht bei Tannenberg. Zeitschrift für Ostforschung 12. 1963), ist eine neue Darstellung zu erwarten. Einstweilen liegen vor: *Ders.*, Die Schlacht bei Tannenberg. Quellenkritische Untersuchungen 1. 1982, Das Soldbuch des Deutschen Ordens 1410/1411 Teil 1. 1988 sowie: Die „Banderia Prutenorum" des Jan Długosz – eine Quelle zur Schlacht bei Tannenberg 1410 (=Abhandlungen der Akademie der Wissenschaften in Göttingen. Phil.-Hist. Klasse 3. Folge 104). 1976. Das ist die Untersuchung, Edition und Reproduktion einer Mitte des 15. Jahrhunderts entstandenen Handschrift, in welcher die erbeuteten und in der Krakauer Kathedrale aufbewahrten Deutschordensfahnen abgebildet sind.

(101) Die Gestalt des Verteidigers der Marienburg und späteren Hochmeisters Heinrich von Plauen hat ähnlich wie die Hermanns von Salza, freilich in noch stärkerem Maße als diese, zu psychologisierenden Charaktergemälden angeregt und eine gewaltige, hier auch belletristische Literatur entstehen lassen – aus zeitgeschichtlichen Gründen, die auf der Hand liegen. Auch hier geht die Masse dessen, was über diesen Hochmeister zu Papier gebracht worden ist, über den Bereich dessen, was sich aufgrund der Quellen abschätzen läßt, beträchtlich hinaus. Auch hier sind grundlegende Regeln der Quellenkritik immer wieder unangewandt geblieben. Die beste Arbeit über Heinrich von Plauen ist *K. Hampe*, Der Sturz des Hochmeisters Heinrich von Plauen (= Sitzungsberichte der Preußischen Akademie der Wissenschaften 1935. Phil.-Hist. Klasse 3). 1935.

(102) Der 1. Thorner Frieden in: Staatsverträge, wie Nr. 97 zitiert, Nr. 83). Zu den genannten Kriegsentschädigungen und anderen Summen *Boockmann*, wie Nr. 88 zitiert, S. 89 f. Anm. 157 sowie *M. Pelech*, Der Verpflichtungsbrief des Hochmeisters Heinrich von Plauen bezüglich der Bezahlung von 100 000 Schock böhmischer Groschen ... Preußenland 7. 1979.

Zum neunten Kapitel

(103) Das zitierte Lob des Ordenslandes Preußen bei *Boockmann,* Falkenberg (wie oben Nr. 88) S. 52 Anm. 5. Zur Stellung des bzw. der Landesherren in Preußen und zu diesem Kapitel insgesamt *R. Wenskus,* Das Ordensland Preußen als Territorialstaat (wie Nr. 74), *K. Neitmann,* Der Hochmeister des Deutschen Ordens in Preußen – ein Residenzherrscher unterwegs. 1990 sowie *M. Burleigh,* Prussian society and the German Order. Cambridge usw. 1984. Zur Stellung der Bischöfe *Brigitte Poschmann* (Nr. 61). Zur besonderen Stellung des Bistums Ermland und zu den Bemühungen des Ordens, diese zu beseitigen, *B. Pottel,* Das Domkapitel von Ermland im Mittelalter. Diss. phil. Königsberg 1911 und *H. Boockmann,* Laurentiua Blumenau. Fürstlicher Rat – Jurist – Humanist. 1965. S. 116ff. Zu den Ständen unten S. 282 f.

(104) Die Ordensregel und die weiteren das Leben der Ordenskorporation normierenden Texte sind ediert von *M. Perlbach,* Die Statuten des Deutschen Ordens nach den ältesten Handschriften. 1890.

(105) Zu Heinrich von Plauen *K. Hampe,* wie oben Nr. 101. Die späteren Arbeiten berücksichtigen nicht die von *Hampe* herausgearbeiteten quellenkritischen Probleme, markieren also einen Rückschritt der Forschung. Zu den Nachfolgern dieses Hochmeisters und zu deren Rücktritt *W. Nöbel* wie oben Nr. 94 und *C. A. Lückerath,* Paul von Rusdorf. Hochmeister des Deutschen Ordens 1422–1441. 1969. Diese Arbeit wird ihrem Gegenstand infolge der allzu direkten Parteinahme für den Hochmeister auch nicht ganz gerecht.

(106) Auseinandersetzungen im Orden: *Maschke,* Innere Wandlungen (vgl. oben Nr. 1). Zum Gebietigerrat *P. G. Thielen,* Die Verwaltung des Ordensstaates Preußen vornehmlich im 15. Jahrhundert. 1965 S. 80ff. Zu den Orselnschen Statuten: außer *Lückerath* (Nr. 105) auch *K. E. Murawski,* Zwischen Tannenberg und Thorn. Die Geschichte des Deutschen Ordens unter dem Hochmeister Konrad von Erlichshausen 1441–1449. 1953 S. 38ff.

(107) Zahlen der Ordensbrüder: *Thielen,* wie eben zitiert, S. 113, der die Gesamtzahl für Preußen 1437/38 wohl etwas zu niedrig ansetzt. 700 Ritterbrüder für die frühere Zeit bei *E. Maschke,* Wandlungen (wie Nr. 1) S. 42. Die Zahl von 1453 ist eine polnische Schätzung, von welcher der Thorner Hauskomtur im Sommer 1453 Kenntnis erhalten zu haben meinte: Acten der Ständetage. Hg. v. *M. Töppen* 3. 1882 Nr. 409. Zahlen im Reich: *F. Benninghoven* in: Preußenland 26. 1988 S. 1 ff. Daß die Inhaber der alten zentralen Ordensämter eine Art Ressortminister gewesen seien, ist durch die Arbeit von *F. Milthaler,* Die Großgebietiger des Deutschen Ritterordens. 1940 ein für allemal widerlegt. Vgl. auch *Thielen,* wie eben zitiert S. 68ff.

sowie zum Spittler *Chr. Probst,* Der Deutsche Orden und sein Medizinalwesen in Preussen. 1969 S.45 ff. Dennoch hält sie sich weiterhin, genährt durch die allzu pauschale allgemeine Vorstellung von den ungewöhnlich modernen administrativen Strukturen im preußischen Deutschordensstaat. Tatsächlich weiß man von diesen Strukturen bis zum ausgehenden 14. Jahrhundert sehr wenig. Erst dann setzt – abgesehen von den Sammlungen der Siedlungsurkunden – die Amtsbücher-, Akten- und Briefüberlieferung ein, und die ist nur zu einem geringen Teil durchgearbeitet. So kann das zitierte Buch von *Thielen* nicht geben, was man von seinem Titel erwarten könnte. Vgl. auch den Anfang des Nr. 74 zitierten Aufsatzes von *Wenskus.*

(108) Relativ gut erforscht ist die zentrale Finanzverwaltung. Die wichtigste Quelle ist: Das Marienburger Tresslerbuch der Jahre 1399–1409. Hg. v. *[E.] Joachim.* 1896 (eine für alle Fragen der materiellen Kultur des späteren Mittelalters auch nicht annähernd ausgeschöpfte Datensammlung von außerordentlicher Ergiebigkeit). Vgl. dazu *Thielen* a. a. O. S. 76 ff.

(109) Das wichtigste Material, aus dem sich die Häufigkeit des Ämterwechsels und die Karrieren der einzelnen Ordensritter entnehmen ließen, ist zusammengestellt von *J. Voigt,* Namen-Codex der deutschen Ordens-Beamten. 1843 sowie – für die Zeit von 1410 bis 1449 – von *Thielen* a. a. O. S. 120 ff. Zum Ämterwechsel nach dem Ende der Amtszeit des Hochmeisters Ludolf König *Conrad* (wie oben Nr. 92). Vgl. auch den Nr. 112 zu nennenden Aufsatz von *Koeppen* über Siegfried Nothaft.

(110) Über Deutschordensbrüder preußischer Herkunft *Wenskus,* wie Nr. 74, S. 366 ff. und *Boockmann,* Falkenberg (wie Nr. 88) S. 66 Anm. 66. Zu den Priesterbrüdern des Deutschen Ordens in Preußen *K. Górski,* Das Kulmer Domkapitel in den Zeiten des Deutschen Ordens. In: Die geistlichen Ritterorden (oben Nr. 19).

(111) Zu den Söldnern im Heer des Ordens die ungedruckte Diss. phil. Hamburg von *W. Rautenberg,* Böhmische Söldner im Ordenslande Preußen. 1953, deren Thema aber erst der Dreizehnjährige Krieg und die Rolle der Söldner in diesem ist. Ferner *Boockmann,* Falkenberg (wie oben Nr. 88) S. 121 ff. Ein Soldbuch des Jahres 1454 ediert *A. Czacharowski,* Księga żołdu związku pruskiego z okresu wojny trzynastoletniej. Toruń 1969.

(112) Das bekannteste Zeugnis zeitgenössischer Kritik am Orden und seinen preußischen Amtsträgern ist die sog. Predigt des Kartäusers, ediert Scriptores rerum Prussicarum 4. 1870 S. 448 ff. Dazu *O. Günther,* Eine Predigt vom preußischen Provinzialkonzil in Elbing 1427 in: Zeitschrift des Westpreußischen Geschichtsvereins 59. 1919 und *U. Arnold,* Reformansätze im Deutschen Orden während des Spätmittelalters. In: Reformbemühungen und Observanzbestrebungen im spätmittelalterlichen Ordenswesen. Hg. v. *K. Elm.* 1989. Verfasserlexikon. 2. Auflage 1. 1978 Sp. 723. Einen Fall von Disziplinierung aufgrund von schweren Regelverstößen hat

H. Koeppen dargestellt: Der Fall des Gebietigers Siegfried Nothaft. In: Acht Jahrhunderte Deutscher Orden. Hg. v. *K. Wieser.* 1967.

(113) „Spital des deutschen Adels": *Boockmann,* Falkenberg (oben Nr. 88) S. 52 und 123. Rückgang der agrarischen Einkommen: *W. Abel,* Strukturen und Krisen der spätmittelalterlichen Wirtschaft. 1980. Für den Deutschen Orden vgl. *K. Militzer,* Auswirkungen der spätmittelalterlichen Agrardepression auf die Deutschordensballeien. In: Von Akkon (wie Nr. 53).

(114) Gerüchte vom Reichtum des Ordens: *Boockmann,* Falkenberg (wie oben Nr. 88) S. 94 Anm. 174. Die Änderung im Leistungsverhältnis zwischen den Ordensbesitzungen im Reich und in Preußen gut sichtbar bei *Limburg* (wie Nr. 28).

Zum zehnten Kapitel

(115) Das wichtigste Quellenmaterial zur Geschichte der ständischen Repräsentation im Deutschordensland Preußen ist ediert von *M. Töppen,* Acten der Ständetage Preußens unter der Herrschaft des Deutschen Ordens. 5 Bände. 1874–1886. Die Einleitungen und Zwischentexte des Herausgebers bieten immer noch die ausführlichste Darstellung. Für die im 2. Thorner Frieden abgetretenen Gebiete ist die Edition zunächst von *F. Thunert,* Acten der Ständetage Preußens, königlichen Anteils 1. 1896 für die Jahre 1466 bis 1479 fortgesetzt worden. Diese Sammlung wird von *K. Górski, M. Biskup* und *Irena Janosz-Biskupowa* weitergeführt: Akta stanów Prus Królewskich, Toruń 1955 ff. Zuletzt (1986) ist der bis zum Jahre 1520 reichende 7. Band erschienen. Obwohl die in diesen Bänden edierten Akten mit dem Deutschen Orden als Landesherrn unmittelbar nichts mehr zu tun haben, sind sie doch auch für diesen von Interesse. Sie lassen erkennen, daß ein großer Teil der Konflikte zwischen dem Orden und den Ständen damit, daß der Landesherr ein Ritterorden war, nur wenig zu tun hatte. Diese Konflikte fanden in den seit 1466 nicht mehr zum Deutschordensstaat gehörigen preussischen Gebieten eine Fortsetzung in den Auseinandersetzungen der dortigen Stände mit der polnischen Krone.

(116) Im Zusammenhang mit der Edition der Stände-Akten sind die Genese der Stände und deren Organisationsformen untersucht und auch im Überblick dargestellt worden. Ein besonderes Interesse hat dabei den Beziehungen und den Ähnlichkeiten zwischen den ständischen Verhältnissen und Strukturen in Preußen und in den benachbarten polnischen Gebieten gegolten. Hierzu die Arbeiten von *K. Górski,* deren wichtigste gesammelt sind in: *ders.,* Communitas, princeps, corona regni. Studia selecta. Warszawa usw. 1976 sowie die Beiträge in: Die Anfänge der ständischen Vertretungen in Preußen und seinen Nachbarländern. Hg. v. *H. Boockmann* (= Schriften des Historischen Kollegs. Kollo-

Zum zehnten Kapitel

quien 16). 1992. Vgl. – auch zum Inhalt des Kapitels insgesamt – *M. Biskup*, Der Zusammenbruch des Ordensstaates in Preußen im Lichte der neuesten polnischen Forschungen. Acta Poloniae Historica 9. 1964. Einschlägig für viele in diesem Kapitel skizzierte Probleme ist ferner *E. Weise*, Das Widerstandsrecht im Ordenslande Preußen. 1955 – ein freilich in vieler Hinsicht zweifelhaftes Buch. Vgl. die Rezension von *M. Hellmann* in: Historisches Jahrbuch 78. 1959 S. 247 ff.

(117) Die im Text angeführten Zeugnisse zur Frühgeschichte der preußischen Stände finden sich in: Acten der Ständetage (wie Nr. 115 zitiert) 1. 1878. Nr. 5, Nr. 10, Nr. 13. Zu den Eiden, welche die Untertanen dem neugewählten Hochmeister schworen, *H. Boockmann*, Zu den politischen Zielen des Deutschen Ordens in seiner Auseinandersetzung mit den preußischen Ständen. Jahrbuch für die Geschichte Mittel- und Ostdeutschlands 15. 1967 S. 82 sowie, für die zweite Hälfte des 15. Jahrhunderts, *L. Dralle*, Der Staat des Deutschen Ordens in Preußen nach dem 2. Thorner Frieden. 1975 S. 84 f.

(118) Zum Handel des Deutschen Ordens zuletzt: *E. Maschke*, Die Schäffer und Lieger des Deutschen Ordens. Zuerst 1960 und dann wiederholt in: *Ders.*, Domus (wie oben Nr. 1), *W. Böhnke*, Der Binnenhandel des Deutschen Ordens in Preußen und seine Beziehungen zum Außenhandel um 1400. Hansische Geschichtsblätter 80. 1962 und *Z. Nowak*, Zezwolenia wielkich mistrzów zakonu Krzyżackiego na wywóz zboża z Prus w latach 1421–1422. Zapiski Historyczne 44. 1979. Zum Thorner Münzmeister *E. Waschinski*, Die Münz- und Währungspolitik des Deutschen Ordens in Preussen. 1952; *R. Sprandel*, Das mittelalterliche Zahlungssystem nach hansisch-nordischen Quellen des 13.–15. Jahrhunderts. 1975 S. 189 f. sowie *Irena Janosz-Biskupowa*, Materiały do dziejów lichwy w Prusach Krzyżackich w poł. XV wieku. Studia i materiały do dziejów Wielkopolski i Pomorza 4. 1958. Zum Bernstein *I. M. Peters* in: Lexikon des Mittelalters 1. 1980 Sp. 2011. Zum Zahlungsverkehr zwischen Preußen und Italien findet sich ein reichhaltiges Material in: Die Berichte der Generalprokuratoren des Deutschen Ordens an der Kurie. 1960 ff. Vgl. ferner das eben zitierte Buch von *Sprandel*. Eine Skizze des wechselndes Verhältnisses des Ordens zur Hanse und des Platzes der preußischen Städte in der Hanse gibt *H. Samsonowicz*, Der Deutsche Orden und die Hanse. In: Die geistlichen Ritterorden (oben Nr. 19).

(119) Zu den Wandlungen der ländlichen Rechtsverhältnisse *Boockmann*, Politische Ziele, wie Nr. 117 zitiert. Der die Reden empörter ländlicher Untertanen des Ordens referierende Bericht des Vogtes von Leipe in: Acten der Ständetage (wie Nr. 115 zitiert) 4 S. 225 f. Der Bericht des Komturs von Osterode ebd., jedoch 3 S. 578 f. Die angeführte typische Rede eines Ordensritters entstammt der oben Nr. 112 zitierten sog. Predigt des Kartäusers, die allerdings einen anderen Aussagewert hat als direkte Äußerungen von Ordensrittern.

(120) Die Auseinandersetzungen zwischen Polen und dem Deutschen Orden auf dem Konstanzer Konzil sind untersucht von *Boockmann,* Falkenberg (wie oben Nr. 88) S. 197 ff. Der im Titel dieses Buches genannte Dominikaner Johannes Falkenberg war es, der die seitens des Deutschen Ordens seit Beginn der polnisch-litauischen Union vertretene Behauptung, Litauen sei nur scheinbar christianisiert, zu der Forderung zuspitzte, daß der polnische König und alle seine Untertanen als Glaubensfeinde vernichtet werden müßten. Vgl. auch *H. Boockmann,* Jan Falkenberg i jego obrona zakonu Krzyżackiego. Zapiski Historyczne 41. 1976. Der wichtigste Autor auf polnischer Seite war der Krakauer Kanonist Paulus Vladimiri, über den es eine reiche Literatur auch deshalb gibt, weil seine Texte gegen den Deutschen Orden irrtümlich für Zeugnisse einer auf das moderne Völkerrecht hinführenden Doktrin gehalten worden sind. Vgl. *Boockmann,* Falkenberg S. 225 ff. Unter der jüngsten Literatur über diesen Autor ist besonders wichtig *J. Wiesiolowski,* Prace i projekty Pawła Włodkowica. Roczniki Historyczne 35. 1969. Vgl. auch *J. W. Woś,* Paulus Vladimiri aus Brudzeń – Vorläufer oder Fortsetzer? Zeitschrift für Ostforschung 25. 1976. Zu den anschließenden rechtlich-theoretischen Auseinandersetzungen zwischen dem Orden und Polen-Litauen *K. Forstreuter,* Der Deutsche Orden und die Kirchenunion während des Basler Konzils. Annuarium historiae conciliorum 1. 1969 und *Z. Nowak,* Materiały źródłowe do sprawy wyroku Wrocławskiego Zygmunta Luksemburgskiego w procesie polsko-krzyżackim z 1420 r. Zapiski Historyczne 41. 1976.

(121) Zu den Friedensschlüssen von Melnosee und Brest *Lückerath* (wie oben Nr. 105). Hier auch die internen Auseinandersetzungen von Gruppen der Ordensbrüder und die Anfänge des Preußischen Bundes. Zu diesem weiterhin die oben Nr. 106 genannte Hochmeister-Monographie von *K. E. Murawski* und *M. Biskup,* Der Preußische Bund 1440–1454 – Genesis, Struktur, Tätigkeit und Bedeutung in der Geschichte Polens. In: Hansische Studien 3. Hg. v. *K. Fritze* u. a. 1975. Die führende Gestalt auf seiten des Bundes untersucht *R. Grieser,* Hans von Baysen. Ein Staatsmann aus der Zeit des Niederganges der Ordensherrschaft in Preußen. 1936. Zu den rechtlichen Auseinandersetzungen zwischen dem Ständebund und dem Orden *Elisabeth Lüdicke,* Der Rechtskampf des Deutschen Ordens gegen den Bund der preußischen Stände. Altpreußische Forderungen 12. 1935, das Nr. 116 genannte Buch von *E. Weise, H. Boockmann,* Blumenau (wie oben Nr. 103), besonders S. 65 ff., *K. Górski,* Polski traktat polityczny z XV wieku w obronie związku Pruskiego. Rocznik Olszyński 8. 1968 sowie Deutsche Reichstagsakten [Ältere Reihe] 19,1. 1969 S. 416 ff. Die Gehorsamsaufkündigung der preußischen Stände in: Die Staatsverträge des Deutschen Ordens in Preußen im 15. Jahrhundert 2. Hg. v. *E. Weise.* 1955 Nr. 288. Die sog. Inkorporationsurkunde des polnischen Königs ebd. Nr. 292.

Zum zehnten Kapitel

(122) Zu dem anschließenden Dreizehnjährigen Krieg *M. Biskup*, Trzynastoletnia wojna z zakonem Krzyżackim 1454–1466. Warszawa 1966, das oben Nr. 111 genannte Buch von *Rautenberg, ders.*, Der Verkauf der Marienburg 1454–1457. In: Studien zur Geschichte des Preußenlandes. Festschrift für *E. Keyser.* 1963 sowie *M. Hellmann*, Beiträge zur Geschichte des Dreizehnjährigen Krieges im Ordensland Preußen. Jahrbuch für die Geschichte Mittel- und Ostdeutschlands 8. 1959.

(123) Der Text des 2. Thorner Friedens in: Staatsverträge (wie eben zitiert) Nr. 403. Die zahlreiche Literatur insbesondere über die Frage, wie in dem Vertrag das Verhältnis des verbliebenen preußischen Ordensstaates zu Polen definiert worden sei, ist ähnlich kontrovers wie jene über die Anfänge des Deutschordensstaates – aus demselben Grunde. Auch hier stimmen die Meinungen und die Nationalität der Autoren in auffälliger Weise überein, auch hier ist immer wieder versucht worden, die rechtlichen Festlegungen des Mittelalters zur Abstützung aktueller politischer Wünsche zu benutzen, zu einem Beweis für die schon alte Verbindung Westpreußens mit Polen bzw. für deren Gegenteil. Die letzte – etwas relativierende – Äußerung zu dieser Frage stammt von *M. Biskup*, Das Ende des Deutschordensstaates Preußen im Jahre 1525. In: Die geistlichen Ritterorden (wie oben Nr. 19) S. 408. An unerwarteter Stelle (Handbuch der europäischen Geschichte, hg. v. *Th. Schieder* 3. 1971 S. 228 f.) hat *J. Engel* gezeigt, daß die gegeneinander polemisierenden Autoren das gegebene Problem im Grunde verkannt haben (daß *Engel* selber bei der Darstellung des Zusammenhanges in einem anderen Punkte irrt – er meint S. 226, daß der preußische Bund 1454 vor dem Zusammenbruch gestanden hätte –, ist eine andere Sache). Der höhere Entwicklungsstand der 1466 abgetretenen preußischen Gebiete erweist sich z. B. recht deutlich an einer Kartierung der Orte, aus denen die spätmittelalterlichen preußischen Studenten kamen: *H. Boockmann*, Die preußischen Studenten an den europäischen Universitäten bis 1525. In: Historisch-geographischer Atlas (wie oben Nr. 17) 3. 1973.

(124) Zu den territorialpolitischen Voraussetzungen und Folgen des Zweiten Thorner Friedens *M. Biskup*, Zjednoczenie Pomorza Wschodniego z Polską w połowie XV wieku. Warszawa 1959 sowie *J. Leinz*, Die Ursachen des Abfalls Danzigs vom Deutschen Orden. Jahrbuch für die Geschichte Mittel- und Ostdeutschlands 13/14. 1965. Nichtdeutsche im Deutschen Orden: *K. Forstreuter*, Der Deutsche Orden (wie oben Nr. 8) S. 214 ff.

(125) Der rasche Wandel des preußischen Ordensstaates seit dem Zweiten Thorner Frieden ist, was hauptsächlich die Person der letzten beiden Hochmeister, deren Umgebung sowie bestimmte geistesgeschichtliche Zusammenhänge angeht, untersucht von *K. Forstreuter*, Vom Ordensstaat zum Fürstentum. Geistige und politische Wandlungen im Deutschordensstaate Preußen unter den Hochmeistern Friedrich und Albrecht. o. J. [1951]. Vgl. auch die

gesammelten Studien *desselben:* Beiträge zur preußischen Geschichte im 15. und 16. Jahrhundert. 1960. Insbesondere die wirtschaftlichen Verhältnisse untersucht *L. Dralle,* Der Staat des Deutschen Ordens in Preußen nach dem 2. Thorner Frieden. Untersuchungen zur ökonomischen und ständepolitischen Geschichte Altpreußens zwischen 1466 und 1497. 1975.

(126) Zum folgenden *M. Biskup,* Das Ende des Deutschordensstaates Preußen im Jahre 1525. In: Die geistlichen Ritterorden (wie oben Nr. 19), *Ders.,* Polska a zakon krzyżacki w Prusach w początkach XVI wieku. Olsztyn 1983 sowie *Ders.,* „Wojna Pruska" czyli walka Polski z zakonem krzyżackim z kalat 1519–1521. Olsztyn 1991.

(127) Zu Albrecht die Edition von *E. Joachim,* Die Politik des letzten Hochmeisters in Preußen Albrecht von Brandenburg. 3 Bände. 1892–1895 sowie die Biographie von *W. Hubatsch,* Albrecht von Brandenburg-Ansbach. Deutschordens-Hochmeister und Herzog in Preußen 1490–1568. 1960.

(128) Das Verhältnis zwischen Preußen und dem Orden im Reich ist exemplarisch für Koblenz, freilich eines jener Gebiete im Reich, welche dem Hochmeister und nicht dem Deutschmeister unterstellt waren, erarbeitet in dem oben Nr. 28 genannten Buch von *Limburg.* Die Herausbildung eines eigenen „Staates" durch die Deutschmeister und die politische Geschichte des Deutschen Ordens im Reich überhaupt ist Gegenstand des in mancher Hinsicht alte Einseitigkeiten durch neue ersetzenden und vor allem im Detail immer wieder fehlerhaften Buches von *H. H. Hofmann,* Der Staat des Deutschmeisters. Studien zu einer Geschichte des Deutschen Ordens im Heiligen Römischen Reich deutscher Nation. 1964. Vgl. für die letzten Jahre vor 1525 und für die ersten Reaktionen des Ordens auf den Abfall Albrechts vom Orden auch *A. Herrmann,* Der Deutsche Orden unter Walter von Cronberg (1525–1543). 1974 sowie: Protokolle der Kapitel und Gespräche des Deutschen Ordens im Reich (1499–1525). Hg. v. *M. Biskup* und *Irena Janosz-Biskupowa.* 1991.

(129) Zum Schwanenorden *G. Schuhmann,* Die Markgrafen von Brandenburg-Ansbach. 1980 S. 401 ff. Zu dem erwähnten Problem bei der Aufnahme des Erzherzogs Maximilian Franz in den Orden siehe *K. Oldenhage,* Kurfürst Erzherzog Maximilian Franz als Hoch- und Deutschmeister (1780–1801). 1969 S. 22 ff. Daß ein Ritterorden in der zweiten Hälfte des 15. Jahrhunderts durchaus noch mehr sein konnte als eine dekorative Gesellschaft oder daß das doch wenigstens von ihm gehofft wurde, zeigt die Gründung des St. Georgs-Ordens. Siehe *H. Koller* in: Die geistlichen Ritterorden (oben Nr. 19).

(130) Luthers Schrift über den Deutschen Orden in der Weimarer Ausgabe seiner Werke 12. 1891. Zur (unsicheren) Datierung der Schrift hier S. 228 ff. sowie der 3. Band von Luthers Briefen ebd. 1933 S. 195. Zur Reformation in

Preußen die große Edition von *P. Tschackert,* Urkundenbuch zur Reformationsgeschichte des Herzogtums Preußen. 3 Bände. 1890.

(131) Der Krakauer Frieden und die mit ihm zusammengehörigen Verträge sind ediert in: Die Staatsverträge des Herzogtums Preussen 1. Polen und Litauen. Verträge und Belehnungsurkunden 1525–1657/58. Bearbeitet von *S.* u. *Heidrun Dolezel.* 1971 Nr. 1 ff. Dazu der Anfang des Buches von *S. Dolezel,* Das preußisch-polnische Lehnsverhältnis unter Herzog Albrecht von Preußen. 1967. Vgl. auch *Antjekathrin Graßmann,* Preussen und Habsburg im 16. Jahrhundert. 1968 und ferner *H. Freiwald,* Markgraf Albrecht von Ansbach-Kulmbach und seine landständische Politik ... 1521–1528. 1961.

Zum elften Kapitel

(132) Zu diesem Kapitel insgesamt *B. Demel,* Der Deutsche Orden zwischen Bauernkrieg (1525) und Napoleon (1809), in: Von Akkon (wie oben Nr. 53) sowie das oben Nr. 128 zitierte und charakterisierte Buch von *H. H. Hofmann.* Zur Geschichte des Deutschmeistertums ferner *R. ten Haaf,* Deutschordensstaat und Deutschordensballeien, 1951. Beide Autoren lassen jedoch, wie *Wojtecki* (oben Nr. 36) S. 8 ff. zeigt, die autonome Entwicklung der Balleien zu spät beginnen. Die Gesetze Siegfrieds von Feuchtwangen bei *Perlbach* (oben Nr. 16) S. 145 f.

(133) Zur Geschichte des Deutschen Ordens im Reich nach dem Abfall Preussens das oben Nr. 128 zitierte Buch von *Herrmann.* Zum neuen Deutsch- und dann Hochmeistersitz: *B. Demel,* Mergentheim – Residenz des Deutschen Ordens (1525–1809). Zeitschrift für württembergische Landesgeschichte 34/35. 1975/76. Dieser Aufsatz gibt ebenso wie der folgende (*ders.,* Der Deutsche Orden und seine Besitzungen im südwestdeutschen Sprachraum vom 13. bis zum 19. Jahrhundert. Ebd. 31. 1972) einen instruktiven Einblick in die Geschichte des Ordens in der Neuzeit insgesamt.

(134) Zu den Versuchen des Ordens, den Abfall Preußens nicht nur nicht anzuerkennen, sondern es wiederzugewinnen *U. Arnold,* Mergentheim und Königsberg/Berlin – die Rekuperationsbemühungen des Deutschen Ordens auf Preußen. Württembergisch Franken 12. 1976. In diesem Zusammenhang sind auch die – schwachen – Ansätze zu einer internen Opposition ehemaliger Ordensritter in Preußen gegen den neuen Herzog interessant: *H. Freiwald,* Ansätze einer Deutschordensopposition im Herzogtum Preußen. In: Von Akkon (oben Nr. 53).

(135) Für die folgende Zeit sind außer der oben genannten Literatur die Untersuchungen der Geschichte einzelner Ordensniederlassungen heranzuziehen wie *R. Grill,* Die Deutschordens-Landkommende Ellingen. Entstehung und Bedeutung; ihre Stellung im Orden und ihre Auseinandersetzung mit den Nachbarterritorien (1216–1806). Diss. phil. Erlangen. 1957; *A. Her-*

zig, Die Deutschordenskommende Würzburg (1219–1549). Ihre Stellung als bischöfliche „Hauskommende" und Komturspfründe. Diss. phil. Würzburg 1965 sowie in: Mainfränkisches Jahrbuch 18. 1966; *B. Demel,* Die Sachsenhäuser Deutschordens-Kommende von den Anfängen bis ... 1881. Archiv für Mittelrheinische Kirchengeschichte 23. 1971; *J. Hopfenzitz,* Kommende Oettingen Deutschen Ordens (1242–1805). Recht und Wirtschaft im territorialen Spannungsfeld. 1975; *R. Schmidt,* Die Deutschordenskommenden Trier und Beckingen 1242–1794, *H. J. Dorn,* Die Deutschordensballei Westfalen von der Reformation bis zu ihrer Auflösung im Jahre 1809. 1978. Zu Marburg die oben Nr. 32 genannte Literatur sowie *A. Huyskens,* Philipp der Großmütige und die Deutschordensballei Hessen seit 1500. Zeitschrift des Vereins für hessische Geschichte Neue Folge 28. 1904.

(136) Die Erneuerung des Ordenspriestertums bei *B. Demel,* Das Priesterseminar des Deutschen Ordens zu Mergentheim. 1972. Zu militärischen Tätigkeiten der Deutschordensritter *H. Hartmann,* Deutschordensritter in den Kriegen des 17. und 18. Jahrhunderts. In: Von Akkon (wie oben Nr. 53). Zum eigenen Regiment des Ordens *K. Oldenhage,* wie Nr. 129, S. 134 f.

(137) Zu den letzten Jahrzehnten vor der Aufhebung des Ordens 1809 das eben genannte Buch von *Oldenhage.* Hier S. 15 f. und S. 27 die zitierten Äußerungen der Kaiserin Maria Theresia. Für die folgende Zeit *F. Täubl,* Der Deutsche Orden im Zeitalter Napoleons. 1966. Zu den Säkularisierungen und Mediatisierungen insgesamt *K. O. Freiherr von Aretin,* Heiliges Römisches Reich 1776–1806. Reichsverfassung und Staatssouveränität. 1967.

(138) Zum erneuerten Orden im 19. Jahrhundert *U. Gasser,* Die Priesterkonvente des Deutschen Ordens. Peter Rigler und ihre Wiedererrichtung 1894–1897. 1973. Einen Eindruck von der Gegenwart des Ordens geben sowohl die beiden Gesamtdarstellungen von M. Tumler (oben Nr. 1) wie die beiden ihm gewidmeten Festschriften: Acht Jahrhunderte (oben Nr. 49) und: Von Akkon (oben Nr. 53) P. Dr. Marian Tumler war von 1948 bis 1970 Hochmeister des Deutschen Ordens.

Zum zwölften Kapitel

(139) Zu diesem Kapitel insgesamt der siebte Abschnitt des Katalogs von 1990 (oben Nr. 3) sowie *W. Wippermann,* Der Ordensstaat als Ideologie. Das Bild des Deutschen Ordens in der deutschen Geschichtsschreibung und Publizistik. 1979. Hier auch über „Bedeutung und Funktion der ‚Ideologie des Ordensstaates' im historisch-politischen Bewußtsein Polens" (Kapitel 8). Die deutschen Hergänge, soweit an der Geschichte der Marienburg erweisbar, untersucht *H. Boockmann,* Das ehemalige Deutschordensschloß Marienburg 1771–1945. Die Geschichte eines politischen Denkmals. In: Geschichtswissenschaft und Vereinswesen. Beiträge zur Ge-

schichte historischer Forschung in Deutschland von *H. Boockmann* u. a. 1972. Bild- und Schrift-Dokumente hierzu gesammelt und kommentiert in: *Ders.*, Die Marienburg im 19. Jahrhundert. 2. Aufl. 1992.
(140) Zu der Erinnerung an den Deutschen Orden in Westpreußen vom 16. bis 18. Jahrhundert *Th. Schieder*, Deutscher Geist und ständische Freiheit im Weichsellande. 1940. Zu 1701 *ders.*, Die preußische Königskrönung von 1701. Altpreußische Forschungen 12. 1935.
(141) *L. v. Baczko*, Ueber einige Werke der Baukunst. Preussisches Archiv 8. 1797 S. 683. *H. Luden*, Allgemeine Geschichte der Völker und Staaten 2,2. 1822 S. 605. *M. v. Schenkendorf's* sämtliche Gedichte. 1837 S. 134 ff.
(142) Die Frucht der Archivstudien *A. v. Kotzebues* war: Preussens ältere Geschichte. 1808, ein bemerkenswertes Buch, das, von *Voigts* breiterer Darstellung allzu gründlich verdrängt, lesenswert nicht nur aus geistesgeschichtlichen Gründen ist. Kotzebue hatte in mancher Hinsicht ein unbefangeneres Urteil als *Voigt*. Zur Archivsituation das oben (Nr. 10) zitierte Buch von *Forstreuter*. Die Zitate bzw. Referate aus *J. Voigts* Geschichte Preussens hier 9. 1839 S. VII; 1. 1827 S. XI und 5. 1832 S. 394. Zum Autor *M. Lehnerdt*, Aus J. Voigts ersten Königsberger Jahren. 1929.
(143) *Treitschke* oben Nr. 4. Das erste Zitat im Erstdruck des Essays S. 147. Das zweite Zitat: Briefe 2. 1913 S. 230. Das Zitat von 1890: *J. Pederzani-Weber*, Die Marienburg. 3. Aufl. 1890. S. 3. 1886: Stenographische Berichte über die Verhandlungen der ... beiden Häuser des Landtags. Haus der Abgeordneten 2. 1886 S. 1239. Wilhelm II.: Die Reden Kaiser Wilhelms II. Hg. v. *J. Penzler* 3. o. J. S. 86. Der Studienrat: *P. Müller*-Dresden, „Nach Ostland wollen wir reiten!" Eindrücke von einer Grenzlandfahrt durch Ostpreußen und Danzig. Ostland 5. 1930 S. 1 f.
(144) *Rosenbergs* Rede in: *Ders*, Gegen Tarnung und Verfälschung. 2. Aufl. 1936 S. 70 ff. Zum Jungdeutschen Orden die Monographie dieses Titels von *K. Hornung*. 1958. Das Zitat aus dem Buch Schumachers (oben Nr. 3) S. 24.
(145) Polnische Belletristik: *R.-D. Kluge*, Darstellung und Bewertung des Deutschen Ordens in der deutschen und polnischen Literatur. Zeitschrift für Ostforschung 18. 1969; *G. Rhode*, Das Bild vom Deutschen im polnischen historischen Roman. Ostdeutsche Wissenschaft 8. 1961.

Für das Mitlesen der Korrekturen danke ich Heinz Dormeier, Andreas Ranft und Annelies Scheel, für freundlichen Rat bei der Auswahl einiger Bildvorlagen P. Bernhard Demel O.T. – Für ihre kritische Lektüre der 1. Auflage danke ich Hartmut Hoffmann, Alexander Patschovsky und Reinhard Wenskurs. Ausführlichste und für den Autor interessanteste Rezensionen: *K. Górski* (Acta Poloniae Historica 51. 1985 S. 191 ff.) und *M. Biskup* (Jahrbuch für die Geschichte Mittel- und Ostdeutschlands 32. 1983 S. 253 ff.). Dazu *H. Boockmann* im folgenden Band. S. 226 ff.

Die Hochmeister des Deutschen Ordens

Heinrich Walpot	1198–1200
Otto von Kerpen	1200–1208
Heinrich Bart	1208–1209
Hermann von Salza	1209–1239
Konrad von Thüringen	1239–1240
Gerhard von Malberg	1240–1244
Heinrich von Hohenlohe	1244–1249
Gunther von Wüllersleben	1249–1252
Poppo von Osterna	1252–1256
Anno von Sangerhausen	1256–1273
Hartmann von Heldrungen	1273–1282
Burchard von Schwanden	1282–1290
Konrad von Feuchtwangen	1291–1296
Gottfried von Hohenlohe	1297–1303
Siegfried von Feuchtwangen	1303–1311
Karl von Trier	1311–1324
Werner von Orseln	1324–1330
Luther von Braunschweig	1331–1335
Dietrich von Altenburg	1335–1341
Ludolf König	1342–1345
Heinrich Dusemer	1345–1351
Winrich von Kniprode	1352–1382
Konrad Zöllner von Rotenstein	1382–1390
Konrad von Wallenrode	1391–1393
Konrad von Jungingen	1393–1407
Ulrich von Jungingen	1407–1410
Heinrich von Plauen	1410–1413
Michael Küchmeister	1414–1422
Paul von Rusdorf	1422–1441
Konrad von Erlichshausen	1441–1449
Ludwig von Erlichshausen	1450–1467
Heinrich Reuß von Plauen	1469–1470
Heinrich Reffle von Richtenberg	1470–1477
Martin Truchseß von Wetzhausen	1477–1489
Johann von Tiefen	1489–1497

Die Hochmeister des Deutschen Ordens

Friedrich von Sachsen	1498–1510
Albrecht von Brandenburg-Ansbach	1511–1525
Walter von Cronberg	1527–1543
Wolfgang Schutzbar gen. Milchling	1543–1566
Georg Hund von Wenckheim	1566–1572
Heinrich von Bobenhausen	1572–1590/95
Maximilian von Österreich	1590/95–1618
Karl von Österreich	1619–1624
Johann Eustach von Westernach	1625–1627
Johann Kaspar von Stadion	1627–1641
Leopold Wilhelm von Österreich	1641–1662
Karl Joseph von Österreich	1662–1664
Johann Kaspar von Ampringen	1664–1684
Ludwig Anton von Pfalz-Neuburg	1684–1694
Franz Ludwig von Pfalz-Neuburg	1694–1732
Clemens August von Bayern	1732–1761
Karl Alexander von Lothringen	1761–1780
Maximilian Franz von Österreich	1780–1801
Karl Ludwig von Österreich	1801–1804
Anton Victor von Österreich	1804–1835
Maximilian Joseph von Österreich-Este	1835–1863
Wilhelm von Österreich	1863–1894
Eugen von Österreich	1894–1923
Norbert Klein	1923–1933
Paul Heider	1933–1936
Robert Schälzky	1936–1948
Dr. Marian Tumler	1948–1970
Ildefons Pauler	1970–1988
Dr. Arnold Wieland	1988–

Die Liste folgt der bei *M. Tumler* und *Arnold* (wie Nr. 1) S. 105 ff. abgedruckten. Doch sind die dort irrtümlichen Anfangsjahre der Regierungen Ludwigs von Erlichshausen und Heinrichs Reuß von Plauen berichtigt. Bei den meisten frühen Hochmeistern sind die Daten ihrer Wahl, bei einigen auch die Todesdaten nicht ganz sicher. Daher z. T. andere Daten *bei Burleigh* (wie Nr. 103) S. 186. Vgl. *M. Tumler*, Der Deutsche Orden. 1955 S. 29 ff. sowie zur Hochmeisterliste im ganzen *O. Schreiber*, Die Personal- und Amtsdaten der Hochmeister des Deutschen Ritterordens von seiner Gründung bis zum Jahre 1525. Oberländische Geschichtsblätter 15. 1913 und *A. B. E. v. d. Oelsnitz*, Herkunft und Wappen der Hochmeister des Deutschen Ordens 1198–1525. 1926.

Erläuterungen zu den Tafeln

Die Abbildung auf dem Schutzumschlag ist ein Ausschnitt aus einer Aquatintaätzung von Friedrich Frick, die ihrerseits auf eine Zeichnung von Friedrich Gilly aus dem Jahre 1794 zurückgeht. Dargestellt ist der Zustand der Burg – in diesem Falle: des Chors der Schloßkirche und der anschließenden Bauteile – nach den Umbauten der Barockzeit, nach den tiefen Eingriffen, welche die preußische Verwaltung nach 1772 vorgenommen hatte, und vor Beginn der Wiederherstellungsarbeiten des 19. und 20. Jahrhunderts. Diese Wiederherstellungsarbeiten sind vor allem durch die deutsche gotische Ruinen zum erstenmal monumental sehenden Zeichnungen Gillys und durch die Kupferstiche Fricks angeregt (vgl. die bei Abb. 18 genannte Literatur), aber auch durch die gleichzeitig beginnende moderne Erforschung der Deutschordensgeschichte gefördert worden, haben diese jedoch auch angeregt. Insofern markiert die Abbildung einen Angelpunkt: den Beginn der modernen – denkmalpflegerischen, geschichtswissenschaftlichen, aber auch auf ein nationales Geschichtsbild zielenden – Bemühungen um die mittelalterliche Deutschordensgeschichte.

Abb. 1. Ruinen der palästinensischen Hauptburg des Deutschen Ordens, Montfort.
Vgl. oben S. 69
Photographie: State of Israel Government Press Office.

Abb. 2. Die Elisabethkirche in Marburg.
Vgl. oben S. 53 f. sowie *D. Grossmann* in dem unter Nr. 32 zit. Katalog Nr. 125.
Photographie: Bildarchiv Foto Marburg.

Abb. 3. Grabmal des Hochmeisters Konrad von Thüringen in der Elisabethkirche in Marburg.
Vgl. oben S. 52 und *D. Grossmann* in dem eben zit. Katalog Nr. 123.
Photographie: Bildarchiv Foto Marburg.

Abb. 4. Schild des Landgrafen und Hochmeisters Konrad von Thüringen.
Marburg, Universitätsmuseum.
Zusammen mit 28 Schilden war dieser Schild in der Marburger Elisabethkir-

Erläuterungen zu den Tafeln 293

che als Totenschild aufgehängt. Anders als bei den meisten Toten- und auch bei Aufschwörschilden (vgl. Abb. 8) handelt es sich hier jedoch um einen zu gebrauchenden Schild: er ist auch auf der Rückseite bemalt und besitzt hier Nieten, die der Befestigung von Halteschlaufen und Schildfessel dienten. Die Vorderseite des hölzernen Schildes ist mit Leder überzogen und farbig gefaßt. Die Schildfläche ist blau, der Löwe ist rot-weiß gestreift. Das Deutschordenskreuz links unten ist wohl erst im 15. Jahrhundert angebracht worden. Man hat den Schild also jedenfalls schon damals Konrad von Thüringen zugeschrieben.
Zur Person Konrads von Thüringen oben S. 51f., zu dem Schild zuletzt V. *Himmelein* in: Die Zeit der Staufer 1. Katalog. 1977 Nr. 315.
Photographie: Bildarchiv Foto Marburg.

Abb. 5/6. Bekrönung des Gitters um das Elisabethgrab in der Marburger Elisabethkirche.

Da sich die dargestellten Personen identifizieren lassen, darf man annehmen, daß das Gitter zur Erinnerung an ein Zusammentreffen der Abgebildeten am Grabe der Heiligen Elisabeth im Jahre 1326, also an einen Gottesdienst von politischem Rang ähnlich dem des Jahres 1236 (vgl. oben S. 52f.) geschaffen wurde. Dargestellt sind (von links oben nach rechts unten): Johann von Dembach, Burggraf Friedrich IV. von Nürnberg, ein Musikant mit Blasinstrument, Landgraf Otto von Hessen, ein Musikant mit Dudelsack, der Marburger Deutschordenskomtur Kuno von Dudelsdorf, ein Musikant mit Blasinstrument, Landgraf Heinrich von Hessen, Markgraf Ludwig von Brandenburg, König Ludwig der Bayer, ein Musikant mit zwei Blasinstrumenten, König Friedrich der Schöne und Graf Johann I. von Ziegenhain. Johann von Dembach war wohl im Jahre 1326 hessischer Amtmann in Marburg, der Burggraf von Nürnberg gehörte zu den wichtigsten Anhängern König Ludwigs, Landgraf Otto hatte zunächst auf Seiten des mit Ludwig konkurrierenden Königs Friedrich des Schönen gestanden, war seit 1325 jedoch mit Ludwig verbündet. Heinrich von Hessen war der Sohn Ottos, der brandenburgische Markgraf war der Sohn König Ludwigs. König Friedrich war seit 1325 von Ludwig als Mitkönig anerkannt – wohl aus diesem Grunde erscheint er, der sicherlich nicht im Jahre 1326 in Marburg anwesend war, auf dem Gitter. Der Graf von Ziegenhain war mütterlicherseits ein Neffe des Landgrafen Otto. 1323 hatte er sich auf die Seite König Ludwigs geschlagen. Ende 1326 wechselte er, ebenso wie Landgraf Otto, die Partei, indem er sich dem Papst zuwandte. Der durch das Marburger Gitter bezeugte Besuch König Ludwigs hat es demnach nicht vermocht, die Teilnehmer an diesem Akt dauerhaft an den König zu binden. Der Deutschordenskomtur trägt anders als die Abb. 3, 13 und 14 dargestellten Ordensritter das Ordensabzeichen nicht als ein einfaches und kleines Balkenkreuz auf der linken Mantelseite, sondern in großem

Format auf der Brust. Auch das Krückenkreuz auf dem Schild ist für diese Zeit ungewöhnlich.

Zu dem Marburger Gitter *H. J. v. Brockhusen*, Eine religiös-politische Demonstration am Grabe der heiligen Elisabeth beim Deutschen Orden zu Marburg im Jahre 1326. In: Studien zur Geschichte des Preußenlandes. Festschrift für *E. Keyser*. 1963. Zur Bedeutung von Bläsern bei solchen zeremoniellen Anlässen im Mittelalter vgl. *Sabine Žak*, Musik als ‚Ehr und Zier' im mittelalterlichen Reich. Studien zur Musik im höfischen Leben, Recht und Zeremoniell. 1979.
Photographie: Bildarchiv Foto Marburg.

Abb. 7. Triptychon zur Erinnerung an die Stiftung der Deutschordenskommende Horneck bei Gundelsheim am Neckar. Germanisches Nationalmuseum Nürnberg.

Zwischen 1254 und 1258 haben der *vir nobilis* Konrad von Horneck und sein Sohn Werner ihren Besitz dem Orden geschenkt und sind diesem selbst beigetreten. Sie wurden die ersten Komture der Kommende Horneck, die bis zu ihrer Zerstörung im Bauernkrieg 1525 Sitz des Deutschmeisters war. Der Hornecker Schenkungsakt gehört in eine Reihe mit den Stiftungen der thüringischen Landgrafen Konrad und Heinrich in Marburg (oben S. 50 ff.) und mit denen von drei Brüdern Hohenlohe von 1219, welche den Anfang der Kommende Mergentheim darstellen. Dabei traten die Stifter bzw. einige von ihnen dem Orden bei – im Falle der Herren von Horneck die beiden einzigen männlichen Mitglieder der Familie, so daß diese mit ihnen erlosch.

Das nach der Mitte des 15. Jahrhunderts entstandene Bild war wohl weder ein Epitaph noch eine Altartafel, sondern eine zur Aufstellung in der Burgkapelle geschaffene kurze Gründungschronik. Der Stiftungsvorgang wird im wesentlichen richtig wiedergegeben. In der Mitte sieht man die dem Orden übergebene Burg Horneck und ihre Empfängerin, die Ordenspatronin Maria. Auf dem rechten Flügel werden die beiden Stifter dargestellt, auf dem linken Flügel der Stifter des Gemäldes, der Deutschmeister Ulrich von Lentersheim (1454 bis 1479).

H. Boockmann, Das Hornecker Stifterbild und die Anfänge der Deutschordenskommende Horneck. In: Horneck, Königsberg und Mergentheim. Hg. v. *U. Arnold*. 1980. *Ders.*, Über Schrifttafeln in spätmittelalterlichen deutschen Kirchen. Deutsches Archiv 40. 1984 S. 211 f.
Photographie: Germanisches Nationalmuseum Nürnberg.

Abb. 8. Aufschwörschild des Paulus Pfintzing aus der Jakobskirche in Nürnberg.
Wie in anderen ehemaligen Deutschordenskirchen hängen auch in der Nürn-

Erläuterungen zu den Tafeln 295

berger Jakobskirche (vgl. Abb. 9) neben Totenschilden (vgl. Abb. 4) Aufschwörschilde, die anläßlich der Ahnenprobe beim Eintritt in den Orden (vgl. Abb. 25) hergestellt und zum Andenken an diesen Rechtsakt in der Kirche, in welcher der neue Ordensritter in den Orden aufgenommen worden war, aufbewahrt wurden. Paul Pfintzing entstammte einer jener ältesten Nürnberger Ratsfamilien, die reichsministerialischen Ursprungs waren. Das Wappen auf dem Schild ist in späterer Zeit verändert worden.
Photographie: Hochbauamt der Stadt Nürnberg.

Abb. 9. Die Nürnberger Kommende des Deutschen Ordens mit der Jakobskirche. Zeichnung von Hans Bien. 1625. Germanisches Nationalmuseum Nürnberg.
Im Jahre 1209 schenkte König Otto IV. während seines Umrittes durch die Gebiete Deutschlands, die ihm bis zum Tode seines Konkurrenten, des Königs Philipp von Schwaben, im Vorjahre verschlossen geblieben waren, dem Deutschen Orden die Kirche des vor Nürnberg gelegenen Königshofes. Weitere Reichsgutschenkungen und Käufe folgten, so daß sich hier rasch eine bedeutende Kommende und ein großes, der Elisabeth geweihtes Spital entwickeln konnten. Die Zeichnung gibt einen guten Eindruck von einem solchen großen geistlichen Hof in einer Stadt. Sie zeigt rechts unten die in der Hauptsache aus dem 14. Jahrhundert stammende Jakobskirche, darüber Spital und Spitalkapelle sowie Wohn- und Wirtschaftsgebäude. Die Zeichnung läßt jedoch nicht erkennen, daß die Nürnberger Kommende infolge des Wachstums der Stadt seit dem späteren 14. Jahrhundert innerhalb der Mauern lag, als eine durch die klerikalen Privilegien geschützte Enklave mit den üblichen Konflikten zwischen Rat und geistlicher Immunität als Folge. Im frühen 15. Jahrhundert gelang es der Stadt, dem Orden seinen außerhalb dieser Enklave gelegenen Hausbesitz und seine Rechte auf der Nürnberger Burg abzukaufen. Doch blieb die Kommende selbst bestehen – auch über die Reformationszeit hinaus, bis sie im Jahre 1809 säkularisiert wurde.
G. *Schrötter*, Das Deutschordenshaus in Nürnberg 1209–1500. In: Festgabe für *H. Grauert*. 1910. K. *Ulrich*, Die Nürnberger Deutschordenskommende in ihrer Bedeutung für den Katholizismus seit der Glaubensspaltung. Diss. theol. Würzburg 1935. *H. Boockmann*, Der Deutsche Orden in Nürnberg. In: Ordines (wie oben Nr. 3) 3.
Photographie: Germanisches Nationalmuseum Nürnberg.

Abb. 10. Die Würzburger Kommende des Deutschen Ordens. Ausschnitt aus der Darstellung Würzburgs in der Topographia Franconiae von Matthäus Merian. 1648.
Ebenso wie die Nürnberger Kommende (vgl. die vorige Abb.) geht auch die Würzburger auf einen Königshof zurück. Nachdem dieser zu unbekannter

Zeit in die Hand des Bischofs gekommen war, schenkte ihn der im Jahre 1219 an den Deutschen Orden. Die Abbildung – der Besitz des Ordens ist hier mit der Ziffer 3 markiert – läßt die bevorzugte Lage des einstigen Königshofes an der Straße von der Mainbrücke zur bischöflichen Burg gut erkennen. Die Würzburger Kommende gehörte zu jenen Besitzungen des Deutschen Ordens, die weitgehend in ein Territorium integriert waren (vgl. oben S. 224): Die Würzburger Deutschordensritter dienten dem Bischof in vieler Hinsicht. Schon im 15. Jahrhundert lebte jedoch nur noch ein einziger Deutschordensritter, der Komtur, von diesem Besitz, während zu der Zeit der Abbildung ein Amtmann des fränkischen Landkomturs in Würzburg saß. Das Würzburger Haus war, so hieß es 1621, nicht mehr in der Lage, „eine Rittersperson, wie sich gebührt, zu halten".

A. *Herzig,* Die Deutschordenskommende Würzburg im Mittelalter (1219–1549). Ihre Stellung als bischöfliche ‚Hauskommende' und Komturspfründe. Mainfränkisches Jahrbuch 18. 1966. Das Zitat hier S. 110. *W. Schich,* Würzburg im Mittelalter. Studien zum Verhältnis von Topographie und Bevölkerungsstruktur. 1977. Hier besonders S. 23.

Abb. 11. Die Würzburger Kommende des Deutschen Ordens.
Im Vordergrund die in der zweiten Hälfte des 13. Jahrhunderts errichtete Kirche. In dem Turm ist eine 1226 geweihte Kapelle erhalten. Das sich anschließende Komtureigebäude stammt aus dem ausgehenden 17. Jahrhundert, aus einer Zeit also, wo in Würzburg Ordensritter nicht mehr ständig residierten.
Photographie: Photoverlag Gundermann, Würzburg

Abb. 12. Meister des Stauffenberger Altars: Geburt Jesu mit Darstellung eines Deutschordenspriesters als Stifter. Germanisches Nationalmuseum Nürnberg.
Das von einem Altar unbekannter Herkunft stammende Gemälde ist aufgrund stilkritischer Überlegungen einem im frühen 15. Jahrhundert geborenen oberrheinischen Meister zugewiesen worden. Als Stifter ist, wie die Tonsur, der fehlende Bart und wohl auch das Fehlen eines Geschlechtswappens zeigen, ein Deutschordenspriester dargestellt, sicherlich der Komtur einer südwestdeutschen Kommende des Ordens.
A. Stange, Kritisches Verzeichnis der deutschen Tafelbilder vor Dürer 2. 1970 Nr. 67. Vgl. auch *Tumler* (wie unter Nr. 1 zit.) S. 374f. zu der Frage, ob auch die Priesterbrüder den Weißen Mantel tragen durften. S. 375 Anm. 14 die Feststellung, daß einschlägige bildliche Darstellungen aus dem Mittelalter nicht bekannt seien. Das obige Bild ist eine solche Darstellung. Eine andere in: Reallexikon zur deutschen Kunstgeschichte 3. 1954 Sp. 1313.
Photographie: Germanisches Nationalmuseum Nürnberg.

Abb. 13. Wilhelm Pleydenwurff. Flügel vom Martinsaltar der Nürnberger Jakobskirche. 1490. Germanisches Nationalmuseum Nürnberg.
Dargestellt ist jene legendäre Szene, in welcher ein Engel dem heiligen Bischof, der vorher seinen Rock an die Armen verschenkt hatte, nun nur über einen mit zu kurzen Ärmeln verfügt und die Hostie infolgedessen mit entblößten Unterarmen hochhebt, die Blöße bedeckt. Der Text am oberen Bildrand lautet: *Hie helt sant Mertin meß. Da wurden im sein arm bedeckt von dem engel Gottes.* Unten links der Stifter des Altars, der Deutschordensritter Melchior von Neuneck, der von 1463 bis 1489 Landkomtur der Ballei Franken war. Die Stifterinschrift, deren Anfang sich auf der hier nicht abgebildeten Außenseite des linken Altarflügels befindet, lautet: *Melchior von Neuneck lant kumeter hat dise tafel lassen machen 1490.*
A. Stange, Kritisches Verzeichnis der deutschen Tafelbilder vor Dürer 3. 1978 Nr. 163.
Photographie: Germanisches Nationalmuseum Nürnberg.

Abb. 14. Abguß der Grabplatte des Deutschmeisters Eberhard von Seinsheim. Schloß Horneck bei Gundelsheim.
Auf der Burg Horneck (vgl. Abb. 7) befanden sich bis zu ihrem Verkauf im Jahre 1896 die Grabplatten von fünf in der Burgkapelle bestatteten Deutschmeistern. Heute finden sich hier nur die Gipsabgüsse, die aber erkennen lassen, daß die Grabplatten außerordentlich aufwendig und auch qualitätvoll gewesen sind. Der Deutschmeister Eberhard von Seinsheim amtierte von 1420 bis 1443. Er versuchte, die Position des Deutschmeisters gegenüber der des Hochmeisters, vor allem mit Hilfe der gefälschten sog. Orselnschen Statuten (vgl. oben S. 187), auszubauen. An der Darstellung des Verstorbenen mag auffallen, daß er – ebenso wie die anderen Deutschmeister auf der Horneck, ebenso wie der Stifter auf Abb. 13, anders jedoch als bei Darstellungen von Ordensrittern der frühen Neuzeit – im geschlossenen Mantel, also nicht mit sichtbarer Ritterrüstung porträtiert ist.
Zu den Hornecker Grabmälern die bei *Boockmann,* bei Abb. 7 zit. Aufsatz, S. 24 Anm. 6 genannte Literatur.
Nach einer Photographie im Deutschordenszentralarchiv in Wien (Album betr. die Wiederherstellung der Marienburg, Band 1908 S. 16).

Abb. 15. Grundriß der Stadt Thorn aus dem frühen 19. Jahrhundert.
Der zur Verzeichnung von Kriegsschäden aus den Jahren 1807 bis 1825 hergestellte Plan, in dessen Reproduktion die heutigen Straßennamen eingezeichnet sind, läßt die typischen Züge der planmäßig angelegten Städte erkennen, wie sie in Preußen, im Gebiet der Ostsiedlung überhaupt, aber auch in den Ausbaugebieten im Reich seit dem 12. Jahrhundert entstanden. Die linke Hälfte des Plans zeigt die Thorner Altstadt, die rechte die etwas jüngere, aber

schon 1264 privilegierte Neustadt, welche den schachbrettförmigen Grundriß in noch reinerer Ausprägung als die Altstadt zeigt. In beiden Städten sind die Grundstücke normiert – ebenso wie in anderen Gründungsstädten, z. B. in Freiburg im Breisgau. Die öffentlichen Gebäude finden ihren Platz auf ausgesparten Planquadraten: die beiden Rathäuser auf dem Marktplatz („Ring" = polnisch rynek), ebenso die Pfarrkirchen (in der Altstadt schräg rechts unterhalb des Rathauses, in der Neustadt rechts unten) und die Klöster (in der Altstadt das Franziskanerkloster links oben, in der Neustadt das Dominikanerkloster ebenfalls links oben). Rechts unten an die Altstadt anschließend und unterhalb der Neustadt befand sich der Sitz des Stadtherrn, also die Burg des Deutschordenskomturs (vgl. Abb. 21 f.).

E. Bahr, Thorn. In: Handbuch der Historischen Stätten. Ost- und Westpreußen. 1968.

Der im Thorner Archiv (Wojewódzkie Archiwum w Toruniu) aufbewahrte Plan ist ediert von M. Gołembiowski, Akta gruntowe i budlowanie miasta Torunia (1793–1961). Zapiski Historyczne 41. 1976.

Abb. 16. Grundriß der Deutschordensburg Rehden.

Die im Kulmer Land gelegene und in der abgebildeten Form um 1300 errichtete Burg des Komturs von Rehden zeigt die Regelmäßigkeit der Anlage, wie sie für die preußischen Ordensburgen charakteristisch ist, in besonders reiner Form. Vier gleichlange Flügel umschließen einen Innenhof, doch durchbricht der Bergfried die geschlossene Form (links oben), während sich die Burgkapelle (rechts unten) und repräsentative gewölbte Räume in das regelmäßige Kastell einfügen. Der Bauteil am linken Rand ist der Danzger, also die für die preußischen Ordensburgen charakteristische über einem fließenden Wasser errichtete Abortanlage.

K. H. Clasen, Die mittelalterliche Kunst im Gebiete des Deutschordensstaates Preußen 1: Die Burgenbauten. 1927.

Die Abbildung ist entnommen aus *G. Dehio*, Handbuch der deutschen Kunstdenkmäler. Neu bearbeitet von *E. Gall*. Deutschordensland Preußen. 1952. Abdruck mit freundlicher Genehmigung des Deutschen Kunstverlags, München.

Abb. 17. Stadt und Schloß Marienburg während des Nordischen Krieges.

Die Karte zeigt abgesehen von den mit D markierten, seit 1656 von den schwedischen Besatzungstruppen angelegten Befestigungen, die Anlage aus der Ordenszeit. Rechts, mit A bezeichnet eine der für Preußen und für das Ostsiedlungsgebiet typischen regelmäßigen Stadtanlagen, die jedoch kleiner ist als das zu den größeren Städten des Landes gehörige Thorn (Abb. 15). Links die Ordensburg, bestehend aus dem Konventsschloß (B), einer der für Preußen typischen vierflügligen Anlagen auf quadratischem Grundriß (vgl.

Abb. 16), und der sich links anschließenden, im Verlaufe des 14. Jahrhunderts angelegten Hochmeisterresidenz (C), an die dann die hier als Atrium bezeichnete Vorburg anstößt, der Wirtschaftshof, wie ihn die anderen Ordensburgen auch hatten. Im Falle der Marienburg war diese Vorburg angesichts der Vielzahl derer, die in der Burg versorgt werden mußten, besonders groß.
B. Schmidt, Die Marienburg. 1955. *K. Górski*, Dzieje Malborka. 1973.
Die Karte ist entnommen aus: S. Pufendorf, De rebus a Carolo Gustavo... gestis. 1696.

Abb. 18. Der Große Remter in der Marienburg Ende des 18. Jahrhunderts. Die Hochmeisterresidenz (Abb. 17) enthielt neben dem Wohnpalast des Hochmeisters – dem zum Flußufer vorspringenden Bauteil neben dem Hochschloß – in dem daran anschließenden, dem Fluß zugewandten Flügel den großen Remter, einen Festsaal, dessen außerordentliche architektonische Qualität der abgebildete Zustand des Raumes – ohne mittelalterliche Fresken und Einbauten, aber auch ohne die dann von der Denkmalpflege des 19. Jahrhunderts verursachten Dekorationen (vgl. Abb. 37) – besonders gut erkennen läßt. Die Ansicht ist ebenso wie die auf dem Schutzumschlag von Friedrich Gilly gezeichnet und von Friedrich Frick gestochen. Die Folge dieser 1794 gezeichneten, 1795 in Berlin ausgestellten und 1799 vervielfältigten Zeichnungen steht nicht nur am Anfang der Wiederherstellung der Marienburg im 19. und 20. Jahrhundert, sondern – zusammen mit den etwa gleichzeitigen Veröffentlichungen über den Kölner Dom – am Anfang der Geschichte der Denkmalpflege und der Neugotik in Deutschland.
H. Boockmann, Das ehemalige Deutschordensschloß Marienburg 1772–1945. In: Geschichtswissenschaft und Vereinswesen. Beiträge zur Geschichte historischer Forschung in Deutschland von *H. Boockmann* u. a. 1972. Ders., Die Marienburg im 19. Jahrhundert. 1982.
Die Abbildung ist entnommen aus: *Fr. Frick*, Schloß Marienburg in Preußen. 1799.

Abb. 19. Kopf der Marienfigur von der Marienburger Schloßkapelle. Am Chorhaupt der Kirche des Hochschlosses wurde um 1380 eine monumentale, etwa acht Meter hohe Marienfigur in einer an Stelle des mittleren Fensters befindlichen Nische angebracht. Die Stuckfigur ist mit Mosaik überzogen, was in dieser Zeit nördlich der Alpen abgesehen von kleineren Mosaiken an den Domen von Marienwerder und von Prag ganz ungewöhnlich ist. Die Figur ist 1945 zerschossen und bisher nicht rekonstruiert worden.
Photo: Aufnahme von etwa 1900 (Ferdinand Schwarz)
S. Skibiński, Kaplica na Zamku Wysokim w Malborku. Poznań 1982 S. 121 ff.

Abb. 20. Darstellung der Belagerung von Schloß und Stadt Marienburg. Zwischen 1481 und 1488. Ehemals im Danziger Artushof.
Das für das Versammlungshaus einer aus Mitgliedern der führenden Danziger Familien bestehenden Bruderschaft gemalte große (195 × 274 cm) Bild, eines der frühesten Ereignisbilder innerhalb der deutschen Malerei, ist zweifellos als Denkmal eines militärisch-politischen Triumphs zu verstehen. Die Danziger regierenden Familien feierten mit diesem Bild ihren siegreich behaupteten Abfall vom Orden (vgl. oben S. 207). Das Bild hat also ähnliche Funktionen wie die gleichzeitigen, reich illustrierten Schweizer Chroniken, die sich mit Erfolg darum bemühen, die militärisch-politische Einigkeit gegenüber den Burgundern zu konservieren und auf sie ein Geschichtsbild zu gründen. Der Maler zeigt die Belagerung von der Landseite aus. Links die Stadt mit Rathaus und Pfarrkirche, dann das Hochschloß mit dem Marienmosaik am Chorhaupt der Schloßkirche, daran anschließend der Beginn des Hochmeister-Schlosses. Zwischen den Burgmauern und den vor allem mit Flechtzäunen markierten Verschanzungen findet ein Gefecht statt. Einige der auf Seiten des Ordens fechtenden Kämpfer werden von Setzschilden (Tartschen) mit dem Ordenskreuz geschützt.

W. Hager, Das geschichtliche Ereignisbild. 1939 S. 77f. *A. Stange*, Deutsche Malerei der Gotik 11. 1961 Nr. 259. *A. S. Labuda*, Malarstwo tablicowe w Gdańsku w 2 poł. XV w. Warszawa 1979 S. 203 ff.
Die Abbildung ist entnommen aus *W. Drost*, Danziger Malerei vom Mittelalter bis zum Ende des Barock. 1938. Abdruck mit freundlicher Genehmigung des Verlags für Kunstwissenschaft, Berlin.

Abb. 21/22. Ruinen des Deutschordensschlosses Thorn.
Der Abfall der Stände im westlichen Preußen vom Landesherrn begann 1454 (vgl. oben S. 207 ff.) mit einer Erstürmung der Ordensburgen, auf die meistens deren Zerstörung folgte – ebenso wie auch im Reich die Städte vor allem im 14. Jahrhundert immer wieder versuchten, ihrer momentanen Überlegenheit über Stadtherrn und Landesfürsten durch die Zerstörung von deren stadtnahen Burgen Dauer zu geben. Die Aufnahmen der – in den letzten Jahren durch Denkmalpflege präparierten – Ruinen lassen die unregelmäßige Anlage dieser frühen Ordensburg erkennen. Der Bergfried, dessen mächtiges Fundament auf Abb. 21 sichtbar ist, liegt anders als bei dem üblichen Deutschordenskastell (vgl. Abb. 16) inmitten der unregelmäßig angeordneten Flügel des Baus. Abb. 22 zeigt, daß die aufständischen Bürger nur einen Bauteil stehen ließen: den Danzger (vgl. Abb. 16), der nun in die Stadtbefestigung eingefügt wurde (vgl. auch den Plan Abb. 15).
Photographien: J. Gardzielewska und F. Zwierzchowski.

Abb. 23. Die Danziger Marienkirche.
Wie viele Stadtkirchen ist auch die Danziger Marienkirche ein Zeugnis des

Reichtums und Selbstbewußtseins einer städtischen Gemeinde. Wie an einigen anderen Orten auch artikuliert sich dieses Selbstbewußtsein insbesondere in dem Turm, dessen Erhöhung um die letzten beiden Stockwerke den Danzigern erst nach ihrem Abfall vom Orden (vgl. oben S. 207ff.) im Jahre 1454 möglich war. Die Höherführung des – ja nicht nur symbolisch wichtigen, sondern als Ausguck auch der Verteidigung dienenden – Turms ist in Danzig wie andernorts zum sichtbaren Ausdruck der Zurückdrängung des Stadtherrn geworden.

W. Drost, Die Marienkirche in Danzig und ihre Kunstschätze. 1963 S. 58ff.
Photographie: Aufnahme von 1904. J. G. Herder-Institut Marburg.

Abb. 24. Hans Henneberger: Markgraf Albrecht von Brandenburg als Hochmeister des Deutschen Ordens. Heilsbronn, Klosterkirche.
Das nur in einer Kopie des 19. Jahrhunderts erhaltene Gemälde aus dem Jahre 1522 zeigt den letzten in Preußen residierenden Hochmeister im weißen Mantel mit dem schwarzen Kreuz, also als Deutschordensritter, doch trägt er auch die Kette des Schwanenordens (vgl. oben S. 207). Die Aufschrift *(Etatis sue anno 32. 1522)* gibt das Entstehungsjahr des Bildes und nennt das Alter des Dargestellten.

G. Schuhmann, Die Markgrafen von Brandenburg-Ansbach. Eine Bilddokumentation zur Geschichte der Hohenzollern in Franken. 1980 S. 95.
Photographie: Schmid, Heilsbronn.

Abb. 25. Ahnenprobe des Carl Ludwig von Wolzogen und Neuhaus. Deutschordenszentralarchiv Wien. Ahnentafel 2103.
Der im Jahre 1740 getaufte (also sicher auch in diesem Jahre geborene) Wolzogen war zunächst Offizier in englischen Diensten, 1777 wurde er Ritter der Deutschordensballei Sachsen, nach 1785 diente er als Oberstleutnant in der Armee des Kurfürsten von Köln, der zugleich (vgl. oben S. 231) Deutschordenshochmeister war. Bei seinem Eintritt in den Deutschen Orden mußte er, wie damals üblich (vgl. oben S. 192ff.), nachweisen, 16 adlige Ahnen, d. h. also in der Ururgroßelterngeneration nur adlige Vorfahren zu haben. Der abgebildete Stammbaum dokumentiert, daß dieser Nachweis, die Ahnenprobe, gelungen ist.

K. Oldenhage, Kurfürst Erzherzog Maximilian Franz als Hoch- und Deutschmeister. 1969 S. 98 Anm. 346.

Abb. 26. Feierlicher Ritterschlag im Jahre 1801 in der Wiener Deutschordenskirche. Gleichzeitiges Aquarell. Deutschordenszentralarchiv Wien. Bildsammlung. Lade 2.
Dargestellt wird die Ritterweihe des Erzherzogs Karl am 11. Juni 1801, vorgenommen durch den Hochmeister, Erzherzog Maximilian Franz. Ähnlich wie dieser im Einklang mit der habsburgischen Familienpolitik in den Orden

aufgenommen worden war, um dessen Hochmeister zu werden (vgl. oben S. 230f.), wurde jetzt ein Neffe dieses Hochmeisters zu dessen nachfolgeberechtigtem Stellvertreter bestimmt und zu diesem Zweck in den Orden aufgenommen. Der Hochmeister ist schon wenige Tage nach diesem Akt gestorben, und sein Coadjutor ist sein Nachfolger geworden, jedoch nur für kurze Zeit. Wiederum mit Rücksicht auf die habsburgische Familienpolitik ist der Hochmeister Karl schon im Jahre 1804 zugunsten eines anderen Habsburgers von seinem Amt zurückgetreten und aus dem Orden ausgeschieden. Die Abbildung zeigt u. a. die für die Ordenskirchen typischen Wappenschilde (vgl. Abb. 4 und 8).

Oldenhage (wie bei Abb. 25 zit.) S. 384ff. *F. Täubl,* Der Deutsche Orden im Zeitalter Napoleons. 1966 S. 11ff.

Abb. 27. Das Deutschordensschloß Mainau.
Auf der Bodenseeinsel Mainau, die sich seit der zweiten Hälfte des 13. Jahrhunderts (vgl. oben S. 61) im Besitz des Deutschen Ordens befand, wurde die Ordensburg des Mittelalters in den Jahren 1739 bis 1746 durch ein offenes barockes Schloß ersetzt. Der Baumeister war Giovanni Gaspare Bagnato. Der Neubau des 18. Jahrhundert läßt die veränderten Funktionen eines Deutschordensschlosses in dieser Zeit gut erkennen. Es dient der standesgemäßen Versorgung eines durch die Aufnahme in den Orden begünstigten adligen Herren. Vgl. oben S. 230.

A. Borst, Mönche am Bodensee. 1978 S. 227ff. und S. 509f.
Photographie: Luftbild A. Brugger, Stuttgart. Freigegeben vom Regierungspräsidium Stuttgart Nr. 2/46962.

Abb. 28/29. Deutschordensschloß Altshausen, Kreis Saulgau, Württemberg. Torhaus und Deckengemälde in der Tordurchfahrt.
Die in der zweiten Hälfte des 13. Jahrhunderts begründete Kommende Altshausen war seit dem 15. Jahrhundert Sitz des Landkomturs der Ballei Elsaß-Burgund. Bagnato, der Baumeister auch des Schlosses Mainau (vgl. Abb. 27), sollte eine große neue Anlage errichten, doch ist davon nur ein Teil ausgeführt worden, darunter in den Jahren 1731 und 1732 das abgebildete Torhaus, dessen Einfahrt mit Fresken geschmückt ist. Sie zeigen ebenso wie die Wandmalereien in anderen Ordensschlössern des 18. Jahrhunderts allegorische Szenen, in welchen die Insignien des Ordens mit den Formeln barocker Emblematik dargestellt werden.
Photographien: Bernhard Boockmann, Kiel.

Abb. 30/31. Deutschordensritter und Deutschordenspriester. Nichtpaginierte Aquarelle am Ende einer Handschrift mit der im Jahre 1606 neugefaßten Ordensregel im Deutschordenszentralarchiv in Wien (Handschrift 769).

Bei der Regelreform von 1606 (vgl. oben S. 229) wurde die Gestalt des Ordenskreuzes verändert: An die Stelle des einfachen Balkenkreuzes trat das Tatzenkreuz mit zum Ende hin verbreiterten Kreuzarmen. In dieser Form wurde das Deutschordenskreuz dann zum Vorbild des Eisernen Kreuzes (vgl. oben S. 237), obwohl hier das mittelalterliche und nicht das neuzeitliche Ordenskreuz als Vorbild in Anspruch genommen werden sollte. Die Abbildungen zeigen ferner die 1606 erlaubte Vergrößerung des Kreuzes auf dem Mantel und das damals legalisierte Halskreuz. Auffällig ist auch die weitgehende Angleichung von Ordensritter und Ordenspriester (vgl. Abb. 12). Doch trägt der Ordenspriester selbstverständlich unter dem Mantel eine klerikale Kleidung, nämlich die Soutane, sowie ein Birett.

B. Dudik, Des hohen Deutschen Ritterordens Münz-Sammlung. 1858 S. 65. *O. Neubecker,* Deutschritterorden. In: Reallexikon zur deutschen Kunstgeschichte 3. 1954 Sp. 1324f. *Martha Bringmeier,* Priester- und Gelehrtenkleidung. 1974.

Abb. 32. Der Landkomtur der Ballei Elsaß-Burgund Philipp J. A. E. Graf von Froberg (1736–1757). Kupferstich im Deutschordenszentralarchiv Wien. Bildsammlung Lade 9.
Die Darstellung zeigt gewissermaßen die Folgen der Regeländerung von 1606 (vgl. Abb. 30/31). Da der Ordensmantel nur zu besonderen Anlässen zu tragen ist, wird die Ordenszugehörigkeit normalerweise nur durch das Halskreuz angezeigt, und dieses wird zu einem „Orden" im neueren Sinne dieses Wortes, also zu einem Zeichen, das besondere Qualitäten seines Trägers markiert, nicht aber dessen Zugehörigkeit zu einer sein Leben im Kern bestimmenden Gemeinschaft. Dementsprechend ist der dargestellte Ordensritter nicht nur und nicht einmal in erster Linie Mitglied einer geistlichen Gemeinschaft und deren Amtsträger, sondern auch, wie die Bildunterschrift lehrt, Geheimer Rat Kaiser Karls VII. (also des gegen Maria Theresia gewählten Kaisers aus dem Hause Wittelsbach), dessen Gesandter in der Eidgenossenschaft, Generalleutnant des Kurfürsten von Köln, Kavalleriegeneral des Kurfürsten von Bayern und Oberst eines Kürassierregiments.

Abb. 33/34. Deutschordensritter und Landwehrmann. Glasmalerei aus dem Großen Remter der Marienburg von ca. 1821.
Die Kombination des Ordensritters mit dem Kriegsfreiwilligen von 1813 dokumentiert die Wiederentdeckung der Ordensgeschichte im Preußen der Freiheitskriege und der Reformzeit. Vgl. oben S. 237ff. Die Darstellung des Ordensritters zeigt die Unsicherheit der Künstler des frühen 19. Jahrhunderts bei der Wiedergewinnung mittelalterlicher Realität: Der Maler orientiert sich an römischen Vorbildern und versucht, diese ins Mittelalter zu transponieren, z. B. dadurch, daß er dem vermeintlichen Ordensritter des

späten 12. Jahrhunderts (gemeint ist nämlich die Gründungszeit des Ordens) Schuhe anzieht, die Teil eines Plattenpanzers aus der Zeit um 1500 sein könnten.
Boockmann (wie bei Abb. 18 an erster Stelle) S. 117 f. *B. Schmid*, Oberpräsident von Schön und die Marienburg. 1940 S. 188 ff.
Die Abbildung ist der eben zit. Arbeit von *Schmid* entnommen. Abdruck mit freundlicher Genehmigung des Max Niemeyer Verlag, Tübingen.

Abb. 35. Domenico Quaglio, Sommerremter im Hochmeisterpalast (vgl. Abb. 17) der Marienburg. Staatliche Kunsthalle Karlsruhe.
Das im Auftrage der preußischen Kronprinzen, des späteren Königs Friedrich Wilhelm IV., gemalte Bild gibt gut die Intentionen wieder, welche der Oberpräsident Theodor von Schön und einige seiner Zeitgenossen (vgl. die vorige Abbildung) mit der Wiederherstellung und Ausschmückung der Marienburg verfolgten. Sie wollten ein politisches Denkmal schaffen, das dazu dienen konnte, in dem modernen bzw. in dem von ihnen erhofften preußischen Staat eine Höherentwicklung dessen zu erkennen, was im Deutschordensstaat Preußen, wie sie meinten, schon einmal existiert hatte. Unterricht in diesem Sinne dürfte der von dem Maler dargestellte Geistliche den von ihm durch die Marienburg geführten Kindern erteilen sollen.
Brigitte Trost, Domenico Quaglio. 1737–1837. 1973 Nr. 226 b.
Photographie: Staatliche Kunsthalle Karlsruhe.

Abb. 36. Festzug in der Marienburg im Jahre 1902. Photographie im Zentralarchiv des Deutschen Ordens Wien. Gesandtschaftsakten 103/5. 1902.
Am 5. Juni 1902 fand in der Marienburg ein Festakt statt, der nicht nur wegen einer scharfen antipolnischen Rede Kaiser Wilhelms II. zu einem politischen Ereignis von einer gewissen Bedeutung wurde, sondern der interessant auch deshalb ist, weil an ihm außer (evangelischen) Johannitern und außer als Deutschordensrittern verkleideten preußischen Soldaten noch Angehörige des (österreichischen) Deutschen Ritterordens teilnahmen, so daß hier die durch den preußischen Staat adaptierte Deutschordensgeschichte und dessen legitime Fortsetzer (die sich bis zu diesem Zeitpunkt gegen den preußischen Staat als den Erben des Staatsstreichs von 1525 zur Wehr gesetzt hatten) in eigentümlicher Weise zusammenfanden. Das Bild zeigt den an der Hoffront des Hochmeisterpalastes vorbeiziehenden Festzug: Auf der Brücke zum Hochschloß befinden sich Johanniter. Die ihnen folgenden Teilnehmer der Prozession sind Deutschordensritter, erkennbar an den Kreuzen in der neueren Form (vgl. Abb. 30/31), während die spalierbildenden Gestalten und die auf eine zweite Gruppe von Johannitern folgenden Teilnehmer des Zuges als (mittelalterliche) Deutschordensritter verkleidete preußische Soldaten sind.

1. Ruinen der palästinensischen Hauptburg des Deutschen Ordens, Montfort

2. Die Elisabethkirche in Marburg

4. Schild des Landgrafen und Hochmeisters Konrad von Thüringen

3. Grabmal des Hochmeisters Konrad von Thüringen in der Elisabethkirche in Marburg

5/6. Bekrönung des Gitters um den Elisabethschrein in der Marburger Elisabethkirche

7. Triptichon zur Erinnerung an die Stiftung der Deutschordenskommende Horneck bei Gundelsheim am Neckar

8. Aufschwörschild des Paulus Pfintzing aus der Jakobskirche in Nürnberg

9. Die Nürnberger Kommende des Deutschen Ordens mit der Jakobskirche. Zeichnung von Hans Bien. 1625

10. Die Würzburger Kommende des Deutschen Ordens. Ausschnitt aus der Darstellung Würzburgs in der Topographia Franconiae von Matthäus Merian. 1648

11. Die Würzburger Kommende des Deutschen Ordens

12. Meister des Stauffenberger Altars: Geburt Jesu mit Darstellung eines Deutschordenspriesters als Stifter

13. Wilhelm Pleydenwurff. Flügel vom Martinsaltar der Nürnberger Jakobskirche mit Darstellung eines Deutschordensritters als Stifter. 1490

14. Abguß der Grabplatte des Deutschmeisters Eberhard von Seinsheim

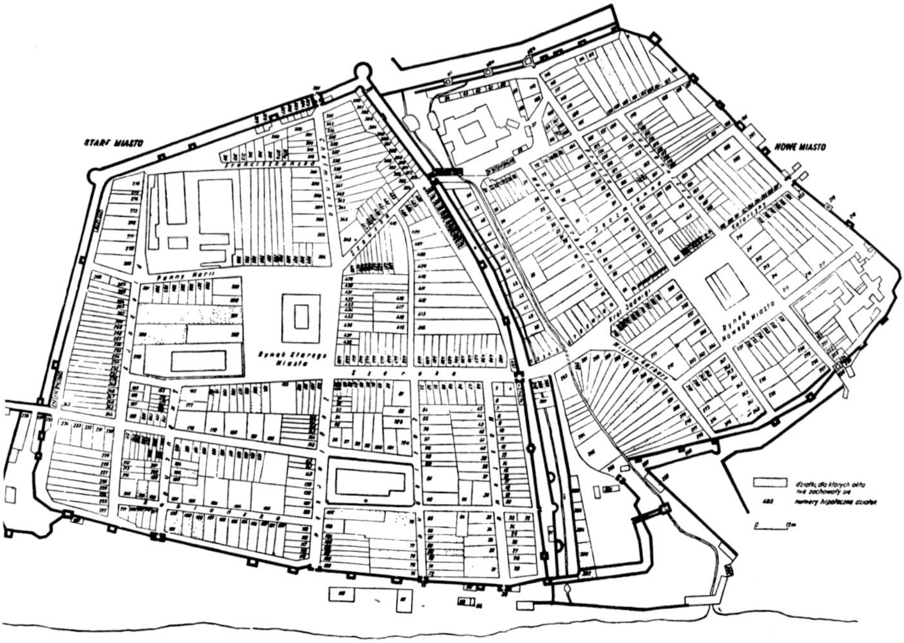

15. Grundriß der Stadt Thorn aus dem frühen 19. Jahrhundert

16. Grundriß der Deutschordensburg Rehden

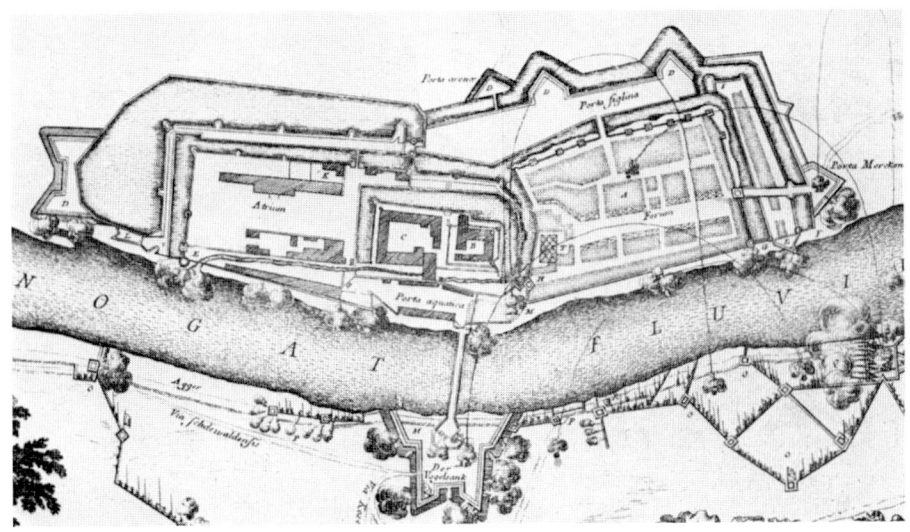

17. Stadt und Schloß Marienburg während des Nordischen Krieges

18. Der Große Remter in der Marienburg Ende des 18. Jahrhunderts

19. Kopf der Marienfigur von der Marienburger Schloßkapelle

20. Darstellung der Belagerung von Schloß und Stadt Marienburg. Zwischen 1481 und 1488. Ehemals im Danziger Artushof

21/22. Ruinen des Deutschordensschlosses Thorn
23. Die Danziger Marienkirche

24. Hans Henneberger: Markgraf Albrecht von Brandenburg als Hochmeister des Deutschen Ordens. Heilsbronn, Klosterkirche

25. Ahnenprobe des Carl Ludwig von Wolzogen und Neuhaus

26. Feierlicher Ritterschlag im Jahre 1801 in der Wiener Deutschordenskirche.
    Gleichzeitiges Aquarell

27. Das Deutschordensschloß Mainau

28/29. Deutschordensschloß Altshausen, Kreis Saulgau, Württemberg. Torhaus und Deckengemälde in der Tordurchfahrt

30/31. Deutschordensritter und Deutschordenspriester. Aquarelle aus einer Handschrift mit der im Jahre 1606 neugefaßten Ordensregel

32. Der Landkomtur der Ballei Elsaß-Burgund Philipp J. A. E. Graf von Froberg (1736–1757). Kupferstich

33/34. Deutschordensritter und Landwehrmann. Glasmalerei aus dem Großen Remter der Marienburg von ca. 1821

35. Domenico Quaglio, Sommerremter im Hochmeisterpalast der Marienburg

36. Festzug in der Marienburg im Jahre 1902. Photographie

37. Hermann Schaper, Fresko aus dem Großen Remter der Marienburg von 1910

38/39. Jan Mateiko, Bitwa pod Grundwaldem (Die Schlacht bei Tannenberg). Ausschnitte

40. Werbepostkarte des Deutschen Ostmarkenvereins. Um 1900
41. Antoni Wiwulski, Denkmal des Königs Władysław II. Jagiełło von 1910 in Krakau

Erläuterungen zu den Tafeln 305

H. Boockmann, Preußen, der Deutsche Ritterorden und die Wiederherstellung der Marienburg. In: Acht Jahrhunderte Deutscher Orden. Hg. von *K. Wieser.* 1967.

Abb. 37. Hermann Schaper, Fresko aus dem Großen Remter der Marienburg von 1910. Photographie aus dem Deutschordenszentralarchiv Wien. Band 1912 S. 4 aus der Reihe von Photoalben von der Wiederherstellung der Marienburg, welche Kaiser Wilhelm II. dem Deutschordenshochmeister Erzherzog Eugen seit 1896 übersandte.
Wie die aus der längeren Erzählung Peters von Duisburg (3, 12 und 14 f. – vgl. oben S. 100 f.) zusammengezogene Unterschrift lehrt, stellt das Bild die preußische Kreuzfahrt eines der prominentesten unter den frühen Helfern des Deutschen Ordens dar: den Kriegszug Graf Heinrichs des Erlauchten von Meißen im Jahre 1237. Die Unterschrift lautet übersetzt: Im Jahre des Herrn 1234 (das Datum ist unrichtig) kam der edle Fürst Markgraf Heinrich von Meissen mit 500 Männern und zahlreicher Ausrüstung nach Preußen, und er bekämpfte die Heiden (?) Preußens wie ein Löwe, und er verwüstete das ganze Land Pomesanien (zu diesen Vernichtungsfeldzügen oben S. 107). Heinrich erbaute zwei Kriegsschiffe mit Namen Pilgrim und Friedland, mit deren Hilfe die Burgen Elbing und Balga errichtet wurden.
Die Darstellung macht deutlich, daß die dem Maler nun zur Verfügung stehenden archäologischen Kenntnisse besser waren als im frühen 19. Jahrhundert (vgl. Abb. 33). Doch verfehlt die Umsetzung dieser Kenntnisse ins Historienbild die gemeinte mittelalterliche Geschichte jetzt ebenso wie 90 Jahre zuvor. Das Resultat ist im einen wie im anderen Fall ein Zeugnis des Geschichtsbildes von Maler und Auftraggeber. Charakteristisch für die Sicht des Jahres 1910 ist die Tilgung jener Worte aus dem Text des Chronisten, mit denen er den Zug des Fürsten als Kreuzzug kennzeichnet. So wird gleich im ersten Satz die Charakterisierung des Markgrafen als *Deo devotus* weggelassen. Wahrscheinlich darf man deshalb auch nicht *gentes,* wie oben, mit „Heiden" übersetzen. Man hat im Jahre 1910 wohl „Völker" gemeint. Schließlich fällt auch auf, daß der Bildtext von 500 *viri,* der Chronist dagegen von 500 *viri nobiles* spricht. Aus dem adligen Kreuzfahrerheer wird also ein Volksheer, das in einen Eroberungskrieg zieht.
Zum Kreuzzug des Markgrafen zuletzt *W. R. Lutz,* Heinrich der Erlauchte (1218–1288). 1977 S. 166 ff. Zu den Fresken *B. Schmid,* Führer durch das Schloß Marienburg in Preußen. 4. Aufl. 1942 S. 55 f. und *Boockmann* (wie Abb. 18 an erster Stelle) S. 140 f. Zum Maler Allgemeines Lexikon der bildenden Künstler. Begr. v. *U. Thieme* und *F. Becker* 29. 1935 S. 580.

Abb. 38/39. Jan Mateiko, Bitwa pod Grundwaldem (Die Schlacht bei Tannenberg). Ausschnitte. Nationalmuseum Warschau.

Mateiko (1838–1893), der berühmteste polnische Historienmaler seiner Zeit, hat seine Kunst ausdrücklich in den Dienst der nationalen Erneuerung Polens gestellt und durch seine Darstellungen zentraler historischer Ereignisse nachhaltigen Einfluß auf das polnische Geschichtsbild ausgeübt. Für die preußisch-polnische Geschichte ist dabei neben dem Tannenbergbild die Darstellung des Lehnseides zu nennen, welchen Albrecht von Brandenburg dem polnischen König im Jahre 1525 leistete. Gemäß dem Standard seiner Zeit ist der Maler außerordentlich sorgfältig im Hinblick auf Kostüme und andere materielle Details – es hat deshalb neben den offensichtlichen politisch-geistesgeschichtlichen auch technische Ursachen, wenn der polnische Film über die Tannenbergschlacht von 1960 sich dieses Bildes als Vorlage bedient hat. Die Ausschnitte zeigen den Hochmeister Ulrich von Jungingen im Augenblick seines Todes und den litauischen Großfürsten Witold, über dessen Haupt die Hochmeisterfahne als Symbol des polnisch-litauischen Sieges weht. Vgl. zur Schlacht oben S. 178 und zum polnischen Geschichtsbild ebd. S. 250 ff.

Polnische Malerei von 1830 bis 1914. Hg. v. *J. Chr. Jensen.* 1978. Besonders S. 231 ff.

Die Abbildungen sind entnommen aus: *J. Starzyński,* Jan Mateiko. Warszawa 1973.

Abb. 40. Werbepostkarte des Deutschen Ostmarkenvereins. Um 1900. Schatzkammer des Deutschen Ordens Wien.
Die Karte nimmt den Orden als Vorläufer der eigenen Nationalitätenpolitik in Anspruch. Die entsprechenden verbalen Aneignungen bei *Boockmann* (wie Abb. 18 an erster Stelle) S. 145 ff.

Abb. 41. Antoni Wiwulski, Denkmal des Königs Władysław II. Jagiełło von 1910 in Krakau.
Das 500 Jahre nach der Schlacht von Tannenberg (vgl. oben S. 178), also am 15. Juli 1910, enthüllte Denkmal ist, was die Darstellung des Königs angeht, eines der üblichen Reiterdenkmäler. Die Beziehung zu der Schlacht, an welche das Monument erinnern will, stellt vor allem die Vorderseite des Sockels her. Hier steht der Großfürst Witold (vgl. Abb. 39) als Triumphator über der Leiche des gefallenen Hochmeisters. Die beiden in den Sockel eingegrabenen Schwerter sollen daran erinnern, daß unmittelbar vor der Schlacht zwei Herolde des Ordens dem polnischen König und dem litauischen Großfürsten zwei Schwerter überbrachten, um ihn zum ritterlichen Kampf aufzufordern. Schon die zeitgenössische polnische Propagandaliteratur hat aus dieser traditionellen Zeremonie einen Beweis ordensritterlicher Arroganz gemacht, welcher sie die fromme Gottergebenheit des polnischen Königs gegenüberstellte. Ähnlich wie auch auf deutscher Seite sind hier im Verlauf des späteren

19. Jahrhunderts die wechselseitigen Propaganda-Argumente sozusagen zu einem zweiten Leben erweckt worden. Das Krakauer Denkmal ist im Jahre 1940 von der deutschen Besatzungsmacht zerstört worden. Am 16. Oktober 1976 wurde es nach seiner Wiederherstellung in einer „großen patriotischen Manifestation" (Trybuna ludu vom 18. Oktober 1976) neu eingeweiht (freundliche Mitteilung von *R. Breyer*-Marburg).

Von der ersten Einweihung des Denkmals und dem damals gefeierten Schlacht-Jubiläum gibt einen vielfältigen Eindruck die von *K. Bartoszewicz* herausgegebene Festschrift: Księga pamiątkowa obchodu pięćsetnej rocznicy zwycięstwa pod Grunwaldem. Kraków 1911. Vgl. auch *J. Vietig*, Die polnischen Grunwaldfeiern der Jahre 1902 und 1910. In: Germania Slavica 2. Hg. v. *W. H. Fritze*. 1981.

Die Abbildung ist dem eben genannten Buch von 1911 entnommen.

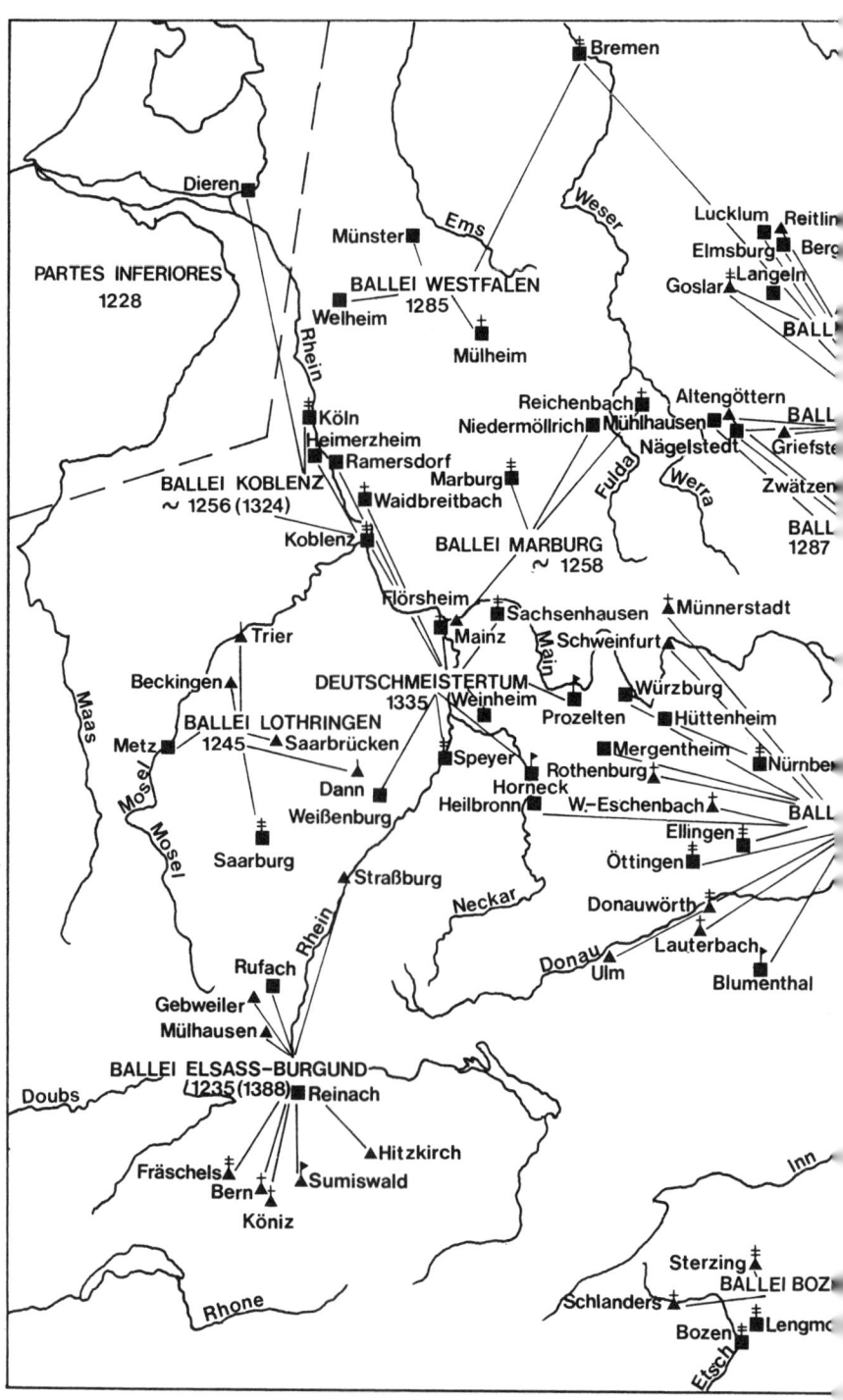

Die Entstehung der Deutschordensballeien im Reich. Nach der Karte von
(= Quellen und Studien zur Geschichte des Deutschen Ordens 16. 1970)

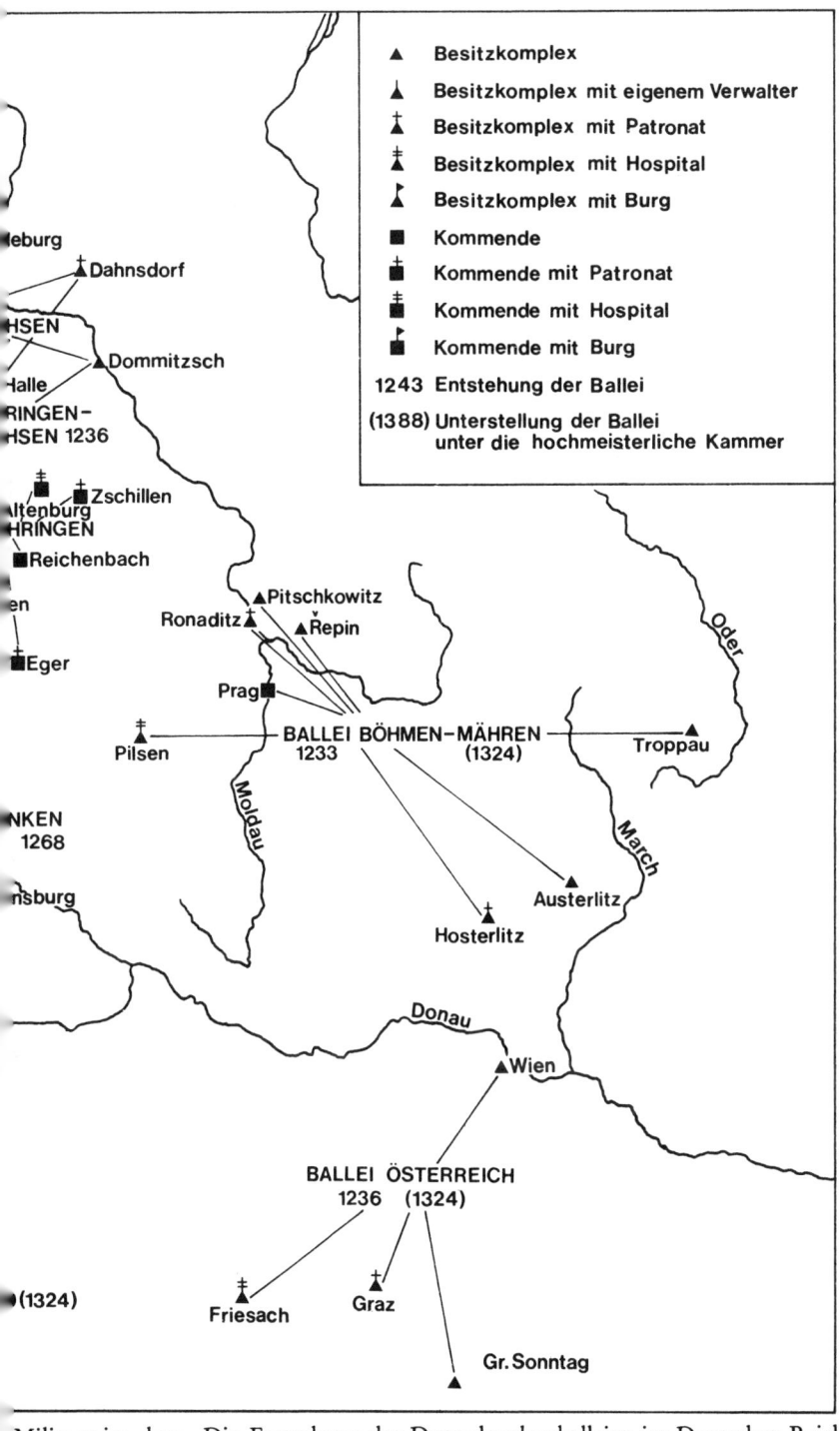

Militzer in: ders., Die Entstehung der Deutschordensballeien im Deutschen Reich

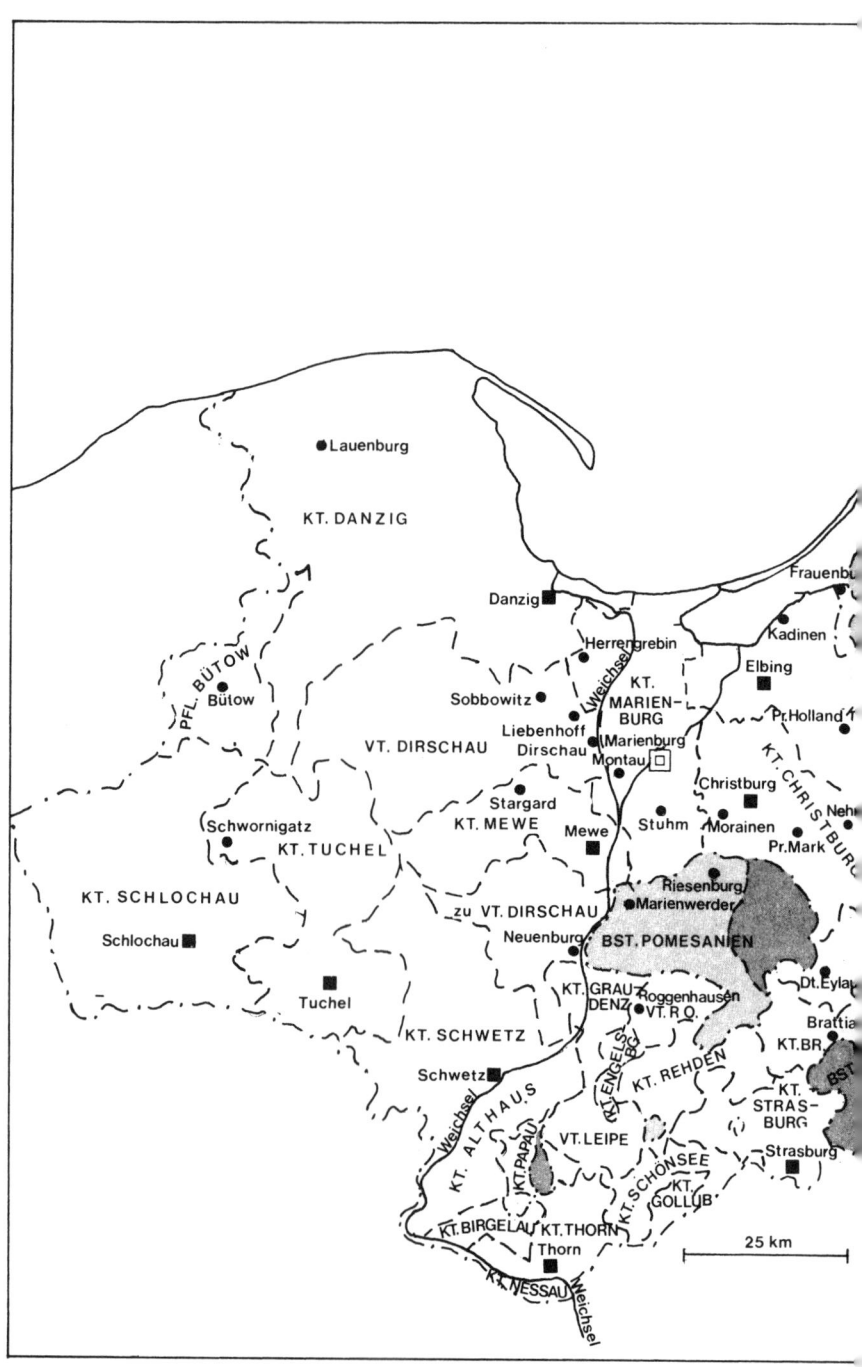

Preußen um 1400. Nach einer Karte von B. Jähnig in: Blätter für deutsche

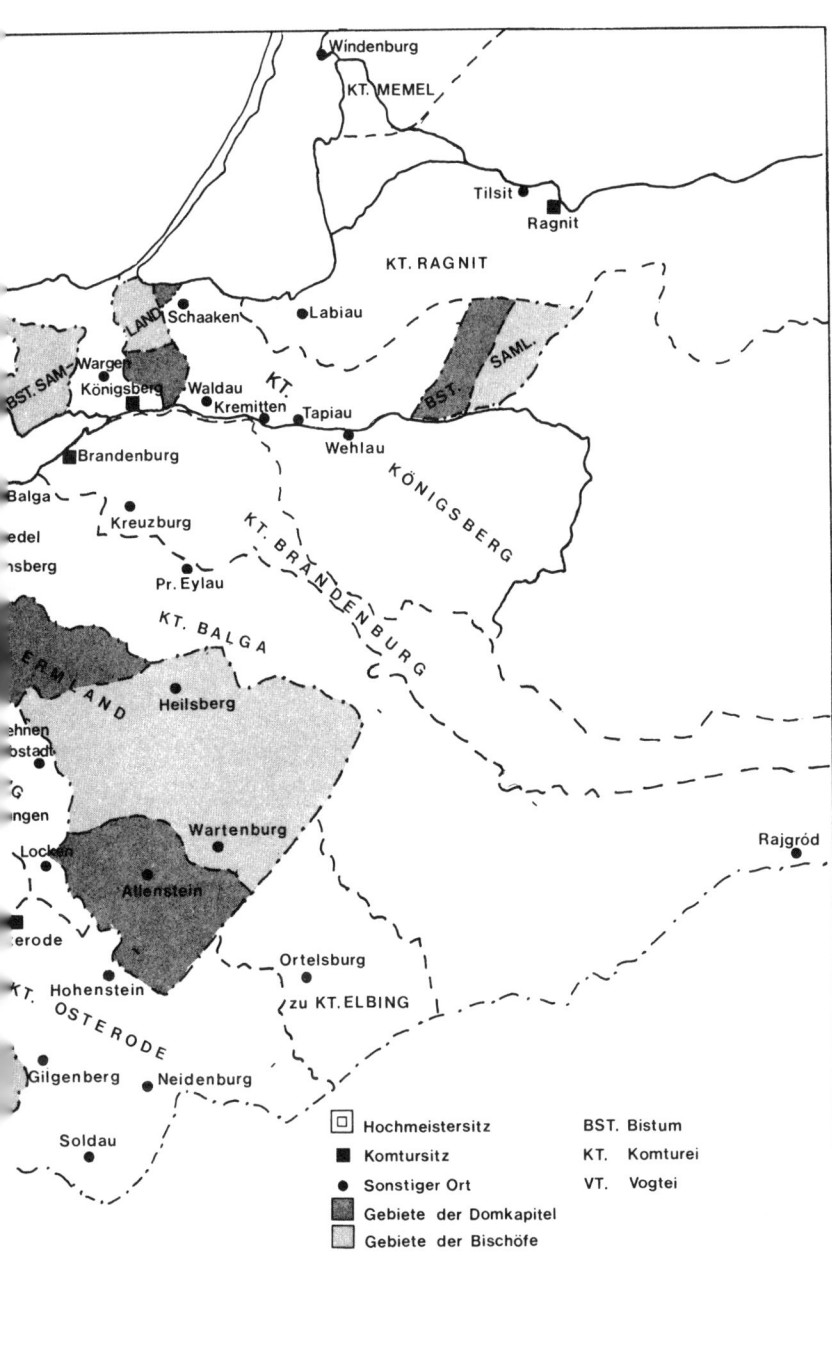

Personen- und Ortsnamenregister

Die in der Darstellung sowie in den Erläuterungen zu den Tafeln genannten Personen- und Ortsnamen werden vollständig verzeichnet, die in den Hinweisen auf Quellen und Literatur erwähnten jedoch nur in wenigen Fällen. Mittelalterliche Personen sind nach dem Vornamen eingeordnet, ebenso regierende Fürsten aus der Neuzeit.

Personennamen

Adalbert, Bischof von Prag 71
Adalbert, Bischof von Riga 75, 79
Agnes, Tochter Kaiser Heinrichs IV. 46
Albrecht von Brandenburg, Hochmeister und Herzog von Preußen 12, 215 ff., 223, 233, 301, 306
Albrecht der Schöne, Burggraf von Nürnberg 160
Albrecht III., Herzog von Österreich 165 f., 168 f.
Andreas II., König von Ungarn 30 ff., 47, 68 f., 93
Andreas, Bruder König Ludwigs I. von Ungarn, 163
Andreas von Grumbach, Deutschmeister, 214
Anton Victor von Österrich, Hochmeister 233, 302
Aurelius Augustinus 103, 109, 249, 271

Baczko, Ludwig von 235 f.
Bagnato, Giovanni Gaspare 302
Benedict XII., Papst 150
Bernadotte, Lennart Prinz 9
Bernhard von Clairvaux 21 ff., 29, 35 ff., 103
Bien, Hans 295
Biskup, Marian 143, 275
Bogislaw I., Herzog von Pommern 140

Bolesław-Georg II., Fürst von Halič-Vladimir 153
Bolesław, Herzog von Großpolen 140
Bolesław III., polnischer König 139
Bonifaz IX., Papst 173, 175
Brandenburg, Markgrafen von 140 ff., 145 f., 179, 195
Brun von Querfurt 71
Brunward, Bischof von Schwerin 86
Burchard von Schwanden, Hochmeister 59

Chlodowech, fränkischer König 152
Christian, Bischof von Preußen 25, 77 ff., 82 ff., 86, 90 f., 95 f., 98, 179, 265
Clemens V., Papst 148
Clemens August von Bayern, Hochmeister 230
Coelestin II., Papst 26 f.
Coelestin III., Papst 28 f.

Delbrück, Hans 157
Dietrich, Erzbischof von Trier 52
Dietrich von Cleen, Deutschmeister 221
Dietrich von Depenow 125
Dietrich von Grüningen 54
Dietrich Skomand 113
Długosz, Jan 11
Döhring, Abgeordneter im preußischen Landtag 244

Dohna, von
adlige Familie 211
Dominicus de Guzmán 103
Dudik, Beda 259

Eberhard von Seinsheim (Saunsheim), Deutschmeister 187, 297
Erzberger, Matthias 247
Elisabeth, Mutter Johannes des Täufers 295
Elisabeth von Thüringen 41, 46ff., 66, 68, 262f., 295
Elisabeth, Witwe des Dietrich Skomand 113
Edward III., englischer König 159
Erdmann, Carl 20
Eugen von Österreich, Hochmeister 305

Ferdinand I., Erzherzog von Österreich 219
Franciscus de Moliano 147, 149
Franz von Assisi 48f., 103
Franz Kuhschmalz, Bischof von Ermland 185
Frick, Friedrich 292, 299
Friedrich I. Barbarossa, Kaiser 28, 45f., 140
Friedrich II., Kaiser 32f., 45, 52f., 55, 66ff., 80ff., 87, 92f., 98, 267
Friedrich der Schöne, römischer König 293
Friedrich III., Kaiser 286
Friedrich I., König von Preußen 235
Friedrich II, der Große, König von Preußen 247
Friedrich der Ältere, Markgraf von Brandenburg-Ansbach 217
Friedrich IV., Burggraf von Nürnberg 293
Friedrich, Erzbischof von Riga 147
Friedrich von Sachsen, Hochmeister 215f., 220, 230
Friedrich I., Herzog von Schwaben 46
Friedrich II., Herzog von Schwaben 46
Friedrich IV., Herzog von Schwaben 28
Friedrich, Graf von Ziegenhain 42

Friedrich Wilhelm, der Große, Kurfürst von Brandenburg 226
Friedrich Wilhelm III., König von Preußen 237
Friedrich Wilhelm IV., König von Preußen 304
Froberg, J. A. E. Graf von 303

Gedimin, litauischer Großfürst 152f., 173
Georg von Egloffstein, Vogt von Leipe 202
Georg Friedrich V., Markgraf von Brandenbach-Ansbach 216
Gerhard II., Erzbischof von Bremen 52
Gilly, Friedrich 292, 299
Górski, Karol 256
Gottfried, Graf von Reichenbach 43f.
Gregor I., Papst 109f., 271
Gregor IX., Papst 32, 51, 66f., 84f., 87, 90ff., 95f.
Guntram von Hatzfeld, Hauskomtur von Preußisch Mark 126
Günter, Graf von Schwarzburg 160

Hakim, Kalif 18
Hans von Baysen 284
Hans Henneberger 301
Hans Swinegel 132
Hans von Tiefen, Hochmeister 215
Hardenberg, Karl August Graf von 232
Hartmann von Heldrungen 54
Heidenreich, Bischof von Kulm 197
Heinrich I., König 248
Heinrich, VI., Kaiser 28f.
Heinrich IV. Raspe, Landgraf von Thüringen und römischer König 45f., 294
Heinrich (VII.), römischer König 52
Heinrich VII., Kaiser 162
Heinrich IV., englischer König 163
Heinrich der Löwe, Herzog von Bayern und von Sachsen 248
Heinrich Beringer 281
Heinrich Dusemer, Hochmeister 187
Heinrich, Landgraf von Hessen 293
Heinrich II., Graf von Holstein 160

Heinrich, Erzbischof von Köln 52
Heinrich von Lettland 91, 106, 108, 110, 156
Heinrich der Erlauchte, Markgraf von Meissen 101, 305
Heinrich von Plauen, Hochmeister 179, 187f., 192, 203, 247, 253, 279
Heinrich, Graf von Reichenbach 42ff.
Heinrich der Bärtige, Herzog von Schlesien 78
Helmold von Bosau 266
Henniko Pruthenus 133
Herder, Johann Gottfried 241
Hermann, Graf von Cilli 166
Hermann von Salza, Hochmeister 33f., 38, 46, 51, 54, 56, 60, 66ff., 79f., 82ff., 93, 217, 233, 247, 261
Hermann I., Landgraf von Thüringen 42, 46
Heselicht, Familie 125
Himmler, Heinrich 248
Hitler, Adolf 237
Hohenlohe, Brüder von 294
Honorius III., Papst 34f., 45, 47, 68, 78f.
Hubatsch, Walther 268
Hugo von Payns 19ff.
Huizinga, Jan 168

Innocenz III., Papst 29, 42, 77
Innocenz IV., Papst 97f.
Innocenz VI., Papst 155
Isabella von Jerusalem 67

Jadwiga, Königin von Polen 170ff.
Jagiełło s. Władysław II.
Johannes XXII., Papst 149, 293
Johann, böhmischer König 159f., 162, 164, 170
Johann I. Albrecht, König von Polen 215
Johann von Dembach 293
Johannes Falkenberg 284
Johann I., Graf von Ziegenhain 293
Julius II., Papst 214
Jutta, Schwester Kaiser Friedrichs I. 45f.

Karl der Große, Kaiser 73, 109
Karl IV., Kaiser 155f., 159ff., 170

Karl V., Kaiser 225
Karl VII., Kaiser 303
Karl Alexander von Lothringen, Hochmeister 230
Karl Ludwig von Österreich, Hochmeister 302
Karl von Trier, Hochmeister 149, 186
Kasimir III., der Große, polnischer König 150, 154f., 164, 170
Kejstut, litauischer Großfürst (?) 155f.
Kętrzyński, Woicech 268
Konrad III., römischer König 22, 46
Konrad von Balga 113
Konrad von Erlichshausen, Hochmeister 205f.
Konrad von Horneck 294
Konrad von Marburg 47f., 51
Konrad, Herzog von Masowien 69f., 76, 78ff., 84ff., 92ff., 150
Konrad Zöllner von Rotenstein, Hochmeister 172
Konrad von Thüringen, Hochmeister 46, 51f., 54f., 56, 216, 263, 292ff.
Konrad Schunemann 58
Kotzde-Kottenrodt, Wilhelm 253
Kotzebue, August von 239
Krollmann, Christian 142ff.
Kuno von Dudelsdorf 293

Labuda, Gerard 269
Ludolf König, Hochmeister 160, 162, 187, 192
Ludwig IV., der Bayer, Kaiser 162, 184, 293
Ludwig I. von Anjou, ungarischer und polnischer König 160f., 170
Ludwig, Markgraf von Brandenburg 293
Ludwig von Eyb d. Ä. 263f.
Ludwig von Erlichshausen, Hochmeister 206
Ludwig von Liebenzell 101f.
Ludwig II., Landgraf von Thüringen 46
Ludwig III., Landgraf von Thüringen 46
Ludwig IV., Landgraf von Thüringen 45ff., 66
Luden, Heinrich 236

Luther von Braunschweig, Hochmeister 216
Luther, Martin 218 f.

Mahraun, Arthur 248
Manegold von Sternberg 102
Maria, Tochter Ludwigs des Großen 170
Maria Theresia, Kaiserin, 217, 230 f., 303
Mateiko, Jan 305 f.
Maximilian I., Kaiser 214, 217 f.
Maximilian von Österreich, Hochmeister 226, 230
Maximilian Franz von Österreich, Hochmeister 217, 230 f., 301
Max Josef von Österreich-Este, Hochmeister 233
Meister des Stauffenberger Altars 296
Melanchthon, Philipp 218
Melchior von Neuneck 297
Merian, Matthäus 295
Mestwin II., Herzog von Pommerellen 140 f., 146
Michael Küchmeister, Hochmeister 187, 192, 247
Mickiewicz, Adam 253
Mindowe, litauischer Fürst 151 f.
Moeller van den Bruck, Arthur 248
Müller-Dresden, Paul 245 f.

Napoleon I., Kaiser von Frankreich 34, 226, 233
Nikolaus V., Papst 185

Olgierd, litauischer Großfürst (?) 155 f.
Oswald von Wolkenstein 158, 164
Otto IV., römischer König 295
Otto, Landgraf von Hessen 293
Ottokar, böhmischer König 159

Paulus, Apostel 52
Paul von Rusdorf, Hochmeister 187
Paulus Pfintzing 294 f.
Paulus Vladimiri 284
Perlbach, Max 87
Peter I., Herzog von Bourbon 160
Peter von Duisburg 100 ff., 112, 156, 305

Peter Suchenwirt 164 ff.
Philipp von Schwaben, römischer König 41 ff., 295
Philipp IV., der Schöne, französischer König 148
Philipp VI., französischer König 159
Philipp, der Großmütige, Landgraf von Hessen 227
Philipp de Mézières 277
Pitz, Ernst 266 f.
Przemysł III., Herzog von Großpolen 141

Quaglio, Domenico 304

Ratibor, Herzog von Pommerellen 140
Rosenberg, Alfred 247 f.
Rudolf von Kassel, Meister des Schwertbrüderordens 106, 108, 110
Ruprecht, Römischer König 158

Sambor II., Herzog von Pommerellen 140
Schaper, Hermann 305
Schenkendorf, Max von 237
Schlieben, von, adlige Familie 211
Schön, Theodor von 304
Schumacher, Bruno 249
Seraphim, August 87
Siegfried von Feuchtwangen, Hochmeister 148, 222
Siegfried II., Erzbischof von Mainz 42, 46, 50
Siegfried III., Erzbischof von Mainz 51 f.
Siegfried Nothaft 281
Siegmund, Römischer König 158, 170 f., 179, 204, 215
Siegmund I., polnischer König 12, 219, 306
Sienkiewicz, Henryk 251 f.
Skaumand, Fürst von Sudauen 101 f., 112, 271
Stange, Familie 125
Stein, Karl Freiherr vom und zum 239
Svantopolk, Herzog von Pommerellen 97 f., 140

Swenza, böhmischer Statthalter in Danzig 141

Thomas Westefal Polonus 132
Treitschke, Heinrich von 242, 249, 252, 257
Truchsess von Waldburg, adlige Familie 211
Tumler, Marian 142, 255

Ulrich der Bayer, Deutschordensritter 102
Ulrich von Jungingen, Hochmeister 306
Ulrich von Lentersheim, Deutschmeister 294
Urban VI., Papst 172f., 180

Voigt, Johannes 240ff., 256f.

Waidewuth, prußischer König 235
Waldemar II., dänischer König 81f.
Walpot von Bassenheim, Hochmeister 59
Walter von Cronberg, Deutschmeister 225f.
Wartislaw II., Herzog von Pommerellen 140
Weise, Erich 267f.
Wenzel, Römischer König 173, 180
Wenzel II., König von Böhmen 141
Werner von Horneck 294
Werner von Orseln, Hochmeister 187

Wichert, Ernst 253
Wilhelm I., Deutscher Kaiser 9
Wilhelm II., Deutscher Kaiser 10, 245, 304f.
Wilhelm Douglas 163
Wilhelm von Eppingen, Komtur von Osterode 202f.
Wilhelm von Eyb 263f.
Wilhelm IV., Graf von Holland-Hennegau 160f., 164, 170
Wilhelm von Modena 91, 96, 99
Wilhelm, Herzog von Österreich 170ff.
Winrich von Kniprode, Hochmeister 187, 198, 241
Wilhelm Pleydenwurff 297
Witen, litauischer Fürst 152
Witold, litauischer Großfürst 154, 174ff., 180, 204, 306
Wiwulski, Antoni 306
Władysław, böhmischer und ungarischer König 214
Władysław Łokietek, polnischer König 141f., 147, 149
Władysław II., Jagiełło, polnischer König 171ff., 180, 204, 284, 306
Władysław IV., polnischer König 207
Wolzogen und Neuhaus, Carl Ludwig von 301
Wulfstan 130

Ziemowit, Herzog von Masowien 171

Ortsnamen

Aachen 158
Akkon 28ff., 34, 69f., 148
Altenberg 77
Altshausen 223, 302
Augsburg 225
Avignon 149, 162

Balga 305
Bamberg 63

Berlin 258
Bern 59
Bethlehem 67
Bonn 228
Bornhöved 81
Bozen 224
Braunsberg 198
Braunschweig 61, 248
Bremen 28, 61

Breslau 155, 277
Brest 205
Brügge 200

Christburg 89f., 110, 179
Crécy 159f.

Danzig 10, 97, 131, 138, 140ff., 147, 189, 198, 207, 299ff.
Dietrichsdorf 113
Dirschau 140
Dobrin 86, 95

Eichstätt 63
Eisenach 48
Elbing 71, 130f., 141ff., 179, 189, 191, 198, 281, 305
Ellingen 223

Frankfurt am Main 225
Freiburg im Breisgau 298
Freystadt 125
Fritzlar 42f., 50ff., 263

Gnesen 77, 139f.
Göttingen 258
Greifswald 198
Groß Steengen 113
Grünfelde 178
Grunwald s. Tannenberg

Haithabu 129f.
Hamburg 132, 134
Horneck 221, 259, 294, 297

Jaffa 20
Jerusalem 18, 20, 25ff., 30ff., 34, 67, 157f.

Kalisch 150, 154, 164, 170
Kammin 140
Koblenz 10f., 224
Köln 10, 299
Königsberg 101, 123, 142f., 153, 160f., 164, 189, 191, 198f., 207, 238ff., 250, 256, 258

Konstanz 9, 61, 171, 182, 204, 207, 215
Krakau 11, 172, 226, 306f.
Kruschwitz 87f., 268f.
Kulm 126f., 136, 198

Landsberg 263
Lochstedt 199
Lübeck 28, 62, 81f., 132, 200
Łekno 76f.

Mainau 9, 61, 223, 302
Marburg 9, 11, 45, 48ff., 51ff., 227, 292f.
Marienburg 10ff., 148f., 157, 178f., 186f., 189, 195, 199, 207f., 222, 236, 238, 244ff., 258, 288, 292, 298f., 303f.
Marienwerder 93
Melnosee 204f.
Mergentheim 223, 228f., 259, 294
Montfort 69, 292
Moskau 152
Mühlhausen in Thüringen 58
Münster in Westfalen 61

Nazareth 67
Nürnberg 294f., 297f.

Posen 77, 214
Prag 163
Putzig 191

Quedlinburg 248

Regensburg 214
Rehden 101, 103, 298
Reichenau 61
Reichenbach 40ff.
Rieti 90, 92, 95, 269
Riga 147
Rimini 69, 80ff., 87, 92, 148, 267
Rom 51, 77, 158, 200
Rostock 198

Sallinwerder 174ff.
Santiago 158
Schleswig 129
Stralsund 198
Straßburg 235

Tannenberg 11, 178f., 184, 187f., 193,
 195, 279, 306
Tempelhof 24
Thorn 93, 126, 143, 146, 165, 179, 189,
 191, 194, 198f., 203, 207ff., 214f., 219,
 234, 236, 256, 285, 297f., 300
Toron 93
Trier 149
Truso 130

Ulm 235
Utrecht 220

Venedig 148
Versailles 143, 179

Wartburg 47f.
Wetzlar 9
Wien 259
Wilna 173
Wiskiauten 130
Włocławek 139
Wolfhagen 263
Wollin 140
Würzburg 63, 295f.

Beck's Historische Bibliothek

Klaus Bringmann
Geschichte der römischen Republik
Von den Anfängen bis Augustus
2., durchgesehene Auflage. 2010. 463 Seiten mit 38 Abbildungen
und Karten im Text. Leinen

Karl Christ
Geschichte der römischen Kaiserzeit
Von Augustus bis zu Konstantin
6. Auflage mit aktualisierter Bibliographie. 2010. IX, 885 Seiten
mit 61 Abbildungen. Leinen

Alain Demurger
Die Templer
Aufstieg und Untergang 1120–1314
Broschierte Sonderausgabe
Aus dem Französischen von Wolfgang Kaiser
50.–55. Tausend. 2007. 345 Seiten mit 9 Abbildungen und 5 Karten. Broschiert

Steven Runciman
Geschichte der Kreuzzüge
Aus dem Englischen übertragen von Peter de Mendelssohn
8. Auflage. 2008. XX, 1338 Seiten mit 16 Karten. Leinen

Ernst Schulin
Die Französische Revolution
4., überarbeitete Auflage. 2004. 307 Seiten. Leinen

Johannes Willms
Napoleon
Eine Biographie
2009. 839 Seiten mit 21 Karten und 36 Abbildungen. Leinen

Peter Wende
Das Britische Empire
Geschichte eines Weltreichs
2011. 367 Seiten mit 15 Karten im Text. Gebunden

Verlag C. H. Beck München